소재집

한국고전번역원 한국문집번역총서

# 소재집 7

蘇齋集

노수신 지음
盧守愼

전백찬 옮김
하승현

## 일러두기

1. 이 책의 번역 대본은 한국고전번역원에서 간행한 한국문집총간 35집 소재《소재집(穌齋集)》으로 하였다. 번역 대본의 원문 텍스트와 원문 이미지는 한국고전종합DB(http://db.itkc.or.kr)에서 확인할 수 있다.
2. 역주는 내용이 간단하면 간주(間註)로, 길면 각주(脚註)로 처리하였다.
3. 한자는 필요한 경우 이해를 돕기 위하여 넣었으며, 운문(韻文)은 원문을 병기하였다.
4. 원문의 오류를 수정하였거나 오류가 의심되는 경우, 교감자료와 중요한 자구(字句)에서 차이가 있는 경우에는 그 내용을 각주로 밝혔다.
5. '한글 맞춤법'의 용법과 다르거나 새로 만든 문장 부호는 다음과 같다.
   「 」: ' ' 안의 재인용을 나타낼 때 사용한다.
   『 』: 「 」 안의 재인용을 나타낼 때 사용한다.
   …… : 원문의 '云云'을 처리할 때, 각주에서 긴 인용문을 처리할 때, 각주의 표제어가 네 어절 이상일 경우 생략되는 말을 처리할 때 사용한다.
   - - : 본문에서 소자(小字) 원문 주(註)의 처음과 끝에 사용한다.
   □ : 원문의 글자가 빠진 빈 난을 표기하거나 '결락과 판독 불가 글자에 대한 지침'에 따라 번역할 때 사용한다.
   ▨ : 훼손 등으로 인해 판독이 불가능한 원문을 표기할 때 사용한다.

**차례**



## 소재집 제7권

### 잠 箴



### 찬 贊

## 소재집 제8권

## 소재집 제9권

## 소재집 제10권

### 비갈 碑碣

소재집

제7권

잠 箴

찬 贊

교서 敎

서문 序

발문 跋

기문 記

제문 祭文

과제 科製

# 잠 箴

## 시습잠[1] 병서

時習箴 幷序

넓고 큰 도(道)를 어디서부터 시작할 것인가? 성문(聖門)의 공부하는 절목(節目)은 그 대요(大要)가 지(知)와 행(行)에 지나지 않을 따름이다. 옛날 순(舜) 임금과 우(禹) 임금이 처음 제위(帝位)를 주고받을 때 말하기를 "오직 정미하게 살피고 오직 전일하게 지켜야 한다.〔惟精惟一〕"[2] 하였으니, 대개 정미하게 살피면 아는 것이 뒤섞이지 않고 전

1 시습잠(時習箴) : 1540년(중종35) 소재(穌齋)가 태학생(太學生)으로 있을 때 지은 작품이다. 당시 김안국(金安國)이 지성균관사(知成均館事)로 있으면서 〈시습잠〉으로 태학생을 시험하였는데, 채점할 때 인재가 떨쳐 일어나지 못한다고 한탄하다가 소재의 작품을 보고는 자신이 경솔했다고 후회하며 "이 작품이 어찌 사장(詞章)이나 일삼는 유생이 지을 수 있는 것이겠는가."라고 탄복하였다고 한다. 《穌齋集 穌齋先生年譜》

2 오직……한다 : 인심(人心)과 도심(道心) 사이를 정미하게 살펴서 뒤섞이지 않게 하며〔惟朱靑〕 한결같이 본심의 바름을 지켜서 떠나지 않는다〔惟一〕는 의미로, 요순 이래 전해 온 도통(道統)의 연원을 밝힌 유가(儒家) 심법(心法)의 요결이다. 요 임금이 순에게 천자의 자리를 선양(禪讓)하며 "진실로 그 중 도(道)를 잡으라.〔允執其中〕" 하였고, 순 임금은 다시 우에게 "인심은 위태롭고 도심은 은미하니, 오직 정밀하게 살피고 오직 전일하게 지켜야 진실로 그 중도를 잡을 수 있을 것이다.〔人心惟危, 道心惟微,

일하게 지키면 행하는 것이 뒤섞이지 않아서 '차근차근 사람을 잘 이끈다〔循循然善誘人〕'[3]고 할 수 있기 때문이다.

우리 부자(夫子)께서 실로 그 도를 전하여 다시 "배우고 때로 익힌다.〔學而時習之〕"[4] 하였으니, 무엇 때문인가? 대저 학문이란 정미하게 살피고 전일하게 지켜야 하는 것이다. 그러나 반드시 때로 마음에 익혀야 하니 그렇게 하면 마음과 이치가 서로 함양되어 건조하고 생경한 병통이 없어져서 앎이 더욱 정미해지고, 반드시 때로 몸에 익혀야 하니 그렇게 하면 몸과 일이 서로 편안해져서 위태롭고 위험한 근심이 없어져서 행함이 더욱 전일해질 것이다. 따라서 사람으로 하여금 아침저녁으로 생활하는 가운데 마음을 차분하게 하고 일상으로 익힌 뒤에 넉넉히 노닐어서 잠시도 중단하지 않고 스스로 그만두지 못하는 공부가 반드시 여기에서 얻어지게 하면 '열여섯 글자'[5]에 견주어 더욱 치밀해질 것이니, 이것이 배우는 사람이 마땅히 띠에 적어 두고 맹렬히 성찰해야 하는 일이다.

惟精惟一, 允執厥中.〕" 하였다. 《論語 堯曰》《書經 大禹謨》

**3** 차근차근……이끈다 : 가르침에 순서가 있어서 사람을 잘 인도한다는 의미로, 《논어》〈자한(子罕)〉에 "부자께서는 사람을 차근차근 잘 이끌어 문으로써 나의 지식을 넓혀 주고 예로써 나의 행동을 요약하게 해 주셨다.〔夫子循循然善誘人, 博我以文, 約我以禮.〕"라고 한 데서 온 말이다.

**4** 배우고 때로 익힌다 : 공자가 "배우고 때로 익히면 기쁘지 않겠는가."라고 한 데서 온 말이다. 《論語 學而》

**5** 열여섯 글자 : "人心惟危, 道心惟微, 惟精惟一, 允執厥中."이라는 열여섯 글자의 심결(心訣)을 말한다. 주희(朱熹) 등 송유(宋儒)들이 이 말을 요·순·우 세 성인이 서로 도통을 주고받은 '열여섯 글자의 심전〔十六字心傳〕'이라고 강조한 이래 개인의 도덕 수양과 치국(治國)의 원리로 숭상되었다. 《論語 堯曰》《書經 大禹謨》

오호라, 경전은 잔결되고 가르침은 해이해져서 유자(儒者)의 학문이 전해지지 않은 지 오래되었다. 대저 사람이면 누구나 부자(父子)와 군신(君臣), 부부(夫婦)와 장유(長幼)의 사이에 처하지 않을 수 없으니, 부자와 군신, 부부와 장유의 사이에 처하는 도리를 구하지 않으면 학문이 무익해져서 폐기되어 더 이상 강구되지 않을 것이다. 그러나 옛글이나 외우고 시문(詩文)이나 짓는 비루함 및 선학(禪學)과 공리(功利)의 잘못된 생각으로 이른바 학문을 대한다면 그 공력이 고인(古人)보다 갑절이 되더라도 종당에는 쓸모가 없어질 것이니, 아마도 성현(聖賢)의 '때로 익히는 공부'가 아닐 듯하다.

늦게 태어난 사람이 옛것을 좋아하고 후진(後進)이 되어 함께하는 이가 적은 데다, 본 사람이 반드시 모두 바른 사람은 아니고 들은 말이 반드시 모두 바른말은 아니었다. 게다가 하루 동안 햇볕을 쬐고 열흘 동안 춥게 하였으니,[6] 학문을 하기가 또한 어려운 것이다. 장차 어디에 근거하여 때로 익히겠는가. 그러나 진실로 내가 학문에 뜻을 두어 방향을 조금 알게 된다면, 어찌 선각자들이 했던 일을 본받아 나의 선(善)을 밝히고 나의 초심을 회복하여 마음과 몸에 익히지 못하겠는가. 돌아보건대 붕우가 먼 지방에서 찾아오는 것과 남들이 알아주지 않아도 서운해하지 않는 군자[7]는 감히 바랄 수 있는 일이 아니거니와, 심싯

**6** 하루……하였으니 : 선생이나 장자(長者)로부터 지속적인 교화를 입지 못했다는 의미로, 맹자가 "비록 천하에 쉽게 생장(生長)하는 물건이 있더라도 하루 동안 햇볕을 쪼이고 열흘 동안 춥게 한다면 제대로 생장할 수 있는 물건이 없을 것이다."라고 한 데서 온 말이다. 《孟子 告子上》

**7** 붕우가……군자 : 나의 선(善)이 남에게 미쳐서 믿고 따르는 사람이 많은 것과 덕을 이룬 군자를 의미한다. 공자가 "붕우가 먼 지방에서 찾아온다면 즐겁지 않겠는가. 사람

내가 취한 것은 '시습(時習)'이라는 두 글자이고 지키고 있는 것은 '경(敬)'이니, 잠(箴)을 지어 스스로 경계한다. 잠은 다음과 같다.

| | |
|---|---|
| 정미한 기운 쌓아 나에게 부여하였으니 | 儲精賦予 |
| 천지는 사심이 없고 | 天地無私 |
| 만물의 이치가 나에게 구비되었으니 | 備我萬物 |
| 이 떳떳한 본성이 균등하네 | 均此秉彝 |
| 일상 속에 먹고 마시는 동안 | 日用飮食 |
| 잠시라도 떨어질 수 있으랴 | 須臾可離 |
| 오직 천명은 은미하고 | 惟天命微 |
| 더구나 인심은 위태하니 | 況人心危 |
| 기질이 또한 비슷해도 | 氣亦近焉 |
| 습성에 따라 바야흐로 멀어지네 | 習方遠而 |
| 어찌 상지(上智)와 하우(下愚)를 | 豈使智愚 |
| 끝내 변화시킬 수 없다 하였나[8] | 終無可移 |
| 최상은 편안하고 편안하여 | 太上安安 |

들이 알아주지 않더라도 서운해하지 않는다면 군자가 아니겠는가."라고 한 데서 온 말이다. 《論語 學而》

**8** 어찌……하였나 : 공자가 "오직 지극히 지혜로운 자와 지극히 어리석은 자는 변화시킬 수 없다.〔唯上知與下愚, 不移.〕" 하였는데, 이에 대해 정이(程頤)가 말하기를 "이른바 하우는 두 종류가 있으니, 자포(自暴)하는 자와 자기(自棄)하는 자이다. 사람이 진실로 선으로써 자신을 다스린다면 변화시키지 못할 것이 없으니, 아무리 어리석은 자라 하더라도 모두 차츰 연마하여 나아갈 수 있다. 다만 자포하는 자는 선을 막아서 믿지 않고, 자기하는 자는 선을 끊어 버려 행하지 않으니, 비록 성인과 함께 거처하더라도 변화하여 들어갈 수 없다. 이것이 바로 공자께서 말씀하신 하우이다." 하였다. 《論語 陽貨》

| | |
|---|---|
| 힘써 생각하기를 기다리지 않는 사람이고 | 不待勉思 |
| 그다음은 미혹된 자이니 | 其次惑者 |
| 혹 다른 길로 달아나기도 하지 | 或奔他岐 |
| 밝은 천성은 낮이 가린 듯 희미해졌지만 | 明若晝蔽 |
| 순후한 마음 아직 다 더러워지지 않았으니 | 淳未全漓 |
| 어떻게 회복해야 하나 | 何以復之 |
| 선각을 스승 삼아야 하지 | 先覺是師 |
| 어떻게 스승 삼아야 하나 | 維師伊何 |
| 그들이 했던 일 본받아야 한다네 | 效其所爲 |
| 행하지 못한 일을 행하고 | 行所未行 |
| 알지 못한 이치를 알아서 | 知所未知 |
| 지행이 비록 이루어져도 | 知行雖造 |
| 보존되는 것은 드무나니 | 所存幾希 |
| 반드시 학습을 더해야 | 必加習焉 |
| 훼손되지 않게 할 수 있다네 | 尙克無虧 |
| 중단하면 또한 잃어버리기에 | 間斷亦失 |
| 반드시 때때로 | 必以時時 |
| 마음과 몸으로 익혀서 | 維心維身 |
| 이를 생각하고 여기에 마음 두어야 하네 | 念玆在玆 |
| 물리의 지극함은 | 物理之極 |
| 쇠털이나 고치실처럼 미세하니 | 牛毛蠶絲 |
| 취합하고 변별하고 묻고 생각하여[9] | 聚辨問思 |

**9** 취합하고……생각하여 : 《주역》 〈건괘(乾卦) 문언(文言)〉에 "군자는 배워서 취합

| | |
|---|---|
| 여기서 예전에 배운 것을 찾아 때로 익혀야 하네 | 溫古於斯 |
| 실마리를 찾아 무젖게 하고 | 紬繹浹洽 |
| 각성하여 일깨우면 | 警覺提撕 |
| 만물의 이치가 밝게 통하여 | 萬理昭徹 |
| 조그마한 의혹도 남지 않으리니 | 查滓靡遺 |
| 이것이 마음으로 익힘에 | 是習於心 |
| 지가 더해져 날로 자라는 것일세 | 知益日滋 |
| 삼백 가지 예의와 | 三百禮義 |
| 삼천 가지 위의[10]가 | 三千威儀 |
| 인사에 곡진하여 | 曲盡人事 |
| 천기와 수작하였네 | 酬酢天機 |
| 보지 못하고 듣지 못하는 곳에서도[11] | 不聞不睹 |

하고 물어서 변별하며 관대함으로 지내고 인후함으로 행한다.〔君子學以聚之, 問以辯之, 寬以居之, 仁以行之.〕"라고 한 구절과 《중용장구》 제20장에 "널리 배우고, 자세히 묻고, 신중하게 생각하고, 밝게 변별하고, 독실히 행하여야 한다.〔博學之, 審問之, 愼思之, 明辨之, 篤行之.〕"라고 한 구절을 조합하여 한 말이다.

**10** 삼백……위의(威儀) : 예법의 강령(綱領)인 경례(經禮)의 의절(儀節)이 300가지이고 예법의 세목(細目)인 곡례(曲禮)의 위의가 3000가지라는 말로, 《중용장구》 제27장에 "위대하다, 성인의 도여. 널리 만물을 발육시켜 높이 하늘에 다하였다. 넉넉하게 크도다. 예의가 삼백 가지이고 위의가 삼천 가지이니, 훌륭한 사람을 기다린 뒤에야 행해진다."라고 한 데서 온 말이다.

**11** 보지……곳에서도 : 항상 조심스러운 마음으로 매사를 신중하게 처리해야 한다는 '계신공구(戒愼恐懼)' 공부를 의미하는 말로, 《중용장구》 제1장에 "도(道)란 잠시도 떠날 수 없는 것이니, 떠날 수 있으면 도가 아니다. 이러므로 군자는 보지 못하는 곳에서도 경계하고 듣지 못하는 곳에서도 두려워하는 것이다."라고 한 데서 온 말이다.

재계하듯이 하고 시동처럼 한다면[12] 如齋如尸
온몸이 방심이 되지 않아서[13] 百骸莫放
외물이 엿보지 못하나니 外物能窺
이것이 몸으로 익혀서 是習於身
행함이 날로 더욱 -원문 1자 결락- 것일세 行日益□
말과 행실을 돌아보아야[14] 言與行顧
마음이 몸과 어긋나지 않으리니 心不身違
수습하고 검속하기를 收拾束斂
조차와 호리[15] 사이에 해야 하네 造次毫釐

**12** 재계(齋戒)하듯이……한다면 : 재계는 몸과 마음을 깨끗이 하여 부정한 일을 멀리한다는 의미이고 시동(尸童)은 제사 때 신위(神位) 대신 앉히던 동자(童子)를 가리킨다. 《예기》 〈곡례 상(曲禮上)〉에 "앉는 것은 시동처럼 하고, 서는 것은 재계할 때처럼 한다."라고 한 데서 온 말이다. 《논어》 〈학이(學而)〉에 "배우고 때로 익히면 기쁘지 않겠는가."라고 한 구절에 대한 사씨(謝氏)의 주(註)에서 "시습이란 때마다 익히지 않음이 없는 것이니, 앉는 것은 시동처럼 한다는 말은 앉아 있을 때의 익힘이고, 서는 것은 재계하는 것처럼 한다는 말은 서 있을 때의 익힘이다."라고 하였다.

**13** 온몸이……않아서 : 방심(放心)이란 놓쳐 버린 선심(善心)을 이르는 말로, 맹자가 "학문의 도는 다름이 아니라 달아난 마음을 구하는 것일 따름이다.〔學問之道無他, 求其放心而已矣.〕"라고 한 데서 온 말이다. 《孟子 告子上》

**14** 말과 행실을 돌아보아야 : 언행을 삼가야 한다는 의미로, 《중용장구》 제13장에 "떳떳한 덕을 행하며 떳떳한 말을 삼가서, 행함에 부족함이 있으면 감히 힘쓰지 아니치 못하며, 말이 유여하면 감히 다하지 못함으로써, 말은 행실을 돌아보고 행실은 말을 돌아보아야 하는 것이니, 군자가 어찌 독실하지 않겠는가."라고 한 데서 온 말이다.

**15** 조차(造次)와 호리(毫釐) : 조차는 아주 짧은 시간을 가리키고 호리는 털끝처럼 극히 미세한 차이를 말한다. 주희(朱熹)의 〈경재잠(敬齋箴)〉에 "털끝만큼이라도 어긋남이 있으면 천지의 자리가 뒤바뀌어 삼강이 무너지고 구법 또한 없어진다.〔毫釐有差, 天壤易處, 三綱旣淪, 九法亦斁.〕" 하였고, 정이(程頤)의 〈동잠(動箴)〉에 "철인은 기미

| | |
|---|---|
| 항상 깨어 있게 하는 법과 | 惺惺之法 |
| 공경하는 정성과 | 洞洞之祗 |
| 잊지도 조장하지도 말라는 말[16]은 | 勿忘勿助 |
| 익숙하게 하는 데 달려 있으니 | 在乎熟之 |
| 몸이 익숙하면 | 身之熟矣 |
| 마음이 밖으로 달려가지 않고 | 心不外馳 |
| 마음이 익숙하면 | 心之熟矣 |
| 몸이 절로 적절하게 조치하리라 | 身自措宜 |
| 몸과 마음을 서로 함양하고 | 表裏交養 |
| 대소[17]가 서로 자뢰해야 하니 | 大小相資 |
| 충분히 침잠하고 음미하면 | 優游涵泳 |
| 즐겨서 오히려 편안하리라 | 玩適猶夷 |
| 그 기뻐하는 바를 미루면 | 推其所悅 |
| 뜻을 함께하는 이들 그림자처럼 따르리니 | 同志影隨 |

를 알아서 생각에서 그것을 성실히 하고, 지사는 행실을 힘써서 하는 일에서 그것을 지킨다. 천리에 순종하면 여유가 있고 인욕을 따르면 위험하나니, 아무리 짧은 시간이라도 능히 생각해서 전전긍긍하여 스스로 가질지어다. 습관이 천성과 더불어 이루어지면 성현의 지위로 함께 돌아가리라.〔哲人知幾, 誠之於思; 志士勵行, 守之於爲. 順理則裕, 從欲惟危, 造次克念, 戰兢自持. 習與性成, 聖賢同歸.〕" 하였다.

**16** 잊지도……말 : 호연지기(浩然之氣)를 기르는 일에 대한 설명으로, 《맹자》〈공손추 상(公孫丑上)〉에 "반드시 일삼는 바를 두되 효과를 미리 기대하지 말아서, 마음에 잊지도 말고 억지로 조장하지도 말아야 한다.〔必有事焉而勿正, 心勿忘, 勿助長也.〕"라고 한 데서 온 말이다.

**17** 대소(大小) : 300가지 예의와 3000가지 위의를 가리킨다. 경례의 의절 300가지가 큰 것이고, 곡례의 위의 3000가지가 작은 것이다. 20쪽 주10 참조.

| | |
|---|---|
| 즐거운 군자여 | 樂只君子 |
| 걱정하지 말고 슬퍼하지 말지어다 | 無悶無悲 |
| 습관이 천성과 더불어 이루어지면 | 習與性成 |
| 성현의 지위로 함께 돌아가리라[18] | 聖賢同歸 |
| 한순간이라도 게으르면 | 一息之怠 |
| 마소에 옷을 입힌 격 되리니 | 馬牛而衣 |
| 성인과 미치광이의 구분은 | 聖狂之分 |
| 터럭 한 올도 용납할 수 없다네 | 間不容氂 |
| 문자로 남은 찌꺼기[19]를 가지고 | 莫謂糟粕 |
| 가르침이 밝게 드리워졌다 말하지 말라 | 有訓昭垂 |
| 삼가 생각건대 그 연원은 | 恭惟淵源 |
| 멀리 황제와 복희씨에서 시작되었네 | 遠自黃羲 |
| 정일의 심법으로 수수하시니 | 精一以授 |
| 삼후께서 가르침을 내리셨고[20] | 三后曰咨 |

**18** 습관이……돌아가리라 : 정이의 〈동잠〉 마지막 구절이다. 21쪽 주15 참조.

**19** 문자로 남은 찌꺼기 : 문자로 전해지는 성현의 말씀을 가리키는 말로, 성현은 벌써 죽고 없으니 남은 말은 마치 술을 다 짜고 버린 찌꺼기와 같다는 의미이다. 춘추 시대 제 환공(齊桓公)이 대청에서 글을 읽고 있을 때, 마침 수레바퀴를 깎는 편(扁)이라는 장인(匠人)이 대청 아래서 수레바퀴를 깎고 있다가 제 환공에게 묻기를 "감히 묻겠습니다. 대왕께서 읽으시는 것이 무엇입니까?" 하자, 환공이 성인의 말씀이라고 대답하였다. 그가 또 성인이 살아 있느냐고 묻기에 돌아갔다고 대답하자, 그가 말하기를 "그렇다면 대왕께서 읽으시는 것은 옛사람의 찌꺼기일 뿐입니다.〔然則君之所讀者, 古人之糟粕已夫.〕"라고 한 데서 온 말이다. 《莊子 天道》

**20** 삼후(三后)께서 가르침을 내리셨고 : 삼후는 태왕(大王), 왕계(王季), 문왕(文王)이라는 설(說)과 우(禹), 탕(湯), 문왕이라는 설 등 여러 가지가 있어서 확실한

| | |
|---|---|
| 반명의 경계에 나날이 새로워지리라 하였으니[21] | 盤警日新 |
| 학문이 날로 나아가 선왕을 이어 밝히셨네 | 學就緝熙 |
| 늙음이 장차 닥쳐오는 줄도 몰랐던 분[22]은 | 不知老至 |
| 대성이신 중니이니 | 大成仲尼 |
| 주선함에 스스로 중도를 지켜 | 周旋自中 |
| 법도를 넘지 않고자 하였네[23] | 欲不踰規 |
| 가르침에 게으르지 않고 배움을 싫어하지 않아 | 不倦不厭 |
| 이 한 마디 말씀 게시하시고 | 揭此一辭 |
| 이어 열여섯 글자를 말씀하시어[24] | 繼十六字 |

정론이 없지만, 여기서는 '유정유일(惟精惟一)의 심법'을 수수(授受)한 요, 순, 우를 가리키는 듯하다. 자(咨)는 가르침을 내려 줄 때 말을 시작하면서 발하는 감탄사이다.

**21** 반명(盤銘)의……하였으니 : 반은 목욕하는 그릇이다. 은(殷)나라 탕 임금이 자신을 경계하는 뜻으로 목욕 그릇에 새겨 넣은 글에 "진실로 하루 새로워졌거든 나날이 새로워져야 하고 또 나날이 새로워져야 한다.〔苟日新, 日日新, 又日新.〕" 하였으니, 몸을 씻어 때를 없애듯이 마음의 때를 씻어 늘 덕을 새롭게 향상해야 한다는 의미이다. 《大學章句 傳2章》

**22** 늙음이……분 : 공자의 학문에 대한 열정을 표현한 말이다. 자로(子路)가 섭공(葉公) 심제량(沈諸梁)이 자신에게 공자의 인물됨을 물었을 때 대답하지 못했다고 하자, 공자가 "너는 어찌 그의 사람됨이 분발하면 먹는 것도 잊고 이치를 깨달으면 즐거워 근심을 잊어 늙음이 장차 닥쳐오는 줄도 모른다고 말하지 않았느냐.〔女奚不曰, 其爲人也, 發憤忘食, 樂以忘憂, 不知老之將至云爾.〕"라고 한 데서 온 말이다. 《論語 述而》

**23** 법도(法度)를……하였네 : 공자가 스스로 "일흔 살에는 마음에 하고자 하는 바를 좇아도 법도를 넘지 않았다."라고 한 데서 온 말이다. 《論語 爲政》

**24** 열여섯 글자를 말씀하시어 : 《논어》 〈술이(述而)〉에 공자가 스스로 "묵묵히 기억하며 배우고 싫어하지 않으며 사람 가르치기를 게을리하지 않는 것, 이 중에 어느 것이 나에게 있겠는가.〔默而識之, 學而不厭, 誨人不倦, 何有於我?〕"라고 한 것을 가리키니, 공자는 성인의 일을 스스로 자처하지 않고 항상 겸손하였다는 말이다. 맹자도 제자

삼천 제자에게 보이셨네 示三千子
그만두고자 해도 그럴 수 없다고 하였으니[25] 欲罷不能
안연은 거의 성취했다 할 만하고 回也庶幾
날마다 세 가지로 자신을 살폈으니[26] 日三省吾
증자는 바로 "예"라고 대답하였네[27] 參乎曰唯
사숙하는 사람 없어지자 私淑人亡

공손추가 자신을 성인이라고 하자 "아, 이 웬 말인가. 옛적에 자공이 공자께 묻기를 '부자는 성인이십니다.' 하자, 공자께서 '성인은 내 능하지 못하거니와 나는 배우기를 싫어하지 않고 가르치기를 게을리하지 않았노라.' 하시니, 자공이 말하기를 '배우기를 싫어하지 않음은 지(智)요, 가르치기를 게을리하지 않음은 인(仁)이니, 인하고 또 지하시니, 부자는 이미 성인이십니다.' 하였다. 성인은 공자께서도 자처하지 않으셨으니, 이 웬 말인가." 하였다. 《孟子 公孫丑上》

**25** 그만두고자……하였으니 : 공자의 도(道)가 무궁무진하여 그 방향과 형체가 없음을 알고 안연(顔淵)이 크게 감탄하여 한 말이다. 《논어》 〈자한〉에 "부자(夫子)의 도는 우러러볼수록 더욱 높고 뚫을수록 더욱 견고하며, 바라봄에 앞에 있더니 홀연히 뒤에 있도다. 부자께서는 차근차근 사람을 잘 이끌어 문(文)으로써 나의 지식을 넓혀 주고 예(禮)로써 나의 행동을 요약하게 해 주셨다. 공부를 그만두고자 해도 그만둘 수 없어 이미 나의 재주를 다하니, 부자의 도가 내 앞에 우뚝 서 있는 듯하다. 그리하여 그를 따르고자 하나 어디로부터 시작해야 할지 모르겠다."라고 하였다.

**26** 증자(曾子)는……살폈으니 : 매일 자신의 행동을 돌아보고 반성했던 증자의 성실한 학문 태도를 말한다. 《논어》 〈학이〉에 "나는 날마다 세 가지로 내 몸을 살피나니 '남을 위하여 일을 도모함에 충성스럽지 못한가? 붕우와 더불어 사귐에 성실하지 못한가? 전수받은 것을 복습하지 않는가?'라는 것이다."라고 하였다.

**27** 증자는……대답하였네 : 증자의 학문이 심오한 경지에 도달하였다는 의미이다. 《논어》 〈이인(里仁)〉에 "공자께서 말씀하기를 '삼(參)아, 우리의 도는 한 가지 이치가 만 가지 일을 꿰뚫고 있다.' 하니, 증자가 '예' 하고 대답하였다. 공자께서 나가자, 문인들이 '무슨 말씀입니까?'라고 물으니, 증자가 '부자의 도는 충(忠)과 서(恕)일 뿐이다.'라고 대답하였다."라고 하였다.

| | |
|---|---|
| 성인의 가르침 은미해졌거니와 | 聖謨其微 |
| 말할 필요 없는 것은 | 不須言者 |
| 이단이 어지러이 나누어짐이니 | 異端紛披 |
| 어찌 학자가 되어 | 云胡學者 |
| 그 도(道)를 여러 가지로 할 수 있으랴 | 二三其逵 |
| 난삽한 장구와 | 澁廨章句 |
| 광대들의 문사는 | 俳優文詞 |
| 아침에 더 배우고 저녁에 익혀도 | 朝益暮習 |
| 정신만 허비되어 피로해지고 | 精費神疲 |
| 해가 다하도록 부지런히 해도 | 兀兀窮年 |
| 날로 비루해지리라 | 日流汚卑 |
| 목적이 분명하지 못하면 | 貿貿向方 |
| 비록 부지런해도 무슨 도움 되리오 | 雖勤何裨 |
| 마음은 쑥대처럼 황폐해지고 | 蓬蒿寸靈 |
| 사지는 금수처럼 무례해질 터이니 | 禽獸四肢 |
| 오히려 이런 학문을 | 尙曰是學 |
| 군자가 할 일이라고 하겠는가 | 君子爲期 |
| 이런 사람 돌아보면 | 顧瞻若人 |
| 소인들도 비웃으리라 | 小人嗤嗤 |
| 하분에서 강학한 일[28]과 | 河汾講學 |

**28** 하분(河汾)에서 강학(講學)한 일 : 하분은 하수(河水)와 분수(汾水)의 병칭으로, 수(隋)나라 왕통(王通)이 물러나 강학하던 곳이다. 왕통은 용문(龍門) 사람으로, 자는 중엄(仲淹)인데 흔히 문중자(文中子)라고 불린다. 어려서부터 학문에 뜻을 두어 독실

| | |
|---|---|
| 강서에서 휘장을 드리운 일[29]은 | 江西下帷 |
| 당에 오르고 방에는 들어가지 못했지만[30] | 升堂未室 |
| 성인의 경지를 거의 좇아갔던 것일세 | 聖域幾追 |
| 익힘이 때에 맞지 않으면 | 習矣不時 |
| 순후함은 작고 흠이 크나니 | 小醇大疵 |
| 고인의 가르침을 실천하는 이 | 實踐古訓 |

하게 공부하였고, 사방을 유람하였다. 조정에 태평십이책(太平十二策)을 올렸으나 쓰이지 않자 물러나 하수와 분수 사이에서 강론하였는데, 문하에서 수업을 받은 자가 수천 명이나 되었다. 방현령(房玄齡), 두여회(杜如晦), 위징(魏徵), 이정(李靖) 등 쟁쟁한 학자가 모두 그의 문하에서 나왔으므로 당시 사람들이 이들을 하분문하(河汾門下)라고 칭하였다. 그가 죽은 뒤에는 문인들이 '문중자'라고 사시(私諡)를 올렸다. 《舊唐書 王勃列傳》

**29** 강서(江西)에서……일 : 학자가 학문에 정진(精進)하며 강학하는 곳을 말한다. 한(漢)나라 경제(景帝) 때 동중서(董仲舒)가 박사(博士)가 되어 강서에서 강학할 때 학문에 전념하느라 휘장을 드리웠는데, 이 때문에 제자들이 차례로 수업을 받으면서도 그의 얼굴을 보지 못한 사람이 있었다. 동중서는 그렇게 3년 동안 밖을 나가지 않고 집안의 정원도 내다보지 않은 채 학문에만 전념하였으므로 학사(學士)들이 모두 존중했다고 한다. 무제(武帝) 때에는 왕명에 의해 〈현량대책(賢良對策)〉을 연거푸 세 번 올리고 바로 강도상(江都相)에 임명되었는데, 뒤에 공손홍(公孫弘)에게 미움을 받아 교서왕(膠西王)의 승(丞)으로 좌천되고, 나중에 벼슬을 그만두고 저술에 힘쓰다 생을 마쳤다. 그의 〈현량대책〉은 유학을 존중하고 백가 사상을 배척할 것을 주장하여 경학의 지위를 높이는 데 큰 영향을 끼쳤다. 저서에 《춘추번로(春秋繁露)》 등이 있다. 《史記 董仲舒列傳》

**30** 당(堂)에……못했지만 : 도(道)에 들어가는 차례를 비유한 말이다. 공자가 자로의 학문이 이미 정대(正大)하고 고명(高明)한 경지에 이르렀고 다만 정미(精微)의 깊은 경지에는 들어가지 못했다는 의미로 "유(由)는 당에는 올랐고 아직 방에 들어오지는 못하였다."라고 한 데서 온 말이다. 《論語 先進》

| | |
|---|---|
| 아아, 그 누구이런가 | 噫噫其誰 |
| 바라건대 이 양심을 | 幸玆秉彝 |
| 하늘이 다하도록 실추하지 말라[31] | 極天罔墜 |
| 아름답고 왕성한 염민[32]의 학자들과 | 濟濟濂閩 |
| 문채 나는 이락[33]의 학자들이 | 彬彬洛伊 |
| 유학을 창명하였으니 | 唱鳴儒學 |
| 성현의 기반일세 | 聖賢之基 |
| 탐구 토의하고 실행하는 일은 | 探討服行 |
| 허례허식에 있지 않나니 | 非在毛皮 |
| 성현의 말씀 명백하여 | 聖言其明 |
| 추환 같고 이당 같다네[34] | 如豢如飴 |

**31** 바라건대……말라 : 주희의 〈소학제사(小學題辭)〉에 나오는 구절로 "바라건대 이 양심을 하늘이 다하도록 실추되게 하지 말라. 이에 옛적에 들은 것들을 모아 후세 사람들을 깨우치려 하니, 아, 소자들이여 공경히 이 책을 받을지어다. 나의 말은 노망한 것이 아니라 바로 성인의 가르침이니라." 하였다. 《晦庵集 卷76 小學題辭》

**32** 염민(濂閩) : 염락관민(濂洛關閩)의 약칭으로, 송(宋)나라 이학(理學)의 대표적 학자인 염계(濂溪) 주돈이(周敦頤), 명도(明道) 정호(程顥), 이천(伊川) 정이(程頤), 횡거(橫渠) 장재(張載), 회암(晦庵) 주희 등을 가리킨다. 주돈이는 염계에서, 정호와 정이 형제는 낙양(洛陽)에서, 장재는 관중(關中)에서, 주희는 민중(閩中)에서 강학하였기 때문에 이렇게 불렸다.

**33** 이락(伊洛) : 송나라의 학자 정호와 정이 형제가 강학하던 이천과 낙양의 병칭으로, 흔히 그 학문을 계승한 주희를 포함하여 정주학(程朱學)을 가리키는 말로 쓰인다.

**34** 성현(聖賢)의 말씀……같다네 : 맛있는 음식이 입에 잘 맞는 것처럼 성현의 말씀은 명백하여 사람의 마음에 잘 맞는다는 의미이다. 추(芻)는 소나 양처럼 풀을 먹는 가축이고 환(豢)은 개나 돼지처럼 곡식을 먹는 가축으로, 《맹자》 〈고자 상(告子上)〉에 "마음에 똑같이 옳게 여긴다는 것은 어떤 것인가? 이(理)와 의(義)를 말한다. 성인은

| | |
|---|---|
| 이를 절충한 자양[35]은 | 折衷紫陽 |
| 그 공이 성대하였으니 | 厥功丕丕 |
| 미루어 사람들에게 미쳐서 | 推以及人 |
| 우리 후생들을 개도하였네 | 開我衆稚 |
| 강서의 돈오[36]와 | 江西頓悟 |
| 영가의 설시[37]는 | 永嘉設施 |

우리 마음에 똑같이 옳게 여기는 바를 먼저 아셨을 뿐이다. 그러므로 이와 의가 우리 마음에 기쁜 것은 추환이 우리 입맛에 맞는 것과 같다."라고 한 데서 온 말이다. 이당(飴餹)은 달콤한 엿으로, 역시 맛있는 음식을 의미한다.

**35** 자양(紫陽) : 중국 안휘성(安徽省)에 있는 산 이름으로, 송나라 학자 주희의 별호이다. 주희의 아버지 주송(朱松)이 자양산(紫陽山)에서 독서하였는데, 뒤에 주희가 복건성(福建省) 숭안(崇安)에 살면서 서재를 '자양서실(紫陽書室)'이라 명명하여 어버이를 잊지 않는 뜻을 담았던 데서 온 말이다.

**36** 강서(江西)의 돈오(頓悟) : 송나라 육구연(陸九淵) 계통 학자들의 학문 성향을 말한다. 육구연은 주희와 같은 시대 사람으로 자는 자정(子靜)이고 호는 상산(象山)인데, 강서 금계(金鷄) 사람이기 때문에 그 학파를 강서학파(江西學派)라고도 부른다. 그의 학풍은 오로지 천리(踐履)에 힘쓰고 강학을 전부 폐하며 돈오를 종지(宗旨)로 삼았는데, 주희의 주지적(主知的) 철학에 반대하여 심즉리(心則理)의 학설을 주장하였다. 돈오란 불가(佛家)의 말로 순간에 진리를 깨닫는다는 뜻인데, 육구연의 학문이 불교에 가깝기 때문에 주자학파에서 강서학파를 불가의 돈오에 가깝다고 비방하였다.

**37** 영가(永嘉)의 설시(設施) : 남송 시대 이학파(理學派)인 영가학파(永嘉學派)의 학문 성향을 말한다. 영가학파는 당시 주희와 육구연의 2대 학파에 대치한 일파(一派)로, 특히 실용(實用)과 경제(經濟)의 학문을 주장하여 영가공리파(永嘉功利派)라 불리기도 하였다. 그 학설은 설계선(薛季宣)과 정백웅(鄭伯熊)으로부터 시작하여 진부량(陳傅良)과 섭적(葉適)에 이르러 완성되었고, 동래(東萊) 여조겸(呂祖謙)이 이들의 학설을 받아들여 스스로 일가를 이루었다고 한다. 설시는 미리 계획하여 시행한다는 의미로, 이들의 학설이 '경세제민'이라는 지향점을 미리 세워 놓고 이를 추구하였기 때문에 이렇게 말한 듯하다.

이미 그 참뜻을 잃어버렸으니　已失其眞

시습의 공부를 의심하였네　時習是疑

더구나 저 자포자기[38]하는 자들은　矧伊暴棄

자신을 옳다 하고 남을 그르다 하였으니　自是人非

아득한 천년 동안　千載攸攸

도학의 기롱을 받았네　道學之譏

그러나 사람의 정은 선하여　然人情善

혹 드러내 놓고 비방하기가 어려우니　或難顯誹

문을 닫아걸고 뜻을 구하면　杜門求志

누가 감히 나를 업신여기리오　孰敢侮台

지엽에 얽매이게 되면[39]　坐此枝葉

뜻만 크고 큰소리치는[40] 후생일 뿐이니　嘐嘐生遲

**38** 자포자기(自暴自棄) : 자포는 스스로 해치는 것으로 도덕(道德)과 예의(禮義)를 부정함을 이르고, 자기는 스스로 포기하는 것으로 자신은 도덕과 인의를 행할 수 없다고 체념함을 이른다. 맹자가 "스스로 해치는 자는 더불어 말할 수 없고 스스로 버리는 자는 더불어 일할 수 없으니, 말할 때에 예의를 비방하는 것을 자포라 이르고, 내 몸은 인(仁)에 거하고 의(義)를 따를 수 없다 하는 것을 자기라 이른다."라고 한 데서 온 말이다. 《孟子 離婁上》

**39** 지엽(枝葉)에 얽매이게 되면 : 성현의 참뜻을 잃어버리고 지엽적인 일에 마음을 빼앗긴다는 의미로, 주희의 시 〈재거감흥(齋居感興)〉에 "내가 앞 성현의 말씀에 어두운 것은, 지엽에 얽매였기 때문이니, 발분하여 영원히 떨어 버려서, 일원(一原)에서 우뚝한 공을 거두어야 하지."라고 한 데서 온 말이다. 《晦庵集 卷4》

**40** 뜻만 크고 큰소리치는 : 맹자가 광자(狂者)에 대해 설명하기를 "그 뜻이 높고 말이 커서 '옛사람이여, 옛사람이여.'라고 말하되, 평소에 그의 행실을 살펴보면 행실이 말을 따라가지 못하는 자들이다.〔其志嘐嘐然, 曰: "古之人, 古之人!" 夷考其行而不掩焉者也.〕" 하였는데, 이 구절에 대한 주(註)에서 "교교는 뜻이 크고 말이 크다는 의미이다.

| | |
|---|---|
| 자신에게서 얻지 못하면 | 不獲於己 |
| 그 미룸[41]을 얻을 수 있으랴 | 能得其推 |
| 분발하면 마음이 급해져서 | 發憤遑遑 |
| 목마른 듯 배고픈 듯이 하는데 | 如渴如飢 |
| 서책 가운데 | 黃卷之中 |
| 마주할 만하고 의지할 만하니 | 可對可依 |
| 나의 시습 두 글자를 받들어 | 奉我二字 |
| 닭이 울면 일어나 부지런히 해야 하리 | 鷄鳴孜孜 |
| 부지런히 하기를 어떻게 해야 하는가 | 孜孜伊何 |
| 경으로 자신을 다잡아 | 敬以自持 |
| 때로 익히고 또 때로 익히면 | 時而又時 |
| 거의 스스로 속이는 일이 없을 것일세[42] | 庶無自欺 |

〔嘐嘐, 志大言大也.〕" 하였다. 《孟子 盡心下》

**41** 미룸 : 자신의 덕을 미루어 남에게 미친다는 '추이급인(推以及人)'을 의미한다. 《대학장구》 경(經) 1장의 주에서 '신민(新民)'의 뜻을 설명하며 "신은 옛 것을 고침을 이른다. 이미 스스로 그 명덕을 밝혔으면 또 마땅히 미루어 남에게까지 미쳐서, 그로 하여금 또한 옛날에 물든 더러움을 제거하게 함을 말한 것이다.〔新者, 革其舊之謂也. 言旣自明其明德, 又當推以及人, 使之亦有以去其舊染之汚也.〕" 하였다.

**42** 스스로……것일세 : 성의(誠意)를 의미한다. 《대학장구》 성의장(誠意章)에 "이른바 그 뜻을 성실히 한다는 것은 스스로 속이지 않는 것이니, 악을 미워하기를 악취를 싫어하는 것같이 하며 선을 좋아하기를 좋은 색을 좋아하는 것같이 해야 하니, 이를 자겸(自謙)이라 이른다. 그러므로 군자는 반드시 그 홀로를 삼가는 것이다."라고 한 데서 온 말이다. 자겸은 스스로 만족한다는 의미이다.

# 찬 贊

## 이천 선생의 화상에 부치는 찬
伊川先生畫象贊

| | |
|---|---|
| 학문이 천인의 이치를 꿰뚫었으니 | 學貫天人 |
| 가고 멈춤을 오직 때에 맞게 하였네[43] | 使尼惟時 |
| 마음에 성경을 보존하였으니 | 心存誠敬 |
| 사하거나 달하여 이런 것이던가[44] | 舍達如斯 |

**43** 가고……하였네 : 출처(出處)와 진퇴(進退)를 때에 맞게 하였다는 의미이다. 전국시대 노 평공(魯平公)이 맹자를 만나려고 할 때 폐인(嬖人) 장창(臧倉)이 만나지 못하게 하였는데, 맹자가 이 말을 듣고 "가는 건 누가 시켜서 갈 수 있고 멈추는 것도 누가 저지해서 그럴 수 있지만, 가고 멈추는 것은 사람이 할 수 있는 것이 아니다. 내가 노나라 임금을 만나지 못함은 천운이니, 장씨의 아들이 어찌 나로 하여금 만나지 못하게 할 수 있겠는가."라고 한 데서 온 말이다. 《孟子 梁惠王下》

**44** 마음에……것이던가 : 정이(程頤)가 배를 타고 부주(涪州)로 귀양 갈 때의 고사에서 온 말이다. 정이가 부주로 귀양 가면서 강을 건널 때 풍랑이 심하여 배가 거의 전복되려 하니 배 안의 사람들이 모두 울부짖으며 두려워하였다. 그러나 정이만은 유독 옷깃을 단정히 하고 편안히 앉아서 평상시와 같았는데, 언덕에 정박하자 초부(樵夫)가 묻기를 "배가 위태로울 때 그대만이 유독 두려워하는 기색이 없었으니, 사(舍)해서 이와 같은 것입니까, 달(達)해서 이와 같은 것입니까?" 하니 정이가 대답하기를 "마음에 성경을 지녔기 때문입니다.〔心存誠敬〕" 하였다. 여기서 '사'는 모든 것을 버린다는 뜻이고 '달'은

| | |
|---|---|
| 도가 성대하여 화의 경지에 들었으니[45] | 道大而化 |
| 노년에 기색(氣色)이 더욱 새로워졌지[46] | 貌久愈新 |
| 종 모양의 의복에 사건(紗巾)을 썼으며[47] | 鍾形戴巾 |
| 전서로 글씨를 새겨 큰 띠를 드리웠네[48] | 篆文垂紳 |

모든 이치를 달관하였다는 의미이다. 《心經 誠意章》《伊洛淵源錄 卷4》

**45** 도(道)가……들었으니 : 화(化)는 생각하지 않고 힘쓰지 않아도 조용히 도에 맞아서 자연(自然)과 동화(同化)되는 상태를 이르는 말로, 정이가 완성한 학문의 경지를 가리킨다. 《맹자》 〈진심 하(盡心下)〉에 "사람들이 좋아할 만한 사람을 선인(善人)이라 하고, 자기 몸에 선을 소유한 사람을 신인(信人)이라 하고, 선을 충실히 보유한 사람을 미인(美人)이라 하고, 충실하여 빛남이 있는 사람을 대인(大人)이라 하고, 대인이면서 저절로 화한 사람을 성인(聖人)이라 하고, 성인이어서 측량할 수 없는 사람을 신인(神人)이라 한다."라고 한 데서 온 말이다.

**46** 노년에……새로워졌지 : 학문 수양에 힘을 기울여 신수가 더욱 좋아졌다는 의미이다. 정이가 부주로 귀양 가서 온갖 고초를 겪었지만 돌아왔을 때는 70의 나이에도 불구하고 기모(氣貌)와 용색(容色)과 수염과 머리털이 모두 평소보다 좋아져 있어서 문인(門人)이 그 이유를 묻자, "이것은 학문의 힘이다. 대체로 학자들은 환난과 빈천에 대처하는 것을 배워야 하고, 부귀영달 같은 것은 굳이 배울 것이 없다."라고 대답한 데서 온 말이다. 《二程外書 第12卷》《心經 正心章》

**47** 종……썼으며 : 정이의 평소 모습을 형용한 말이다. 정이는 평소 소매가 넓은 허름한 옷을 즐겨 입고 도사(道士)들이 쓰는 선도건(仙桃巾)과 비슷한 사건(紗巾)을 써서 등 뒤에서 보면 마치 종 모양 같았다고 한다. 《古今事文類聚 續集 卷20 冠履部 伊川巾服》

**48** 전서(篆書)로……드리웠네 : 정이의 평소 복식을 형용한 말이다. 정이는 심의(深衣)를 입고 큰 띠를 둘렀는데, 푸른 가선을 두른 다음 "예가 아니면 보지 말며, 예가 아니면 듣지 말며, 예가 아니면 말하지 말며, 예가 아니면 움직이지 말라.〔非禮勿視, 非禮勿聽, 非禮勿言, 非禮勿動.〕"라는 16자를 전문(篆文)으로 새겨 넣었다고 한다. 《古今事文類聚 續集 卷20 冠履部 伊川巾服》

# 투호에 부치는 찬

投壺贊

| | |
|---|---|
| 먼저 안의 뜻을 바르게 하고 | 先正內志 |
| 밖의 몸을 곧게 한 뒤에[49] | 旣直外體 |
| 이에 살피고 이에 견고히 지켜야 | 迺審迺固 |
| 자연스럽게 예에 합치한다네 | 雍容中禮 |
| 빗나가도 원망하지 말아야 | 失爾罔怨 |
| 내가 자만하지 않을 수 있나니 | 得我靡盈 |
| 사관과 경양[50]이 | 賜灌敬養 |
| 군자가 다투는 일이라네 | 君子攸爭 |

**49** 먼저……뒤에 : 《예기》 〈사의(射義)〉에 "활 쏘는 것은 진퇴와 주선을 반드시 예에 맞게 하나니, 속의 뜻이 바르고 겉의 몸이 곧은 다음에야 궁시를 잡는 것이 세밀하고 견고해지며, 궁시를 잡는 것이 세밀하고 견고한 다음에야 맞히는 것을 말할 수 있으니, 이는 곧 덕행을 볼 수 있는 것이다."라고 한 데서 온 말이다.

**50** 사관(賜灌)과 경양(敬養) : 투호에서 진 사람이 벌주를 마시고 이긴 사람이 술을 따르는 예를 말한다. 사관은 "목을 축여 주시기를 청합니다."라는 뜻으로 진 사람이 무릎 꿇고 앉아 술잔을 받들고 술을 청하는 말이고, 경양은 "공경히 봉양합니다."라는 뜻으로 이긴 사람이 무릎을 꿇고 술을 따라 주면서 하는 말이다. 《禮記 投壺》

## 구등[51]에 적다

書篝燈

| | |
|---|---|
| 자신의 밝은 빛으로 | 以其昭昭 |
| 사람이 밝게 빛나게 하니 | 使人昭昭 |
| 밤이 다하도록 자지 않고 | 不寢終夜 |
| 앉아서 아침을 기다린다네 | 坐以待朝 |
| 사람이 혹 너를 속일지라도 | 豈不爾欺 |
| 너는 스스로 속이지 말거라 | 爾罔自欺 |
| 오직 낮을 이어 밤을 밝혀 주니 | 惟其繼之 |
| 이 때문에 너를 두노라 | 是以有之 |

**51** 구등(篝燈) : 바람을 막기 위해 대쪽으로 불어리를 만들어 씌운 등을 말한다.

## 목침에 부치는 찬

木枕贊

| | |
|---|---|
| 외면은 방정하니 | 外面方 |
| 하늘을 받드는 형상이고[52] | 承元像也 |
| 중심은 허령하니 | 中心虛 |
| 태극을 머금은 모양일세 | 含極樣也 |
| 머리가 곧으면[53] 몸이 기울지 않나니 | 頭旣直體不傾 |
| 귀신이 임한 듯 자나 깨나 정성스러워야 한다네[54] | 鬼神臨寤寐誠 |

**52** 외면은……형상이고 : 천지의 도를 가지고 목침의 외형을 설명한 말이다. 《주역》 〈설괘전(說卦傳)〉 본의(本義)에 "하늘은 둥글고 땅은 모나다.〔天圓地方〕"라고 한 데서 온 말이다.

**53** 머리가 곧으면 : 군자가 지켜야 할 아홉 가지 몸가짐 가운데 머리 모양을 말한다. 《예기》 〈옥조(玉藻)〉에 "군자의 용모는 펴지고 느긋해야 하니, 존경하는 사람을 보고는 더욱 공경하고 조심해야 한다. 발걸음은 무겁게 해야 하고, 손놀림은 공손해야 하며, 눈은 단정해야 하고, 입은 무거워야 하며, 목소리는 조용해야 하고, 머리의 모양은 곧게 해야 하며, 기상은 엄숙해야 하고, 서 있는 모양은 덕이 있게 해야 하며, 얼굴빛은 장엄해야 한다." 하였다.

**54** 귀신(鬼神)이……한다네 : 고요할 때의 성찰에 대해 설명한 구절로 보인다. 《심경》 권3 〈우산지목장(牛山之木章)〉에, 허형(許衡)이 "고요할 때 경(敬)하여 항상 천지 귀신이 임하여 있음을 생각해서 감히 조금이라도 소홀히 하지 않고, 움직일 때 경하여 보고 들음, 얼굴빛과 모양, 말과 일, 의심과 분함, 얻음에서부터 일일이 성찰해서 외물을 따라가지 않게 하여 비록 천만 인의 속에 있더라도 항상 자신이 있음을 알아야 하니, 이것이 경을 잡아 지키는 대략이다." 하였다.

## 또
又

| | |
|---|---|
| 외면은 곧은 모양[55] 받들고 | 外承容直 |
| 속에는 일신[56]을 갈무리하였으니 | 中藏日新 |
| 홀로 자고 깨며[57] | 獨寐寤言 |
| 너의 신령함을 보리라 | 覯爾維神 |

**55** 곧은 모양 : 머리를 가리킨다. 군자의 아홉 가지 몸가짐 가운데 "머리의 모양은 곧게 해야 한다.〔頭容直〕"라고 했기 때문에 이렇게 말한 것이다. 36쪽 주53 참조.

**56** 일신(日新) : 탕(湯) 임금이 목욕 그릇에 새겨 넣어 자신을 경계했던 고사에서 온 말이다. 24쪽 주21 참조.

**57** 홀로 자고 깨며 : 은거하며 조용히 지내는 삶을 표현한 말이다. 《시경》 〈위풍(衛風) 고반(考槃)〉에 "은거할 집 시냇가에 완성하니 훌륭한 분이 태연히 거처하네. 홀로 자고 깨어 길이 잊지 않으려 맹세하네.〔考槃在澗, 碩人之寬. 獨寐寤言, 永矢弗諼.〕"라고 한 데서 온 말이다.

## 옥산서원[58]의 여러 편액에 부치는 찬

玉山書院諸額贊

### 체인묘[59] 體仁廟

| | |
|---|---|
| 만물을 생장하게 하는 봄은 | 生物之春 |
| 우리에게는 인이 되니[60] | 在我爲仁 |
| 몸으로 체행하면 | 體之以身 |
| 어찌 사람의 우두머리가 되지 못하리오[61] | 何不長人 |

**58** 옥산서원(玉山書院) : 이언적(李彦迪)을 제향하는 서원으로, 경주시 안강읍 옥산리에 있다. 1572년(선조5)에 건립하고, 1574년에 사액(賜額)을 받았다. 옥산은 자옥산(紫玉山)을 가리키는 말로, 1530년(중종25) 이언적이 사간(司諫)으로 있을 때 김안로(金安老) 등의 등용을 반대하다가 그 일당의 배척을 받고 물러난 뒤 이 산에 들어가 학문 연구에 전념하였다.

**59** 체인묘(體仁廟) : 이언적의 위패가 모셔진 사당이다.

**60** 만물을……되니 : 《주역》 〈건괘(乾卦) 문언(文言)〉에 "원은 만물을 생장하게 하는 시작이니, 천지의 덕이 이보다 우선함이 없다. 그러므로 계절에서는 봄이 되고 사람에게는 인이 되어 모든 선의 으뜸이 된다.〔元者, 生物之始, 天地之德, 莫先於此. 故於時爲春, 於人則爲仁, 而衆善之長也.〕" 하였다.

**61** 몸으로……못하리오 : 군자가 인(仁)을 체행(體行)하면 군장(君長)이 될 수 있다는 말로, 《주역》 〈건괘 문언〉에 "군자가 인을 체행함이 남의 우두머리가 될 만하다."라고 한 데서 온 말이다.

## 구인당[62] 求仁堂

| | |
|---|---|
| 마음의 덕[63]이 어찌 훼손되겠는가 | 心德何損 |
| 잃어버리고선 멀어졌다고 하나니[64] | 放而曰遠 |
| 일념으로 돌이킬 줄 아는 것 | 一念知反 |
| 이것이 바로 근본이 된다네 | 卽此是本 |

## 양진재[65] 兩進齋

| | |
|---|---|
| 선을 택하고 밝게 알아야 하며[66] | 擇善惟明 |

**62** 구인당(求仁堂) : 옥산서원의 강당으로 서원에서 가장 중심이 되는 건물이다.

**63** 마음의 덕 : 인을 가리킨다. 《맹자》 〈고자 상(告子上)〉에 "인은 사람의 마음이요, 의(義)는 사람의 길이다." 하였는데, 그 주(註)에서 "인은 마음의 덕이니, 정자가 '마음은 곡식의 씨앗과 같고, 인은 그 씨앗이 싹트는 본성이다.'라고 한 것이 이것이다.〔仁者, 心之德, 程子所謂心如穀種, 仁則其生之性是也.〕" 하였다.

**64** 잃어버리고선 멀어졌다고 하나니 : 마음을 잃어버리면 인을 구하는 길이 멀어진다는 의미이다. 《맹자》 〈고자 상〉에 "사람이 닭과 개가 도망가면 찾을 줄을 알되 마음을 잃고서는 찾을 줄을 알지 못하니, 학문하는 방법은 다른 것이 없다. 그 잃어버린 마음을 찾는 것일 뿐이다."라고 한 구절과 〈진심 상(盡心上)〉에 "만물의 이치가 모두 나에게 갖추어져 있으니, …… 힘써 제 마음으로 남의 마음을 헤아려 행하면 인을 구하는 데 이보다 더 가까운 길이 없다."라고 한 구절의 의미를 조합한 것이다.

**65** 양진재(兩進齋) : 구인당의 마루 동쪽에 있는 방이다.

**66** 선(善)을……하며 : 선을 택하여 굳게 지키고 선이 무엇인지 밝게 알아야 한다는 의미이다. 《중용장구》 제20장의 "성실히 하려는 사람은 선을 택하여 굳게 잡는 사람이다."와 "몸을 성실히 하는 데 방법이 있으니, 선을 밝게 알지 못하면 몸을 성실히 하지 못할 것이다."라는 구절을 조합한 말이다. 한편 "과연 이 방법에 능하면 비록 어리석으나

| | |
|---|---|
| 몸에 돌이켜 보아 성실해야 하니[67] | 反身惟誠 |
| 무엇이 중요하고 무엇이 가볍겠는가 | 孰重孰輕 |
| 성현들이 함께 행한 공부일세 | 聖賢同行 |

### 해립재[68] 偕立齋

| | |
|---|---|
| 경으로 곧게 하고 의로 바르게 하여[69] | 敬直義方 |
| 안과 밖을 서로 함양해야 하네 | 內外交相 |
| 오직 잡아서 잊지 말아야[70] | 惟操弗忘 |
| 천덕[71]이 밝게 빛나리라 | 天德之光 |

반드시 밝아지며, 비록 유약(柔弱)하나 반드시 강해진다."라는 구절의 주에서는 "밝아짐은 택선의 공효(功效)요, 강해짐은 고집의 공효이다." 하였다.

**67** 몸에……하니 : 자기 몸에 갖추어진 이치를 돌이켜 보아 성실하게 해야 한다는 의미로, 《맹자》 〈진심 상〉에 "만물의 이치가 모두 나에게 갖추어져 있으니, 몸에 돌이켜 보아 성실하면 즐거움이 이보다 더 클 수 없다."라고 한 데서 온 말이다.

**68** 해립재(偕立齋) : 구인당의 마루 서쪽에 있는 방이다.

**69** 경(敬)으로……하여 : 경을 행하여 내면을 곧게 하고 의(義)를 행하여 외면을 바르게 한다는 의미로, 《주역》 〈곤괘(坤卦) 문언〉에 "군자는 경을 행하여 내면을 곧게 하고 의를 행하여 외면을 바르게 하니, 경과 의가 확립되면 덕이 외롭지 않다."라고 한 데서 온 말이다.

**70** 잡아서 잊지 말아야 : 마음을 두고 한 말이다. 공자(孔子)가 "잡으면 보존되고 놓으면 잃어서, 나가고 들어옴이 정한 때가 없으며, 그 정한 방향을 알 수 없는 것은 오직 사람의 마음을 두고 말한 것이다." 하였는데, 이 구절에 대해 정이(程頤)가 설명하기를 "마음이 어찌 출입이 있겠는가. 또한 잡아 두고 놓아둔다는 것으로 말했을 뿐이니, 마음을 잡는 방법은 경을 행하여 마음을 곧게 하는 것일 뿐이다." 하였다. 《孟子 告子上》

**71** 천덕(天德) : 흔히 하늘의 덕성(德性)을 말하는데, 여기서는 하늘과 같은 덕, 즉

## 무변루[72] 無邊樓

모자라지도 않고 남지도 않으며 　靡欠靡餘
끝도 없고 시작도 없어라 　罔終罔初
광풍인가 제월인가[73] 　光歟霽歟
태허에서 노닐었다네 　游于太虛

## 역락문 亦樂門

풍도를 들으면 돌아오고 　聞風則回
도를 바라보고 찾아오니 　望道而來
또한 즐겁지 아니한가 　不亦樂哉
방국의 영재로다 　邦之英才

성인(聖人)의 덕을 가리킨다. 정호(程顥)가 "경과 의가 양쪽에서 잡아 주면 곧바로 위로 올라가 천덕에 도달함이 이로부터 시작된다." 하였는데, 이 구절에 대해 주희(朱熹)가 설명하기를 "경은 마음속을 주장하고 의는 밖을 막으니, 두 가지가 서로 양쪽에서 잡아 주면 한순간 놓아 버리려 해도 그렇게 할 수 없고 다만 곧바로 위로 올라갈 수 있다. 그러므로 곧 천덕에 도달할 수 있는 것이다." 하였다. 《心經 卷1 敬以直內章》《近思錄 爲學》

**72** 무변루(無邊樓) : 옥산서원의 정문인 역락문으로 들어서면 보이는 누각이다.

**73** 광풍(光風)인가 제월(霽月)인가 : 광풍과 제월은 비 온 뒤의 맑은 바람과 갠 날의 깨끗한 달빛이라는 뜻으로, 가슴속이 쇄락하여 조금의 사욕(私慾)도 없고 조용하게 도(道)에 합치되는 군자의 고결하고 깨끗한 심회를 비유하는 말이다.

## 축문

祝

두 사람이 자(字)를 지어 달라고 매우 간절히 청하기에, 민성(閔誠)의 자는 중명(仲明)이라 하고 서우량(徐友諒)의 자는 경인(景仁)이라 한 다음 아래와 같이 축원한다.

덕(德)이 성실하면 반드시 선(善)이 밝아지고　誠之必明
선이 밝아지면 반드시 덕이 성실해진다네[74]　明之必誠
문채 나는 군자여　有斐君子
체와 용이 갖추어졌도다　體用之備

민성에 대한 축원이다.

벗을 취함에 신실함으로 하고　取友以信
자신을 도모함에 정성을 다하니　謀我則忠
인을 알지 못한다 해도　不知其仁
인이 그 가운데 있다 하겠네　仁在其中

서우량에 대한 축원이다.

**74** 덕(德)이……성실해진다네 : 자사(子思)가 "성(誠)으로 말미암아 밝아짐을 성(性)이라 이르고, 명(明)으로 말미암아 성실해짐을 교(敎)라 이르니, 성실하면 밝아지고, 밝아지면 성실해진다.〔自誠明, 謂之性; 自明誠, 謂之敎. 誠則明矣, 明則誠矣.〕"라고 한 데서 온 말이다.《中庸章句 第21章》

# 교서 敎

## 의정부 우찬성 이황에게 내리는 교서[75]
敎議政府右贊成李滉書

왕은 말하노라. 아, 좋아할 만한 어진 사람을 아는 것보다 어려운 일이 없고, 정성을 가지고 어진 사람을 좋아하는 것보다 더 어려운 일은 없다. 정성이 있으면 선비들이 모두 조정에 서기를 원하고 어질지 못한 자는 멀어지며 정성이 없으면 가까이 있는 사람이 머무르지 않고 멀리 있는 사람이 오지 않을 것이니, 대저 정성을 가릴 수 없음이 이와 같다.[76] 저 어진 사람들이 돌아보건대 또한 어찌 국가를 저버리겠는가.

나는 어린 나이로 대통을 이었기에 오직 선왕의 기업(基業)을 계승하지 못할까 봐 두려워서 양암(諒闇) 중에도 반드시 명령을 내리고 경연에서 강독을 폐하지 않았으니, 오직 어진 사람을 가까이하는 것이 급선무라는 것만 알고 있다. 누가 나와 더불어 천위(天位)를 함께하고

**75** 의정부……교서 : 《퇴계집(退溪集)》 연보 권3 〈부록〉에 실려 있는데, 1568년(선조1) 4월 2일에 내린 것이다.

**76** 대저……같다 : 정성이 발현되는 실상을 가릴 수 없다는 말이다. 정성이란 진실하고 망녕됨이 없는 마음으로, 《중용장구》 제16장에 "대저 은미한 것이 드러나니, 정성을 가릴 수 없음이 이와 같구나."라고 한 데서 온 말이다.

천직(天職)을 다스려서[77] 우리 조종(祖宗)을 빛내고 우리 생민(生民)을 구제할 수 있겠는가.

오직 경은 경술(經術)과 덕의(德義)가 사인(士人)들의 종앙(宗仰)을 받은 지 오래되었기에 내가 익히 들어 알고 있으니, 또한 참으로 좋아할 만한 사람을 알았다고 할 수 있다. 비록 작록(爵祿)에 마음을 쓰지 않고 차분하게 본성을 수양하여 그 뜻을 빼앗을 수 없을 것 같지만, 참으로 경(敬)을 지극히 하고 예(禮)를 다한다면 어찌 감동하지 않겠는가. 그러니 선뜻 생각을 바꾸어서 나의 천위와 천직을 함께하여 조종과 생민을 책임질 수 있다면 어찌 몽복(夢卜)[78]보다 낫지 않겠는가. 이에 유시하여 나의 뜻을 보인 것이 한두 번이 아니었는데 경은 앞서의 뜻을 굳게 지켜 바꾸려고 하지 않았으니, 오호라, 경을 좋아하는 나의 정성이 또한 부족했도다. 어찌하여 일어나야 하는데 일어나지 않아서 나로 하여금 애타는 회포를 오래도록 품어 그만두지 못하게 하는가. 아, 임금과 신하가 서로 잘 만나는 것은 예로부터 어렵게 여겼으니, 경이 나오지 않는 것은 아마도 어진 사람을 좋아하는 나의 정성에 미덥지 못한 점이 있어서 그런 것이다.

지난번 이공(貳公)에 임명했을 때[79]는 좌우에서 건의해서가 아니라

**77** 천위(天位)를……다스려서 : 천위는 하늘이 내려 준 직위라는 뜻으로 관직을 가리키고, 천직은 하늘이 부여한 직무라는 뜻으로 정사를 가리킨다. 천위와 천직은 천록(天祿)과 더불어 하늘이 현인(賢人)을 대우하여 천민(天民)을 다스리게 한 것이니, 하늘이 만들어 놓았기 때문에 각각 천(天) 자를 붙인 것이다.

**78** 몽복(夢卜) : 부열(傅說)이나 여상(呂尙) 같은 어진 재상을 얻기 위해 애쓰는 정성을 의미한다. 옛날 은(殷)나라 고종(高宗)이 꿈을 꾸고 나서 부열을 만나고, 주(周)나라 문왕(文王)이 점을 쳐서 여상을 얻었다는 고사에서 온 말이다. 《書經 秦誓》

실로 내가 충심(衷心)으로 결정하였고, 경을 기쁘게 하려 해서가 아니라 실로 여론에 부합하기 때문이었다. 그런데 경은 매번 물러나는 것을 의리로 삼고 병을 형세로 삼았으며 작록을 탐하는 것이라는 이유로 혐의하고 학문을 이루지 못했다는 이유로 사양하였으니, 경의 생각은 참으로 그러하겠지만 나는 실로 의아하였다. 벼슬할 만하면 벼슬하고 그만둘 만하면 그만두며 오래 머물 만하면 머물고 빨리 떠날 만하면 빨리 떠나는 것은 성인이 했던 처세이고 벼슬하지 않는 것은 의리가 없는 일이라는 말은 분명한 가르침이 있으니,[80] 선비가 처세함에 어찌 일신만을 깨끗이 할 뿐이겠으며 어찌 영원히 떠날 뿐이겠는가. 지금 시대를 헤아려 보건대, 크게 훌륭한 일을 할 수 있는 군주는 없지만 선인태후(宣仁太后)[81]같이 어진 황후가 반드시 위에 없지는 않고 범순인(范純仁)과 여공저(呂公著)[82]같이 어진 신하가 반드시 아래에 없지

**79** 이공(貳公)에 임명했을 때 : 이공은 의정부 찬성(議政府贊成)의 별칭으로, 이공(二公)·이상(二相)·이상(貳相)이라고도 한다. 선조는 1568년(선조1) 1월 28일에 이황을 숭정대부 의정부 우찬성에 임명하고, 올라오라는 교지를 내렸다. 《宣祖實錄 1年 1月 28日》《退溪集 年譜 卷2》

**80** 벼슬하지……있으니 : 도사(道士)나 승려처럼 세상을 떠나 자기 일신만을 깨끗이 지키는 것은 의리가 아니라는 말로, 자로(子路)가 은자(隱者)인 하조장인(荷蓧丈人)을 만나고 나서 "벼슬하지 않는 것은 의리가 없는 일이니, 장유(長幼)의 예절을 폐할 수 없거늘 군신의 의를 어떻게 폐할 수 있겠는가. 자기 몸을 깨끗이 하고자 대륜(大倫)을 어지럽히는 짓이다. 군자가 벼슬하는 것은 그 의를 행하는 것이다."라고 한 데서 온 말이다. 《論語 微子》

**81** 선인태후(宣仁太后) : 송(宋)나라 영종(英宗)의 후비(后妃) 고씨(高氏)를 가리킨다. 그녀는 아들 신종(神宗)이 죽자 철종(哲宗)을 세우고 수렴청정을 하면서 많은 인재를 등용하여 원우(元祐)의 성세(盛世)를 이룩하여 여중요순(女中堯舜)으로 일컬어졌다. 《宋史 英宗宣仁聖烈高皇后》

는 않으니, 현인군자가 또한 신하의 반열에 없다고 어찌 감히 함부로 말할 수 있겠는가. 경은 의리를 보면 망설임 없이 오고, 의리에 부합하지 않으면 미련 없이 떠날 수 없겠는가. 태평한 세상이면 도를 행하고 근심스러운 세상이면 떠나갈 수 없겠는가.[83] 아, 신하들이 기대를 받을 때는 항상 공문중(孔文仲)이 속았던 일[84]을 걱정하였으니, 인재가 흥기하려 할 때에 어찌 포종맹(蒲宗孟)이 내쳐졌던 일[85]을 근심하겠는가.

**82** 범순인(范純仁)과 여공저(呂公著) : 모두 송나라의 명신이다. 범순인의 자는 요부(堯夫), 시호는 충선(忠宣)으로, 강소성(江蘇省) 오현(吳縣) 사람이다. 범중엄(范仲淹)의 둘째 아들로, 이부 상서, 관문전 태학사(觀文殿太學士) 등을 지냈다. 여공저의 자는 회숙(晦叔), 시호는 정헌(正獻)으로, 산동성(山東省) 동래(東萊) 사람이다. 인종(仁宗) 때 진사가 되어 한림학사 등을 지냈다. 왕안석(王安石)의 청묘법(靑苗法)을 반대하였으며 사마광(司馬光)과 함께 신법(新法) 폐지를 주장하였는데, 사마광, 한기(韓琦), 부필(富弼)과 함께 송나라의 4대 명상(名相)으로 일컬어진다.

**83** 태평한……없겠는가 : 세상의 추이를 살펴보고 그에 따라 출처를 정하라는 말이다. 《주역》 〈건괘(乾卦) 문언(文言)〉에 "남으로부터 인정을 받지 못해도 고민하지 말아서 태평한 세상이면 나아가 도를 행하고 근심스러운 세상이면 떠나간다."라고 한 데서 온 말이다.

**84** 공문중(孔文仲)이 속았던 일 : 소인들에게 속아 어진 사람을 탄핵하는 일을 가리킨다. 공문중은 송나라의 문신으로, 자는 경보(經父)이다. 신종 연간에 소식(蘇軾)의 사주를 받고 정이(程頤)를 탄핵하였는데, 후에 자신이 소인들에게 속았다는 것을 알고는 분함을 이기지 못하여 피를 토하고 죽었다고 한다. 《宋史紀事本末 卷10 洛蜀黨議》

**85** 포종맹(蒲宗孟)이 내쳐졌던 일 : 경솔하게 어진 사람을 탄핵하였다가 내쳐지는 일을 가리킨다. 포종맹은 신정(新井) 사람으로, 자가 전정(傳正)이다. 신종 때 집현전 교리(集賢殿校理)로 있으면서 간신인 여혜경(呂惠卿)을 도와 수실법(手實法)을 만들고 한림학사에 발탁되어 상서 우승(尙書右丞)에 올랐다. 황제가 일찍이 인재가 없다고 한탄했을 때 포종맹은 자신이 천거했던 사마광을 비난하며 "조정의 인재가 절반은 사마광의 간사한 말에 속아 넘어갔습니다."라고 탄핵하였다가 지방관으로 축출되었다. 《宋史 蒲宗孟列傳》

지금 봄에서 여름으로 바뀌는 때에 바람이 날로 온화해지고 있으니 실로 병든 사람이 낫고 늙은 사람이 편안해지는 때이다. 경은 나이가 비록 많지만 정력이 쇠퇴하지 않았으니, 참으로 한번 길을 떠나 나아오려 한다면 여(輿)를 타거나 초(軺)를 타거나 역마를 타거나 배를 타더라도 형세로 볼 때 불가할 것이 없고, 길가에서 구경하는 사람들은 반드시 가액(加額)[86]을 하고 바라볼 것이다. 더구나 작록은 구한다고 얻을 수 있는 것이 아니고 학문은 자신이 사사로이 해서는 안 되는 것이니, 더 말할 것이 있겠는가. 나는 실로 잘 알고 있는데 경은 어찌 의심하는가. 경은 옛날 선조(先朝) 때 누차 소명(召命)을 받고도 사양했다가 가장 나중에 한 번 소명을 받고 이르렀으니, 어찌 장진(奬進)의 직책은 중시하고 제술(製述)의 관직은 경시하기 때문이 아니겠는가. 또한 어진 사람을 좋아하는 선왕(先王)의 정성이 경을 이르게 한 것이었다. 그러다가 선왕께서 승하하시자 경은 갑자기 질병을 이유로 돌아갔는데, 나는 그것도 알지 못하여 거의 맹자(孟子)가 "이전에 등용한 신하가 오늘 사라져도 알지 못한다."[87]라고 한 말같이 되어 버렸으니, 내가 매우 부끄럽다. 내가 어진 사람을 정성으로 대하지 못한 지 오래

**86** 가액(加額) : 백성들이 이마에 손을 얹고 멀리서 공경히 바라본다는 말로, 인망(人望)이 매우 높은 재상을 뜻한다. 송나라 사마광이 낙양(洛陽)에 사는 15년 동안 예궐(詣闕)할 때마다 위사(衛士)들이 모두 손을 이마에 얹고 공경스럽게 바라보면서 "이분이 사마 상공(司馬相公)이시다."라고 한 데서 온 말이다. 《宋史 司馬光列傳》

**87** 이전에……못한다 : 친한 신하가 없다는 의미로, 맹자가 제 선왕(齊宣王)에게 "이른바 고국(故國)이란 교목(喬木)이 있음을 말한 것이 아니고 세신(世臣)이 있음을 말한 것이니, 왕께서는 친한 신하가 없으십니다. 이전에 등용한 사람이 오늘 사라져도 모르고 계십니다."라고 한 데서 온 말이다. 《孟子 梁惠王下》

되었으니, 경을 이르게 하지 못하는 것이 당연하도다. 경은 유독 선왕의 성심(盛心)에 보답하지 못한 마음을 미루어 묘궁(眇躬)[88]에 미칠 수 없겠는가. 경은 한번 사람의 구속을 받게 되면 자유로울 수 없다고 여기겠지만, 그렇지가 않다, 그렇지가 않다. 물고기와 물의 만남[89]이 천재일우의 좋은 기회이기는 하지만, 의리가 실로 편치 않고 병이 실로 낫지 않았다면 대개 또한 미련 없이 돌아가려는 뜻이 있더라도 대저 누가 막을 수 있겠는가.

오호라, 나는 문안하고 제사 받드는 일 외에는 오직 경연(經筵)에 힘써서 오로지 학문이 정미하게 되기를 기대하고 있다. 근래 재변 때문에 자전(慈殿)께서 갑자기 주렴을 걷으시는 바람에[90] 만기(萬機)의 정사가 나의 일신에 모이게 되었으니, 앞으로 누구에게 의지하겠는가. 더욱 벗어날 바를 알지 못하겠다. 경이 한번 고려해 주기를 나는 날마다 더욱 바라고 있으니, 나는 감히 경을 직사(職事)로 수고롭게 해서

**88** 묘궁(眇躬) : '보잘것없는 몸'이라는 뜻으로 임금이 자신을 겸칭하는 말이다. 《위서(魏書)》 〈북해왕상열전(北海王詳列傳)〉에 "국운이 이 몸에 달려 있다.〔祚屬眇躬〕" 라고 한 데서 온 말이다.

**89** 물고기와 물의 만남 : 훌륭한 군주와 어진 신하의 만남을 의미한다. 유비(劉備)가 제갈량(諸葛亮)을 만나 정의가 돈독해지는 것을 관우(關羽)와 장비(張飛)가 못마땅하게 여기자, 유비가 "나에게 공명(孔明)이 있는 것은 마치 물고기에게 물이 있는 것과 같으니, 원컨대 그대들은 더 이상 말하지 말라."라고 하였다. 《三國志 蜀書 諸葛亮傳》

**90** 자전(慈殿)께서……바람에 : 임금이 나이가 어릴 경우 조모(祖母)나 모친(母親)이 정사(政事)를 주관하는 것을 '주렴을 내린다〔垂簾〕' 하고 그 정사를 임금에게 돌려주는 것을 '주렴을 걷는다〔撤簾〕' 하는데, 여기서는 곧 명종의 비(妃)인 인순왕후(仁順王后) 심씨(沈氏)가 선조 즉위 이후 7개월간 수렴청정을 하다가 1568년(선조1) 2월에 수렴청정을 끝내고 정사를 선조에게 돌려준 일을 말한다. 《宣祖實錄 1年 2月 24日》

경의 병이 중해지게 하려는 것이 아니다. 비록 경의 상소가 슬프고 두려운 마음에서 나왔지만 모두 내가 경에게 기대하는 바가 아니니, 이것이 개탄스러울 뿐이다. 옛날에 진(晉)나라 사람들이 "안석(安石)이 나오지 않으니 창생(蒼生)을 어찌해야 하겠는가."[91]라고 하였다. 더구나 안석처럼 되지 못하는 자들이 창생을 어찌하겠으며, 사림을 어찌하겠으며, 국가를 어찌하겠는가. 지나치게 스스로를 낮추고 의리에 맞지 않게 끌어다 비유함으로써 창생과 사림과 국가의 두터운 기대를 저버려서는 안 되니, 다만 음식을 삼가고 사려를 적게 하며 의약으로 보조하여 스스로 지키고 조용히 길을 떠나서, 마치 미치지 못할 것처럼 어진 사람을 좋아하는[92] 나의 정성에 부응하도록 하라. 아, 느낌이 있으면 반드시 응함이 있는 법이니, 경은 실로 실마리를 찾아보라.[93] 그러므로 이에 교시(敎示)하노니, 잘 알았으리라 생각한다.

**91** 안석(安石)이……하겠는가 : 안석은 남북조 시대 진나라 사안(謝安)의 자이다. 사안이 조정의 부름에 누차 응하지 않고 회계(會稽)의 동산(東山)에 은거하여 산수(山水)와 문적(文籍)을 즐기며 지내자, 사람들이 말하기를 "안석이 나오지 않으니 창생을 어찌할 것인가.〔安石不出, 當如蒼生何?〕"라고 하였다고 한다. 《晉書 謝安列傳》

**92** 미치지……좋아하는 : 진실로 어진 사람을 좋아한다는 의미이다. 《논어》 〈계씨(季氏)〉에 "선을 보고는 미치지 못할 듯이 하고 불선을 보고는 끓는 물을 더듬는 것처럼 하는 자를, 나는 그러한 사람을 보았고 그러한 말을 들었노라."라고 한 데서 온 말이다.

**93** 실마리를 찾아보라 : 은미한 뜻의 소재를 알아 실마리를 찾아보라는 의미이다. 《논어》 〈자한(子罕)〉에 "법으로 바르게 해 주는 말은 따르지 않을 수 있겠는가. 그러나 자신의 잘못을 고치는 것이 중요하다. 완곡하게 해 주는 말은 기뻐하지 않을 수 있겠는가. 그러나 그 실마리를 찾아내는 것이 중요하다. 기뻐하기만 하고 실마리를 찾아내지 않으며 따르기만 하고 잘못을 고치지 않는다면, 나는 그를 어떻게 할 수가 없다."라고 한 데서 온 말이다.

# 서문 序

## 《황화집》 서[94]

皇華集序

만력(萬曆) 1년(1573, 선조6) 1월에 우리 전하께서 《황화집(皇華集)》 2질(帙)을 꺼내 유사(有司)로 하여금 입재(入梓)하게 하고 신에게 명하여 서문을 짓게 하셨습니다. 신이 삼가 받들어 끝까지 다 읽어 보니,

**94** 황화집 서(皇華集序) : 1573년 1월, 소재가 59세에 왕명을 받고 지은 작품이다. 1572년 5월에 명(明)나라 목종(穆宗)이 죽고 신종(神宗)이 즉위하자 이해 11월 명나라에서는 한림학사(翰林學士) 한세능(韓世能)과 이과 급사중(吏科給事中) 진삼모(陳三謨)를 등극 조사(登極詔使)로 파견하여 만력황제(萬曆皇帝)의 등극 조서(登極詔書)와 칙서를 조선에 반포하였다. 이때 조선에서는 당시 이조 판서로 있던 소재를 원접사(遠接使)로, 예조 판서 정유길(鄭惟吉)을 관반(館伴)으로 임명하였는데, 소재가 모친의 병환을 이유로 사직을 청하자 정유길과 자리를 바꾸도록 명하였다. 《穌齋集 穌齋先生年譜》《황화집》은 명나라 사신과 우리나라의 원접사, 접반관(接伴官) 등이 창화한 시문집으로, 《시경》 〈소아(小雅) 황황자화(皇皇者華)〉에서 따온 이름이다. 조선 시대에는 중국 사신이 오면 원접사를 의주(義州)까지 보내서 맞이하고 이들과 동반하여 서울에 들어오게 하였으며, 사신이 돌아갈 때에는 원접사를 반송사(伴送使)로 고쳐 다시 의주까지 전송하게 하였다. 이때 읊은 시부(詩賦) 등을 문집으로 만들어 놓았다가 우리나라에서 중국으로 사신 갈 때 가지고 갔다. 《황화집》은 1450년(세종32)부터 1633년(인조11)까지 23회에 걸쳐 간행되었으며, 1773년(영조49)에 한 질로 모아 간행하였다.

바로 한림원 편수(翰林院編修) 경당(敬堂) 한 선생(韓先生)과 이과 좌급사중(吏科左給事中) 금강(錦江) 진 선생(陳先生)이 새 황제의 등극 조서(登極詔書) 및 칙서(勅書)를 받들고 와서 우리 조선에 선포할 때 지은 시문(詩文)을 엮은 것이었는데, 실로 작년 융경(隆慶) 임신년(1572) 11월 1일의 일이었습니다. 무릇 왕래하면서 거친 강산(江山), 정관(亭館), 풍토(風土), 민속(民俗) 및 인물(人物)을 만났을 때 눈으로 직접 보고 마음으로 깨우친 것이 있으면 대부분 시로 읊었으니, 대개 이른바 "치세의 음악은 편안하고 즐겁다."[95]라는 말과 같은 경우라 하겠습니다. 따라서 전하께서 애지중지하여 영원히 전하고자 하는 것은 당연하니, 이 어찌 천자의 명을 공경하는 바가 아니겠습니까. 신은 이로 인해 우러러 다음과 같이 말합니다.

동토(東土)가 비록 편소(偏小)하기는 해도 예의를 지키는 민족이라 칭송되고, 이미 태사(太師)[96]가 교화를 베풀어 문헌(文獻)이 더욱 드러났다. 그러므로 한(漢)나라를 거쳐 송(宋)나라에 이르기까지 사행(使行)이 끊임없었으니, 예컨대 여 정혜공(呂政惠公)[97] 같은 분은 그 가운

**95** 치세의……즐겁다 : 《시경》에 "치세의 음악은 편안하고 즐거우니 그 정사가 화(和)하며, 난세의 음악은 원망하고 노여워하니 그 정사가 괴리되며, 망국의 음악은 애처롭고 그리워하니 그 백성이 곤궁하다. 그러므로 득실을 바루고 천지를 동하고 귀신을 감동시킴은 시보다 더한 것이 없다."라고 한 데서 온 말이다. 《詩經 周南 關雎》

**96** 태사(太師) : 은(殷)나라 주왕(紂王) 때 현인인 기자(箕子)를 가리킨다. 이름은 서여(胥餘)이다. 주(周)나라 무왕(武王)이 은나라를 멸하자 동쪽으로 와서 조선왕(朝鮮王)이 되어 조선 사람들에게 예의와 전잠(田蠶) 등을 가르쳤다고 한다.

**97** 여 정혜공(呂政惠公) : 송나라 승상 여단(呂端, 935~1000)을 말한다. 유주(幽州) 안차(安次) 사람으로, 자는 이직(易直), 시호는 정혜(政惠)이다. 고려 성종 7년(988) 10월에 예부 시랑(禮部侍郎)으로 좌간의(左諫議) 여우지(呂祐之)와 함께 조서(詔書)

데 가장 걸출한 사람이다. 공경히 생각건대 황명(皇明)이 한꺼번에 오랑캐를 제거하고 사해(四海)의 안팎에 이르기까지 문자와 수레를 모두 통일한[98] 다음 이에 우리나라를 일러 "대대로 제후(諸侯)의 법도를 경건히 행해 왔다."라고 하였다. 그래서 무릇 크고 성대한 예(禮)가 있으면 반드시 내국(內國)의 신하를 선발해 파견하여 은총을 내렸으니, 예겸(倪謙)과 사마순(司馬恂)[99] 이하 여러 노선생(老先生)은 문장이 천하에 절묘하여 우리나라 사람들의 이목에 빛나고 아름답게 남아 있는 시문들이 이미 성대하다. 지금 두 선생이 논사(論思)하고 보필하는 직임을 잠시 그만두고 나란히 이르니,[100] 빼어난 풍채가 서로 빛나기가 마치 위의를 갖춘 봉황이 천 길 높이 날다가 광채를 보고 내려오는

를 받들고 고려에 사신으로 와서 왕을 검교 태위(檢校太尉)로 더 책봉하고 식읍(食邑) 1000호와 식실봉(食實封) 500호를 더해 주었다. 왕이 책봉을 받고 나서 교죄(絞罪) 이하를 사면하고 문반(文班)과 무반(武班)에게 아울러 은전을 더해 주었는데, 우리나라 사람들은 여단이 동방의 민심을 안정시키고 충의(忠義)로 먼 이국(異國) 사람을 감복시켰다고 하면서 오래도록 그 덕을 칭송하였다고 한다.《高麗史節要 卷2 成宗文懿大王 7年》《月沙集 卷40 皇華集序》

**98** 문자와……통일한 : 명나라의 문화가 사방을 총괄하게 되어 온 천하가 그 문화권으로 편입된 것을 의미한다.《중용장구》 제28장에 "지금 천하는, 수레는 바퀴 규격이 같고 글은 문자가 같으며 행동은 윤리가 같다."라고 한 데서 온 말이다.

**99** 예겸(倪謙)과 사마순(司馬恂) : 1450년(세종32) 명나라 경종(景宗)의 등극 조서를 반포하기 위해 우리나라에 온 사신으로, 한림원 시강(翰林院侍講) 예겸이 정사(正使)로, 형과 급사중(刑科給事中) 사마순이 부사로 파견되었다.《世宗實錄 31年 12月 22日, 32年 閏1月 1日》

**100** 두……이르니 : 조선에 조사(詔使)로 온 두 사람 가운데 한세능은 한림학사로 황제의 측근에서 논사의 임무를 담당하고, 진삼모는 이과 급사중으로 조석으로 황제를 보필하는 반열에 있었기 때문에 한 말이다.

듯[101]해서 사람들이 다투어 먼저 바라보며 흐뭇하게 여기고 있다. 게다가 전하께서 천하의 경사를 거듭 받들고 천하의 어진 이를 즐겁게 만나 각근(恪勤)하고 독경(篤敬)하며 기뻐하고 열모(悅慕)하는 마음이 지극하되, 오직 감당나무 아래서 쉬게 하지 못할까 봐 걱정하고[102] 백구(白駒)의 고삐를 매어 어진 이를 만류하지 못할까 봐 걱정하시니,[103] 수레에 올라 천하를 정화하겠다는 큰 뜻[104]과 비교해 보면 더욱 빛난다. 바라봄에 마치 신선 세계에 사는 사람이 푸른 안개를 밟고 떠나[105] 잠시

**101** 위의를……듯 : 태평한 시대에 나타나는 걸출한 인물을 형용한 말로, 두 사람의 사신을 가리킨다. 한(漢)나라 가의(賈誼)의 〈조굴원문(弔屈原文)〉에 "봉황은 천 길 높은 곳에서 날다가 빛나는 덕행을 보면 내려앉고, 부덕(不德)한 행실의 위험한 징조를 보면 멀리서 거듭 날갯짓하여 날아가 버린다."라고 한 데서 온 말이다. 《文選 卷60》

**102** 감당나무……걱정하고 : 《시경》 〈소남(召南) 감당(甘棠)〉에 "무성한 감당나무를 자르지 말고 꺾지 말라. 우리 소백(召伯)이 쉬어 가신 곳이니라."라고 한 데서 온 말이다. 이 시는 소공(召公)이 남국(南國)을 순행(巡行)하면서 문왕(文王)의 정사(政事)를 편 데 대하여 그곳 백성들이 그 덕을 추모하여 부른 노래로 지방관의 선정(善政)을 의미하는데, 여기서는 한세능과 진삼모의 덕을 소공에 빗대서 한 말이다.

**103** 백구(白駒)의……걱정하시니 : 《시경》 〈소아(小雅) 백구〉에 "희고 깨끗한 망아지가, 우리 마당의 풀을 먹는다 하여, 발을 묶고 고삐를 매어, 오늘 아침 내내 있게 해서, 이른바 그분이 여기에서 소요하게 하리라. …… 희고 깨끗한 망아지가, 저 빈 골짜기에 있노라. 싱싱한 풀 한 다발을 주노니, 그 사람은 옥처럼 맑도다."라고 한 데서 온 말이다. 이 시는 어진 이를 떠나지 못하게 만류하는 의미인데, 여기서는 한세능과 진삼모의 덕을 칭송하며 이들을 만류하지 못할까 봐 염려한다는 의미이다.

**104** 수레에……뜻 : 어지러운 세상을 깨끗하게 다스려 백성을 안정시키겠다는 의지를 말한다. 후한 환제(後漢桓帝) 때 명신인 범방(范滂)이 기근과 부패 때문에 민란이 일어난 기주(冀州)를 안찰하러 갈 적에 수레에 올라 고삐를 잡고서는 개연히 천하를 깨끗이 정화할 뜻을 크게 품었다는 고사에서 온 말이다. 《後漢書 范滂列傳》

**105** 신선……떠나 : 신선 세계에 사는 사람이 잠시 인간 세계로 내려왔다가 조만간

도 머무르지 않고, 거침없이 쏟아 낸 아름다운 시문이 남아서 흩어져 종황(琮璜)과 형우(珩瑀)[106]가 되어, 곧장 여러 노선생의 작품과 함께 읊조려지고 나란히 비쳐 서로 앞뒤를 다투어서, 동방 사람들의 이목이 날로 새로워 마지않게 되었으니, 또한 어찌 성대하지 않은가.

대저 음(音)이란 사람의 마음에서 생기고, 사람의 마음은 정치(政治)로 말미암아 감응한다. 그러므로 선왕께서는 그 감응하는 바에 신중하였으니, 황조(皇朝)의 정치가 온유(溫柔)하고 돈후(敦厚)하여 태평성대의 훈훈한 교화가 되지 않았다면 어찌 시(詩)에 드러나는 것이 이처럼 편안하고 화락할 수 있었겠는가.[107] 인재가 많았음을 또한 이로 인하여 징험할 수 있다. 세상에서 이르기를 "시는 문(文)이 미려한 것이고, 율(律)은 시가 변한 것이다.[108]"라고 하였으니, 이는 단지 교묘하게 꾸미고 아름답게 수식하는 기교를 가리키는 말일 뿐이다. 대저 성정

신선이 되어 다시 푸른 산 속으로 떠나갈 것이라는 의미로, 여기서는 한세능과 진삼모를 신선에 빗대어 한 말이다.

**106** 종황(琮璜)과 형우(珩瑀) : 종황은 묘당(廟堂)의 보기(寶器)인 황종(黃琮)과 현황(玄璜)을 말하고, 형우는 부인의 몸 좌우에 장식하는 패옥(佩玉)을 가리키는데, 전하여 재덕(才德)이나 문사(文辭)의 아름다움을 뜻하는 말로 쓰인다.

**107** 온유(溫柔)하고……있었겠는가 : 《예기》 〈경해(經解)〉에 공자가 "그 나라에 들어가 보면 그 나라의 가르침을 알 수 있다. 그 사람됨이 온유하고 돈후한 것은 시(詩)의 교화이고, 소통하여 원대함을 아는 것은 서(書)의 교화이고, 광박하고 평이하고 선량한 것은 악(樂)의 교화이고, 깨끗하고 고요하고 정미한 것은 역(易)의 교화이고, 겸손하고 장중한 것은 예(禮)의 교화이고, 여러 사례를 취합하여 시비 판단을 잘하는 것은 춘추(春秋)의 교화이다."라고 한 데서 온 말이다.

**108** 율(律)은……것이다 : 시의 길이와 구성 및 압운(押韻), 평측(平仄), 대구(對句) 등 시율(詩律)이 비교적 자유롭던 고시(古詩)가 변하여 일정한 격률(格律)과 엄격한 규범을 갖춘 근체시(近體詩)로 이루어진 것을 말하는 듯하다.

(性情)을 다스리고 풍교(風敎)를 두루 시행하는 데에 시가 아니면 어디에 의지하겠는가. 변하여도 그 바름을 잃지 않아야 귀하다.

삼가 생각건대 두 선생은 안색이 온화하고 정신이 맑으며 말은 유순하되 지조가 굳건하며, 크고 작은 사의(事儀)에 정리(情理)와 예법(禮法)이 모두 지극하고 조석(朝夕)과 신혼(晨昏)에 충효(忠孝)가 여러 번 드러났다. 시를 지을 때에는 또한 모두 순수하고 평담하여 올바른 성정에서 나와 순후(醇厚)한 풍교를 드러내지 않은 것이 없었으니, 거의 일심(一心)에 얻은 것을 미루어 〈대아(大雅)〉의 작품을 밝혀 황제의 뜻을 보좌하고 치국의 도(道)를 찬미할 만하였다. 그러므로 교묘(郊廟)와 조정(朝廷)에 올려 천하 후세까지 미치리라는 것을 알 수 있다. 더구나 문장은 실로 경술(經術)에 근거하니, 풍속을 살펴 백성을 교화하는 학문과 도를 밝혀 천하를 경륜하는 대업(大業)이 있는데 또한 어찌 이 밖에 달리 구하겠는가. 이것이 우리 전하께서 이 책을 애지중지하여 반드시 영원히 전하게 하려는 까닭이니, 이렇게 되면 황상께서 덮어 감싸 주시는 사랑과 전하께서 우러러 받드는 정성과 두 선생이 자문하여 헤아리는 의리가 한꺼번에 영원토록 같이 빛날 것이다. 아, 또한 아름다운 일이다.

신은 외람되이 은혜로운 전지를 받들고 욕되게도 접반관(接伴官)이 되어 두 사신을 모시면서 명불허전의 실상을 확인하고 마침내 금성옥진(金聲玉振)[109]의 실마리를 들을 수 있었으니, 이보다 큰 다행이 어디

**109** 금성옥진(金聲玉振) : 학문의 처음과 완성을 각기 지(智)와 성(聖)으로 말한 것인데, 여기서는 한세능과 진삼모가 지은 시의 음운(音韻)이 맑고 조화로움을 뜻한다. 맹자가 공자를 두고 성인의 덕을 집대성(集大成)하였다고 말하면서 "집대성이란 금성

있겠습니까.

자헌대부(資憲大夫) 이조판서 겸 홍문관대제학 예문관대제학 지성균관사 동지서연춘추관사(吏曹判書兼弘文館大提學藝文館大提學知成均館事同知書筵春秋館事) 노수신은 서문을 짓다.

으로 시작하고 옥성으로 거두는 것이니 금성은 시작하는 조리이고 옥성은 마치는 조리이다. 시작하는 조리는 지의 일이고 마치는 조리는 성의 일이다."라고 하였다. 《孟子 萬章下》

## 《회재선생집》 서
晦齋先生集序

맹자가 "학문(學問)하는 방법은 다른 것이 없다. 잃어버린 마음을 찾는 것일 뿐이다."[110]라고 하였으니, 우리 문원공(文元公) 회재(晦齋) 선생[111] 같은 분은 참으로 이른바 학문을 한 사람이라고 할 수 있을 것이다.

선생의 학문은 오로지 내면에 마음을 써서 성의(誠意)에 기반을 두고 치지(致知)에서 발명한 것이기 때문에 일마다 모두 실상이 있어서 밝음이 비추지 못하는 곳이 없었으니, 이로써 어버이를 봉양하면 효를 다하고 형제와 함께하면 우애를 다하며 임금을 섬기면 충성을 다하고 선비를 대하면 사랑을 다하였다. 아랫사람을 거느리고 백성을 다스릴 때나 환란에 처했을 때에는 한결같이 마음에 보존한 것을 근본으로 삼아 응대함에 일일이 마땅하게 하지 않은 적이 없었으니, 심학(心學)에 힘쓴 분이 아니면 그 누가 이렇게 할 수 있었겠는가. 인지(仁知)의 덕[112]을 이루고 계왕개래

**110** 학문(學問)하는……뿐이다 : 흩어져 산란한 마음을 수습하는 것이 학문에서 가장 중요한 공부가 된다는 뜻으로, 《맹자》 〈고자 상(告子上)〉에 나오는 내용이다.

**111** 문원공(文元公) 회재(晦齋) 선생 : 이언적(李彦迪, 1491~1553)을 말한다. 본관은 여주(驪州), 자는 복고(復古), 호는 회재 · 자계옹(紫溪翁)이다. 1610년(광해군2) 문묘에 종사되었고, 경주 옥산서원(玉山書院) 등에 배향되었다. 문원(文元)은 시호이다.

**112** 인지(仁知)의 덕 : 성인(聖人)의 덕(德)을 말한다. 배우기를 싫어하지 않고 가르치기를 게을리하지 않는다는 공자의 말에 자공이 "배우기를 싫어하지 않는 것은 지(智)이고, 가르치기를 게을리하지 않는 것은 인(仁)인데, 지와 인을 겸비하셨으니 선생님은 이미 성인이십니다."라고 한 데서 온 말이다. 《孟子 公孫丑上》

(繼往開來)[113]의 대업을 수립한 분이 우리 삼한(三韓)에 있었던 것이다.

나는 일찍이 신축년(1541, 중종36)에 편지로 집지(執贄)의 예를 행하였는데, 선생은 멀리서 바라보면 엄숙하고 가까이 다가가면 온화하셨다.[114] 직접 가르침을 받들며 삼가 선생이 지닌 내면의 학문을 엿보고, 마침내 정민정(程敏政)의 《심경부주(心經附註)》를 들고 가서 의심나는 부분을 끊임없이 물어보았다. 이어 마음을 보존하는 요체에 대해 질문하니, 한참 후에 선생께서 손바닥을 가리키며 "여기에 물건이 하나 있으니, 쥐면 부서지고 쥐지 않으면 잃어버린다."라고 하셨는데, 물러나 내 마음에서 살펴보고서야 그것이 '망조(忘助)'[115]의 다른 이름이라는 것을 어렴풋이 깨달았으니, 그 친절하고도 의미 있는 가르침에 더욱 기쁜 마음이 들었다. 얼마 후에 선사(先師)인 탄수(灘叟) 선생[116]이

**113** 계왕개래(繼往開來) : 계왕성개래학(繼往聖開來學)의 준말로, 지나간 성현의 뒤를 잇고 앞으로 올 후학의 길을 열어 주는 학문의 공로를 말한다. 〈중용장구서(中庸章句序)〉에서 공자의 덕을 찬양하면서 한 말이다.

**114** 멀리서……온화하셨다 : 이언적의 군자다운 용모를 표현한 말이다. 《논어》 〈자장(子張)〉에 "군자는 세 가지 변함이 있으니, 멀리서 바라보면 엄숙하고 가까이 다가가면 온화하고, 그 말을 들어 보면 명확하다."라고 한 데서 온 말이다.

**115** 망조(忘助) : 마음에 잊지도 말 것이며 뜻대로 되지 않는다 하여 조장(助長)하지도 말아야 한다는 '물망물조장(勿忘勿助長)'을 가리킨다. 맹자는 호연지기(浩然之氣)를 기르는 일을 급하게 서두르지 말고 하나하나 차근차근 쌓아 가라는 뜻에서 "반드시 호연지기를 기르는 데 종사하되 효과를 미리 기대하지 말아서, 마음에 잊지도 말며 억지로 조장하지도 말아야 한다.〔必有事焉而勿正, 心勿忘, 勿助長也.〕"라고 하였다. 《孟子 公孫丑上》

**116** 탄수(灘叟) 선생 : 소재의 스승인 이연경(李延慶, 1484~1548)을 말한다. 본관은 광주(廣州), 자는 장길(長吉)이고, 탄수는 그의 호이다. 또 다른 호는 용탄자(龍灘子)이다. 중종반정(中宗反正) 후 음보(蔭補)로 선릉 참봉(宣陵參奉)에 제수되고, 기묘

선생과 함께 '희로애락(喜怒哀樂)의 감정이 아직 발현되기 전의 상태'[117]에 대해 논하고 나서 나를 위해 그 상세한 내용을 말씀해 주셨으니, 나는 다시 내심 스스로 감탄하여 "이는 자공(子貢)이 얻어들을 수 없었던 말[118]이다."라고 하였다.

아, 그러나 이제는 모두 지난 일이 되어 버렸다. 내가 섬으로 들어가고[119] 선생이 국경 지역에 유배된 뒤로 겨우 7년 만에 국경 지역의 부고가 섬에 이르렀으니,[120] 지난날을 회상하며 애통해함에 밤마다 눈물을 줄줄 흘리며 어리석고 모진 내가 홀로 세상에 오래 살아남은 것을 지극히 한스러워하였다. 성상께서 즉위하여 맑고 밝은 정치를 펼치실 때 이르러서는 외람되게도 내가 가장 먼저 사면의 은택을 입고 다시 경연(經筵)에 입시하였으니,[121] 지난날과 현재를 돌아보며 감격하기에도

년(1519, 중종14) 현량과(賢良科)에 급제하여 지평(持平), 교리(校理) 등을 지내다가 기묘사화에 연루되어 파직되었다. 인종(仁宗) 초기에 폐과(廢科)되었던 현량과가 복구되었으나, 다시 관직에 나아가지 않고 은거하며 후학을 양성하였다. 소재는 그의 제자이자 사위이다.

**117** 희로애락(喜怒哀樂)의……상태 : 《중용장구》 제1장에 "기뻐하고 노하고 슬퍼하고 즐거워하는 정(情)이 아직 발현되지 않은 상태를 중(中)이라 이르고, 발현되어 모두 절도(節度)에 맞는 상태를 화(和)라 이른다."라고 한 구절을 말한다.

**118** 자공(子貢)이……말 : 공자의 제자 자공이 "선생님의 문장에 대해서는 들을 수 있었지만, 선생님께서 성(性)과 천도(天道)를 말씀하시는 것은 들어 보지 못하였다."라고 한 데서 온 말이다. 《論語 公冶長》

**119** 내가 섬으로 들어가고 : 소재는 을사사화 때 이조 좌랑에서 파직되고, 1547년(명종2) 순천(順天)으로 유배되었다가 그해 9월 양재역 벽서 사건(良才驛壁書事件)에 연루되어 진도(珍島)로 이배(移配)되고, 그곳에서 19년간 귀양살이하였다.

**120** 선생이……이르렀으니 : 이언적은 1547년 양재역 벽서 사건에 연루되어 강계(江界)에 안치(安置)되었다가 1553년 적소에서 사망하였다.

겨를이 없었다. 그 후 직접 성상의 뜻을 받들어 선생의 문집을 교정하게 되었는데,[122] 이 때문에 감개한 마음으로 문집을 읽어 보고는 "참으로 포백(布帛)과 숙속(菽粟) 같은 글[123]이로구나."라고 감탄하였다.

그 시(詩)는 온화하고 순탄하고 평이하고 질박하였으며, 그 문(文)은 명백하고 치밀하였다. 그리고 절실하게 변증한 서찰과 깊이 규계한 소차(疏箚)는 국운이 변화하고 위태로울 때 견지하고 있던 언론 및 풍지(風旨)와 함께 모두 정성에서 나오고 명철함에서 이루어진 것이어서 예전에 보고 들었던 일과 비교해 보면 부합하지 않는 것이 드물었으니, 그러한 연후에야 선생의 마음이 하루도 방일(放逸)한 적이 없었다는 사실을 더욱 징험할 수 있었다. 대개 이 마음이 이미 수습되어 전일(專一)하고 허정(虛靜)해지면 도리(道理)가 밝게 드러나서 자연히 흘러나오는 것이 이와 같은 점이 있으니, 이를 어찌 속일 수 있겠는가. 이어 생각해 보건대 맹자가 이러한 요령[124]에 대해 이미 명백하게 지적

**121** 성상께서……입시하였으니 : 소재는 1567년(선조 즉위년) 10월 유배에서 풀려나 홍문관 교리로 기용되었는데, 당시 53세였다.

**122** 성상의……되었는데 : 1570년에 선조는 이언적의 저서와 사실, 행장 등을 홍문관으로 하여금 올리도록 하고, 이를 간행하여 반포하라고 명을 내렸다. 《宣祖實錄 3年 5月 16日》 이때 소재가 경연관으로서 문집 및 관련 자료들을 교정하는 일을 담당했던 것으로 보인다.

**123** 포백(布帛)과……글 : 포백과 숙속은 평범하지만 의식(衣食)의 주요한 물품인 옷감과 곡식을 가리킨다. 상대방의 문장이 평범하지만 유용한 문장임을 비유하는 말이다. 《송사(宋史)》 〈정이열전(程頤列傳)〉에 "정이가 마침내는 공맹(孔孟)이 미처 전하지 못한 학문을 터득하여 뭇 유자들의 영수가 되었는데, 그가 말한 뜻을 보면 모두 포백과 숙속 같았으므로 덕을 아는 이들이 더욱 그를 존숭하였다."라고 한 데서 온 말이다.

하였는데, 나 같은 자가 돌이켜 구할 줄은 알지 못하면서 "이와 같은 것은 속학(俗學)이고, 이와 같은 것은 이학(異學)이며, 이와 같은 것은 유자(儒者)의 학문이다."라고 하였으니, 이는 실로 선생에게 죄를 지은 것이다. 이 또한 슬픈 일이다.

선생의 손자 이준(李浚)이 문집의 판본(板本) 4질(帙)을 가지고 나를 찾아와서 말하기를 "경상도 관찰사 노진(盧禛)[125] 공과 경주 부윤(慶州府尹) 이제민(李齊閔)[126] 공이 판각(板刻)을 협의하고 대인(大人)에게 서문을 부탁하고자 하였습니다. 이에 천 리를 멀다 여기지 않고 와서 받들어 청합니다." 하였다. 내가 문집을 다 읽어 보고 거듭 감개하여 말하기를 "훌륭하구나, 두 공의 마음이여. 다만 내가 어찌 감히 그 사이에서 말을 할 수 있겠는가. 그러나 또한 사양할 수 없는 점도 있다. 돌이켜 생각건대 선생의 문집을 조만간 인쇄하여 반포하더라도 《봉선잡의(奉先雜儀)》, 《구경연의(九經衍義)》, 《구인록(求仁錄)》 등의 중요한 법과 《대학장구보유(大學章句補遺)》 등의 탁견이 또한 모두 이

**124** 이러한 요령 : 학문을 하는 요령이다. 이 글의 서두에서 언급한 "학문하는 방법은 다른 것이 없다. 그 잃어버린 마음을 찾는 것일 뿐이다."라는 맹자의 말을 가리킨다.

**125** 노진(盧禛) : 1518~1578. 본관은 풍천(豐川), 자는 자응(子膺), 호는 옥계(玉溪), 시호는 문효(文孝)이다. 1546년(명종1)에 문과에 급제하여 경상 감사와 대사헌을 지내고 예조 판서에 올랐다. 기대승(奇大升), 노수신, 김인후(金麟厚) 등과 도의(道義)로 교유하였다. 효로써 정려(旌閭)가 세워졌고, 남원(南原) 창주서원(滄洲書院), 함양(咸陽) 당주서원(溏洲書院)에 제향되었으며, 저서에 《옥계집(玉溪集)》이 있다.

**126** 이제민(李齊閔) : 1528~1608. 본관은 전주(全州), 자는 경은(景誾), 호는 서간(西澗)이다. 1558년에 문과에 급제하였고, 1566년에 문과 중시에 급제하였다. 병조 정랑과 이조 정랑을 거쳐 1571년(선조4) 경주 부윤(慶州府尹)이 되고, 이어서 양주 목사(楊州牧使)를 거쳐 특별히 경기 감사에 발탁되었다.

문집에는 보이지 않으니, 어찌 굳이 이 서문을 쓸 필요가 있겠는가." 하였다. 그러자 이준이 말하기를 "교서관(校書館)에서 사용하는 주자(鑄字)는 한번 인쇄하고 나면 그만이니, 어찌 이 판본(板本)이 우리 고을에 보관되어 영원히 사라지지 않고 전해질 수 있는 것과 같겠습니까. 또한 장차 이어서 간행할 수 있을 것이니, 혐의할 바가 없을 듯합니다." 하였다.[127] 그래서 마침내 느낀 점을 써서 돌려보내고, 또한 삼한의 심학이 오직 선생에게 있었음을 드러낸다.

만력(萬曆) 갑술년(1574, 선조7) 1월 16일에 지령(芝嶺)[128]의 후학(後學) 노수신은 삼가 서문을 짓다.

127 이준이……하였다 : 소재가 이 서문을 쓰고 얼마 후에 이준이 부제학 유희춘(柳希春)을 찾아가서 《구경연의》를 등서(謄書)하여 주자로 인출하게 해 주기를 청하였는데, 이에 대해 유희춘은 선조에게 "주자로 간행하는 것은 판본만 못하니 경상도에서 판본으로 간행하게 하고, 초고(草稿)는 이준에게 주어 가져가도록 하십시오."라고 청하였으며, 또 홍문관에서 《구경연의》를 교정했다는 기록도 보인다. 《宣祖實錄 7年 9月 27日, 11月 4日》 당시 이언적의 저서를 홍문관에서 교정하였기 때문에 문집 이외의 별저(別著)를 주자로 간행하는 것에 대한 논의가 있었고, 이에 대해 경상도에서 판본으로 간행하는 쪽으로 결론이 내려졌기 때문에 이준이 소재에게 이렇게 말한 것으로 보인다.

128 지령(芝嶺) : 자지령(紫芝嶺), 즉 소재의 고향인 상주(尙州)를 가리킨다. 진(秦)나라 말기에 동원공(東園公), 기리계(綺里季), 하황공(夏黃公), 녹리선생(甪里先生) 등 이른바 '상산사호(商山四皓)'가 난리를 피해 상산(商山)에 들어가 은거(隱居)하면서 자지(紫芝)를 캐 먹고 〈자지가(紫芝歌)〉를 노래하며 살았는데, 상주의 고호(古號)가 상산이기 때문에 이 고사(故事)에 빗대어 이렇게 부른 것이다.

## 《문산집》 서[129]

文山集序

송(宋)나라 승상 신국공(信國公)[130]은 이른바 '항상 만물의 위에서 자신의 뜻을 펼칠 수 있는 사람'[131]이 아니겠습니까. 그가 살아 있을 때는 스스로 사는 것이 아니라 여겼고 그가 죽었을 때는 사람들이 죽은 것이 아니라 여겼으니, 오호라, 또한 간기(間氣)의 인물[132]이라고 할 만합니다.

**129** 문산집 서(文山集序) : 《문산집》은 남송(南宋) 말기의 충신인 문천상(文天祥)의 문집이다. 1578년(선조11) 6월 20일 이원익(李元翼)이 간행하기를 청하였고, 1585년 7월 1일 선조가 간행하여 반포하라고 명하면서 소재에게 서문을 짓게 하였다. 《宣祖實錄 11年 6月 20日》《宣祖修正實錄 18年 7月 1日》

**130** 신국공(信國公) : 문천상의 봉호(封號)이다. 자(字)는 송서(宋瑞), 호는 문산(文山)이고, 시호는 충렬(忠烈)이다. 1255년(고종42) 진사시에 수석으로 합격하여 벼슬길에 나갔다. 1275년 의용군을 조직하여 수도 임안(臨安)을 지키며 원(元)나라 군대에 대항하였다. 1278년 적에게 사로잡혔으나 항복을 거부하였고, 원나라 수도 북경으로 이송되어 3년 동안 억류되어 있으면서 온갖 회유와 협박에도 자신의 절개를 굽히지 않다가 시시(柴市)에서 처형되었다. 《宋史 文天祥列傳》

**131** 항상……사람 : 외물에 마음이 흔들리지 않는 굳건한 의지를 가진 사람이라는 의미이다. 공자가 "신장은 욕심으로 하는 자이니, 어찌 강할 수 있겠는가.〔棖也慾, 焉得剛?〕"라고 한 구절에 대한 사씨(謝氏)의 주(註)에 "강(剛)과 욕(慾)은 정반대이다. 능히 외물을 이기는 것이 강이다. 그러므로 만물 위에서 늘 떳떳하다. 외물에 가려지는 것이 욕이다. 그러므로 만물 아래에서 늘 굳색하다."라고 하였다. 《論語 公冶長》

**132** 간기(間氣)의 인물 : 세상에 드물게 나오는 영걸을 뜻한다. 맹자가 "500년 만에 반드시 왕자가 태어나는데, 그 사이에는 반드시 세상에 이름난 인물이 있다.〔五百年必有王者興, 其間有名世者.〕"라고 한 데서 온 말이다. 《孟子 公孫丑上》

처음 도성(都城)으로 들어왔을 때 신당(臣鐺)을 참수하라 청하였고 얼마 후에는 당국자(當局者)에게 미움을 받았으며,[133] 역적을 주륙하여 흔고(衅鼓)하기를 청했을 때[134]에는 나랏일이 이미 잘못된 후였습니다. 오랑캐가 이른 다음 날 승상(丞相)에 제수되었고, 또 그다음 날 오랑캐 군중(軍中)에 사신으로 가서, 실로 사직(社稷)의 운명이 중요한 날에 오랑캐와 더불어 대의(大誼)를 항변(抗辯)하였으니, 다만 일이 이루어지기를 바라는 마음뿐이었습니다. 그런데 또 그다음 날 오랑캐에게 항복하는 표문(表文)이 왔으니, 저 오랑캐를 어찌하겠습니까.

스스로 실추된 국정(國政)을 바로잡고 끊어진 명맥을 잇는 것을 자신의 임무로 삼아 나라의 운명만 생각할 뿐 자신의 안위는 염두에 두지 않았습니다. 그러나 안진경(顔眞卿)과 유안세(劉安世)[135]처럼 살지 않

**133** 처음……받았으며 : 1259년 몽고군이 침입하자 환관 동송신이 천도하여 병화를 피하기를 주장하였는데, 당시 문천상이 영해군 절도판관이 되어 상소하기를 "청컨대 동송신의 목을 베어 사람들의 마음을 하나로 결집하기 바랍니다." 하였다. 이 일로 문천상은 관직에서 해임되었다가 다시 기용되었으나 권력자 가사도(賈似道)와의 불화 때문에 대신(臺臣)의 탄핵을 받고 치사(致仕)하였다. 《宋史 文天祥列傳》 신당은 문천상의 상소 내용을 참고할 때 동송신을 가리키는 말로 보이는데, 무엇 때문에 이렇게 표현했는지는 자세하지 않다.

**134** 역적을……때 : 당시 조정에서 여사맹(呂師孟)을 병부 상서(兵部尙書)로 발탁하여 화의(和議)를 이루려 하자, 문천상이 상소하여 "조정에서는 고식적으로 견제하려는 뜻이 많고 분발하여 강력하게 단죄하려는 의리는 적으니, 청컨대 여사맹을 참수하여 그 피를 북에 바름으로써 장사의 기운을 진작하십시오."라고 하였다. 그러나 당시의 의론이 이미 문천상의 논의를 오활(迂闊)하다고 여겼기 때문에 문천상은 해임되었다. 《宋史 文天祥列傳》 흔고는 희생의 피로 전고(戰鼓)의 틈[衅]을 메우는 의식인데, 옛날에는 군대가 출행(出行)할 때 사(社)에서 발제사(祓祭祀)를 지내고 짐승을 죽여 그 피로 북의 틈을 메웠다. 전시에는 사람을 죽여 그 피를 바르기도 하였다.

고 화원(華元)과 원앙(袁盎)[136]처럼 대처했던 것은 또한 의리에 따라 처신한 것이었습니다. 적진에서 탈출하여 강남(江南)으로 돌아와 다시 정승이 되고 다시 강서(江西)로 나가 이에 여러 주현(州縣)을 수복하였으니, 이르는 곳마다 향응(響應)하는 사람들이 있었습니다. 그러나 여러 사람의 시기를 받아 패전하여 다시 사로잡힌 것은 천운이라

**135** 안진경(顔眞卿)과 유안세(劉安世) : 외압에 흔들리지 않고 자신의 지조를 굳건하게 지킨 사람들이다. 안진경은 당(唐)나라 때의 충신이자 명필로, 자는 청신(淸臣)이다. 안녹산의 난 때 평원 태수(平原太守)로 있으면서 상산 태수(常山太守)인 종형 안고경(顔杲卿)과 함께 성을 굳게 지켜 반격의 기반을 마련하였으며, 의병을 모집하고 적을 토벌하여 하삭(河朔) 제군(諸郡)의 맹주(盟主)로 추대되었다. 뒤에 반란을 일으켜 여주(汝州)를 함락한 이희열(李希烈)을 회유하러 갔다가 사로잡혀 결국 처형되었다.《舊唐書 顔眞卿列傳》 유안세는 북송(北宋) 때 학자로 호는 원성(元城)이다. 평소 심지(心志)가 매우 확고하여 사생(死生) 화복(禍福)의 위협에 흔들리지 않았는데, 간의대부(諫議大夫)로서 국사를 논함에 강직하여 사람들이 모두 '전상호(殿上虎)'라고 일컬었다고 한다. 송나라 철종(哲宗) 원우(元祐) 연간에 사마광(司馬光)의 당인(黨人)으로 몰려 왕안석(王安石) 일파에게 갖은 박해를 당했으나 홀로 정도를 지키면서도 끝내 해를 입지 않아 세상에서 '원우 연간의 완인(完人)'이라고 일컬었다.《宋元學案 卷20 元城學案》

**136** 화원(華元)과 원앙(袁盎) : 시의(時義)에 따라 자신의 행동을 결정했던 사람들이다. 화원은 춘추(春秋) 시대 송(宋)나라 장군으로 화독(華督)의 증손(曾孫)이다. 문공(文公)이 승하하자 거마(車馬)를 늘리고 기물(器物)을 많이 사용하며 7개월 만에 장사를 지내는 등 후하게 장례를 치렀기 때문에 식자들은 이를 두고 임금을 악에 빠뜨리고 사치를 가중하였다고 평가하였다. 그러나 한편으로는 문공, 공공(共公), 평공(平公) 등 세 임금을 40년간 섬기며 나라를 안정시켰다는 평을 받기도 하였다.《史記 宋微子世家》 원앙은 문제(文帝) 때 사람으로 자(字)는 사(絲)이다. 직간(直諫)하기를 좋아하여 황제의 면전에서 승상 주발(周勃)과 환관 조담(趙談)을 꺾었다. 후에 초(楚)의 재상이 되었는데, 병으로 그만두고 지내다가 안릉(安陵)의 곽문(郭門) 밖에서 양왕(梁王)이 보낸 자객의 손에 죽었다.《史記 袁盎列傳》

해야 할 것입니다.

곤경을 만나 달아나 숨었을 때는 온갖 고난을 겪으면서도 흔들리지 않았고 중도에 오랑캐의 감옥에 갇혔을 때는 우두머리에게 갖은 핍박을 받으면서도 굴하지 않았습니다. 이는 바로 공이 스스로 말한 "죽을 고비를 넘긴 것이 16번이었다."라는 것으로, 남들은 견딜 수 없는 일이었지만 대의(大義)가 더욱 엄중해졌으니, 언제 어디서라도 인(仁)을 구하는 뜻이 있었던 것을 알 수 있습니다. 그가 굳이 4년간 연옥(燕獄)에 갇혀 있었던 것은 무슨 의리입니까? 장차 큰 뜻을 이루려 하지만 당장은 어떻게 할 수 없는 상황이었던 것입니다. 아니면 자신의 뜻을 드러내고자 하면서도 남들이 알아주지 않는 것은 또한 안중에 두지 않았으니, 가령 오랑캐가 석방하여 백성이 되게 하였더라도 자신의 뜻에 따라 처신하였을 것입니다. 대저 생사를 안중에 두지 않고 오직 하늘의 명을 따랐으니, 해야 하고 해서는 안 되는 의리에 어찌 넉넉하게 여유가 있었던 것이 아니겠습니까. 대저 사람은 오래도록 곡식을 먹지 않으면 죽고 한질(寒疾)을 만나 땀을 내지 못하면 5일 만에 죽는 법이니,[137] 공은 이미 생각이 무르익어 있었습니다. 그래서 마침내 시

**137** 한질(寒疾)을……법이니 : 송 철종(宋哲宗) 연간에 추호가 간관으로 있을 때 마침 철종이 황후(皇后) 맹씨(孟氏)를 폐하고 현비(賢妃) 유씨(劉氏)를 황후로 책봉하였다. 추호의 친구 전주가 혹자에게 말하기를 "지완(志完)이 이번 일에 간언을 드리지 않으면 그와 절교할 것이다."라고 하였는데, 추호가 과연 황후 폐립(廢立)의 잘못된 처사에 대하여 극간(極諫)하고 마침내 장돈(章惇)의 탄핵을 입어 관직이 삭탈되고 이어 신주(新州)로 유배를 가게 되었다. 추호가 유배 길에 전주를 만나 눈물을 흘리자, 전주가 정색(正色)하고 "가령 그대가 간관으로서 아무 말도 하지 않고 그대로 경사에서 벼슬을 하고 있다 할지라도 한질을 만나서 땀을 내지 못할 경우에는 5일 만에 죽을 것이니, 어찌 유독 영해 밖의 지역만이 사람을 죽게 할 수 있겠소. 바라건대 그대는

조(市朝)에서 의리를 지켜 의연하게 목숨을 바쳤으니, 어찌 신명이 도운 것이 아니겠습니까.

오호라, 공의 외로운 충정과 장한 절조가 대개 이에 이르러 더할 나위 없이 훌륭하게 되었고 보면 참으로 또한 천상(天常)을 드러내고 인기(人紀)를 가지런히 하여 천하 만세의 염방(廉防)이 될 만하니, 이에 그 사업의 위대함이 해와 달이 하늘에 떠 있는 것처럼 밝고 환한 빛이 진동하여 사람들의 이목에 열렬하게 비쳐서 절로 사라지지 않을 것입니다. 오히려 다시 문장을 기다릴 것이 있겠습니까. 문장이 비록 여사(餘事)라고 하지만 또한 마음에서 우러나오는 소리일 뿐이니, 마음에 어찌 표리(表裏)와 대소(大小)가 있어서 빠뜨릴 수 있겠습니까. 이것이 유(劉)와 진(陳)[138] 등 여러 사람이 정성스럽게 편집(編集)하여 길이 전하게 하려 했던 뜻입니다. 부록(附錄)과 속록(續錄)을 아울러 3권을 제외하고도 무릇 공이 지은 바는 문집 17권과 별집 6권이 있는데, 지금 그 말을 읽으매 이치에 근원하여 사리를 통달하고 흥취에 따라 감흥을 부쳐서 길고 짧은 글들이 문의(文義)가 굉박(宏博)하고 기상이 굳건하니, 모두 충간의담(忠肝義膽)에서 흘러나왔으면서도 호

이 일 정도로 자만하지 마시오. 선비가 당연히 해야 할 일은 여기에 그치지 않소."라고 하니, 추호가 감탄하며 사과하기를 "그대가 나에게 아주 큰 선물을 주었소."라고 하였다. 《宋史 鄒浩列傳》 지완은 추호의 자이다.

**138** 유(劉)와 진(陳) : 사고전서(四庫全書)에 실린 《문산집》 〈서설(序說)〉과 〈문산집제요(文山集提要)〉에 의하면 〈문승상전(文丞相傳)〉을 지은 원나라 학자 유악신(劉岳申)과, 문천상이 감주(贛州) 지방관 시기 이전에 지었던 시를 판각해 두었다가 〈지남록(指南錄)〉에 편입한 명(明)나라 강서 부사(江西副使) 진개(陳价)를 가리키는 듯하다.

오(好惡)의 바름을 잃지 않은 것입니다. 따라서 사람으로 하여금 늠름하여 기상이 생기는 것을 느끼게 하니, 이 글을 읽고서 눈물을 떨구지 않는 자는 사람의 마음이 없다는 것을 확실히 알겠으며, 두 마음을 품은 자가 혼백이 달아나지 않으리라고는 나는 믿지 않습니다.

생각건대 우리 성상께서 세교(世教)의 근본을 중시하여 특별히 드러내어 밝히고 속히 판각하게 한 뒤에 다시 신에게 명하여 서문을 짓게 하셨습니다. 그러나 신은 말단도 알지 못하는데 어찌 근본을 알 수 있겠습니까.

삼가 생각건대 하는 바가 지극히 어려웠던 이유는 대책이 사라진 뒤에 정성을 다했기 때문이고 죽을 때까지 그만두지 못했던 이유는 나라가 패망(敗亡)하던 즈음에 결심했기 때문이니, 의도하지 않고 행한 것[139]이 아니라면 그렇게 할 수 없었을 것입니다. 송(宋)나라가 망하고 애산(崖山)이 망할 때[140]까지 7년을 하루같이 처신했던 이는 공 한 사람뿐이었으니, 이것이 그가 항상 만물의 위에서 자신의 뜻을 펼칠 수 있었던 까닭입니다.

돌이켜 생각건대 펼쳤던 바는 무엇이었습니까? 기(氣)입니다. 무

**139** 의도하지……것 : 사사로운 목적 없이 의(義)를 행하였다는 의미이다. 장식(張栻)이 "목적하는 바가 없이 행하는 것이 의이고, 목적하는 바가 있어서 행하는 것은 이(利)이다."라고 한 데서 온 말이다. 《近思錄 出處11》

**140** 애산(崖山)이 망할 때 : 송나라 왕실이 완전히 패망한 것을 가리킨다. 남송 경염(景炎) 3년, 단종(端宗)이 원병(元兵)의 핍박으로 도망가 죽자 문천상, 장세걸(張世傑), 육수부(陸秀夫) 등이 단종의 아우 위왕(衛王) 병(昺)을 황제로 받들고 광동성(廣東省) 신회현(新會縣) 남쪽 바다의 섬 애산으로 옮겨 가서 버티다가 원나라 장수 장홍범(張弘範)이 공격해 오자 육수부가 칼을 빼어 처자식을 바다에 몰아넣은 다음 위왕을 등에 업고 빠져 죽었으니, 이로써 송나라가 완전히 멸망하였다. 《宋史 陸秀夫列傳》

슨 기였습니까? 하늘의 기, 땅의 기, 사람의 기입니다. 사람들은 그 기를 참여하여 얻고 얻었다가 잃어버리지만, 공은 능히 그 기를 잃어버리지 않고 온전히 하여 돌아갔으니, 정자(程子)가 "실제로 보는 것이다."[141]라고 했던 말이 보탬이 없지는 않았을 것입니다. 그렇지 않다면 어찌 오래도록 이처럼 그 기가 줄어들지 않았겠습니까. 참으로 한 시대의 영웅호걸이라고 할 만합니다. 이 문집이 유행하여 난신적자(亂臣賊子)들이 두려워하는 데에는 세교를 부식(扶植)하는 공이 크니, 어찌 다만 완악한 사람이 청렴해지고 나약한 사람이 뜻을 세우는[142] 데서 그치겠습니까. 아, 나라가 길이 아름답게 될 것입니다.

황명(皇明) 만력(萬曆) 13년 을유년(1585, 선조18) 7월 3일 대광보국숭록대부(大匡輔國崇祿大夫) 의정부 영의정(議政府領議政) 노수신은 삼가 서문을 짓다.

**141** 실제로 보는 것이다 : 옳고 그른 점을 실제로 본다는 말이다. 《논어》 〈위령공(衛靈公)〉에 "지사와 인인은 삶을 구하여 인을 해치는 경우는 없고, 몸을 죽여 인을 이루는 경우는 있다."라는 공자의 말이 있는데, 이에 대한 주석에서 정자가 말하기를 "진실한 이치를 마음에 얻으면 저절로 달라지니, 진실한 이치란 옳고 그름을 실제로 보는 것이다." 하였다.

**142** 완악한……세우는 : 《맹자》 〈만장 하(萬章下)〉에 "성인은 백세의 스승이니, 백이(伯夷)와 유하혜(柳下惠)가 이런 분이다. 그러므로 백이의 풍도를 들은 자는 완악한 사람이 청렴해지고 나약한 사람이 뜻을 세우게 되며, 유하혜의 풍도를 들은 자는 경박한 사람이 돈후(敦厚)해지고 비루(鄙陋)한 사람이 너그러워진다."라고 한 데서 온 말이다.

## 《손지재집》[143] 서

遜志齋集序

자신을 이루고 만물을 이루어 주는 것[144]은 성인(聖人)의 마음이다. 위로는 천하에 만물을 이루어 몸소 전하는 가르침을 펼치고 아래로는 후세에 만물을 이루어 글로 전하는 가르침을 밝히니, 이 도덕(道德)과 공업(功業)과 문장(文章)은 한 가지일 따름이다. 오로지 자신만을 이루고 만물에 미치지 못하거나 한갓 만물만 이루어 주고 자신에게 근본하지 못하는 것은 천수백 년 동안 배우는 자들이 모두 그러하였지만, 손지(遜志) 선생[145] 같은 분은 이윤(伊尹)과 주공(周公), 공자(孔子)와 맹자(孟子)의 뜻을 얻은 사람이다. 그 뜻을 얻고서는 그 절개를 때에

**143** 손지재집(遜志齋集) : 명(明)나라 초기 대신이자 저명한 학자인 방효유(方孝孺, 1357~1402)의 문집이다. 처음에 문인(門人) 왕임(王稔)이 소장하고 있던 유고(遺稿)를 황공소(黃孔昭) 등이 편집하였다. 그러나 빠진 글이 많았기 때문에 후에 고린(顧璘)이 정리하여 중간(重刊)하였는데, 다른 사람의 글이 섞이기도 했지만 그 작품들은 뜻이 높고 기상이 호탕한 면이 있다 하여 많은 사람들의 칭송을 받았다. 명청(明淸) 시기를 거치면서 여러 판본이 남았다.《明儒學案 卷43》 우리나라에서는 1585년(선조18) 7월 1일에 절의를 숭상하고 풍속을 장려하는 차원에서 간행하여 반포하라고 명하고 소재에게 서문을 짓게 하였다.《宣祖修正實錄 18年 7月 1日》

**144** 자신을……것 : 자신을 완성하고 그것을 바탕으로 미루어 나아가서 주변 사람과 사물을 완성한다는 의미이다. 《중용장구》 제25장에 "성(誠)은 자신을 이룰 뿐만 아니라 남을 이루어 주니, 자신을 이룸은 인(仁)이요 남을 이루어 줌은 지(知)이다. 이는 성의 덕(德)이니, 내외를 합한 도이다. 그러므로 때에 따라 적절하게 조치한 것이다."라고 한 데서 온 말이다.

**145** 손지(遜志) 선생 : 방효유로, 손지는 그의 호이다.

따라 드러내지 않을 수 없었으니, 참으로 이른바 '학문을 좋아하고 인(仁)을 이룬 사람'[146]이라 하겠다. 그렇지 않은가.

아, 선생이 태어난 것은 실로 하늘이 기약한 바가 있었기 때문이다. 겨우 7, 8세 무렵에 개연(慨然)히 성인의 학문을 배우려 하였고 장성해서는 더욱 염락(濂洛)[147]을 사모하여 크게 힘을 쏟았으니, 정순(精純)한 기운을 기르고 단결(端潔)한 성품을 닦는 한편 두문불출하며 저술에 힘쓰면서 일생을 마치려는 듯하였다. 교수(教授)에 발탁되고 초빙을 받아 빈사(賓師)가 되었을 때는 한 지역에 명성이 자자해서 마침내 소명을 받고 조정에 들어가게 되었으니, 우뚝하게 뛰어났던 이유는 타고난 덕성이 혼후하였기 때문이다. 이에 선생은 경세제민(經世濟民)이라는 오랜 바람과 도견(陶甄)[148]의 노련한 솜씨를 가지고 생각하기를 '우리 임금과 우리 백성이 모두 요순 시대의 임금과 백성이 될 수 있다면[149] 거의 주관(周官)의 법도를 찬연히 계술(繼述)할 수 있을 것이다.'

**146** 학문을……사람 : 《논어》 〈태백(太伯)〉의 "독실하게 믿으면서도 학문을 좋아하며, 죽음으로써 지키면서도 도를 잘해야 한다."라는 구절과 〈위령공(衛靈公)〉의 "지사(志士)와 인인(仁人)은 살기 위해 인을 해치는 경우는 없고, 목숨을 바쳐 인을 이루는 경우는 있다."라는 구절을 조합하여 말한 것이다.

**147** 염락(濂洛) : 송(宋)나라 때 도학(道學)이 일어났던 염계(濂溪)와 낙양(洛陽)을 가리키는 말로, 염계에 살던 주돈이(周敦頤) 및 낙양에 살던 정호(程顥)·정이(程頤) 형제를 지칭한다. 후대에는 송나라 이학(理學)의 대명사처럼 사용되었다.

**148** 도견(陶甄) : 도공(陶工)이 녹로(轆轤)를 돌려서 각종 질그릇을 잘 만들어 내는 것처럼, 선정(善政)을 펼쳐서 천하를 잘 경륜하는 것을 비유하는 말이다.

**149** 우리 임금과……있다면 : 임금을 보좌하여 태평성세를 이루겠다는 의미이다. 탕(湯) 임금이 사람을 시켜 폐백(幣帛)으로 이윤을 초빙하였으나 이윤은 요순의 도를 홀로 지키고 즐기려는 각오로 완강히 거절하였는데, 탕 임금이 세 번이나 사람을 보내

라고 하였다.

대개 그 학문은 천지의 광대함과 일월의 밝음과 귀신의 신묘함을 지극히 하였으되, 끝내 일상생활 속의 이륜(彝倫)에서 벗어나지 않았다. 그러므로 말한 것이 모두 인륜(人倫)에 근본하고 천리(天理)에 합치하여 얽매이거나 구애되지 않았고 고전을 깊이 음미하여 그 정수가 가슴속에 흠뻑 무젖어 있었으니, 시행하면 일세의 은택이 되고 기록하면 만대의 법식이 되었다. 이는 이른바 봄기운이 막 이르러 진액(眞液)이 우주에 가득하여 날짐승과 물고기 및 온갖 동물과 식물 들이 각각 생기가 있는 것과 같아서, 천하에 누구도 믿지 않는 사람이 없었다. 대저 문장은 마음에 온축되어 있으면 도덕이 되고 일에 드러나면 공업이 되니, 이를 보면 그것을 바꿀 수 없고 의심할 수 없다는 것을 알 수 있다. 그런데 하늘이 이 사람으로 하여금 지각이 있게 하려 하지 않았던 것은 무엇 때문인가.

오호라, 후세 학자들은 혹 선생의 사조(詞藻)를 구양수(歐陽脩)나 소식(蘇軾)과 짝지우면서도 송양(宋楊)[150]보다는 못하다고 하였으니,

초빙하자 이윽고 생각을 바꾸어 말하기를 "내가 초야에 묻혀 이대로 요순의 도를 즐기는 것보다 차라리 이 임금을 요순 같은 임금으로 만드는 편이 낫지 않겠으며, 차라리 이 백성을 요순의 백성으로 만드는 편이 낫지 않겠으며, 내 자신이 직접 그러한 치세(治世)를 보는 편이 낫지 않겠는가."라고 한 데서 온 말이다. 《孟子 萬章上》

**150** 송양(宋楊) : 송렴(宋濂, 1310~1380)과 양우(楊寓, 1365~1444)를 말하는 듯하다. 송렴은 명나라 때의 문인이자 정치가로, 자는 경렴(景濂), 호는 잠계(潛溪)이다. 명나라 태조가 세력을 잡은 뒤 부름을 받고 남경(南京)에 가서 왕세자의 스승이 되었고, 이후 태조의 고문으로 두터운 신임을 받았다. 71세 때 손자의 죄에 연좌되어 사천성(四川省)으로 귀양 가서 그곳에서 병사했다. 양우는 명나라의 명신으로, 자는 사기(士奇), 호는 동리선생(東里先生)이고 시호는 문정(文貞)이다. 집안이 가난해 서당 선생으로

이미 비유의 공정함을 잃은 것이다. 심지어 의리를 변경함에 때에 따라 적절하게 조처하는 도리를 얻지 못했다고 하였으니, 이는 더욱 이해할 수 없는 점이다. 더구나 목숨을 바쳐 임금을 따르는 것은 진실로 의리를 지키는 일인데도 단지 분수에 마땅하고 마음에 편안한 바를 얻었을 뿐이니, 더 말할 것이 있겠는가.

지금 선생의 담담한 충의(忠毅)에 조그마한 허물도 지적할 수 없는 점에서 순일무잡(純一無雜)하고 지성무식(至誠無息)했던 삶을 더욱 징험할 수 있는데, 도리어 금천문(金川門)에서 임금을 따라 죽지 않고 마침내 구족(九族)이 연좌된 일[151]을 허물하여 충성스럽되 지나치다고 여기는 사람이 있으니, 이는 왕위(王魏)[152]보다 우월하다 여기고 백이(伯夷)와 숙제(叔齊)보다 심하게 보려는 것이다. 어찌 이상하지 않은가.

대저 예로부터 절개를 지키다 죽은 사람은 혹 볼 수 있으나 죽어서 인(仁)을 이룬 사람은 보지 못하였고, 도(道)에 대한 신념을 가진 사람은 혹 볼 수 있으나 신념이 있으면서 학문을 좋아하는 사람은 보지 못하였다. 학문이 성(性)을 기르고 몸을 닦아 천명(天命)을 기다리는

생계를 꾸리다가 혜제(惠帝) 때 천거를 받아 한림원에서 《태조실록》을 편찬하였다. 성조(成祖), 인종(仁宗), 선종(宣宗), 영종(英宗)의 내각에 있으면서 보신(輔臣)으로 40여 년을 봉직하였고, 그 가운데 21년을 수보(首輔)로 지냈다.

**151** 금천문(金川門)에서……일 : 1402년 연왕 체가 반란군을 이끌고 수도인 남경을 공격하자 이경륭(李景隆) 등 조정의 대신들이 금천문을 열고 항복하였는데, 이때 혜제는 스스로 불에 타 죽고 방효유는 연왕에게 체포되어 등극 조서(登極詔書)를 짓지 않고 끝까지 거부하다가 책형을 당하고 구족이 이에 연좌되어 몰살되었다. 《明史 方孝孺列傳》

**152** 왕위(王魏) : 당(唐)나라의 명신 왕규(王珪)와 위징(魏徵)을 가리킨다. 왕규는 요직에 있으면서 태종(太宗)의 신임을 받았는데, 특히 어떤 일에도 직언(直言)하여 정사를 바로잡은 것으로 유명하였다. 《舊唐書 王珪列傳, 魏徵列傳》

데까지 이른 사람[153]이 몇 명이나 있었던가. 그런데 유독 선생에게서 이것을 보았으니, 아, 참으로 학문을 좋아하는 사람이라고 이를 만하다.

신은 선생 문집의 서문을 지으라는 명을 받았을 때 삼가 황공하고 감격스러운 심정을 가눌 수 없었는데, 급히 읽으면서 채 반도 읽기 전에 저도 모르는 사이에 눈물이 떨어졌습니다. 그리고 천천히 상고하여 잡저(雜著), 표(表), 전(箋), 계(啓), 서(書), 서(序), 기(記), 제발(題跋), 찬(贊), 제문(祭文), 행장(行狀), 전(傳), 비(碑), 표(表), 지(誌), 시(詩) 등 총 1380수와 부록(附錄)을 아울러 모두 24권을 얻고 나서 다음과 같이 탄식하였습니다.

순수하구나, 선생의 문장이여. 이치가 주자(周子), 정자(程子), 주자(朱子)에 핍진하면서도 고정(考亭)[154]의 정밀함과 창려(昌黎)[155]의 엄정함이 합하여 하나가 되었으니, 그 또한 숙속(菽粟)[156]과 같을 따름이다. 어찌 말 한마디 글자 하나라도 천하 후세에 전하지 않을 수 있겠는가. 전하지 않는다면 그 덕업(德業)의 온전함을 상고할 수 없을 것이다. 이른바 천백 가지 중에 열 개나 한 개쯤 남아 있는 기록들은 조(趙)

**153** 학문이……사람 : 학문으로 말미암아 이치를 알고 이치를 알아서 실천하는 사람을 말한다. 《맹자》 〈진심 상(盡心上)〉에 "마음을 보존하여 성(性)을 기르는 것은 하늘을 받들어 섬기는 일이요, 요절하거나 장수함에 의심을 품지 않아 몸을 닦으며 천명(天命)을 기다리는 것은 명(命)을 세우는 일이다."라고 한 데서 온 말이다.

**154** 고정(考亭) : 주희(朱熹)가 만년(晩年)에 거처하던 곳으로, 이곳에 고정서원(考亭書院)을 짓고 학문을 강론하였기 때문에 주희의 별호로도 쓰였다. 주자학파 혹은 주자학을 의미하기도 한다.

**155** 창려(昌黎) : 창려백(昌黎伯)에 봉해진 당나라의 문호(文豪) 한유(韓愈)를 가리킨다.

**156** 숙속(菽粟) : 문장이 아주 평범하면서도 유용하다는 말이다. 60쪽 주123 참조.

와 황(黃)[157]이 모으고 채록한 노력이 아니었으면 또한 육서(六書)[158]를 따라 사라졌을 것이다. 아, 어찌 또한 하늘의 뜻이 아니겠는가.

옛 성현의 전적(典籍)이 진(秦)나라 때 불타고 대유(大儒)의 문자가 송(宋)나라 때 훼철되었지만[159] 끝내 누구도 남김없이 녹여 없애지는 못하였다. 지금 이 글이 다시 성상의 관심을 입어 그 학문이 중요하게 여겨지고 그 인(仁)이 위대하게 되어 주자(周子)와 공자의 가르침이 대개 이 때문에 드러나게 되었으니, 하늘의 뜻이런가.

황명(皇明) 만력(萬曆) 13년 을유년(1585, 선조18) 7월 3일 노수신은 삼가 서문을 짓다.

**157** 조(趙)와 황(黃) : 조(趙)는 미상이고, 황은 《손지재집》을 편찬한 황공소를 말한다.

**158** 육서(六書) : 한(漢)나라 때 제정된 여섯 가지 서체, 즉 고문(古文), 기자(奇字), 전서(篆書), 예서(隸書), 무전(繆篆), 충서(蟲書)를 가리킨다.

**159** 대유(大儒)의……훼철되었지만 : 송 영종(宋寧宗) 때 주희가 상소하여 당시 실권을 잡고 있던 한탁주(韓侂胄)의 간악함을 논하였는데, 이에 앙심을 품은 한탁주가 당시 도학(道學)의 영수(領袖)였던 주희의 학문을 위학(僞學)이라 배척하고, 그와 뜻을 같이하는 사람들을 모두 위학당(僞學黨)으로 지목하여 출사(出仕)의 길을 막았던 일을 가리킨다. 《宋史 韓侂胄列傳》

## 《포은집》[160] 서

圃隱集序

삼가 생각건대 우리 주상 전하께서 고려의 상신 정 문충공(鄭文忠公)[161]이 송(宋)나라와 명(明)나라의 두 충신[162]과 같은 반열이 될 만하다고 여기시어 신에게 그 문집의 서문을 아울러 짓게 명하셨으므로, 신은 삼가 그 문집을 읽어 보았습니다.

엎드려 보건대 태종대왕께서 서둘러 시호를 내려 정표하신[163] 후에 네 분의 성상[164]께서 번갈아 즉위하시어 《삼강전(三綱傳)》에 열록(列錄)하고[165] 숭의전(崇義殿)에 배향하고[166] 공자묘(孔子廟)에 종사(從

**160** 포은집(圃隱集) : 정몽주(鄭夢周, 1337~1392)의 문집이다. 1585년(선조18) 7월 1일 정사에서 절의를 숭상하고 풍속을 장려하는 차원에서 간행하여 반포하라고 명하면서 소재에게 서문을 짓게 하였다. 《宣祖修正實錄 18年 7月 1日》

**161** 정 문충공(鄭文忠公) : 정몽주로, 문충은 그의 시호이다.

**162** 송(宋)나라와……충신 : 남송(南宋) 말기의 충신 문천상(文天祥)과 명나라의 충신 방효유(方孝孺)를 가리킨다.

**163** 태종대왕께서……정표하신 : 1401년(태종1) 1월 14일 참찬문하부사(參贊門下府事) 권근(權近)의 건의에 따라 11월 7일 정몽주에게 영의정부사(領議政府事)를 증직하였다. 《太宗實錄 1年 1月 14日, 11月 7日》 같은 해 왕명으로 대광보국숭록대부(大匡輔國崇祿大夫) 영의정부사 수문전대제학 겸 예문춘추관사(領議政府事修文殿大提學兼藝文春秋館事) 익양부원군(益陽府院君)에 추증하고, 문충(文忠)이라는 시호를 내렸다. 《圃隱集 圃隱先生年譜攷異》

**164** 네 분의 성상 : 세종, 문종, 중종, 명종을 가리킨다.

**165** 삼강전(三綱傳)에 열록(列錄)하고 : 1431년(세종13) 11월 11일 정사에서 《충신도(忠臣圖)》에 정몽주의 얼굴을 그리고 찬(贊)을 지으라고 명하였다. 《世宗實錄 13年

祀)하고[167] 서원의 편액(扁額)과 서책, 위전(位田) 등을 하사하였는데,[168] 성상에 이르러 또 편액을 하사하고 치제(致祭)한[169] 다음 지금 다시 이렇게 명하시니, 그 큰 규범과 원대한 계책이 예전보다 훨씬 탁월함에 더욱 탄복하였습니다.

신이 일찍이 생각건대, 공훈이 높아 사직의 신하가 되고 법도가 있어 왕자(王者)의 스승이 되는 것은 반드시 백성들이 만세의 복을 누리게 하기 위해서이니, 어찌 사람의 힘으로 미칠 수 있겠습니까.

생각건대 공은 정신이 문악(文嶽)처럼 빼어나고 기상이 성두(星斗)

11月 11日》 1432년에는 《삼강행실(三綱行實)》 〈충신전(忠臣傳)〉에 실렸다. 《圃隱集 圃隱先生年譜攷異》

**166** 숭의전(崇義殿)에 배향하고 : 1452년(문종2)에 왕명으로 숭의전에 배향하였다. 《圃隱集 圃隱先生年譜攷異》

**167** 공자묘(孔子廟)에 종사(從祀)하고 : 1517년 8월 7일 성균 생원(成均生員) 권전(權磌) 등의 상소로 인해, 같은 해 9월 17일 정몽주를 문창후(文昌侯) 최치원(崔致遠)의 다음 자리에 종사하고 사신(使臣)을 보내 제사하게 하였다. 《中宗實錄 12年 8月 7日, 9月 17日》

**168** 서원의……하사하였는데 : 1554년(명종9) 7월 11일 영의정 심연원(沈連源), 좌의정 상진(尙震), 우의정 윤개(尹漑) 등이 임고서원에 편액을 하사하고 서책, 노비, 전결(田結)을 내릴 것을 건의하면서 소수서원(紹修書院)의 예에 따라 마련하여 시행하자고 의계(議啓)하여, 같은 해 11월 2일 사서오경 1질과 《소미통감(少微通鑑)》, 《통감속편(通鑑續編)》 1질씩을 내려보내라고 명하였다. 《明宗實錄 9年 7月 11日, 11月 2日》 이듬해 영천(永川)의 사인(士人) 노수(盧遂) 등이 정몽주의 구거(舊居)인 부래산(浮來山) 아래에 서원을 세워 임고서원으로 사액(賜額)되었다. 《圃隱集 圃隱先生年譜攷異》

**169** 성상에……치제(致祭)한 : 1575년(선조8)에 선조가 "문충공은 우리나라 유림의 종사(宗師)인데, 더구나 그의 절의가 일월을 꿰뚫을 만한 데야 더 말할 것이 있겠는가. 지금 서원을 새로 건립하였으니, 내가 관원을 보내 치제하게 하고자 한다." 하고, 승지를 보내 치제하게 하고 《주자어류(朱子語類)》를 하사하였다. 《圃隱集 圃隱先生年譜攷異》

처럼 빛났으며, 효제(孝悌)가 집안에서 행해지고 충의(忠義)가 나라에서 믿음을 받았습니다. 예컨대 여묘(廬墓)와 묘주(廟主)를 처음 시행하고[170] 호복(胡服)과 용관(宂官)을 혁파하고[171] 부학(部學)과 향교(鄕校), 의창(義倉)과 수참(水站)을 설치하고[172] 감사와 수령, 전부(田賦)와 경비(經費)를 바로잡은 일[173] 같은 경우는 교화가 이루어지게 하고

**170** 여묘(廬墓)와……시행하고 : 여묘는 시묘(侍墓)로, 상주가 무덤 근처에 여막을 짓고 거처하면서 무덤을 지키는 일을 말한다. 연보에 "1355년(공민왕4) 1월에 부친상을 당하여 3년 동안 시묘하였다." 하였고, 또 "1365년 1월에 모친상을 당하여 3년 동안 시묘하였다." 하였는데, 당시 상제(喪制)가 어지러워져서 사대부들이 모두 100일이면 탈상하였지만 정몽주는 홀로 시묘하며 3년 동안 슬픔과 예법을 다하였기 때문에 1366년 조정에서 정려를 내려 표창하였다. 묘주는 사당과 신주이다. 연보에 "1390년(공양왕2)에 수 문하시중이 되어 사서인(士庶人)으로 하여금 《주자가례(朱子家禮)》를 본받아 사당을 세우고 신주를 만들어 선조의 제사를 받들게 하니, 예속(禮俗)이 다시 일어났다." 하였다. 《圃隱集 圃隱先生年譜攷異》

**171** 호복(胡服)과 용관(宂官)을 혁파하고 : 호복은 원(元)나라 복식을 가리키고, 용관은 쓸모없는 벼슬아치를 말한다. 연보에 "1390년에 수 문하시중이 되어 용관을 가려 없앤 다음 준량(俊良)을 등용하고, 호복을 고쳐 중국 복제를 따랐다." 하였다. 《圃隱集 圃隱先生年譜攷異》

**172** 부학(部學)과……설치하고 : 부학은 오부학당이고, 수참은 고려 때 진도(津渡)에 설치하여 강상(江上)의 수송을 담당하던 조창(漕倉)으로 수역(水驛)이라고도 한다. 《만기요람(萬機要覽)》 〈재용편(財用篇) 2 조전(漕轉) 수참〉에 "고려 말 정몽주의 건의에 따라 설치하였다." 하였다. 연보에 "1390년에 수 문하시중이 되어 안으로는 오부학당을 세우고 밖으로는 향교를 설치하였다. …… 의창을 건립하여 궁핍한 백성을 구휼하고 수참을 설치하여 조운을 편리하게 하였다." 하였다. 《圃隱集 圃隱先生年譜攷異》

**173** 감사와……일 : 연보에 "1390년에 수 문하시중이 되어 수령을 선발하되 청망(淸望)이 있는 참상관(參上官)으로 하고 감사를 파견하여 출척(黜陟)을 엄정하게 하였으며, 도평의사사(都評議使司)에 경력(經歷)과 도사(都事)를 두어 전곡(錢穀)의 출납을 기록하게 하였다." 하였다. 《圃隱集 圃隱先生年譜攷異》

이롭고 편리하게 한 것이 대부분 이와 같았으니, 그 제작(制作)이 성대하였습니다.

맨 먼저 의주(義主)에게 귀부(歸附)하기를 건의(建議)하였고 중간에 거듭 분쟁의 틈을 만나서는 상소(上疏)하여 분변해 밝혔으며[174] 모두 일곱 번 남경(南京)에 가서 대답을 듣지 못한 적이 없었고 마침내 세공(歲貢)을 줄여 주게 하여[175] 온 나라가 길이 덕을 입게 하였으니, 그 계책이 기이하였습니다.

일찍이 화주(和州), 운봉(雲峯), 동북면(東北面)에 종사관으로 출정하여 모두 승리하였고[176] 뒤에 다시 일본에 사신으로 가서 화복(禍

**174** 맨……밝혔으며 : 연보의 1375년(우왕1) 조에 "명(明)나라가 처음 일어났을 때 공이 명나라에 귀부하기를 힘껏 청하였는데, 이때에 이르러 공민왕(恭愍王)이 시해되고 김의(金義)가 명나라 사신을 죽여서 민심이 흉흉하였다. 이런 상황에서 북원(北元)이 또 사신을 보내오자 권신 이인임(李仁任)이 다시 원나라를 섬기려 하였는데, 이때 공이 수십 명과 함께 반대하는 상소를 올려 사신을 받아들이지 말기를 청하였다. 공은 이 일로 죄를 얻어 언양(彦陽)으로 유배되었다." 하였다. 《圃隱集 圃隱先生年譜攷異》 의주는 명나라 태조를 가리킨다.

**175** 세공(歲貢)을……하여 : 연보의 1386년 조에 "2월에 선생이 경사(京師)에 가서 세공을 줄여 주기를 청하였는데, 주대(奏對)가 상세하고 명확하여 5년간 미납된 세공 및 명나라에서 늘려 정한 세공의 상수(常數)를 줄여 주게 하였다." 하였고, 행장에 "병인년(1386)에 세공을 줄여 달라고 청하기 위해 경사에 갔는데, 주대가 상세하고 명확하여 5년간 미납된 세공 및 명나라에서 늘려 정한 세공의 상수를 영원히 줄여 주게 하고, 종마(種馬) 50필(匹)만을 세공으로 정하였다." 하였다. 《圃隱集 圃隱先生年譜攷異, 行狀》

**176** 일찍이……승리하였고 : 연보의 1363년(공민왕12) 조에 "8월에 종사관(從事官)으로 동북면 도지휘사(東北面都指揮使) 한방신(韓邦信)을 따라 화주에서 여진(女眞)을 정벌하였다." 하였고, 1380년 조에 "가을에 조전원수(助戰元帥)로서 우리 태조를 따라 전라도 운봉에 가서 왜(倭)를 쳐서 크게 이기고 돌아왔다." 하였고, 1383년 조에

福)의 이치로 타이르매 그 명을 따르지 않음이 없어서 포로를 돌려보내고 침략을 금하게 하였으니,[177] 그 위엄과 신의가 대단하였습니다.

행장에 이르기를 "안팎으로 일이 많아 기무(機務)가 많고 번거로웠지만 음성과 안색이 동요되지 않은 채 큰일을 처리하고 큰 의혹을 결단하였는데, 좌우로 응답하는 말이 모두 적절하였다."라고 하였으니,[178] 당세에 걸출한 왕좌(王佐)의 인재가 아니라면 그 누가 여기에 참여할 수 있겠습니까.

그러나 국운이 지극히 쇠퇴하고 비색(否塞)한 때를 만나 어떻게 할 방도가 없어지자 사람들에게 깨우쳐 이르기를 "나랏일을 맡고 있으면서 어찌 감히 두 마음을 품을 수 있겠는가. 나는 이미 처신할 바를 정하였다." 하였습니다. 대저 몸뚱이 하나로 500년의 마지막 운명을 감당하여 날카로운 칼날을 밟고도 피하지 않고 당당히 된서리나 뜨거운 태양과 빛을 다투었으니, 실로 이른바 '어린 임금을 맡길 만하고

"8월에 동북면 조전원수로 다시 태조를 따라 정벌에 나갔다." 하였다.《圃隱集 圃隱先生年譜攷異》 동북면은 함경도이다.

**177** 일본에……하였으니 : 연보의 1377년 조에 "9월에 사명을 받들고 일본국에 사신으로 갔다. …… 고금(古今) 교린(交鄰)의 이해(利害)를 극력 이야기하니, 주장(主將)이 경복(敬服)하였다." 하였고, 1378년 조에 "7월 선생이 일본에서 돌아올 때 포로로 잡혀 있던 윤명(尹明), 안우세(安遇世) 등 수백 명을 데리고 함께 돌아왔다." 하였으며, 행장 1378년 조에는 "마침내 삼도(三島)로 하여금 모두 침략을 금하게 하였다." 하였다.《圃隱集 圃隱先生年譜攷異, 行狀》

**178** 행장에……하였으니 :《포은집》〈행장〉에 "당시 국가에 일이 많아 기무(機務)가 번다하였지만 공이 승상이 되어 음성과 안색이 동요되지 않은 채 큰일을 처리하고 큰 의혹을 결단하였는데, 좌우로 응답하는 말이 모두 적당하여 여러 승상 가운데 감히 이의를 제기하는 사람이 없었다." 하였다.

백 리 되는 나라의 운명을 맡길 만하며 큰일에 직면하여 절개를 빼앗을 수 없는 군자'라고 할 만합니다. 진실로 수양한 바가 평소에 무르익지 않았다면 어찌 지키는 바가 이처럼 확고할 수 있었겠습니까.

대개 젊어서부터 큰 뜻을 품고 날마다 《중용(中庸)》과 《대학(大學)》을 암송하여 학문이 정밀하고 순수하며 강설(講說)이 깊고 오묘하였으니, 사람들의 생각보다 월등히 뛰어나면서도 은연중에 집주(集註)의 뜻에 합치하였습니다. 이후 호씨(胡氏)의 책을 얻어 보게 되었을 때 선비들이 놀라 감복하였고 보면[179] 그 문풍과 학술은 흡연(翕然)히 존경하고 법 삼을 바가 있었으니, 참으로 이른바 유림(儒林) 가운데 종주(宗主)라고 할 만합니다.

아아, 다섯 가지가 갖추어졌으니 어찌 흠잡을 것이 있겠습니까. 또한 학문에 근본하였을 따름이라고 하겠습니다. 필경에는 세교(世敎)가 세워지고 왕업(王業)이 공고해져 동방의 사람들이 무궁하게 그 은택을 입었으니, 충성스럽고 어질다고 칭송되어 한 시대에 드러난 사람들과는 같은 자리에서 논할 수 없는 것이 분명합니다. 하늘의 뜻이 아니고 무엇이겠습니까.

세상에 유행하고 있는 시 302편(篇)은 신이 지금 음미하여 보니,

**179** 호씨(胡氏)의……보면 : 호씨의 책은 운봉 호씨(雲峯胡氏), 즉 호병문(胡炳文)의 《사서통(四書通)》을 가리킨다. 《포은집》 〈행장〉에 "당시 동방에 전래된 경서는 주자(朱子)의 집주뿐이었는데, 공의 강설이 탁월하여 사람들의 생각을 월등히 뛰어넘었으므로 듣는 사람들이 자못 의심하였다. 그러다가 운봉 호씨의 《사서통》을 얻어 보게 되었을 때 공이 강론한 것과 꼭 들어맞지 않는 것이 없어서 선비들이 더욱 탄복하였다. 목은이 자주 칭찬하여 이르기를 '달가(達可)의 논리는 횡설과 수설이 이치에 맞지 않는 것이 없다.' 하고, 동방 이학의 조종(祖宗)으로 추대하였다." 하였다.

호일(豪逸)하고 아건(雅健)하며 웅심(雄深)하고 화후(和厚)한데, 대부분 성정(性情)에 근본하고 사물의 이치를 포괄하였습니다.[180] 왕왕 마음으로 터득한 데서 절로 발현되어 외물에서 구해 조작하지 않은 듯한 시도 있으니, 덕(德)이 있는 사람은 반드시 훌륭한 말을 했다는 말을 믿을 만합니다.

돌아보건대 당세에 경서(經書)를 연구하여 문의(文義)에 정심(精深)한 사람이 있으면 서로 '이학(理學)'이라 명명하였습니다. 목은(牧隱)이 어디에 중점을 두고 지적했는지는 모르겠습니다만, "횡설(橫說)과 수설(竪說)이 이치에 맞는다."라는 말은 또한 반드시 그 경지에 오른 사람이라야 할 수 있습니다. 다만 그 실마리를 찾아볼 만한 논저(論著)가 조금도 없는 것이 한스러울 뿐입니다.

아아, 방정학(方正學)[181]은 재앙을 만난 뒤에도 오히려 불에 타고 남은 글을 수습하였는데, 더구나 공이 수립한 바는 성조(聖朝)의 장려를 받고 있는데도 자손과 제자 가운데 누구도 남긴 글과 흩어진 말을 수습하여 후세에 전하지 못했으니, 우리나라의 문헌이 부족한 상황이 이런 지경에 이르렀단 말입니까. 비록 그렇지만 공이 실행한 일과 수립한 바를 살펴보고 몇 편의 시를 읊조리고 음미해 보면 또한 충분히

**180** 성정(性情)에……포괄하였습니다 : 시(詩)의 본질과 효능에 대한 말이다. 《논어》 〈자로(子路)〉 '자왈송시삼백(子曰誦詩三百)'의 주석에서 주희가 "《시경》의 시는 인정에 근본하고 사물의 이치를 포괄하여 풍속의 성쇠를 징험하고 정치의 잘잘못을 볼 수 있으며 그 말들이 온후하고 화평하여 풍자해서 깨우침에 뛰어나다."라고 한 데서 온 말이다.

**181** 방정학(方正學) : 명(明)나라의 충신이자 학자인 방효유를 가리킨다. 정학(正學)은 그의 호이다.

그 학문을 알 수 있으니, 어찌 유문(遺文)이 많은 것만을 귀하게 여기겠습니까.

황명(皇明) 만력(萬曆) 을유년(1585, 선조18) 7월 3일 노수신은 삼가 서문을 짓다.

# 발문 跋

## 《곤지기》[182] 발문

困知記跋

내가 만년(晩年)에 《곤지기(困知記)》를 얻어 그 말이 정대(正大)하고 정미(精微)하여 전인(前人)들이 발명하지 못한 의리를 많이 밝힌 것을 보니, 정주(程朱)의 문하에서 크게 공이 있었다. 다만 이 책은 손 가는 대로 차록(箚錄)했기 때문에 앞뒤의 내용을 참고해서 보아야 하니, 융회관통(融會貫通)하기가 쉽지 않은 것이 한스러웠다.

옛날 주자(朱子)가 문인(門人)에게 대답하기를 "《정씨유서(程氏遺書)》 가운데 긴요한 내용을 종류별로 편집하는 것은 또한 좋을 것이다.

**182** 곤지기(困知記) : 나흠순(羅欽順)이 지은 책으로, 격물(格物)·치지(致知)와 인심(人心)·도심(道心)에 관한 내용이 주로 수록되어 있다. 나흠순은 명(明)나라 때의 학자로, 자는 윤승(允升), 호는 정암(整庵)이고, 시호는 문장(文莊)이다. 벼슬을 사양하고 20여 년간 시골에서 격물치지학(格物致知學)에 전념하였다. 대체로는 주자학(朱子學)을 신봉하면서도, 일원기론(一元氣論)을 주장한 점에서 차이가 있다. 그는 "인심은 정(情)이요 도심은 성(性)이며, 인심은 용(用)이요 도심은 체(體)이다."라고 하여 인심과 도심을 체용의 관계로 인식하였는데, 소재도 이 학설을 받아들였다. 《明史 羅欽順列傳》

다만 인(仁)을 말하는 곳에 혹 의(義)를 붙여 설명하기도 하고 성(性)을 말하는 곳에 혹 명(命)을 붙여 설명하기도 하였으니, 이런 것들은 종류에 따라 편입하기 어려울까 봐 걱정스러울 뿐이다."[183] 하고 도리어 마침내 《근사록(近思錄)》[184]을 편집하여 완성하였는데, 후세에 이로 인하여 다시 속록(續錄)과 별록(別錄)이 편집되어 지금까지도 학자들이 그 덕을 보고 있다.

이에 감히 《곤지기》의 내용을 가져다 14문(門)으로 분류하고, 후록(後錄)을 편집하려 하였다. 그러나 유독 그 사이의 몇 조목은 분절(分截)하여 옮기지 않을 수 없었으니, 아아, 이것이 주 부자(朱夫子)께서 어렵게 여겼던 까닭인가. 아아, 이는 오직 내가 스스로 참고하고 연구하여 이해하는 데 편하게 하려는 것일 뿐이다.

가정(嘉靖) 경신년(1560, 명종15) 상동(上冬 음력 10월) 4일 후학 노수신은 옥주(沃州)[185]의 소재(穌齋)에서 쓰다.

**183** 정씨유서(程氏遺書)……뿐이다 : "《정씨유서》에서 긴요한 내용을 가져다 종류별로 분류한 다음 하나로 만들어서 보고자 하는데, 이렇게 한다면 아마도 앞뒤의 말이 서로 발명되어 융회관통하기 쉬울 듯합니다. 어떻습니까?"라는 문인의 질문에, 주희(朱熹)가 한 대답이다. 《朱子語類 卷97 程子之書3》 《정씨유서》는 《이정유서(二程遺書)》의 별칭으로, 정호(程顥)와 정이(程頤)가 강술한 내용을 주희가 모아서 25권으로 편집한 책이다.

**184** 근사록(近思錄) : 송(宋)나라 주희와 여조겸(呂祖謙)이 함께 편찬한 책으로, 모두 14권으로 되어 있는데 주돈이(周敦頤), 정호, 정이, 장재(張載)의 학설에서 일상의 수양에 필요한 622조를 추려서 14문으로 분류하였다.

**185** 옥주(沃州) : 소재가 유배 생활을 했던 진도(珍島)의 고호(古號)이다.

## 기묘년(1519, 중종14) 천거과[186] 방목 발문

己卯年薦擧科榜目跋

아아, 삭과(削科)[187]는 선왕(先王)의 뜻이 아니었다. 옛날 우리 중종 대왕께서 이르기를 "나라를 다스리는 도리는 인재를 얻는 데에 있다. 다만 그들을 나아오게 할 때 반드시 사장(詞章)과 훈고(訓詁)를 바탕으로 하는데, 한 가지를 보거나 두 가지를 겸하여 보기도 하지만 또한 그 취지는 여기에 있을 뿐이다. 그렇지 않은 경우에는 비록 현명하고 유능하더라도 절로 제한에 구애되어 실제로 등용할 자리가 없다." 하시고, 이에 한(漢)나라의 남은 제도를 모방하여 큰 아문(衙門) 및 팔도에서 각각 학문과 덕행이 있는 사람을 추천하게 해서 120명을 얻은 다음 대정(大庭)에서 책문(策問)으로 시취(試取)하되 그 숫자는 열수(列宿)에 응하게 하였는데,[188] 모두 당시에 빈빈(彬彬)[189]하여 소문난 사람

**186** 기묘년 천거과(薦擧科) : 기묘년에 조광조(趙光祖) 등의 주청으로 실시된 현량과를 말한다. 기존 과거제도가 사장(詞章)의 학습만을 일삼게 하는 등 여러 가지 폐단이 드러나고 참다운 인재를 선발하기 어려웠기 때문에 한(漢)나라의 현량방정과(賢良方正科)를 모방하여 시행하였는데, 기묘사화(己卯士禍)로 조광조가 죽고 사림파가 실세(失勢)한 이후 바로 폐지되었다.

**187** 삭과(削科) : 원래는 과거(科擧)의 규정을 어긴 사람에 대해 급제(及第)를 취소하고 과방(科榜)에서 이름을 삭제하는 것을 말하는데, 여기서는 기묘사화로 조광조가 실각한 이후 현량과로 선발된 28명이 그의 당여(黨與)로 지목되어 기묘년 12월 16일에 모두 삭과된 일을 가리킨다. 《中宗實錄 14年 12月 16日》

**188** 큰……하였는데 : 1518년(중종13) 6월 5일 서울과 지방에서 재행(才行)이 쓸 만한 사람을 널리 천거하게 하여 임금이 직접 책문으로 시취하겠다는 전교에 따라 의정부

들이었다. 이에 상께서 기뻐하며 말씀하셨으니,[190] 선비들은 조정에서 기운을 떨치고 백성들은 들에서 눈을 닦고 바라보았다.

얼마 지나지 않아 비바람이 북쪽에서 일어나 그 물결이 하늘까지 닿아 해를 가리게 되자 현량과(賢良科)의 법제가 혁파되는 지경에 이르렀지만,[191] 이것은 작은 일일 뿐이었다. 오랜 시간이 흐른 뒤에 상의 뜻이 절로 풀려 점차 회복할 길이 넓어져 우리 인종 때에는 선왕의 뜻을 잘 계승하여 이 제도를 밝힐 것을 생각하시다가 5월에 말명(末命)으로 안석에 기대어 말씀하셨지만,[192] 우리 명종께서 어린 나이로 왕위

와 예조가 의논하여 서계(書啓)한 이후에 12월 1일 천거인의 성명 단자를 의정부에 내려 다시 의논하여 취사하게 하고, 7일 천거과를 마련하도록 명하였다. 이듬해인 1519년 4월 13일 중종이 직접 근정전에서 시책(試策)하여 장령(掌令) 김식(金湜) 등 28인을 선발하였다.《中宗實錄 13年 6月 5日, 12月 1日·7日, 14年 4月 13日》 열수에 응하게 하였다는 말은 이십팔수의 숫자대로 28명을 선발하였다는 의미이다.

**189** 빈빈(彬彬) : 문채〔文〕와 바탕〔質〕이 조화롭게 잘 갖추어진 상태, 즉 내용과 형식이 적절하게 조화된 인격을 말한다.

**190** 상(上)께서 기뻐하며 말씀하셨으니 : 1519년 4월 15일 정사(政事)에서 "널리 인재를 뽑아서 조정에 포열(布列)하는 것이 나의 소망이다. …… 김식 같은 사람은 바로 사유(師儒)에 합당한데도 출신(出身)이 아니라는 것에 구애되어 서용하지 못하였는데, 시관(試官)이 '김식이 이미 장원(壯元)이 되었고 그 밖으로 또 한때의 인재를 다 얻었습니다.' 하니, 내가 이 말을 듣고 매우 기뻤다."라고 전교하고, 17일에는 낙방한 사람도 그 재기(才器)와 나이에 따라 서용하라고 전교하였다.《中宗實錄 14年 4月 15日, 17日》

**191** 비바람이……이르렀지만 : 기묘사화로 조광조가 실각한 이후 현량과로 선발된 28명이 그의 당여로 지목되었고, 1519년 12월 16일에는 대신과 대간이 "천거는 조종조의 제도가 아니고 당초 천거할 때 공정하지 못한 폐단이 있었으며, 책시(策試)하여 선발할 때에도 편사(偏私)가 많았으므로 혁파해야 합니다."라고 건의하여 기묘년 천거과의 방목이 파방(罷榜)되었다.《中宗實錄 14年 12月 16日》

**192** 우리……말씀하셨지만 : 1545년(인종1) 6월 29일 정사에서 "조광조 등의 일은

에 계실 때 권세를 부리는 자를 만나 다시 혁파하셨다.[193] 그러다가 만년에 크게 깨달으셨지만 갑자기 승하하고 말았으니, 어찌 거듭 슬프지 않겠는가.

지금 우리 주상 전하께서는 총명(聰明)과 예지(睿知)가 주 성왕(周成王)이나 한 소제(漢昭帝)보다 탁월하고 자전(慈殿)의 개도(開導)하는 뜻을 받들어 마침내 차례대로 시행하시어[194] 찬란하게 기술할 만하니, 전대를 빛내고 후세를 계도하는 효성이 아니라면 누가 이렇게 할 수 있겠는가. 아아, 과거 하나가 파과(罷科)되고 복과(復科)되는 것이

내가 늘 마음속에 잊지 않고 있지만, 선왕께서 일찍이 허락하지 않았기 때문에 내가 감히 가벼이 고치지 못하고 천천히 하려 하였다. 이제는 내 병이 위중하여 날로 더욱 심해져만 가니 다시 살아날 가망이 전혀 없게 되었다. 그러므로 비로소 유언하여 뒤미처 인심을 위로하니, 조광조 등의 벼슬을 회복하여 일체 전일의 중의(衆議)처럼 할 수 있으면 다행이겠다. 현량과도 전에 아뢴 대로 그 과제를 회복하여 거두어 등용하도록 하라."라고 하였다.《仁宗實錄 1年 6月 29日》

**193** 우리 명종께서……혁파하였다 : 1545년(명종 즉위년) 10월 10일 우의정 이기(李芑)가 계청(啓請)하여 다시 파방하였는데, 당일 사평(史評)에 "…… 이기가 사림(士林)을 배척하여 함정에 빠뜨리고 나서는 인심이 기묘년의 사람을 추앙하는 데 앙심을 품고 조광조를 원수처럼 미워하여 매번 조광조는 딴마음이 있는 자라고 말하는 등 빙탄(氷炭)보다 심하게 서로 용납하지 못하였으니, 그가 현량과를 혁파하고자 하는 것은 형세상 그런 것이다. 윤인경(尹仁鏡) 같은 자는 그 악행이 이기처럼 심하지 않았으나, 기회를 타고 은총을 굳히려다 도리어 이기의 노예가 되어 그의 뜻을 부회(附會)함에 못하는 짓이 없었다. '늙어서 죽지 않는 것을 적(賊)이라고 한다.'라는 말은 이를 두고 한 말이리라." 하였다.《明宗實錄 卽位年 10月 10日》

**194** 마침내 차례대로 시행하시어 : 1568년(선조1) 10월 9일 정사에서 삼공(三公)이 "기묘년의 천거과는 전중(殿中)에서 시취한 것으로 명분이 매우 바르고 공정한데도 과거를 혁파한 뒤에 복과하였다가 또 혁파했으니 다시 복과하소서."라고 건의하자 복과를 명하였다.《宣祖實錄 1年 10月 9日》

국가에 경중(輕重)의 영향이 없을 것 같지만 오히려 세상의 변화를 볼 수 있고 선비의 추향을 징험할 수 있으니, 이 일이 어찌 사문(斯文)의 큰 기회가 아니겠는가. 네 분 성군(聖君)께서 전수한 뜻이 또한 여기서 드러나니 어찌 이다지도 아름다운가.

나는 일찍이 김양(金讓) 군에게 말하기를 "기록되지 않은 방목(榜目)이 없는데 우리 현량과만 유독 방목이 없으니, 상의 은총을 저버리지 말고 선인(先人)의 사적을 매몰하지 말아야 할 것이다." 하였다. 얼마 후 들으니 안로(安璐) 군이 실로 그 일을 주관하여 심희수(沈喜壽) 군, 김영남(金穎男) 군과 의론이 일치하여 외손까지 방문해서 돈을 모아 판각을 도모하되 모두 고례(故例)에 의거하고, 당시 전지(傳旨) 등의 말씀을 다시 찾아 책머리에 싣고, 아울러 선인의 휘(諱) 아래에 천목(薦目)과 관력(官歷) 및 자손을 대략 적었다고 하였다. 그렇게 한 뒤에 또 나에게 발문을 지어 달라고 청하였으니 아, 어찌 이다지도 기특한가. 모두들 이르기를 "오직 그 일이 기특하다면 발문을 짓지 않을 수 없습니다." 하니, 이에 사례하기를 "주갑(周甲)이 되어 기록이 이루어졌으니, 또한 한 가지 기특한 일이다." 하였다. 나는 탄수(灘叟) 선생의 사위이니 슬픔과 기쁨이 더욱 심하다.[195]

만력(萬曆) 기묘년(1579, 선조12) 11월 광산(光山)[196] 노수신은 발문을 쓰다.

**195** 나는……심하다 : 탄수 선생은 소재의 스승이자 장인인 이연경을 말한다. 58쪽 주116 참조.

**196** 광산(光山) : 소재의 본관이 광주(光州)이기 때문에 이렇게 말한 것이다.

# 회재 선생의 《대학보유》 뒤에 붙이는 발문[197]

晦齋先生大學補遺後跋

공자가 남긴 글은 《대학(大學)》보다 상세한 것이 없고 《대학》보다 착간(錯簡)된 것도 없으니, 정호(程顥)와 정이(程頤) 형제에 이르러 처음으로 정리하여 바로잡았으나 미진하였고 주자(朱子)에 이르러서야 완전해진 듯하였다. 이에 동 문정공(董文靖公)[198]은 특히 지지(知止), 물유(物有), 청송(聽訟) 등 세 절(節)을 집어내어[199] '격물치지(格物致

**197** 회재(晦齋)……발문 : 회재 이언적(李彦迪)이 지은 《대학장구보유(大學章句補遺)》의 의의를 서술한 글이다. 소재는 이 글에서 격물치지를 중심으로 《대학》을 개편한 주희(朱熹)의 개정 작업에 이의를 제기하고, 《대학》 고본(古本)이 그 자체로 완전한 책이라고 주장하였다.

**198** 동 문정공(董文靖公) : 주희의 재전 제자(再傳弟子)인 동괴(董槐)를 가리킨다. 주희가 정리한 보망장(補亡章)의 필요성에 회의를 품고, 격물치지에 해당하는 전문(傳文)은 일실된 것이 아니라 경문에 잘못 들어가 있다는 착간설(錯簡說)을 주장하였다.

**199** 지지(知止)……집어내어 : '지지'는 경 1장의 "그칠 데를 안 뒤에 정함이 있으니, 정한 뒤에 능히 고요하고, 고요한 뒤에 능히 편안하고, 편안한 뒤에 능히 생각하고, 생각한 뒤에 능히 얻는다.〔知止而后有定, 定而后能靜, 靜而后能安, 安而后能慮, 慮而后能得.〕"라는 구절을, '물유' 역시 경 1장의 "만물에는 근본과 말단이 있고 일에는 마침과 시작이 있으니, 먼저 하고 뒤에 할 것을 알면 도에 가까울 것이다.〔物有本末, 事有終始, 知所先後, 則近道矣.〕"라는 구절을, '청송'은 전 4장의 "공자께서 말씀하기를 '송사를 다스리는 것은 내가 남들과 같겠지만, 나는 반드시 송사가 없게 하겠다.' 하셨으니, 실정이 없는 사람이 거짓말을 다 하지 못하는 것은 백성의 마음을 크게 두렵게 하기 때문이니, 이것을 일러 근본을 안다고 하는 것이다.〔子曰: "聽訟, 吾猶人也, 必也使無訟乎!" 無情者不得盡其辭, 大畏民志, 此謂知本.〕"라는 구절을 가리킨다. '지지이후(知止而后)'부터 '근도의(近道矣)'까지 42자를 '청송(聽訟)' 구절 앞으로 옮기고 '차위지지지

知)'의 전(傳)으로 삼았는데, 왕백(王柏), 황진(黃震), 송렴(宋濂), 방효유(方孝儒), 채청(蔡淸) 같은 여러 사람[200]의 견해도 모두 같았다. 오직 허재(虛齋)[201]만은 가운데 절을 첫머리에 두었는데, 우리 선생의 설에 이르러 그 설과 마치 부절처럼 은연중에 합치하였다.[202] 다만 끝

야(此謂知之至也)'까지 합하여 격물치지를 해석한 전문이라고 주장하였다. 《최석기, 간호 최유지의 대학장구 개정과 그 의미, 남명학연구 12집, 남명학연구소, 2002》

**200** 왕백(王柏)……사람 : 《대학》을 해석하는 데 동괴의 학설에 동조한 학자들이다. 《대학》의 해석은 '격물치지'를 어떻게 해석하느냐에 그 초점이 맞춰져 있었고 《대학》의 개정도 이에 따라 달라졌는데, 정자(程子)는 격물의 물을 외물이 아니라 내면의 이치라 인식하였고 성의와 정심의 행(行) 공부가 《대학》의 중점이라고 보아서 이에 맞게 《대학》을 개정하였다. 주희는 이정(二程)의 '대학개정' 이론을 집대성하면서 '치지(致知)'의 중요성을 강조하고 보망장을 보충한 《대학장구》를 지어 '지선행후설(知先行後說)'을 강력하게 제기하였다. 그러나 송나라 여조겸(呂祖謙)의 문하인 노재(魯齋) 왕백은 "《대학》에 착간은 더러 있어도 애초에 빠진 것은 있지 않았다."라고 하면서 주희의 보망장을 반대하고 경문(經文)의 '지지이후유정(知止而后有定)'과 '물유본말(物有本末)' 및 청송장(聽訟章)의 구절을 취하여 격물치지의 전문으로 삼았는데, 이후로 동괴, 섭몽정(葉夢鼎), 오징(吳澄), 방효유 등이 여기에 동조하였다. 명(明)나라의 채청도 주희의 장구를 따랐으나 보망장만은 인정하지 않았다.

**201** 허재(虛齋) : 채청(1443~1508)의 호이다. 명나라 복건성(福建省) 진강(晉江) 사람으로 지는 개부(介夫)이다. 1470년 신사에 합격하여 잠시 관직 생활을 하다 고향으로 돌아와 학문에 전념하였다. 일찍부터 역학에 뛰어났는데 처음에는 정주(程朱)의 이학(理學)을 계승하다가 후에 도학(道學)에 심취하였다. 저서로 《역경몽인(易經蒙引)》, 《사서몽인(四書蒙引)》 등이 있다.

**202** 우리……합치하였다 : 이언적은 《대학장구》 경 1장의 "물에는 본말이 있고 일에는 종시가 있으니, 먼저 하고 뒤에 할 것을 알면 도에 가까울 것이다.〔物有本末, 事有終始, 知所先後則近道矣.〕"라는 구절과 "그칠 데를 안 뒤에 정함이 있으니, 정한 뒤에 능히 고요하고, 고요한 뒤에 능히 편안하고, 편안한 뒤에 능히 생각하고, 생각한 뒤에 능히 얻는다.〔知止而后有定, 定而后能靜, 靜而后能安, 安而后能慮, 慮而后能得.〕"라는

절을 끊어 위로 경문(經文)에 연결하여 결어(結語)로 삼고 말하기를 "정자(程子)의 견해를 따른 것이다."라고 한 것[203]이 유독 다를 뿐이다.

시험 삼아 보전(補傳)[204]을 읽어 보건대, 표리(表裏)와 정추(精粗)로 본말(本末)과 종시(終始)를 해석하고 전체(全體)와 대용(大用)으로 지지(知止)와 능득(能得)을 해석하였으니, 합당하지 않은 점이 없

구절을 뒤로 옮겨서 격물치지를 해석한 전 4장으로 삼고 "이것을 일러 앎이 지극하다고 하는 것이다.〔此謂知之至也〕"라는 문장으로 두 절(節)의 뜻을 맺도록 하였다. 또 《대학장구》 전 4장의 "공자가 말하기를 '송사를 다스리는 것은 내가 남들과 같겠지만 나는 반드시 송사가 없도록 하겠다.'라고 하였다. 실정이 없는 사람이 거짓말을 다 하지 못하는 것은 백성의 마음을 크게 두렵게 하기 때문이니, 이것을 일러 근본을 안다고 하는 것이다.〔子曰: "聽訟, 吾猶人也, 必也使無訟乎!" 無情者不得盡其辭, 大畏民志, 此謂知本.〕"라는 구절을 경 1장의 마지막 부분으로 옮겨 놓았다.

**203** 다만……것 : 주희는 《대학장구》 전 5장에서 '차위지지지야(此謂知之至也)'라는 구절을 설명하면서 이 앞에 격물치지의 뜻을 해석한 문장이 있었는데 그 글이 결락되었으며, 이 구절은 그 글의 맺음말일 뿐이라고 하였다. 그러고는 정자(程子)의 뜻을 취하여 보충하였다고 하면서 이른바 보망장을 두었다. 이에 반해 이언적은 《대학장구보유》에서 '물유(物有)' 한 구절을 전 4장의 첫머리로 삼고 "장의 첫머리에 '소위치지재격물자(所謂致知在格物者)' 여덟 자가 있었을 듯한데 지금은 없다." 하였다. 그리고 그다음으로 '지지(知止)' 구절을 놓고 다음에는 《대학장구》 전 5장에서 정자가 연문(衍文)이라고 말한 '차위지본(此謂知本)'을 놓고 맨 끝에는 상문(上文)의 두 절을 맺은 뜻이라는 '차위지지(此謂知之)'를 놓았다. 그리고 이른바 청송장을 경 1장의 끝에 가져다 놓고 "정자가 정해 놓은 것을 따랐다." 하였다.

**204** 보전(補傳) : 《대학장구》 전 5장의 아래에 나오는, 주희가 보충한 정자의 말로 보망장이라고도 한다. 거기에 격물치지 공부에 대해 이르기를 "이치를 궁구하는 공부에 힘쓰기를 오래 해서 하루아침에 활연히 관통함에 이르면, 모든 사물의 표리와 정추가 이르지 않음이 없을 것이요, 내 마음의 전체와 대용이 밝지 않음이 없을 것이니, 이것을 '격물'이라 이르고, 이것을 '지지지'라 이른다.〔至於用力之久, 而一旦豁然貫通焉, 則衆物之表裏精粗無不到, 而吾心之全體大用無不明矣, 此謂物格, 此謂知之至也.〕" 하였다.

다. 그렇지 않은가. 어떤 사람이 여(慮)와 득(得)[205]이 행(行)에 속한다고 의심하였으니, 아아, 어찌 이치를 궁구하면서 생각하지 않고 얻으려 하지 않는 경우가 있겠는가. 두 가지로 나누어 보는 것은 도(道)가 아니다. 옛사람이[206] 경전(經傳)을 해석할 때 그 대략만을 취한 것[207]이 이와 같았다. '무송(無訟)'은 실로 '위본(爲本)'과 합치되는 말인데, 주자는 무엇 때문에 팔조목(八條目) 가운데 수신(修身)의 근본으로 만들어 요약하여 말하기 위한[208] 결어로 삼지 않고 도리어 두 물건의 상대되는 근본으로 만들어 전례 없는 해석을 일으키게 되었는지 모르겠다. 또 동괴(董槐)와 채청 등 여러 사람은 또한 무엇 때문에 두 절 아래에 이어 놓았는지 알지 못하겠다. 진실로 다 의의(意義)가 있겠지만 깨닫지 못하겠다.

**205** 여(慮)와 득(得) : 《대학장구》 경 1장의 "그칠 데를 안 뒤에 정함이 있으니, 정한 뒤에 고요할 수 있고, 고요한 뒤에 편안할 수 있고, 편안한 뒤에 생각할 수 있고, 생각한 뒤에 얻을 수 있다.〔知止而后有定, 定而后能靜, 靜而后能安, 安而后能慮, 慮而后能得.〕"라는 구절에서의 여와 득을 말한다.

**206** 옛사람이 : 대본에는 '古人'으로 되어 있다. 《대학장구보유발(大學章句補遺跋)》에는 '本文'으로 되어 있다.

**207** 그……것 : 세세한 조목들은 말하지 않고 근본적인 원칙만 이야기하였다는 의미이다. 맹자가 정전법(井田法)에 대해 필전(畢戰)에게 말하면서 "공전의 일을 끝마친 다음에 감히 사전의 일을 다스리니, 이는 야인을 구별한 것이다."라고 한 다음 "이것이 그 대략이니, 이것을 윤택하게 하는 것으로 말하면 군주와 자네에게 달려 있다."라고 한 데서 온 말이다. 《孟子 滕文公上》

**208** 요약하여 말하기 위한 : 앞에서 자세히 말하는 것은 뒤에 이를 바탕으로 요약하여 말하기 위한 것이라는 의미로, 《맹자》 〈이루 하(離婁下)〉에 "널리 배우고 그것을 자세히 말하는 것은 되돌아와 그 요점을 설명하고자 해서이다.〔博學而詳說之, 將以反說約也.〕"라고 한 데서 온 말이다.

삼가 생각건대 선생은 동쪽 변방에서 우뚝 태어나 일찍부터 오묘한 도(道)의 이치를 깨우쳤고, 서쪽 변방으로 유배되어서는 정신을 집중하여 이치를 완색(玩索)하였다. 남는 것을 끊고 부족한 것을 보완하여 경전(經傳)의 본의(本義)를 온전히 하였으며, 《중용(中庸)》에 의거하여 우예(虞芮)를 증명함[209]으로써 정자(程子)가 개정한 뜻을 보충하였으니, 대저 어찌 구차히 한 일이었겠는가. '여(慮)'를 '사려(思慮)'라 여기고 '지선(至善)'을 '중(中)'이라 여긴 뒤에 '위치(爲治)'를 논하여 인(仁)으로 돌아가게 한 것은 대개 또한 전현(前賢)들이 발명(發明)하지 못한 바이니, 이 책의 요지이다.

아, 경적(經籍)에 대해 발명하는 것은 한 사람의 일이 아니니, 그 문장을 옮겨 재배치한 것이 장구(章句)의 내용과 조금 차이가 있더라도 어찌 도(道)에 해가 되겠는가. 돌아보건대 여러 사람의 믿음이 이미 오래되어 천려일득(千慮一得)한 것을 망녕되다고 여기니, 또한 편벽된 생각일 뿐이다. 어찌 공론이겠는가.

나는 장구를 받아 읽은 뒤로 신명(神明)처럼 신봉(信奉)하였다. 그러나 유독 삼강령(三綱領) 팔조목 외에 전문(傳文)에 무슨 의리가 있

**209** 중용(中庸)에……증명함 : 이언적이 《대학장구보유》의 청송장에 대한 보유(補遺)에서 "우(虞)나라와 예(芮)나라의 임금처럼 소박한 성품을 이루면 감히 문왕(文王)의 뜰을 밟지 않고도 감화의 오묘함이 스스로 그렇게 되려고 하지 않아도 그렇게 되니, 이것이 바로 성인의 명덕(明德)과 신민(新民)의 공효로 천하를 화평하게 하는 까닭이다."라고 한 부분을 가리킨다. 문왕이 서백(西伯)으로 있을 때 우와 예 두 나라에서 서로 국경의 전토(田土)를 다투어 오래도록 결판이 나지 않자 문왕에게 판결을 받기 위해 찾아간 적이 있는데, 주나라의 경계에 들어가서 경작하는 사람이 밭두둑을 양보하고 어린 사람이 어른에게 길을 양보하는 광경을 보고는 크게 감화되어 그 길로 돌아와 다투던 전토를 묵은땅으로 만들고 평화롭게 지냈다는 고사(故事)가 있다.

는지 이해하지 못했으니, 격물치지의 원전(元傳)이 망실(亡失)되지 않은 것인지 또 어찌 알겠는가. 이에 탄식하여 말하기를 "후세의 유자 중에 후세에 태어난 것을 불행하다고 여기는 사람은 없을 것이다." 하였다.

선생의 손자 이준(李浚)이 일찍이 발문을 부탁하며 이르기를 "선조의 이 책이 사람들에게 알려지지 않아 원통하니, 오직 선생의 한마디 말씀이 천하 후세를 깨우칠 수 있을 것입니다." 하였고, 뒤에 그 아우 이순(李淳)과 함께 변(辨)을 지어 부쳐 보이면서 권면하고 독려한 이래 또 10여 년이 지났다. 이제 다시 내 집을 찾아왔다가 만나지 못하자 객지에 머무르면서 굳이 청하기를 "전에 부탁했던 일입니다." 하였다. 그 뒤 이순이 죽었다는 말을 듣고 깜짝 놀라 탄식하고 이르기를 "감히 삼가 승낙하지 않을 수 있겠는가. 그대는 우선 돌아가 있게나." 하였다.

만력(萬曆) 갑신년(1584, 선조17) 2월 16일 지령(芝嶺)[210]의 후학(後學) 노수신은 삼가 발문을 짓다.

**210** 지령(芝嶺) : 자지령(紫芝嶺), 즉 소재의 고향인 상주(尙州)를 가리킨다. 62쪽 주128 참조.

## 회재 선생 연보 후서
晦齋先生年譜後敍

나는 이미 이준(李浚)의 청을 중히 여겨서 외람되이 선생의 문집에 서문을 지었다. 그러자 이준이 일어나 절하며 사례하고, 다시 선생의 사적을 차례대로 편집하여 연보로 만들어서 한번 들춰 살펴보면 선생의 평생을 다 알 수 있게 해 주기를 원하였다.

아, 오직 주 부자(朱夫子)만이 정이천(程伊川) 선생의 연보를 편찬할 수 있었다. 그렇지만 주자(朱子)가 편찬한 연보도 임의로 내용을 가감하였다고 후대의 유자(儒者)들이 애석하게 여기는 것을 면치 못했는데, 지금 내가 어떤 사람이기에 이 부탁을 감당할 수 있겠는가.

돌아보건대 내가 비록 고정(考亭)의 마음을 알지는 못했지만 또한 일찍이 이천의 얼굴을 뵌 적은 있을 뿐이다.[211] 이 때문에 본집(本集)의 〈행장(行狀)〉과 집안에 간직하고 있는 습유(拾遺) 등에 나아가 그 관력(官歷), 세계(世系), 출처, 진퇴 등을 자세히 살펴보고, 사람들의 이목에 남아 있는 학문(學問), 덕업(德業), 언론(言論), 풍지(風旨) 등과 함께 전후의 차서(次序)를 대략 거칠게나마 갖추었으니, 아, 이것으로 그래도 상고할 바는 있을 것이다. 중복되거나 빠진 내용은 후세의 군자가 다시 이를 토대로 삭제하고 보완하기를 기다린다.

**211** 내가……뿐이다 : 고정은 주희(朱熹)의 별호로 여기서는 소재 자신에 비유하고, 이천은 회재 이언적(李彦迪)에 비유하여 말한 것이다. 즉 주희는 생시에 정이(程頤)를 만나 보지 못했지만 소재는 이언적을 생시에 만나 보았다는 의미이다.

갑술년(1574, 선조7) 3월 상순에 후학 암실(暗室) 노수신은 후서(後敍)를 짓다.

# 기문 記

## 계탄서원[212]기

溪灘書院記

토계(兎溪)[213]에 서원을 세우고 용탄(龍灘)[214]과 연계하여 이름을 지었으니, 존귀함이 같기 때문이다. 삼산(三山)[215] 동쪽에 솟은 산을 속리산(俗離山)이라 하는데, 정상에서 발원한 물이 갈라져 서쪽으로 흐르다

**212** 계탄서원(溪灘書院) : 이자(李耔)와 이연경(李延慶)이 기묘사화 이후 충주(忠州)에 은거한 뒤 소요하며 학문을 토론하던 장소에 지은 서원으로, 이자가 거주하던 '토계'와 이연경이 살던 '용탄'을 조합하여 지은 이름이다. 검암서원(劍巖書院)이라고도 한다. 1672년(현종13)에 팔봉서원(八峯書院)으로 사액(賜額)되었다.

**213** 토계(兎溪) : 이자가 만년에 은거하며 강학하던 곳이다. 이자의 본관은 한산(韓山), 자는 차야(次野), 호는 음애(陰崖)·몽옹(夢翁)·계옹(溪翁)이고, 시호는 문의(文懿)이다. 조광조(趙光祖) 등 신진 사류들과 어울려 도학 정치의 이상을 실현하려 하면서도 급진적 개혁 정책을 완화하여 훈구(勳舊) 세력과의 갈등을 해소하려고 하였으나 결국 급진 사림파의 반발로 실패하였다. 기묘사화에 연루되어 파직된 뒤 김세필(金世弼), 이연경 등과 학문을 토론하며 여생을 마쳤다. 소재도 17세 무렵에 그의 문하에서 학문을 배웠다고 한다.

**214** 용탄(龍灘) : 소재의 장인이자 스승인 이연경이 만년에 은거하며 강학하던 곳이다.

**215** 삼산(三山) : 충청북도 보은(報恩)의 이칭이다.

가 북으로 꺾여 괴진(槐津)이 되고 중원(中原)[216]의 치소(治所) 남쪽에 이르러 남북의 산골짜기로 흐르는 것이 토계이고, 풍류산(風流山) 아래를 연하여 깎아지른 벼랑과 가파른 봉우리가 묶음으로 솟아 2, 3리(里)에 빙 둘러 있는 것이 검암(劍巖)이다. 안개 속 표범과 구름 속 규룡 및 비단 병풍과 옥거울처럼 아름다운 산수가 아래위로 감돌고 좌우로 비추며 끊임없이 연이어져 있는데, 세포(細浦)를 지나고 장항(獐項)을 거쳐 단월(丹月) 부곡(部曲)에 이르면 협곡이 다하여 골짜기가 그윽하면서도 시원하고 확 트여 넓어져서 참으로 은자(隱者)가 소요하며 지낼 만한 장소이니, 하늘이 만들고 땅이 감추어 둔 지가 몇 겁(劫)의 세월이었다.

기묘년(1519, 중종14)에 사화(士禍)가 일어나자 한산(韓山) 이 선생(李先生) 참찬공(參贊公)이 물러나 설성(雪城)에 우거(寓居)하며 토계에서 갓끈을 씻고[217] 즐거워하다가 문득 그 북쪽 언덕에 터를 잡고 검암을 곧장 굽어보는 자리에 집을 지어 살았는데, 광릉(廣陵) 이 선생 교리공(校理公)도 같은 시기에 파직된 후 용탄 가에 작은 집을 짓고 살았다. 용탄은 꺾어져 서쪽으로 내려오고 토계는 달천(獺川)으로 흘러가 왼쪽에서 모이는데, 간혹 흥이 나서 가고 싶은 마음이 생기면 문득 종 한 명을 데리고 거룻배를 저어 거슬러 올라갔으니, 저녁이 되기 전에 문 두드리는 소리를 들을 수 있었다.

**216** 중원(中原) : 충청북도 충주(忠州)의 고호(古號)이다.

**217** 갓끈을 씻고 : 세속을 초탈하여 고결하게 살아가는 삶을 비유하는 말로, 초(楚)나라 굴원(屈原)의 〈어부사(漁父辭)〉에 "창랑(滄浪)의 물이 맑으면 나의 갓끈을 씻어도 좋으리라."라고 한 데서 온 말이다. 《孟子 離婁上》《楚辭 卷7 漁父》

일찍이 계옹(溪翁)과 탄수(灘叟)가 서로 불러 매번 달 밝은 밤이면 바람 부는 창가에 편안하게 앉아 다정히 담소를 나누었는데 도서(圖書)를 익숙하게 완미하고 고금을 참정(參訂)하매 일생을 마칠 듯이 하여 늙어 가는 줄도 알지 못하였으니, 이 어찌 두 선생께서 마음이 합치했던 경지가 아니겠는가. 불행히도 얼마 지나지 않아 두 분이 연이어 세상을 떠나고 이끼가 침식하고 건물이 기우는 등 유적이 황폐해져서 지나는 사람들이 서글퍼하였으니, 사문(斯文)의 수치가 된 지 오래되었다.

임오년(1582, 선조15) 봄에 감사(監司) 김우굉(金宇宏)이 유적이 사라지는 것을 안타깝게 생각하여 목백(牧伯) 이선(李選)과 상의하고 주(州)의 선비 몇 사람을 추천하여 고택(故宅)의 북쪽을 살핀 뒤에 그 좌향(坐向)에 따라 역사(役事)를 감독하게 하였는데, 이후 목사 유한충(劉漢忠)과 오운(吳澐) 등이 뒤를 이어 조력하여 낙성(落成)할 수 있었다.

그 제도는 다음과 같다. 먼저 묘우(廟宇)를 건립하여 두 선생을 봉안하고 '숭덕(崇德)'이라 하였다. 다음으로 강당을 지어 '호의(好懿)'라 명명하고, 그다음 재사(齋舍)는 동재(東齋)를 '명성(明誠)'이라 하고 서재(西齋)를 '경의(敬義)'라 하였다. 그렇게 한 뒤에 마침내 담장을 두르고 문을 만들고 나서 합하여 '계탄서원'이라 편액하였으니, 돌아서 사방을 바라보면 골짜기 안의 연하(煙霞)와 수석(水石)이 모두 서원의 소유가 되었다. 감히 알지 못하겠다. 대로(大老)의 영령께서는 어떻게 생각하실는지. 이제 목사 김위(金偉)가 서원이 낙성되었다는 소식을 듣고 기뻐하여 장차 그 사적을 이루려 하니, 대저 이상의 다섯 군자가 거의 풍속을 고무하여 흥기한 점은 또한 아름다운 일이다.

왕자사부(王子師傅) 강복성(康復誠)[218]이 실로 서원의 일을 주관하였는데, 여러 차례 나에게 기문(記文)을 지어 줄 것을 청하였다. 내가 생각건대, 서원은 무엇 때문에 창설했는가? 바로 고을의 현인들께서 은거하며 수양하던 땅에 학사(學祠)를 건립한 것이다. 생각건대 옛날 주자(朱子)는 과시(科試)를 달갑게 여기지 않는 선비들을 기다리고자 하였는데[219] 지금 세상에서는 옳지 않다고 여기니, 어찌 향교(鄕校)와 나란히 할 수 없다고 여기기 때문이 아니겠는가. 이는 자못 옛날 여(閭)와 당(黨)에 모두 학교를 두었던 일을 염두에 두지 못한 것이다. 더구나 이는 단지 가(家)에 숙(塾)을 두었던 유의(遺意)[220]인 데야 더 말할 것이 있겠는가. 또 서원이란 명칭에서 '서(書)' 자는 대체로 서적을 보관하는 장소를 말한다고 하는데, 여기서 서적이란 무슨 책을 말하는가? 또한 성현의 서적을 의미한다. 성인(聖人)은 이미 떠났으니 서적

**218** 강복성(康復誠) : 1550~1634. 소재의 동문(同門)이며 동서 간이기도 한 강유선(康惟善)의 아들로, 본관은 신천(信川), 자는 암회(巖會)·명지(明之), 호는 죽간(竹磵)이다. 1623년 인조반정 후 부평 군수(富平郡守), 성주 목사(星州牧使) 등을 거쳐 지중추부사에 이르렀다.

**219** 주자(朱子)는……하였는데 : 주희(朱熹)가 백록동서원(白鹿洞書院)을 재건할 때 학규(學規)를 제정하고 나서 "내가 삼가 살피건대 옛날 성현들이 사람에게 학문을 하도록 가르쳤던 뜻은 의리를 강명(講明)하여 자신을 닦은 뒤에 이를 미루어 사람들에게까지 미치게 하는 것이었지, 한갓 많이 보고 억지로 기억하거나 문장을 공부하여 명성을 얻고 이록(利祿)을 취하게 하려는 것이 아니었다. 그런데 요즘 사람들이 학문하는 것은 이와 반대이다." 하였다. 《晦庵集 卷74 雜著 白鹿洞書院揭示》

**220** 가(家)에……유의(遺意) : 옛날에 행정 구역마다 교육 기관을 두었다는 말로, 《예기(禮記)》 〈학기(學記)〉에 "옛날에 교육은 가에는 숙을 두고 당(黨)에는 상(庠)을 두고 술(術)에는 서(序)를 두고 나라에는 학(學)을 두었다."라고 한 데서 온 말이다.

을 상고하지 않으면 어디서 그 단서를 찾아 그 마음을 얻을 수 있겠는가. 만일 상자만 사고 그 속에 담긴 구슬을 돌려주고 나서[221] 다시 이것이 이익이라고 여긴다면, 참으로 서적이 없는 편이 나음만 같지 못한 것이다.

다행히 지사(志士)가 있어서 또한 말하기를 "그 서적을 상고하여 그 행실을 본받을 뿐이다."라고 하였으니, 그 행실은 무엇을 말하는가? 그 일은 군신(君臣)·부자(父子)·부부(夫婦)·장유(長幼)·붕우(朋友)를 말하고, 그 법(法)은 부자유친(父子有親)·군신유의(君臣有義)·부부유별(夫婦有別)·장유유서(長幼有序)·붕우유신(朋友有信)을 말하며, 그 공(功)은 박학(博學)·심문(審問)·신사(愼思)·명변(明辯)·독행(篤行)을 말한다. 그러나 그 대요(大要)는 또한 달아난 마음을 찾는 것[222]일 뿐이다. 삼가 원하건대 이 서원에서 공부하는 사람들은 나아가 묘우를 우러러보아 존숭하는 의리를 다하고, 물러나 강당에 모여 강구(講究)하는 실상을 다하며, 재사(齋舍)에 앉아 있을 때에는 시동(尸童)처럼 하고,[223] 문밖을 나가 사람을 대할 때에는 큰 손님을

**221** 상자만……나서 : 정작 중요한 것은 취하지 못하고 껍데기만 취하는 경우를 비유한다. 춘추 시대 초(楚)나라 사람이 옥으로 꾸미고 향기를 쐰 목란(木蘭) 상자에 보배 구슬을 담아 정(鄭)나라에 가서 팔자, 어떤 사람이 상자만 사고 구슬은 돌려주었다는 고사에서 온 말이다. 《韓非子 外儲說左上》

**222** 달아난……것 : 흩어져 산란한 마음을 수습하는 것이 학문에서 가장 중요한 공부라는 의미로, 맹자가 "학문하는 방법은 다른 것이 없다. 그 달아난 마음을 찾는 것일 뿐이다."라고 한 데서 온 말이다. 《孟子 告子上》

**223** 재사(齋舍)에……하고 : 엄정한 모습으로 앉아 있는다는 의미로, 《예기》 〈곡례 상(曲禮上)〉에 "앉는 것은 시동처럼 하고, 서는 것은 재계할 때처럼 한다."라고 한 데서 나온 말이다.

대하듯이 하여[224] 아무리 바쁘더라도 반드시 이렇게 하고 아무리 위급한 상황이라도 반드시 이렇게 하면 다른 날 곤궁하고 위험한 처지를 만나거나 태평하고 편안한 처지를 만나더라도 들어가는 곳마다 자득(自得)하지 않음이 없을 것이다.[225] 대저 이렇게 해야 비로소 책을 읽은 사람이라고 할 수 있을 것이니, 어찌 아름답지 않겠는가.

오호라, 제자는 이제 늙었기에 조만간 치사(致仕)를 청하여 고향으로 돌아갈 것이니, 항상 용탄과 토계에 가서 다시 강산의 승경을 확인하고 친히 당실(堂室)의 아름다움을 엿보아 묵은빚을 갚으려 하지만 애타는 마음을 다하기가 어렵다. 돌아보건대 저녁 종이 울리고 해시계의 물이 다한 것처럼 늙은 나이에 머리 들어 남쪽을 바라보며 슬퍼하면서도 오히려 서원의 기문을 부탁받은 것을 스스로 경사로 여기나니, 이에 기문을 적는다.

병술년(1586, 선조19) 5월에 귀덕(歸德)[226]의 후학(後學) 노수신은 삼가 기문을 짓다.

**224** 문밖을……하여 : 문밖에 나가서 사람을 대할 때에는 손님을 대접하듯이 경건한 마음가짐을 유지한다는 말로, 《논어》 〈안연(顔淵)〉에 "문을 나가서는 큰 손님을 보는 듯이 하고, 백성을 부릴 적에는 큰 제사를 받드는 것처럼 해야 한다."라고 한 데서 온 말이다.

**225** 들어가는……것이다 : 어떠한 환난을 만나더라도 언제나 태연히 대처한다는 뜻으로, 《중용장구》 제14장에 "군자는 현재의 위치에 따라 행하고, 그 밖의 것을 원하지 않는다. …… 환난에 처해서는 그 상황에 맞게 행동하니, 군자는 들어가는 곳마다 자득하지 않음이 없다."라고 한 데서 온 말이다.

**226** 귀덕(歸德) : 소재의 고향인 상주(尙州)의 고호이다.

# 제문 祭文

## 퇴계에게 올리는 제문
祭退溪文

오호라, 선생께서 이런 지경에 이르셨습니까. 지극히 큰 도(道)와 지극히 자세한 말씀과 지극히 바른 학문과 지극히 높은 행실을 지금은 볼 수 없게 되었으니, 이제는 모든 것이 끝나 버렸습니다. 애통하고 애통합니다.

임금의 덕을 성취하게 할 기국(器局)과 인재를 계발할 재능과 패도(霸道)를 물리치고 왕도(王道)를 실행할 법술(法術)과 나오기를 어려워하고 물러나기를 쉬워하는 절조(節操)를 끝내 어찌 다시 들을 수 있겠습니까. 이제는 모든 것이 끝나 버렸습니다. 애통하고 애통합니다.

저 같은 사람은 초년에는 섭윤(葉尹)의 물음을 면하였고[227] 만년에는

**227** 섭윤(葉尹)의 물음을 면하였고 : 현자(賢者)를 못 알아보고 묻는 실수를 범하지 않았다는 말이다. 섭윤은 초나라 섭현(葉縣)의 윤(尹)인 심제량(沈諸梁)이다. 심제량이 자로(子路)에게 공자(孔子)의 인물됨에 대해 묻자 자로가 대답하지 못했는데, 나중에 공자가 이 말을 듣고 자로에게 이르기를 "너는 어찌 말하지 않았느냐, 그의 사람됨이 끼니를 잊을 정도로 배움에 열중하고 이치를 깨달으면 즐거워 근심도 잊은 채 늙어 가는 줄도 모른다고."라고 하였다. 《論語 述而》

요옹(了翁)의 지견(知見)에 독실하였습니다.[228] 서액(西掖 승정원)에서 선생과 같이 근무할 때는 이택(麗澤)[229]의 도움을 받은 시간이 많았고, 동호(東湖 독서당(讀書堂))에서 휴가를 얻어 함께 지낼 때는 한결같이 돌봐 주신 은혜가 그 몇 밤이었습니까. 도(道)를 논(論)하고 성(性)을 강(講)하는 일 외에는 오직 나라를 걱정하고 선비를 사랑하는 정성뿐이었습니다.

일패도지(一敗塗地)[230]하여 만사를 하늘의 뜻에 맡겼을 때에는 저를 경책(警責)하여 그만두지 않게 하고 저를 권면(勸勉)하여 좌절하지

**228** 요옹(了翁)의 지견(知見)에 독실하였습니다 : 현자를 알지 못하는 것이 부끄러운 일인지 잘 알고 있었다는 말이다. 송(宋)나라 요옹이 당대의 대학자인 정호(程顥)를 몰라보고 범순부(范淳夫)에게 물었던 일을 부끄럽게 여겨서, 심제량이 공자가 어떠한 사람인지 몰라 자로에게 물었던 고사에 비의하여 자신을 책하는 내용으로 〈책심문(責沈文)〉을 지었던 고사에서 온 말이다. 책심(責沈)은 심제량을 나무란다는 뜻으로, 자신의 무지함을 책한다는 의미이다. 요옹은 송나라 학자 진관(陳瓘)의 호로, 자는 영중(瑩中), 호는 요옹·요재(了齋), 시호는 충숙(忠肅)이다. 간관(諫官) 시절에 자주 극언하여 폄직(貶職)되었으며, 초주(楚州)에서 일생을 마쳤다. 이정(二程)의 고제(高弟)인 양시(楊時)와 교유하였다. 《宋元學案 卷35》《宋史 陳瓘列傳》

**229** 이택(麗澤) : 붕우(朋友)가 함께 학문을 강습하여 서로 이익을 주는 것을 말한다. 《주역》〈대괘(兌卦)〉에 "두 못이 연결되어 있는 형상이 태(兌)이니, 군자가 이를 본받아 붕우 간에 강습한다.〔麗澤兌, 君子以朋友講習.〕"라고 한 데서 온 말이다.

**230** 일패도지(一敗塗地) : 다시 일어설 수 없을 정도로 실패하는 경우를 비유하는 말로, 《사기(史記)》〈고조본기(高祖本紀)〉에 "천하가 바야흐로 혼란스러워 제후들이 모두 봉기하고 있으니, 지금 장수를 제대로 세우지 못한다면 하루아침에 전멸되어 간과 폐가 땅에 널리게 될 것입니다.〔天下方擾, 諸侯竝起, 今置將不善, 壹敗塗地.〕"라고 한 데서 온 말이다. 여기서는 소재가 1547년(명종2) 순천(順天)으로 유배되었다가 같은 해 9월 양재역 벽서 사건(良才驛壁書事件)에 연루되어 진도(珍島)로 이배(移配)되고, 그곳에서 19년간 귀양살이했던 일을 가리킨다.

않도록 하셨으며, 백발로 돌아와 다시 후덕한 모습을 우러러보았을 때는 바야흐로 의귀(依歸)하여 의심나는 점을 질문하며 거의 따라서 허물을 보완하려 하였는데 어찌하여 이 계획을 이루지 못하고 갑자기 이렇게 부고가 이르렀단 말입니까. 이제는 모든 것이 끝나 버렸습니다. 애통하고 애통합니다. 한 번 애통하고 두 번 애통하고 세 번 애통함에 그치겠습니까.

노모께서 당상(堂上)에 계시기 때문에 한번 임하여 곡할 기회를 영영 놓쳤으니, 이 마음 서글퍼 다시 한번 애통합니다. 멀리서 조촐한 전물(奠物)을 올리니 부디 흠향하소서.

# 이 첨지[231] 원록 에게 올리는 제문

祭李僉知 元祿 文

생각건대 영령께서는 옛날에는 평탄하게 지내다가 뒤에 곤액을 당하였습니다. 탄핵하는 이들의 계략을 근심하지 않다가 겨우 호구(虎口)에서 벗어났으니, 조정을 떠날 때 누가 등질 수 있었겠습니까. 돌아온 것은 스스로 지킨 것이니, 자신을 책망하는 데 엄격했지만[232] 작위(爵位)가 돕지 못해서일 것입니다.

나는 서청(西淸)[233]에서는 해로운 벗[234]이었고 동호(東湖 독서당)에서는 분에 넘치게도 함께 글을 읽었는데, 은혜는 같으나 받은 것이 달랐고 나이는 같으나 수명이 달랐습니다. 성후(聖后 문정왕후(文定王

**231** 이 첨지(李僉知) : 조선 중기의 문신(文臣) 이원록(李元祿, 1514~1574)을 말한다. 본관은 덕수(德水), 자는 정서(廷瑞), 호는 송담(松潭)이다. 당시 을사사화가 일어나 선비들이 화를 입자, 자신의 숙부인 이기(李芑)의 횡포를 적극 말려 이황(李滉) 등 많은 선비를 구해 주어 명망이 있었다. 그러나 이 일로 이기의 사주를 받은 임백령(林百齡)에게 탄핵을 받아 유배되었다가 이황 등 많은 사류의 상소로 풀려났다. 《역대인물종합정보시스템 http://people. aks.ac.kr 검색일 : 2021. 5. 20.》

**232** 자신을……엄격했지만 : 《논어》 〈위령공(衛靈公)〉에 "자신을 책망하는 데 엄격하고 남을 책망하는 데 관대하면 다른 사람의 원망이 멀어질 것이다."라고 한 데서 온 말이다.

**233** 서청(西淸) : 서상(西廂)의 청정한 곳으로 궁성 안의 깊숙하고 조용한 곳을 말하는데, 여기서는 홍문관을 가리킨다.

**234** 해로운 벗 : 소재가 자신에 대해 겸양으로 한 말이다. 공자가 "유익한 벗이 셋 있고 해로운 벗이 셋 있으니, 벗이 곧고 진실하고 문견(聞見)이 많으면 유익하고, 벗이 편벽되고 아첨을 잘하고 말만 잘하면 해롭다."라고 한 데서 온 말이다. 《論語 季氏》

后))를 모시고 노모를 봉양하였는데, 어찌 그리도 오래 유배되어 위태로운 운명에 익숙하였단 말입니까.

공의 유거(柳車)[235]가 이달 축일(丑日)에 나간다는 소식을 듣고 조촐한 전물(奠物)을 갖추어 흰머리로 맑은 눈물을 흘리니, 영령께서는 있습니까, 없습니까. 지각이 있습니까, 없습니까. 오호라, 슬픕니다.

**235** 유거(柳車) : 장례에 사용하던 상여를 말한다. 신거(蜃車), 천거(輤車)라고도 한다.

## 허초당[236] 엽 에게 올리는 제문

祭許草堂 曄 文

| | |
|---|---|
| 사십 년 전에 처음 만난 이가 | 始遇於四十年之前 |
| 우리 태휘이고 | 吾太輝也 |
| 사십 년 후에 다시 만난 이도 | 復遇於四十年之後 |
| 우리 태휘입니다 | 吾太輝也 |
| 내가 오래 알고 지내며 공경한 분인데 | 此吾之所以久而敬 |
| 세상을 떠나니 가슴이 아픕니다 | 喪而慟 |
| 나고 죽는 이치 따라 의귀하였으니 | 惟生死焉依歸 |
| 아아, 슬픕니다 | 嗚呼哀哉 |

**236** 허초당(許草堂) : 허엽(許曄, 1517~1580)을 말한다. 본관은 양천(陽川), 자는 태휘, 호는 초당이고, 허봉(許篈)과 허균(許筠)의 아버지이다. 김효원(金孝元)과 함께 동인(東人)의 영수가 되어 당시 사류의 지도급 인물로 추앙받았다. 동지중추부사의 한직에 전임되었다가 상주(尙州)의 객관에서 객사하였다. 저서에 《초당집》이 있다.

# 유 감사[237] 중영 에게 올리는 제문

祭柳監司 仲郢 文

사는 곳이 같고 태어난 해가 같고 그 뜻한 바가 또한 같았으니, 공을 사랑하는 사람은 나이고 나를 아는 사람은 공이었습니다. 공은 나에게 없는 재주가 있었지만 지위가 그 재주에 걸맞지 않았고, 공은 나에게 있는 허물이 없었지만 장수를 누리지 못했으니, 천명(天命)입니까, 시운(時運)입니까. 공에게 어찌 이런 일이 생겼단 말입니까. 공에게 유업을 계승할 아들이 있기는 하지만, 내가 공의 죽음을 애통해하는 것은 자연스러운 일입니다.[238] 오호라, 슬픕니다.

**237** 유 감사(柳監司) : 유중영(柳仲郢, 1515~1573)을 말한다. 본관은 풍산(豐山), 자는 언우(彦遇), 호는 입암(立巖)으로, 유성룡(柳成龍)의 부친이다. 1540년(중종35) 식년 문과에 급제한 뒤, 의주 목사(義州牧使), 황해도 관찰사, 예조 참의 등을 역임하였다. 저서에 《입암집(立巖集)》이 있다.

**238** 내가……일입니다 : 소재가 유중영의 죽음을 슬퍼하는 것은 슬퍼할 만한 일에 슬퍼하는 자연스러운 감정으로, 이치에 맞는 슬픔이라는 의미이다.

## 홍 삼재[239] 담 에 대한 제문

祭洪三宰 曇 文

| | |
|---|---|
| 충효의 성품과 | 忠孝之性 |
| 정고한 행실을 | 貞固之行 |
| 처음부터 끝까지 | 自始至竟 |
| 혹시라도 감히 고친 적이 없었습니다 | 罔敢或更 |
| 가부지친(葭莩之親)으로 저를 돌봐 주시고 | 視予莩親 |
| 다시 조정에서 함께 협력하였으며 | 復□同寅 |
| 유배된 제 사정에 이르러서는 | 逮予竄身 |
| 불쌍히 여기고 성내지 않았습니다 | 以矜不嗔 |
| 해산에 관찰사로 부임해서는[240] | 觀風海山 |
| 보잘것없는 제 안부를 물어 주셨는데 | 問及殘頑 |
| 다행히 성상의 은혜를 입고 돌아와서 | 幸承恩環 |
| 다시 온화한 안색을 접할 수 있었습니다 | 更接溫顔 |
| 성품과 행실이 | 性焉行焉 |
| 늙을수록 더욱 견고하였건만 | 老而彌堅 |

**239** 홍 삼재(洪三宰) : 홍담(洪曇, 1509~1576)으로, 삼재는 의정부 참찬의 별칭이다. 홍담의 본관은 남양(南陽), 자는 태허(太虛)이다. 훈구파(勳舊派)의 거두로서 김개(金鎧)와 함께 정철(鄭澈) 등의 사림파와 대립하였다. 청백리에 녹선(錄選)되었으며, 효성이 지극하여 정려(旌閭)가 세워졌다.

**240** 해산(海山)에 관찰사로 부임해서는 : 해산은 진도(珍島)이다. 홍담은 1553년(명종8) 5월 8일 전라도 감사에 제수되었다. 《明宗實錄 8年 5月 8日》

| | |
|---|---|
| 고희도 채우지 못하고 | 不盈稀年 |
| 의약을 물리친 채 세상을 떠나고 말았습니다 | 却藥而仙 |
| 사람들은 상심하고 친족들은 애통하니 | 群傷族疚 |
| 더구나 나 같은 옛 벗이야 더 말할 것 있겠습니까 | 矧余伴舊 |
| 허옇게 센 머리로 눈물 줄줄 흘리며 | 潸然白首 |
| 보잘것없는 전물을 올립니다 | 菲薄以侑 |

## 요막 이자양[241]에게 올리는 축문

遙莫李自陽祝

| | |
|---|---|
| 벼슬에 나아갈 때는 공교함이 없었고 | 進取無巧 |
| 백성을 다스릴 때는 흔들림이 없었으니 | 撫御弗擾 |
| 바탕은 후중하고 꾸밈은 적었으며 | 質厚文少 |
| 외롭고 잔약한 백성까지 보살폈습니다 | 眷及孤藐 |
| 맑은 술과 채소 한 줌 보내와[242] | 醥壺菜把 |
| 나에게 늘 은혜를 베풀었는데 | 使我常荷 |
| 이수가 재앙 되어 | 二豎爲禍 |
| 내 마음 어지럽고 슬프게 하였습니다 | 惑我悼我 |
| 유배된 신세라 조금도 움직이지 못하기에 | 拘囚跬步 |
| 달려가 술 한잔 올리지 못하고 | 莫臨焉祖 |
| 보잘것없는 전물(奠物)을 갖추어 멀리 부치니 | 漬綿遙寓 |
| 이 마음 찢어질 듯합니다 | 中心如瘉 |

**241** 이자양(李自陽) : 소재의 유배지였던 진도(珍島)의 군수를 역임하였다. 그 후 더 유임되었다가 1553년 11월에 갑자기 사망하였다. 《穌齋集 卷3 郡守挽詞》

**242** 채소……보내와 : 두보(杜甫)의 〈원관송채(園官送菜)〉에 "맑은 새벽에 채소 한 줌을 보내오니, 항상 지주의 은혜를 흠뻑 입노라."라고 한 데서 온 말이다. 《杜少陵詩集 卷19》《소재집》 권3 〈군수가 갑자기 멧돼지 다리를 보내 주다〔郡守遽惠山猪脚〕〉에서 소재는 "지주가 지금 이런 선물을 보내니, 쫓겨난 신하가 갑자기 어쩔 줄 모르겠네. 굳이 채소 단도 받을 것 없는데, 도리어 이렇게 돼지 다리까지 보내 주다니."라고 하면서 군수에게 받은 은혜를 표현하였다.

# 과제 科製

## 거부
車賦

| | |
|---|---|
| 천지보다 먼저 생겨나 형체가 없으니 | 先天地之未形 |
| 이(理)는 각각 하나의 태극에 갖추어져 있다네 | 理各具於一極 |
| 제각기 다른 만물도 이치는 둘이 아니니 | 巨細精粗無二致 |
| 어찌 물건마다 아로새겨 꾸밀 수 있으랴 | 豈物物刻而雕飾 |
| 굴레가 생긴 까닭을 살펴보라 | 觀羈的之攸生 |
| 실로 말 부리기 위해서이지 사람 때문은 아니라네 | 實由馬而非人 |
| 성인이 일어나 처음 고안하였으니[243] | 聖人起而創智 |
| 일에 따라 신묘한 생각 운용했을 뿐일세 | 特因之而運神 |
| 의복은 몸을 꾸미는 데 쓰고 | 衣裳用之文身 |
| 궁실은 편안히 거처하기 위함인데 | 宮室所以寧居 |

**243** 성인(聖人)이……고안하였으니 : 《통전(通典)》에 "상고 시대에 성인이, 쑥대 덤불이 바람에 날려 굴러가는 것을 보고 수레바퀴를 만들었다. 수레바퀴는 굴러서 물건을 실을 수 있고 그 물건으로 인해 삶을 알았으니, 다시 수레를 만들었다. 수레와 수레바퀴가 서로 받들어 물건을 끊임없이 운송하고 무거운 짐 멀리 실어 가 천하를 이롭게 하니, 이것이 수레의 시작이다." 하였다.

사방으로 다녀야 할 일이 생기자 有可以行諸四方
수레가 이에 시작되었네 車也於是乎權輿
느껍다 바람에 날리는 쑥대 덤불이여 感飛蓬之轉風
가만히 천지의 이치에 계합하였으니 默已契於俯仰
이에 성심에서 그 이치 헤아리고 爰裁度自聖心
순리대로 제작하여 영원히 전하였네 制有順而無疆
땅은 만물을 실어 주어[244] 쓰임이 되고 地載物而爲用
하늘은 둥근 모양[245] 본받아 형상이 되며 天體圓而爲像
함께 유행하는 해와 달에 근원하고 因雙曜之竝行
선회하며 옹위하는 열수를 가리키네[246] 指列宿之環拱
먼 곳에 이르게 하는 공화를 드러내고[247] 著致遠之功化
쉬지 않고 노력하는 시의를 취했으니[248] 取不息之時義

**244** 땅은……주어 : 《주역》 〈곤괘(坤卦)〉에 "곤의 두터움이 물건을 실음은 덕이 무궁함에 합한다." 하였고, 〈상전(象傳)〉에 "지세(地勢)가 곤이니, 군자가 이것을 보고 응용하여 두터운 덕으로 물건을 실어 준다." 하였다.

**245** 둥근 모양 : 《주역》 〈설괘전(說卦傳)〉에 "하늘은 둥글고 땅은 네모지다." 하였다.

**246** 땅은……가리키네 : 이 네 구절은 수레의 제도를 말한 것이다. 《예기(禮記)》에 "수레를 만드는 법은, 수레의 가로장〔軫〕은 네모져 땅을 본뜨고, 지붕〔蓋〕은 둥글어 하늘을 본떴으며, 수레〔輪〕와 바큇살〔輻〕은 해와 달을 본뜨고 개궁(蓋弓)은 별을 본뜬 것이다. 둥근 것은 그림쇠〔規〕에 맞고 네모난 것은 곱자〔矩〕에 맞으며, 세로로 선 것은 다림추〔縣〕에 맞고 가로로 평평한 것은 수준기〔水〕에 맞는다." 하였다. 《禮記集說大全 曲禮上 第1》

**247** 먼……드러내고 : 《주역》 〈계사전 하(繫辭傳下)〉에 "소를 부리고 말을 타서 무거운 것을 끌어오고 먼 곳에 이르게 하여 천하를 이롭게 한다." 하였다.

**248** 쉬지……취했으니 : 《주역》 〈건괘(乾卦) 상(象)〉에 "하늘의 운행이 굳세니, 군자가 이를 보고 응용하여 스스로 힘쓰고 쉬지 않는다." 하였다.

| | |
|---|---|
| 규구준승의 법도가 모두 갖추어짐이여 | 規矩準繩之無不具兮 |
| 반수[249]가 비로소 교묘한 솜씨를 바쳤네 | 般倕始效夫巧技 |
| 하나의 바퀴통에 서른 개 바큇살이 모여들고[250] | 輳三十於一轂[251] |
| 양쪽의 바퀴 축에 음양과 오행이 모였으며 | 會二五於兩軸 |
| 지붕과 가로장의 용도가 얽혀 있는 것이 | 紛蓋軫之有職 |
| 헌하고 지하여 전진하고 후진하는 것 같네[252] | 若軒輊之前却 |
| 그 법식을 헤아리기 어려움이여 | 惟厥模之叵測 |
| 무거운 짐 싣고 먼 곳에 이르게 하기 위함일세 | 要以勝重而遠到 |
| 온 천하가 이로운 기물로 여기니 | 達天下爲利器 |
| 참으로 유용한 큰 보배일세 | 諒有用之大寶 |
| 수레의 제도가 하나가 아님을 보라 | 覽斯制之靡一 |

**249** 반수(般倕) : 노(魯)나라의 교공(巧工)인 공수반(公輸般)과 순(舜) 임금 때의 교장(巧匠)인 수(倕)의 병칭으로, 뛰어난 공인(工人)을 말한다.

**250** 하나의……모여들고 : 《도덕경(道德經)》 11장에 "30개의 바큇살이 하나의 바퀴통을 공유하는데, 그 바퀴통의 빈 곳에 수레의 효용이 있다.〔三十輻共一轂, 當其無, 有車之用.〕"라고 하였는데, 이는 바큇살이 모여드는 바퀴통의 가운데가 비어 있기 때문에 바퀴 축〔軸〕을 끼워 바퀴가 돌아가게 할 수 있다는 의미이다. 바큇살이 30개인 것은 한 달의 날수를 본뜬 것이라고 한다.

**251** 轂 : 대본에는 '輻'으로 되어 있다. 《도덕경》 11장에 근거하여 바로잡았다.

**252** 헌(軒)하고……같네 : 《시경》 〈소아(小雅) 유월(六月)〉에 "융거가 이미 편안하니, 지와 같고 헌과 같다.〔戎車旣安, 如輊如軒.〕" 하였는데, 그 주(註)에 "지(輊)는 수레가 앞이 무거워 숙어서 앞으로 넘어질 듯하면서 전진하는 것이요, 헌은 수레가 앞이 가벼워 들려서 뒤로 물러가는 듯하면서 후진하는 것이다. 무릇 수레는 뒤에서 보면 앞으로 넘어질 듯하고, 앞에서 보면 뒤로 물러가는 듯한 뒤에야 제대로 맞는다.〔輊, 車之覆而前也. 軒, 車之却而後也. 凡車從後視之如輊, 從前視之如軒, 然後適調也.〕" 하였다.

| | |
|---|---|
| 법칙은 같지만 길이 다르기 때문일세 | 曰同極而異路 |
| 장식이 수수하고 더딘 수레는 | 有純飾而重遲 |
| 천지신명이 아래위로 이르게 하는 데 쓰거니와[253] | 格神祇於下上 |
| 혹 견고하고 빠른 수레라도 | 或堅緻而輶疾 |
| 또한 제물(祭物)을 실어 효향[254]하는 데 쓴다네 | 又復取物而孝享 |
| 더구나 뒤턱 얕은 병거와 굽은 끌채의 짐수레[255]로도 | 況淺收與梁輈 |
| 내조하지 않는 나라[256]를 정벌할 수 있으니 | 用以征夫不庭 |

**253** 장식이……쓰거니와 : 옛날에 임금이 나무로 만든 검소한 수레를 타고 제천(祭天) 의식을 거행한 일을 가리킨다. 《근사록(近思錄)》에 "하(夏)나라의 책력을 행하며, 은(殷)나라의 수레를 타며, 주(周)나라의 면류관을 쓰며, 음악은 소무(韶舞)를 할 것이다."라는 《논어》 구절을 인용하면서, 그 집해에서 "'노(輅)'는 옛날에 나무로 만든 수레이니, 은나라 수레를 '대로(大輅)'라 한다. 《춘추좌씨전(春秋左氏傳)》에 '대로와 활석(越席)은 검소함을 밝힌 것이다.' 하였으니, 쓰기에 적합하고 등급을 구분하였으므로 그 질박함을 싫어하지 않은 것이다." 하였다. 《近思錄集解 致知》

**254** 효향(孝享) : 효성을 다하여 조상의 제사를 받든다는 의미이다.

**255** 뒤턱……짐수레 : 《시경》 〈진풍(秦風) 소융(小戎)〉에 "병거(兵車)라 수레 뒤턱이 얕으니, 다섯 곳을 묶은 굽은 끌채로다.〔小戎俴收, 五楘梁輈.〕"라고 하였는데, 그 주에 "소융은 병거이다. 천(俴)은 얕음이다. 수(收)는 가로장〔軫〕이니, 수레의 앞뒤 양 끝에 가로 댄 나무를 이르는바, 수레에 실은 것을 거두어들이는 것이다. 수레의 제도는 너비가 모두 6자 6치이며, 평지에 짐을 싣는 것은 대거(大車)인데 뒤쪽 가로장의 깊이가 8자요, 병거는 가로장의 깊이가 4자 4치이다. 그러므로 '소융천수(小戎俴收)'라고 말한 것이다.……양주(梁輈)는 앞의 가로장으로부터 앞으로 점점 구부러져 올라가 멍에목〔衡〕에 이르면 아래를 향하여 갈고리를 걸어서 멍에목을 끌채〔輈〕의 아래에 가로 대니, 끌채의 모양이 높이 솟아 위가 굽은 것이 지붕의 들보와 같으며, 또 가죽으로 다섯 곳을 묶어서 그 문장(文章)이 뚜렷한 것이다." 하였다.

**256** 내조(來朝)하지 않는 나라 : 왕실(王室)에 내조하지 않는 나라를 말한다. 《시경》 〈대아(大雅) 한혁(韓奕)〉에 "내조하지 않는 나라를 바로잡아 너의 임금을 보좌하라."라

이 세 가지를 말한 이유는 다름이 아니라　謂三者兮非他
실로 선왕께서 정사를 세운 큰 법이기 때문이라네　寔先王立政之大經
어찌 한 가지 제도가 마땅할 뿐이겠는가　豈惟一制之爲宜
만물을 모두 기쁘게 보지 않음이 없도다　擧萬物莫不欣覩
생각건대 헌원씨가 처음 수레를 만들었을 때는　念軒轅之初載
또한 튼튼하면서도 질박하였네　且渾堅而朴素
찬란하다 인문이 점차 퍼져나감이여　煥人文之漸宣
저 수레에 대로라는 아름다운 이름 생겼는데　被以大輅之嘉名
충과 경이 폐해지자 그 제도 찬란하게 변했으니[257]　忠敬廢而郁郁
금옥으로 장식하여 수레가 더욱 거대하게 되었네　飾金玉而益宏
돌아보건대 타고 싣는 용도이던 수레가　顧乘載之爲用
사치해져서 문(文)이 질을 이긴 듯하니[258]　恐已泰而勝質
아무리 작은 물건도 변화하지 않는 것이 없지만　物無微而不化
가지와 잎이 너무 무성하였기 때문이라네[259]　坐枝葉之繁蔚
초택에서는 배를 또한 아교풀로 붙였으니[260]　舟又膠於楚澤

고 한 데서 온 말이다.

**257** 충(忠)과……변했으니 : 하나라와 은나라의 예악(禮樂)과 문물(文物)을 계승하고 덜고 더하여 성대한 주나라의 제도가 이루어졌다는 의미로, 《논어》 〈위정(爲政)〉에 "하나라는 충후함을 숭상하였고, 상나라는 질박함을 숭상하였고, 주나라는 화려함을 숭상하였다."라고 한 데서 온 말이다.

**258** 문(文)이……듯하니 : 겉치레가 지나쳐서 본질이 미미해졌다는 의미이다.

**259** 아무리……때문이라네 : 천하의 기물은 시간이 흐름에 따라 변화하기 마련이지만, 수레는 겉치레가 너무 심하였기 때문에 본질이 미미해지고 말았다는 의미이다.

**260** 초택(楚澤)에서는……붙였으니 : 주 소왕(周昭王)이 남쪽을 순수하며 한수(漢水)를 건널 적에 초(楚)나라 사람들이 왕을 미워하여 아교풀로 붙여 만든 배를 바쳤는

| | |
|---|---|
| 어찌 그 자취 팔방을 순수(巡狩)할 뿐이었던가 | 豈徒跡環於八區 |
| 개탄스럽다 말기의 전철이 서쪽으로 가지 못함이여[261] | 慨晩轍之不西兮 |
| 주공의 도(道)가 쇠퇴하였도다[262] | 周公其衰矣 |
| 《춘추》에 굽이굽이 태상의 행렬[263]이 실려 있으니 | 春秋載太常之逶迤 |
| 엄숙하게 남교에서 교사[264]를 올렸다네 | 儼祀事乎南郊 |
| 온갖 법도가 모두 참람하게 되어 | 致百度之俱僭 |
| 성인의 깊은 두려움 일으켰나니 | 起聖人之深懼 |
| 아아, 한 가지 규범이 중도를 잃음이여 | 吁嗟乎一規之失中兮 |
| 말세의 폐해는 구하기 어려울 뿐이로세 | 適足爲末流之難救 |
| 함께 수레를 타고 소요하고[265] | 同乘兮招搖 |

데, 소왕이 그 배를 타고 가다가 중류(中流)에 이르렀을 때 아교가 녹아 배가 침몰하는 바람에 일행이 모두 물에 빠져 죽었다는 고사가 있다. 《史記 周本紀》

**261** 말기의……못함이여 : 서주(西周)의 마지막 천자인 유왕(幽王)이 여산(驪山) 아래에서 살해당한 뒤 주나라는 동쪽 낙양(洛陽)으로 천도(遷都)하여 동주(東周)라 불리며 존속하다가 멸망하였는데, 이때가 바로 왕실의 힘이 미약하고 제후들이 난립하였던 춘추 시대이기 때문에 이렇게 말한 것이다.

**262** 주공(周公)의 도(道)가 쇠퇴하였도다 : 《예기》 〈예운(禮運)〉에 "아, 슬프다. 내가 주나라의 도를 살펴보건대, 유왕과 여왕(厲王)이 손상하였으니, 내가 노(魯)나라를 버리고 어디로 가겠는가. 그러나 노나라의 교(郊) 제사와 체(禘) 제사는 예가 아니니, 주공의 도가 쇠퇴하였도다."라는 공자의 말이 보인다.

**263** 굽이굽이 태상(太常)의 행렬 : 교 제사를 지내러 가는 임금의 행렬을 이렇게 표현한 듯하다. 태상은 일월성신(日月星辰)과 용(龍)을 그린 황제의 기(旗)이다. 국가에 큰 행사가 있을 때 세웠는데, 왕조에 공덕이 있는 신하를 이 깃발에 기록하였다고 한다.

**264** 교사(郊祀) : 교(郊)는 대사(大祀)를, 사(祀)는 군사(群祀)를 이르는 말로, 천지(天地)에 지내는 교제(郊祭)를 의미한다. 동지(冬至)에는 남교(南郊)에서 하늘에 제사 지내고, 하지(夏至)에는 북교(北郊)에서 땅에 제사를 올렸다.

양이 끄는 수레 댓잎으로 유인하여[266] 羊車兮竹葉
그 제도 마침내 남김없이 훼손되었으니 畢竟毁裂而無餘兮
문채가 어찌하여 옛 제도를 회복하지 못하였던가 文何古制之不復
더구나 선왕께서 소중하게 여겨 矧先王所以爲重
군정을 이 수레에 부쳤는데 寓軍政於一物
실로 그 본원을 깊이 궁구하지 못했으니 苟不深究其本源兮
누가 지극한 이치에서 나온 것이라 하겠는가 夫孰曰至理之所出
보졸을 숭상하자 기법[267]이 흥기하였고 步卒尙兮奇法興
사어[268]가 폐해지자 궤우가 생겨났으니 射御廢兮詭遇作
속임수로 내달리는 일이 성행함이여 繽馳譎而騁詐兮
도리어 진도사에서 패해 비웃음을 받았네[269] 反笑濤斜之一跌

**265** 함께……소요하고 : 서주의 마지막 천자인 유왕이 포사(褒姒)라는 미인에게 미혹되어 늘 함께 수레를 타고 드나들며 국사(國事)를 살피지 않았다. 《史記 周本紀》

**266** 양(羊)이……유인하여 : 진(晉)나라 무제(武帝)는 총애하는 궁녀가 1만여 명이나 되어 늘 양이 끄는 수레를 타고 양이 끄는 대로 가서 침소를 정하였기 때문에 궁녀들이 자신의 침소 앞에 양이 좋아하는 대나무 잎을 따다 꽂고 땅에다 염즙(鹽汁)을 뿌려서 수레를 유인했다는 고사가 있다. 《晉書 后妃列傳上 胡貴嬪》

**267** 기법(奇法) : 고대 병법(兵法)에서의 작전(作戰) 방식으로, 매복하여 적군을 엄습(掩襲)하는 등의 일을 말한다. 한편 서로 간에 진(陣)을 치고 싸우는 것을 정법(正法)이라 한다.

**268** 사어(射御) : 주대(周代)에 고을에서 백성을 가르치던 육예(六藝) 가운데 활쏘기와 말타기를 말한다. 《예기》 〈내칙(內則)〉에 "성동(成童)이 되면 상(象)을 춤추고 활쏘기와 말타기를 배운다." 하였다.

**269** 도리어……받았네 : 당 숙종(唐肅宗) 초기에 재상인 방관(房琯)이 안녹산(安祿山)의 장수 안수충(安守忠)과 진도사(陳濤斜)에서 싸울 때 춘추 시대 거전법(車戰法)을 사용하여 수레 2000승(乘)을 가운데 세우고 좌우에 마병과 보병을 끼고서 진격하게

근심스러워라 그 제도 날로 그릇됨이여　悶制度之日訛
마침내 고을이 달라지고 나라가 달라졌다네　遂鄕異而國殊
문물이 이미 저와 같으니　惟文物旣如彼
아래위가 참람하게 된 것도 그럴 만하구려　宜致上下之僭踰
내 외지고 황량한 땅 좁고 누추한 곳에 태어나　我偏荒之阨陋
한스럽게도 동문[270]에 대해 듣지 못했으니　歎同文之無聞
의장과 기물이 구비되지 않음이여　儀章器物之莫備兮
성인을 기다려야 그 명(命)이 새로워지리라　待聖人而維新
비록 도수가 조화롭게 드러나지는 못했지만　雖度數未見乎彬彬兮
어찌 성인의 제도에 어긋남이 있겠는가　豈聖制之有忒
내 비록 우매하다 하지만 옛것을 좋아하니　曰余幽昧而好古兮
은나라의 남긴 제도 따라 수레 타는 것 감모하였네　感乘殷之遺式
안씨의 나라 다스리는 방법 연구하고[271]　究顔氏之爲邦
자장의 서신[272]을 허리에 차고서　佩子張之書紳

하였는데, 적군이 바람에 따라 먼지를 일으키고 북을 쳐서 시끄럽게 하니 소가 모두 놀라 날뛰어서 크게 패하였다는 고사가 있다. 《舊唐書 房琯列傳》

**270** 동문(同文) : 천하에 통일된 문물과 제도를 의미한다. 《중용장구》 제28장에 "지금 천하는, 수레는 바퀴 규격이 같고 글은 문자가 같으며 행동은 윤리가 같다.〔今天下, 車同軌, 書同文, 行同倫.〕"라고 한 데서 온 말이다.

**271** 안씨(顔氏)의……연구하고 : 안연(顔淵)이 나라 다스리는 방법에 대해 묻자, 공자가 "하나라의 책력을 행하며, 은나라의 수레를 타며, 주나라의 면류관을 쓰며, 음악은 소무(韶舞)를 할 것이요, 정(鄭)나라 음악을 추방해야 하며 말재주 있는 사람을 멀리할 것이니, 정나라 음악은 음탕하고 말 잘하는 사람은 위태롭다."라고 대답한 것을 가리킨다. 《論語 衛靈公》

**272** 자장(子張)의 서신(書紳) : 중요한 말을 잊지 않도록 허리에 맨 띠에 적어 둔다는

| | |
|---|---|
| 멍에 막이 없으면 수레가 다닐 수 없음[273]을 알고 | 知無軏之不可行兮 |
| 내 몸에 복철의 경계[274]를 살펴야 할 뿐이니 | 祗以鑑覆轍乎吾身 |
| 또한 어찌 감히 불휘의 죄[275]를 범하면서 | 又何敢犯不諱之罪 |
| 예악의 윤상을 논할 수 있으랴 | 而議禮樂之倫也哉 |

묻노라

현인과 군자가 서로 벗한 것은 아주 오래된 일이니, 비록 땅이 1000여 리 떨어져 있고 시대가 1000여 년 뒤에 있더라도 또한 정신으로 사귀고 위로 고인(古人)을 벗하지[276] 않음이 없는 것은 이치로 볼 때 자연스러운 일이다. 그러나 혹 같은 세상에 함께 태어나서

의미이다. 공자의 말씀을 자장이 잊지 않기 위해 큰 띠에 적어 두었던 데서 온 말이다. 《論語 衛靈公》

**273** 멍에……없음 : 공자가 "사람으로서 신의가 없으면 행세할 수 있을는지 모르겠다. 큰 수레에 멍에를 맬 데가 없고 작은 수레에 멍에를 걸 데가 없으면 어떻게 다닐 수 있겠는가."라고 한 데서 온 말이다. 《論語 爲政》

**274** 복철(覆轍)의 경계 : 앞 사람이 실패한 자취를 되풀이하지 말아야 한다는 경계를 말한다. 《한시외전(韓詩外傳)》에 "앞에 가는 수레가 엎어졌는데도 뒤에 가는 수레가 경계하지 않으니, 이 때문에 뒤의 수레가 엎어지는 것이다.〔前車覆而後車不誡, 是以後覆也.〕"라고 한 데서 온 말이다. 《漢詩外傳 卷5》

**275** 불휘(不諱)의 죄 : 불휘는 존장(尊長)의 명자(名字)를 피하지 않고 마구 부른다는 말로, 선성(先聖)과 대현(大賢)의 의론을 존중하지 않고 함부로 자신의 견해를 제시한다는 의미이다.

**276** 위로 고인(古人)을 벗하지 : 옛 시대로 거슬러 올라가서 옛사람과 벗하며 그 사람에 대해 평론한다는 의미이다. 《맹자》〈만장 하(萬章下)〉에 "한 고을의 훌륭한 선비라야 한 고을의 훌륭한 선비를 벗할 수 있고 …… 이 때문에 당시 그의 삶을 논하게 되는 것이니, 이것이 바로 옛 시대로 올라가서 벗하는 것이다."라고 한 데서 온 말이다.

서로 만나고도 벗이 되지 못하는 경우가 있으니, 이는 뒷사람이 의혹을 가지지 않을 수 없다.

안영(晏嬰)은 중니(仲尼)를 알지 못하였고[277] 장문중(臧文仲)은 전금(展禽)을 등용하지 않았으며[278] 이필(李泌)[279]은 육지(陸贄)[280]를 천거하지 않았고 부필(富弼)은 한기(韓琦)를 좋아하지 않았다.[281] 심지어 공문중(孔文仲)은 이천(伊川)을 공격하였고[282] 장준

**277** 안영(晏嬰)은……못하였고 : 안영은 제(齊)나라의 대부로, 자는 평중(平仲)이다. 공자가 35세 무렵 경공이 공자에게 정치에 대해 묻고는 기뻐하여 이계(尼谿)의 땅을 주어 중용하려 하였는데 안영이 불가하다고 반대하여 경공의 마음이 흔들리자, 이를 알아챈 공자가 밥을 지으려고 일어 놓았던 쌀을 건져서 당일로 제나라를 떠났다. 《史記 孔子世家》《孟子 萬章下》

**278** 장문중(臧文仲)은……않았으며 : 《논어》〈위령공〉에 "장문중은 그 지위를 도적질한 자일 것이다. 유하혜(柳下惠)의 어짊을 알고서도 더불어 조정에 서지 아니하였구나."라는 공자의 말이 있다. 장문중은 노(魯)나라 대부 장손씨(臧孫氏)이니, 이름은 신(辰)이다. 전금은 노나라 대부 유하혜이니, 이름은 전획(展獲)이고 자는 금(禽)이다.

**279** 이필(李泌) : 722～789. 당(唐)나라의 명재상으로, 자는 장원(長源), 시호는 현화(玄和), 봉호는 업후(鄴侯)이다. 7세 때 이미 문장에 능하여 신동으로 이름을 떨쳤다. 현종(玄宗) 연간에 동궁의 한림공봉(翰林供奉)으로 발탁되면서 천자와 태자의 은총을 한몸에 받았고, 숙종(肅宗)이 즉위한 뒤에는 빈우(賓友)로서 모든 국사에 참여하였다. 양국충(楊國忠) 등 권신의 질시를 받아 한동안 은거하거나 외방의 직책으로 나가기도 하였다. 덕종(德宗) 때 본격적으로 정사에 참여하여 공을 많이 세웠다. 《新唐書 李泌列傳》

**280** 육지(陸贄) : 754～805. 당 덕종 때의 한림학사(翰林學士)로, 자는 경여(敬輿), 시호는 선(宣)이다. 병법에 밝고 문장을 잘 지어 많은 조서가 그의 손에서 나왔다. 덕종에게 필요한 간언을 잘한 것으로 유명하다. 《新唐書 陸贄列傳》

**281** 부필(富弼)은……않았다 : 부필과 한기는 둘 다 북송(北宋) 때의 명재상이다. 송(宋)나라 철종(哲宗)이 어려서 즉위하였기 때문에 영종(英宗)의 비(妃)이자 철종의 모후(母后)인 선인태후(宣仁太后)가 수렴청정(垂簾聽政)하고 있었는데, 당시 한기가

(張浚)은 이강(李綱)을 배척하였으며[283] 호원(胡瑗)[284]은 손명복(孫明復)[285]과 함께 태학에 있으면서도 서로 피하며 보지 않았고 조변

태후와 정무를 의논하다가 황제가 장성하였으니 수렴청정을 그만두었으면 한다는 태후의 말을 듣고 드리운 발[簾]을 급히 떼어 버린 일이 있었다. 당시 한기의 행동은 현명하였지만 부필은 같은 대신으로서 자신에게 상의하지 않았다 하여 서로 틈이 생겼다고 한다. 《宋史 韓琦列傳, 富弼列傳》

**282** 공문중(孔文仲)은 이천(伊川)을 공격하였고 : 공문중은 송나라의 문신으로, 자는 경보(經父)이다. 평소 소식(蘇軾)과 친분이 있었던 그는 당시 소식이 대간(臺諫)의 탄핵을 받자 소식과 사이가 나쁜 정이(程頤)가 대간을 사주하여 소식을 탄핵하게 하였다고 여겨 정이를 비난하였는데, 후에 소인의 사주를 받았다는 사실을 알고는 분함을 이기지 못하여 피를 토하고 죽었다고 한다. 《宋史紀事本末 卷10 洛蜀黨議》

**283** 장준(張浚)은 이강(李綱)을 배척하였으며 : 장준은 남헌(南軒) 장식(張栻)의 아버지로, 송 효종(宋孝宗) 때 추밀사(樞密使)를 지내고 위국공(魏國公)에 봉해졌으며 시호는 충헌(忠獻)이다. 이강은 소무(邵武) 사람으로, 송 고종(宋高宗) 때 승상(丞相)을 지냈고 시호는 충정(忠定)이다. 두 사람은 모두 금(金)나라와의 화친(和親)을 반대한 주전파(主戰派)로서 송나라의 회복에 뜻을 두고 있었는데, 특히 이강은 그 한 몸에 사직과 인민의 안위(安危)가 달려 있다는 중망을 받았다. 그러나 뒤에 장준이 황잠선(黃潛善), 왕백언(汪伯彦) 등과 함께 화친론을 주장하면서 이강은 이들에 의해 강력하게 탄핵되어 결국 파직되고 말았다. 《宋史 李綱列傳, 張浚列傳》

**284** 호원(胡瑗) : 993~1059. 송나라 해릉인(海陵人)으로, 자는 익지(翼之), 호는 안정(安定), 시호는 문소(文昭)이다. 정이의 스승이다. 송학(宋學)의 선구자로 경학에 통달하였으며, 뛰어난 교육자로 호주(湖州)의 교수가 되어 경의재(經義齋)와 치사재(治事齋)를 두고 많은 인재를 배출하였다. 범중엄(范仲淹)이 천거하여 숭정전(崇政殿)에서 황제를 뵙고 아악(雅樂)을 교정하여 교서랑(校書郎)이 되었으며, 태상박사(太常博士)를 지냈다. 저서로 《주역구의(周易口義)》, 《홍범구의(洪範口義)》가 있다. 《宋史 胡瑗列傳》

**285** 손명복(孫明復) : 손복(孫復)으로, 명복(明復)은 그의 자이다. 송나라 평양(平陽) 사람으로 호는 수양자(睢陽子)이다. 벼슬이 국자감 직강, 전중승(殿中丞)에 이르렀다. 호원과 서로 맞지 않아 태학에 있을 때 항상 서로 피하였다. 그가 태산(泰山)에

(趙抃)은 주염계(周濂溪)와 같은 지역에서 함께 벼슬하면서도 매우 모질게 대하였으니,[286] 그 까닭은 무엇인가? 여러 선비는 평소 옛사람에 대해 논한 것이 있을 터이니, 각각 모두 진술하라.

〔대책문〕

어리석은 저는 외지고 황량한 땅에서 뒤늦게 태어났기에 방 안에 고요히 앉아 옛 서적에서 성현(聖賢)을 대하고는 항상 뜻만 크고 말만 커서[287] '옛사람이여, 옛사람이여. 같은 곳에서 태어나고 같은 시기에 태

살았으므로 그의 학파를 태산학파라 부른다. 호원의 안정학파와 더불어 송학의 선구가 되었다. 《宋史 孫復列傳》

**286** 조변(趙抃)은……대하였으니 : 주염계가 침(郴) 지역의 계양 영(桂陽令)으로 있을 때 치적이 드러나 백성들이 모두 좋아하고 군수(郡守) 이초평(李初平)이 그를 어질게 여겼는데, 당시 안렴사(按廉使)로 있던 조변은 참소하는 말에 속아 주염계를 매우 모질게 대하였다. 그러나 이후 조변은 그의 사람됨을 자세히 살펴본 뒤에 자신이 오해한 것을 크게 뉘우치고, 주염계의 손을 잡으면서 "내가 그대를 잃을 뻔하였습니다. 이제야 주무숙(周茂叔)을 알게 되었습니다." 하였다. 조변은 송나라 때 구주(衢州) 서안(西安) 사람으로, 자는 열도(閱道), 호는 지비자(知非子), 시호는 청헌(淸獻)이다. 송나라 인종(仁宗) 때 전중시어사(殿中侍御史)로 있으면서 권세가나 총애를 받는 사람까지도 거리낌 없이 탄핵하였으므로 철면어사(鐵面御史)라는 칭호를 얻기도 하였다. 그가 촉(蜀) 지방에 들어갈 때 거문고 한 벌과 학 한 마리만 가지고 가서 간이(簡易)하게 정치를 하였기에 수령(守令)의 청백함을 말할 때 흔히 조변에 비유한다. 주염계는 북송 때의 유학자 주돈이(周敦頤, 1017~1073)를 말한다. 자는 무숙(茂叔), 호는 염계, 시호는 원공(元公)이다. 지방관으로서 각지에서 공적을 세운 후 만년에는 강서성 여산(廬山) 기슭의 염계에 서당을 짓고 은거하였기 때문에 문인들이 염계 선생이라 불렀다. 정호(程顥)·정이 형제를 가르쳤으며 도학(道學)의 새로운 이론을 창시하였다. 《宋史 趙抃列傳, 周敦頤列傳》

**287** 뜻만……커서 : 이상만 턱없이 높아서 언행일치가 되지 못하는 경우를 비유하는

어나서 지초(芝草)와 난초(蘭草)가 피어 있는 방[288]에 들어간 것처럼 서로 기뻐하고 사모하고 사랑하고 공경한다면 또한 즐겁지 않겠는가.' 라고 생각하였습니다. 그런데 집사(執事) 선생께서 조용히 수양하는 여가에 선정(先正)의 같으면서도 다른 점을 열거한 다음 여러 유생의 소견이 어떠한지 살펴보려 하시니, 아아, 인물을 비교하여 그 장점과 단점을 비교하는 것 역시 궁리(窮理)의 한 가지 일일 것입니다. 감히 즐겁게 고하여 교정해 주시기를 구하지 않을 수 있겠습니까.

일찍이 듣건대 인(仁)에 뜻을 두어서 악(惡)이 없는 것은 마음이고 선(善)을 알아서 반드시 좋아하는 것은 지혜〔智〕라고 하니, 대개 마음이 처한 바가 비록 바르더라도 지혜가 미치는 바가 넓지 못하면 선을 악이라 여기고 좋아하는 것을 미워하는 것이라 여겨서 그 본심을 잃어버리는 경우가 많습니다.

비록 그렇지만 지혜가 가리는 경우가 세 가지 있으니, 기량의 깊고 얕음, 학술의 정밀하고 거침, 의론의 옳고 그름에 따라 지혜가 가려집니다. 이 때문에 나의 기량이 얕으면 다른 사람의 깊은 점을 헤아릴

말이다. 《맹자》 〈진심 하(盡心下)〉에서 만장(萬章)이 금장(琴張), 증석(曾晳), 목피(牧皮) 같은 이들을 어찌하여 광자(狂者)라 하는지 묻자, 맹자가 "그 뜻이 높고 커서 '옛사람이여, 옛사람이여.'라고 말하지만, 평소에 그 행실을 살펴보면 행실이 말을 덮지 못하는 자이기 때문이다."라고 한 데서 온 말이다.

**288** 지초(芝草)와……방 : 지초와 난초 향기가 그윽한 방이란 말로 훌륭한 선비의 거처를 의미하는데, 여기서는 옛사람이 거처하던 방을 가리킨다. 《공자가어(孔子家語)》 권4 〈육본(六本)〉에 "착한 사람과 함께 있으면 마치 지초와 난초가 있는 방에 들어간 것 같아서 오래되면 그 향기는 맡지 못하더라도 곧 그와 같이 동화되고, 착하지 않은 사람과 함께 있으면 마치 절인 어물 가게에 들어간 것 같아서 오래되면 그 냄새는 맡지 못하더라도 또한 그와 같이 동화된다."라고 한 데서 온 말이다.

수 없고, 나의 학술이 거칠면 다른 사람의 정밀한 점을 가려낼 수 없으며, 나의 의론이 그르면 또한 다른 사람의 옳은 점을 따를 수 없으니, 반드시 세 가지가 자신에게 충족되어 밖에서 기다리지 않게 된 뒤에야 수작하고 응대하는 가운데 스스로 후회하는 바가 없습니다.

돌아보건대 다른 사람의 깊은 점을 헤아리는 기량은 있는데 다른 사람의 정밀한 점을 가려내는 학술이 없으면 왼편에서 잃어버리고, 다른 사람의 정밀한 점을 가려내는 학술은 있는데 다른 사람의 옳은 점을 따르는 의론이 없으면 오른편에서 잃어버리니, 좌우와 전후에서 점점 더 잃어버리면 선한 이가 버려지고 어진 이가 가리는 지경에 이르지 않는 경우가 드뭅니다. 그러나 그 마음에 악이 없고 선이 있어서 끝내 속이지 못하는 사람은 군자가 그 마음을 근원하고 그 지혜를 용서하여 개과천선하기를 기다리지 않은 적이 없으니, 청컨대 평소 옛사람이 이미 행한 바를 상고하여 미루어 밝히고자 합니다.

능히 그 군주의 이름을 드러나게 하면서도 성인의 위대한 점을 알지 못하고, 능히 곤란한 일은 자신이 처리하고 편한 일은 남에게 양보하면서도 성인의 온화한 덕을 쓰지 못하니, 이것은 무슨 까닭입니까. 학술이 정밀하지 못하고 기량이 깊지 못하기 때문이니, 선을 좋아하는 임금의 마음을 막고 나보다 나은 다른 사람의 장점을 꺼리는 것도 당연합니다. 백의재상(白衣宰相)[289]은 사람을 얻어 자신을 대신하게 했지만 그가 천거한 사람은 충의(忠義) 있고 강직한 사람이 아니었고, 국사(國事)를 집안일처럼 근심하여 어진 이와 함께 정사(政事)에 협력했지만

**289** 백의재상(白衣宰相) : 당대(唐代)의 명신으로 업현후(鄴縣侯)에 봉해진 이필을 가리킨다.

그가 좋아하지 않은 사람은 오직 덕망이 세상을 덮을 만한 현인(賢人)이었으니, 이것은 무슨 까닭입니까. 학술이 이미 거칠고 의론에 혹 그른 점이 있었기 때문이니, 괴이하고 허무한 일을 담론하기 좋아하고 항상 불편한 생각을 품었던 것도 당연합니다. 아아, 현명한 사람이 서로 만나는 것은 다행이지만 불행히도 이와 같은 점이 있었으니, 더구나 그 불행이 심한 경우야 더 말할 것이 있겠습니까.

큰 선비가 창도(唱道)하여 많은 선비가 그림자처럼 따르는데 무엇 때문에 충직하고 강직한 선비가 그를 비방하고 배척하겠으며, 옛 상신이 들어와 바야흐로 조정의 모양새가 갖추어지려 하는데 무엇 때문에 인륜을 부지(扶持)하는 현인이 소장(疏狀)을 올려 탄핵하겠습니까. 또한 얕고 깊은 기량이 초래한 것 아님이 없으니, 비방하기를 좋아하면서도 어둡고 일 만들기를 좋아하면서도 허술한 점을 모두 볼 수 있습니다.

해릉(海陵)[290]의 경학과 호주(湖州)[291]의 학술이 같이 국자(國子)에 들어갔으니, 실로 크게 사문(斯文)을 계도(啓導)할 조짐이었습니다. 그러므로 의당 함께 강론하여 밝히고 절차탁마하여 그 도(道)를 이루었어야 하는데, 도리어 서로 비방하고 경계하여 서로 간에 만나지 않는 지경에 이르고 말았습니다. 청헌(淸獻)[292]이 사신(使臣)이 되고 주염계

**290** 해릉(海陵) : 호원이 태주(泰州) 해릉 사람이고 손복은 진주(晉州) 평양(平陽) 사람인데, 여기서는 손복을 가리키는 말로 '평양(平陽)'의 착오로 보인다. 《송사(宋史)》 〈손복열전(孫復列傳)〉에 "호원은 경학에 있어서는 손복만 못하고 제생의 교양에 있어서는 그보다 낫다." 하였다.

**291** 호주(湖州) : 호원을 말한다. 호주의 교수로 있었기 때문에 이렇게 말한 것이다.

**292** 청헌(淸獻) : 조변을 말한다. 청헌은 그의 시호이다.

가 태수가 되어 함께 건주(建州)를 책임졌으니, 또한 지역을 돕고 보호할 시기였습니다. 그러므로 마땅히 함께 크고 작은 일에 가부(可否)를 논의하여 그 임무를 이루었어야 하는데, 도리어 참소를 듣고 가차 없이 말과 얼굴빛에 드러내는 지경에 이르고 말았습니다. 이런 일들은 또한 옳고 그른 의론이 초래한 것 아님이 없으니, 지나치게 엄격함과 초연한 기상을 또한 구분할 수 있습니다. 아아, 두 현인이 어찌 서로 위태롭게 하려고 했겠습니까. 비록 앞에서 말한 세 가지가 지혜를 가려서 그렇게 되었겠지만, 지혜로웠다면 어찌 이런 지경에 이르렀겠습니까.

어리석은 저는 일찍이 탄식하며 괴이하게 생각하고 묵묵히 의심하다가 다시 억견(臆見)으로 다음과 같이 이해하였습니다.

안평중(晏平仲)은 교유를 잘하여[293] 패자(伯者)의 보좌가 되었고, 장손씨(臧孫氏)는 국정(國政)에 능하여 전국 시대의 선비가 되었습니다. 백의산인(白衣山人) 이필은 계모(計謀)를 잘 세우고 신선술(神仙術)에 경도되었으니, 그가 사사(士師)[294]로 있을 때 육 선공(陸宣公)이 때를 만나지 못한 것은 당연합니다. 더구나 하늘로부터 타고난 장성(將聖)도 용납되지 못했으니[295] 어찌 괴이하게 여기겠습니까. 한기와 부필

**293** 안평중(晏平仲)은 교유를 잘하여 : 공자가 "안평중은 남과 사귀기를 잘하는구나! 시간이 오래되어도 상대방을 여전히 공경하니."라고 한 데서 온 말이다. 《論語 公冶長》

**294** 사사(士師) : 고대 중국에서 법령(法令)과 형벌(刑罰)에 관한 일을 맡아 보던 재판장을 말한다.

**295** 하늘로부터……못했으니 : 제 경공(齊景公)이 공자를 중용하려 할 때 안영(晏嬰)이 반대하여 공자가 제나라를 떠났던 일을 가리킨다. 장성은 공자를 의미하니, 태재(太宰)가 자공(子貢)에게 묻기를 "부자께서는 성인이신가? 어쩌면 그리도 능한 것이 많으신가?" 하자, 자공이 "진실로 하늘로부터 타고난 성인일 것이고, 또 능한 것이 많으

두 사람은 한마음으로 협력하고 덕(德)이 짝할 만하여 조씨(趙氏) 사직(社稷)[296]의 신하가 되었고, 호원과 손복(孫復) 두 사람은 뜻이 같고 법도가 같아서 송(宋)나라 도학(道學)의 선비가 되었으니, 서로 좋아하지 않고 서로 만나지 않았던 것은 단지 의론이 합치하지 않았기 때문입니다. 그러나 한기와 부필 두 사람은 비록 임금 앞에서는 구차하게 의론을 합친 적이 없지만 물러나서는 온화한 안색과 부드러운 말로 대하여 또한 노여운 마음을 옮긴 적이 없었습니다.[297] 그래서 마침내 경력(慶曆) 연간[298]의 큰 규모를 이루어 사람들이 '부필과 한기〔富韓〕'라고 두 사람을 함께 칭송하게 되었으니, 그 다툼은 군자의 다툼이어서 부자(夫子)께서 "화하되 분별없이 함께하지 않는다.〔和而不同〕"[299]라고 한 경우에 해당합니다. 따라서 호원과 손복 두 사람이 문호를 나누어 교수(教授)하면서 끝내 한마디 말도 하지 않았던 일과 비교해 보면 저는 그 지혜가 어떠한지 알지 못하겠고 그 마음 역시 감히 헤아리지

시다."라고 한 데서 온 말이다. 《論語 子罕》

**296** 조씨(趙氏) 사직(社稷) : 송나라를 말한다. 송나라 시조의 성이 조씨이기 때문에 이렇게 말한 것이다.

**297** 임금……없었습니다 : 한기와 범중엄, 부필은 추밀원(樞密院)에 있을 때 왕 앞에서는 정사에 대한 의론이 각각 달라서 다투기도 하였지만 물러나서는 언제 서로 다투었느냐는 듯이 화기(和氣)를 잃지 않았다는 고사에서 온 말이다. 《宋名臣言行錄 後集 卷1》 노여운 마음을 옮긴 적이 없었다는 말은 갑에 대한 노여움을 을에게 옮기지 않는다는 의미로, 공자가 안회를 칭찬하며 "안회는 학문을 좋아하여 노여움을 남에게 옮기지 않으며 같은 잘못을 반복하지 않았다."라고 한 데서 온 말이다. 《論語 雍也》

**298** 경력(慶曆) 연간 : 송나라 인종의 연호로, 1041년에서 1048년 사이를 말한다.

**299** 화하되……않는다 : 공자가 "군자는 화하되 분별없이 함께하지 않으며, 소인은 분별없이 함께하고 화하지 않는다."라고 한 데서 온 말이다. 《論語 子路》

못하겠습니다. 유독 애석한 점은, 공문중이 소씨(蘇氏)에게 현혹되고 위국공(魏國公 장준(張浚))이 왕백언(汪伯彦)과 황잠선(黃潛善)에게 설복되고 열도(閱道 조변(趙抃))가 참소하는 말에 속아서 도학을 공부하는 선비들로 하여금 격분하게 하고 충의(忠義) 있는 신하들로 하여금 원망하게 했던 일입니다. 그러나 어떤 사람은 그 때문에 피를 토하며 죽었고 어떤 사람은 그 때문에 탄식하였으며 어떤 사람은 그 때문에 손을 잡고 사과하였으니, 마음으로 후회하였다는 것을 알 수 있습니다. 그 지혜의 처음과 끝이 어떠합니까. 그렇다면 현인과 군자가 서로 벗할 때에는 먼저 그 학술을 살펴서 그 기량을 키우고 그 의론을 바르게 해서 당시에 죄를 얻지 않고 후세에 화가 흐르지 않게 해야 하니, 이렇게 해야 거의 서로 벗할 수 있을 것입니다.

아아, 안영과 장문중과 이필은 실로 깊이 책망할 필요가 없습니다. 저 공문중이 피를 토하고 죽은 일은 한갓 그 마음을 밝혔을 뿐이고, 호안정(胡安定 호원)의 학문은 누구에게 득이 되었습니까. 그 나머지 여러 사람은 그래도 상유(桑楡)에 수습하였으니,[300] 그 또한 불행 중 다행이라 하겠습니다.

선비가 이 세상에 태어나서 불행 중 다행인 것도 대개 어려운 일이니, 그 처음을 삼가고 그 끝을 염려하지 않을 수 있겠습니까. 제가

**300** 상유(桑楡)에 수습하였으니 : 인생의 노년기를 잘 마무리한다는 뜻이다. 상유는 지는 해의 그림자가 뽕나무와 느릅나무 끝에 걸려 있다는 말로, 서방(西方)의 해 지는 곳 또는 인생의 노년기를 의미한다. 후한(後漢)의 장군(將軍) 풍이(馮異)가 적미병(赤眉兵)과 싸울 때 처음에는 패주했다가 나중에 적을 격파하자, 광무제(光武帝)가 "동우에서는 잃었으나 상유에 수습하였다."라고 했던 고사에서 온 말이다. 《後漢書 馮異列傳》

집사의 가르침에 따라 감히 그 사이에서 팔을 걷어붙이고 성현의 세상을 논하였으니, 불휘(不諱)의 죄를 범한 것이 이미 큽니다. 그러나 편(篇)을 장차 마치면서 느낀 점이 있으니 모름지기 거듭 번거로운 말씀을 드리겠습니다.

자장자(子張子)가 이르기를 "지혜로웠으나 그 사람의 옳고 그름을 알지 못했으니, 이는 명(命)이 아니겠는가." 하였습니다.[301] 명은 기(氣)로 말하는 경우가 두 가지 있으니, 앎이 미치지 못하는 것이 명이고 때를 만나지 못하는 것이 명입니다. 어찌 사람에게만 맡겨 두고 하늘에 돌리지 않을 수 있겠습니까. 하늘이 천하를 평치(平治)하고자 하지 않은 것입니다. 중니(仲尼)께서 제후(齊侯)를 만나지 못한 것은 천운(天運)이니, 안씨(晏氏)의 아들이 어찌 부자(夫子)로 하여금 만나지 못하게 할 수 있겠습니까.

원공(元公)[302]은 남쪽 지방에서 떨쳐 일어나 남겨진 경서(經書)에서 단절되었던 도통을 얻었고, 두 정씨(程氏)는 하남(河南)에서 발흥(勃興)하여 말세에 오랫동안 끊어졌던 학문을 창도(唱導)하였으니, 이는 모두 사람의 힘으로 미칠 바가 아닌 듯합니다. 그런데 그 도를 당세에 조금도 시행하지 못한 것은 어째서입니까. 현명했던 공문중과 조변이 알지 못했을 뿐만 아니라, 도학에 대한 금지가 몇 대에 이르도록 그치지 않아서 돈옹(遯翁 주회)의 시대에 이르러서는 극에 달하였으니 누가

**301** 자장자(子張子)가……하였습니다 : 《맹자》 〈진심 하〉의 주석에서 주희가 "안영은 지혜로웠으나 중니를 알지 못했으니, 이는 명이 아니겠는가."라는 장재(張載)의 말을 인용하였는데, 이 구절을 가리킨다.

**302** 원공(元公) : 주돈이의 시호이다.

그렇게 만들었겠습니까.

비록 그렇지만 소리 높여 주자(周子)와 정자(程子)의 학문을 배척하지 못하고 오히려 몰래 비방하여 주자와 정자의 도(道)를 물리친 것은 어째서입니까. 떳떳한 본성을 지키는 마음이 마침내 사라져서 그런 것이 아니고, 실로 그 지혜가 미치지 못해서일 뿐입니다. 다만 알게 했거나 알지 못하게 했거나 간에, 끝내 쳐내고 없애 버리려 한 것은 하늘의 뜻이 아니고 무엇이겠습니까.

오호라, 말세입니다. 하늘이 장차 사문(斯文)을 없애려 하는 것입니다. 현명한 대부(大夫)와 어진 선비를 섬기고 벗 삼을 수 없게 되었으니, 어찌 방 안으로 돌아와 천고(千古)의 옛사람을 스승 삼고 벗 삼아서 여러 선생이 의심했던 점을 더욱 분변한 다음 그 사이에서 마음으로 납득하고 정신으로 이해하는 것과 같겠습니까. 어리석은 소견은 이와 같으니, 부디 집사께서는 나아와 가르쳐 주시기 바랍니다. 삼가 대답합니다.

## "삼대 이후에는 선비를 구함에 오직 명예를 좋아하지 않을까 봐 염려된다."[303]라는 말에 대하여 논하는 글
求士於三代之下惟恐不好名論

다음과 같이 논합니다.

천하의 일은 옳은 것과 그른 것 두 가지일 뿐이니, 옳은 것을 따르면 선(善)이 되고 그른 것을 따르면 악(惡)이 됩니다. 선한 일을 하면 나는 그 사람이 군자임을 알고 악한 일을 하면 나는 그 사람이 소인임을 아니, 군자와 소인의 구분은 옳은 것과 그른 것의 사이일 뿐입니다.

어버이를 효성으로 섬기면 효(孝)라는 이름을 얻으니 불효라 이를 수 없고, 임금을 충성으로 섬기면 충(忠)이라는 이름을 얻으니 불충이라 이를 수 없습니다. 부부, 형제, 붕우의 인륜에 이르기까지 그 일에 따라 그 이름을 얻지 않음이 없으니, 또한 그 이치와 형세가 의당 그러합니다. 어찌 거짓과 참을 물을 겨를이 있겠습니까.

비록 그렇지만, 거짓을 하는 자는 본래 남에게 인정받기 위한 학문을 하여 결국에는 반드시 자신을 상실하는 지경에 이르니, 무익할 뿐만 아니라 또한 해가 됩니다. 그런데도 이른바 "오직 명예를 좋아하지 않을까 봐 염려된다."라는 말이 있는 것은 무엇 때문입니까? 아아, 이것

**303** 삼대(三代)……염려된다 : 송(宋)나라 진훈(陳塤)의 상소 가운데 "삼대 이전에는 선비를 구함에 오직 명예를 좋아할까 봐 염려하였지만, 삼대 이후에는 선비를 구함에 오직 명예를 좋아하지 않을까 봐 염려됩니다."라는 내용이 있는데, 이는 훌륭한 선비를 얻어서 함께 정치를 하지 못할 바에는 차라리 명예를 좋아하는 선비라도 구해서 써야 한다는 취지의 발언이다. 《宋史 陳塤列傳》

은 쇠미한 세상을 근심하는 뜻입니다.

대개 하늘에서 부자, 군신, 부부, 형제, 붕우 관계의 사람들을 태어나게 해서 인의예지(仁義禮智)의 법칙을 주었으니, 법칙이란 무엇이겠습니까? 다만 하나의 옳은 도리를 성취하는 것일 뿐입니다. 이 때문에 옳은 도리가 안에 있으면 옳은 도리의 실상이 성립되고 옳은 도리가 밖으로 시행되면 옳은 도리의 이름이 생기니, 이는 이름과 실상의 손님과 주인 관계가 형상과 그림자, 소리와 메아리의 관계와 같은 것입니다. 어찌 가릴 수 있겠습니까.

다만 처음 하늘로부터 타고났을 때는 그 기운이 맑기도 하고 탁하기도 하며 그 바탕이 순수하기도 하고 잡박하기도 하니, 사람이 혹 그 법칙을 잃는 경우도 있습니다. 그러므로 실상은 옳지 못한데 한갓 이름만 옳아서 이에 이름이 귀하지 않게 되는 것입니다. 아, 장차 그 실상이 옳지 못한 것을 미워하여 마침내 그 이름이 옳은 것까지 좋아하지 않을 수 있겠습니까. 세교(世教)가 쇠퇴하여 백성이 옳은 것을 보지 못하게 되고, 하늘의 법도와 땅의 덕의(德義)와 백성의 도리와 사물의 법칙의 실상이 매몰되어 밝지 못하니, 다시 장차 그 이름까지 아울러 없어질 것입니다. 어찌 애통하지 않겠습니까.

내저 선비 된 자가 이미 그 실상이 매볼되었다면 이름이 또한 없어지는 것은 근심하지 않겠지만, 다만 인의예지의 명색이 군신, 부자, 부부, 형제, 붕우 사이에 행해지지 않아서 사람다운 사람이 없어질까 봐 두렵습니다. 대저 이른바 '천하의 옳은 도리'를 더 이상 삼대 이후에는 볼 수 없게 되었는데, 현인과 군자가 왕왕 명예를 좋아하는 것을 경계하고 심지어 실상을 좋아하는 사람의 마음까지 막으니, 그 또한 매우 사려가 깊지 못합니다.

부자(夫子)께서 말하기를 "너는 그 양을 아끼느냐? 나는 그 예를 아낀다."[304] 하였습니다. 대저 고묘(告廟)의 실상은 없고 쓸데없이 양만 허비하고 있었지만, 부자께서 반드시 양을 잡는 명분을 남기려 했던 것은 무엇 때문입니까. 대저 명분이 있으면 그래도 그 이유를 알아서 그 실상을 회복할 수 있을 것이라는 말이 아니겠습니까. 아아, 후세에서 말하는 '옳은 도리'란 실상에 있지 않고 이름에 있는데, 군자가 잘못이라고 여기지 않는 것은 또한 양을 잡는 명분을 남겨 두는 뜻입니다. 어째서입니까? 인의예지가 이름만 있는 것이 또한 양을 잡는 명분만 남은 것과 같기 때문일 뿐입니다. 군신, 부자, 부부, 형제, 붕우 사이에 양을 잡는 명분을 남겨 둔다면 그 실상을 회복하지 못한다고 어찌 장담하겠습니까.

그렇다면 선비가 명분을 좋아하게 하려는 것이 바로 그 실상을 좋아하게 하려는 것인데, 후세에는 모두 자공(子貢)이 없애려 했던 양을 없애고자 하니, 또한 어째서입니까? 어떤 사람이 말하기를 "정성스럽지 못하면 사물이 없다고 하였으니,[305] 비록 그 이름이 있더라도 사물이 없는데 어떻게 하겠는가."라고 하였는데, 이는 그렇지 않습니다. 삼대

**304** 너는……아낀다 : 예를 회복하기 위하여 일정한 형식이라도 보존해야 한다는 말이다. 노(魯)나라에는 매달 1일에 양을 잡아 조묘(祖廟)에 고하는 예가 있었으나 문공(文公) 때부터 이 행사는 없어지고 양만 잡았다. 이에 공자의 제자 자공이 이를 그만두고자 하자 공자가 한 말로, 공자는 그 양으로 인하여 고묘의 예가 회복되기를 바랐던 것이다. 《論語 八佾》

**305** 정성스럽지……하였으니 : 《중용장구》 제25장에 "정성은 스스로 이루어지는 것이고 도는 스스로 행해야 하는 것이다. 정성은 사물의 시작과 끝이니, 정성스럽지 못하면 사물이 없게 된다. 그러므로 군자는 정성스럽게 하는 것을 귀하게 여기는 것이다."라고 한 데서 온 말이다.

이후에 선비를 구한다고 하지 않았습니까. 학문하는 사람의 처지에서 말하자면, 충신(忠信)을 위주로 하여 자신을 위한 학문을 하기 때문에 오직 그 이름을 좋아할까 봐 염려합니다. 그러나 선비를 구하는 사람의 처지에서 말하자면, 밖을 따라 안으로 구하기 때문에 오직 그 이름을 좋아하지 않을까 봐 염려합니다. 더구나 사람의 기질은 고르지 않아 반드시 바로잡고 힘쓰기를 기다린 뒤에야 할 수 있으니 더 말할 것이 있겠습니까. 어찌 먼저 그 까닭을 보지 않고 도리어 거꾸로 그 편안하게 여기는 바를 살필 수 있겠습니까. 이것이 진씨(陳氏 진훈)의 뜻입니다. 비록 그렇지만 성인(聖人)께서 말씀하기를 "소인인 학자(學者)가 되지 말라."[306] 하였으니, 대저 위에서 구하는 사람이 장차 어떻게 저 선비를 등용할 수 있겠습니까. 아아, 이 또한 천하의 큰 원칙을 보존하는 것입니다.

춘추 시대에는 삼강(三綱)이 서지 않고 사유(四維)가 베풀어지지 않아서 이름이 바르지 않고 말이 순하지 않았으니, 이에 천하의 옳은 도리를 들어 쳐내고 없애서 인도(人道)를 금수(禽獸)의 지경으로 몰아넣었습니다. 그러다가 오패(五伯)가 일어나 인의(仁義)에 가탁하여 이름을 바르게 하고 말을 순하게 하고자 하였으니, 규구(葵丘)의 회맹(會盟)에서 명(命)한 다섯 가지 명분[307]은 또한 한 세상에 넘쳐흐르는 세찬

**306** 소인인……말라 : 공자가 자하(子夏)에게 "너는 군자인 학자가 되고, 소인인 학자가 되지 말라."라고 한 데서 온 말로, 위인지학(爲人之學)으로 명성만을 추구하는 학자를 말한다. 《論語 雍也》

**307** 규구(葵丘)의……명분 : 제(齊)나라 환공(桓公)이 맹주(盟主)가 되어 규구에서 제후를 회합(會合)하여 맹약(盟約)한 것을 말한다. 환공은 이 회맹에서 제후들과 서약하기를 "첫 번째 명하기를 '불효(不孝)하는 자를 처벌하며, 세자(世子)를 바꾸지 말며,

물결에 제방이 될 만하여 군신, 부자, 부부, 형제, 붕우의 실상이 그 이름에 힘입어 아직 남아 있습니다. 성인이 천하를 한번 바로잡는 공(功)을 허여하였습니다만, 대저 성인이 어찌 인의의 이름을 가탁한 것을 귀하게 여겼겠습니까. 오직 천하의 잘못을 들어 옳은 도리로 돌아오게 하였기 때문에 먼저 그 실상을 꾸짖지 않고 오히려 그 이름을 허여한 것입니다. 아아, 무엇이 삼대의 뒤보다 더 심해서 감히 명예를 좋아하는 것을 혐의로 삼아 끊어 버릴 수 있겠습니까.

대저 군신간의 의리와 부자간의 친함은 천리와 인륜의 큰 절목이니, 국가를 다스리는 사람이 민심이 흩어지지 않게 붙잡고 정사(政事)에 기강을 세우는 데 근본이 되는 요체입니다. 그런데 지금 진실로 이를 명예를 좋아하는 것이라고 하여 끊어 버린다면 이는 천하의 사람들을 이끌고 이적(夷狄)의 지경으로 가는 격이니, 어떻게 나라를 다스릴 수 있겠습니까.

동경(東京)의 당고(黨錮)[308]로 인해 명예와 절개가 땅을 쓴 듯이 사

첩(妾)을 아내로 삼지 말라.' 하였고, 두 번째 명하기를 '어진 이를 높이고 인재를 길러서 덕(德)이 있는 이를 표창하라.' 하였고, 세 번째 명하기를 '노인을 공경하고 어린이를 사랑하며, 손님과 나그네를 잊지 말라.' 하였고, 네 번째 명하기를 '선비는 대대로 관직을 주지 말며, 관청의 일을 겸직시키지 말며, 선비를 취함에 반드시 얻으며, 마음대로 대부(大夫)를 죽이지 말라.' 하였고, 다섯 번째 명하기를 '제방을 굽게 쌓지 말며, 쌀을 수입해 가는 것을 막지 말며, 대부들을 봉해 주고서 고(告)하지 않는 일이 없도록 하라.' 하였다."라고 하였다. 《孟子 告子下》

**308** 동경(東京)의 당고(黨錮) : 동경은 낙양(洛陽)으로, 장안(長安)을 수도로 하던 한나라가 낙양으로 수도를 옮겨 동천한 후한(後漢)을 가리킨다. 후한 환제(後漢桓帝) 때 환관(宦官)들의 권세와 횡포가 심해지자 우국지사(憂國之士)인 진번(陳蕃)과 이응(李膺) 등이 태학생을 거느리고 이들을 공격하다가 도리어 몰려 당인(黨人)으로 지목

라지자 유씨(劉氏)의 한(漢)나라가 망하였고, 남송(南宋)의 위학(僞學)[309]으로 인해 인의(仁義)가 사욕으로 막히자 조씨(趙氏)의 송(宋)나라 왕업이 망했으니, 이 어찌 선비를 구하는 자가 명예를 경계하여 잘난 체하는 음성과 얼굴빛, 치성한 엄형(嚴刑)과 중벌(重罰)로 음흉하게 천지의 기강을 끊어서 남의 나라를 텅 비게 한 것이 아니겠습니까. 그러나 간웅(奸雄)이 나라를 차지하고 싶어 하면서도 쉽게 도발하지 못하고 오랑캐가 중국을 짓밟으면서도 쉽게 차지하지 못한 것은 무엇이 그렇게 되도록 만들었습니까? 반드시 실낱처럼 이어져 끊이지 않는 옳은 도리가 있어서 오히려 의탁할 바가 있었기 때문에 그런 것입니다. 나는 그러므로 진씨의 말은 쇠미한 세상을 근심하는 뜻이라는 것을 알겠습니다.

또 명예란 중등(中等)의 선비가 되기를 기대하는 것입니다. "도덕(道德)에 뜻을 둔 자는 공명(功名)이 그 마음을 얽맬 수 없고, 공명에 뜻을 둔 자는 부귀(富貴)가 그 마음을 얽맬 수 없다." 하였으니, 위로 도덕에 미치지는 못하더라도 아래로 부귀에 들어가지는 않는 것입니다. 따라서 오직 공명에 뜻을 둔 자는 비록 성인의 경지에 넉넉히 들어

되는 동시에 많은 선비가 종신 금고의 화를 당하고, 영제(靈帝) 때 당인들이 다시 중신 두무(竇武) 등과 함께 환관들을 제거하려다가 누설되어 다수의 당인이 살해된 사건을 말한다. 《後漢書 黨錮列傳》

**309** 남송(南宋)의 위학(僞學) : 송나라 영종(寧宗) 당시 권신(權臣) 한탁주(韓侂胄)와 조여우(趙汝愚)가 대립할 때 주희(朱熹)를 위시한 도학(道學)을 주창한 학자들이 조여우의 편을 들었다. 이때 주희가 한탁주의 간사함을 탄핵하자, 한탁주가 원한을 품고 "탐욕스럽고 방탕함이 사람의 참된 정이고 청렴하고 수신(修身)하는 것은 모두 사람을 속이는 짓이다."라고 하면서 도학을 위학이라고 배척하고, 조여우 이하 59인을 모두 파척(罷斥)하고 도학을 금지한 사건을 말한다. 《宋史 寧宗本紀1》

가지는 못하더라도 사직(社稷)을 안정시키는 신하가 될 수는 있습니다. 어찌 좋아하는 데에 해가 되겠습니까. 성인께서 다시 태어나신다 해도 이 말을 바꾸지는 못할 것입니다.

일찍이 이르기를 "성인의 말씀에 '군자는 종신토록 이름이 일컬어지지 못하는 것을 싫어한다.' 하였고, 또 말씀하기를 '군자는 구하는 것을 자신에게서 찾는다.' 하였으니, 반드시 이 말씀과 같아야 편벽되고 치우치지 않을 것이다." 하였습니다.

진씨 같은 경우는 특별히 격동(激動)된 바가 있어서 이렇게 말했을 따름이니, 어찌 후세의 법이 될 수 있겠습니까. 그러나 지금의 관점으로 보건대, 저는 그 말이 후세에 법이 되지 못한다고는 생각하지 않습니다. 옛 임금이 말하기를 "도학(道學)이 어찌 아름답지 못한 이름이겠는가. 실로 그 이름에 가탁하여 간사한 짓을 해서 진위(眞僞)가 어지러워질까 봐 염려할 뿐이다."[310]라고 하였습니다. 그런데 그 신하 가운데 귀신이나 물여우 같은 자[311]가 도학을 간사한 기운이라고 지목하여 사흉(四凶)[312]의 죄로 처벌하게 하자 이에 선한 사람이 사라지고 나라가 피폐하게 되었으니, 그 화가 참혹하였습니다. 임금이 되고 스승이 되어

**310** 도학(道學)이……뿐이다 : 송나라 효종(孝宗)이 한 말이다. 《宋史 尤袤列傳》

**311** 귀신이나……자 : 음모(陰謀)로 남을 해치는 자를 비유하는 말로, 《시경》 〈소아(小雅) 하인사(何人斯)〉에 "귀신이나 물여우는 볼 수나 없거니와, 너는 뻔뻔스레 얼굴을 들어 끝없이 사람을 보는구나."라고 한 데서 온 말이다. 물여우란 물속에 사는 독충(毒蟲)으로, 사람의 눈에 띄지 않으면서 사람의 그림자를 보고 독기(毒氣)를 쏘면 사람이 병든다고 한다.

**312** 사흉(四凶) : 요(堯) 임금 때 네 명의 악인으로, 공공(共工), 환두(驩兜), 삼묘(三苗), 곤(鯀)을 가리킨다.

서 진씨의 말을 제대로 이해하지 못한다면 말 한마디로 나라를 잃게 하는 데[313] 가깝지 않겠습니까.

진씨가 이 말을 하기 전에 이미 그렇게 말한 사람이 있었습니다. "명예를 좋아한다는 혐의를 피한다면 선을 행할 길이 없게 될 것이다." 하였고 "끊임없이 노력하면 군자가 될 수 있다." 하였으니, 아아, 이것은 쇠미한 세상을 근심한다는 뜻입니다. 삼가 논합니다.

**313** 말……데 : 노(魯)나라 정공(定公)이 말 한마디로 나라를 잃는 경우가 있느냐고 물었을 때, 공자가 대답하기를 "말은 이와 같이 기필할 수는 없거니와 사람들이 말하기를 '나는 임금 된 것은 즐겁지 않고, 오직 내가 말을 하면 어기지 않는 것이 즐겁다.' 합니다. 만일 임금의 말이 선하여 아무도 어기는 이가 없다면 또한 좋지 않겠습니까. 만일 임금의 말이 선하지 않은데도 어기는 이가 없다면 말 한마디로 나라를 잃게 됨을 기약할 수 없겠습니까."라고 한 데서 온 말이다. 《論語 子路》

소재집

제8권

소차 疏箚

## 직제학 직임에서 해면하여 부모를 편하게 봉양하도록 해 달라고 청하는 상소

直提學乞解職便養疏

무진년(1568, 선조1) 4월 10일○선생이 융경(隆慶) 1년 정묘년(1567, 선조 즉위년)에 21년간의 귀양살이를 마치고, 바로 홍문관 교리에 제수되어 교지(敎旨)를 받고 서울로 돌아왔다. 12월에 어버이의 병환을 이유로 휴가를 청하고 시골에 내려갔다가 이해 2월에 급히 소환되어 3월에 특별히 직제학에 제수되었는데, 4월에 두 번이나 상소하여 해직되고 돌아가 부모를 봉양하게 해 달라고 청하였다.

중훈대부(中訓大夫) 수 홍문관직제학 지제교 겸 경연시강관 춘추관편수관 예문관응교(守弘文館直提學知製敎兼經筵侍講官春秋館編修官藝文館應敎) 신(臣) 노수신은 진실로 황송한 마음으로 머리를 조아리고 또 조아리며 삼가 주상 전하께 말씀을 올립니다.

삼가 아룁니다. 신이 해도(海島 진도(珍島))에 구금된 지 20년 만에 당치도 않게 명종대왕(明宗大王)의 특명을 받아 가까운 곳으로 옮겨졌습니다. 그러다 주상 전하께서 왕위를 이으신 초기에 죄인을 석방하라는 명과 벼슬을 회복해 주라는 명을 같은 날에 내리고, 이내 가까운 자리에 두고자 거듭 엄명을 내려 부르시니, 신은 두렵고 놀라움을 금할 수 없었습니다. 이에 달려와 사은하고 주저하면서 경연에서 모시게 되었으니, 이는 못난 저의 분수를 넘어서는 일이었습니다. 그런데도 자식으로서 부모를 섬겨야 하는 사사로운 사정이 급박하여 정사(呈辭)하고 휴가를 받아, 황송하게도 남쪽으로 돌아가 부모와 만날 수 있었습니다. 뜻밖의 은혜를 입고 기쁨에 찼다가도 이내 가슴이 아파 울었습니다. 죽음을 무릅쓰고 사정을 아뢰려고 하였는데, 얼마 후 신이 속히 길에 오르도록 재촉하는 성지(聖旨)를 받들었습니다. 신은 명을 듣고 바로 떠났다가 서울에 도착할 무렵 차서를 뛰어넘어 승진해 제수되었다는 소식을 듣고 더욱 떨리고 황송하여 몸 둘 바를 모르겠습니다. 진심을 터놓고 사직하는 글을 쓸 것을 늘 생각하면서도 쓰려다 다시 말고 한 지가 결국 50여 일이 되었습니다. 시골에서 듣는 소식은 아득하기만 하여 반은 사실이고 반은 사실이 아니라 객지의 차가운 방에서 밤새도록 잠을 못 이루었습니다.

가만히 생각해 보니 특별한 은혜를 바라고 연연해하며 머뭇거리는 사이에도 마음이 격동해 땀이 나는데, 만약 부모의 상을 당하는 애통한 일이 있다면 장차 어디에 의지할 수 있을까 싶었습니다. 아, 신의 아버지는 금년에 73세인데, 파리하고 몹시 늙은 데다 마비가 오고 눈이 어둡습니다. 신의 어머니는 금년에 72세인데, 근심하고 고생하던 것이 병이 되어 숨이 가빠지고 귀도 먹었습니다. 신이 귀양살이할 때에야 어쩔 수 없다고 여겼지만 지금은 현달하고 영화로운데도 여러 달을 봉양하지 못하고 있으니, 신은 어찌할 바를 모르겠습니다.

신의 부모가 상주(尙州)에 논밭이 조금 있어 그곳에 가서 생활한 지 4년이 되었는데, 살림을 꾸린 지 얼마 안 되어 겨우 자급하는 정도입니다. 신에게는 서울에 사는 남동생 하나와 누이동생 하나가 있을 뿐인데, 그들도 집에 아이들이 많아 굶어 죽지 않기도 버거운 형편입니다. 신만이 자녀가 없고 경영하는 일도 없어 전심(專心)해서 모시면서 음식을 올리고 약을 바칠 수 있으니, 신이 실로 마지막까지 봉양할 사람입니다. 더구나 신은 20여 년 만에 부모를 뵙다 보니 지난날 모시지 못했던 슬픔이 더욱 간절하고, 부모도 20여 년 만에 신을 만나다 보니 앞으로 남은 날이 많지 않다는 두려움에 더욱 조급해합니다. 신은 정말이지 멀리 떠나 있을 몸이 아닙니다. 형편이 이렇고 사정이 이러하여 신은 실로 괴로운데, 신이 걱정하는 바가 또 이것뿐이 아닙니다. 신은 약한 체질이라 일찍부터 몸이 쇠약했는데, 장려(瘴厲)로 독이 쌓이고, 근심 걱정을 늘 하다 보니 겉도 속도 다 망가졌습니다. 잘 보이지도 않는 데다 왼쪽 눈에서는 눈물이 나고, 잘 들리지도 않는 데다 한쪽 귀에서는 고름이 나옵니다. 기침과 현기증을 오래 앓아 왔는데, 갑자기 심장과 배 속까지 아파 옵니다. 이런 몸을 앞뒤에서 부축하며 눈보라를 무릅쓰고 대궐에 와서 숙배하였으니, 거의 죽을 뻔하다 다시 살아난 것입니다. 입시(入侍)하고 궐문을 나설 때는 쓰러질 듯 걸었으며, 강설(講說)을 펴고 하문(下問)을 받드는 것도 목소리를 겨우겨우 이어 가고 대수롭지 않는 내용들로 엉성하게 꾸렸을 뿐입니다. 이는 성상께서 이미 통촉하고 계신 일입니다. 그러니 어찌 차지하고 있을 자리가 아닌 곳을 오래 차지하고 있을 수 있겠습니까. 신이 금년에 54세이니, 속히 병든 몸으로 힘을 내어 애써 배우고자 한들 이미 말할 만한 것이 없습니다.

아, 신이 나아가면 조정에 누를 끼치고 어버이 봉양도 하지 못하고 말 뿐이지만, 물러나면 저의 뜻도 펼 수 있고 성상께서 효로써 다스리는 정치도 더욱 드러날 것이니, 신의 득실(得失)을 여기에서 볼 수 있습니다. 신이 삼가 살펴보니, 《경국대전(經國大典)》에 "70세 이상인 어버이가 있는 경우, 한 아들이 돌아가 봉양한다."[1] 하였으니, 이는

**1** 70세……봉양한다 : 《경국대전》 〈이전(吏典) 급가(給假)〉에 "70세 이상인 어버이가 있을 때에는 아들 한 사람을, 80세 이상인 어버이가 있을 때에는 아들 두 사람을, 90세 이상인 어버이가 있을 때에는 여러 아들을 고향에 보내 봉양하게 한다."라는 조문

바로 사람에게 효도를 가르친 것입니다.

삼가 바라건대 전하께서는 신의 간절한 충정을 살펴 신을 직명(職名)에서 풀어 주시어 다시 태어난 신하로 하여금 죽음을 앞둔 부모를 잘 봉양하여 마침내 함께 황천(黃泉)으로 돌아가게 해 주신다면 흡사 신선이 되는 것과 같을 것입니다. 신이 남은 목숨으로 밝은 임금을 위하여 잠깐이라도 한마디 하지 않고 있다가 문득 밤에 자다 죽기라도 하면 그저 불충(不忠)을 더하고 불효를 키우는 격이 됩니다. 참으로 죽다 살아난 끝에 몹시도 기운이 꺾이고 피폐해진 데다 계획은 급하고 사정은 위태롭다 보니 말에 조리가 없습니다. 그 죄가 만번 죽어 마땅합니다, 그 죄가 만번 죽어 마땅합니다. 신은 몹시도 절박하고 떨리는 마음을 가눌 수 없어 삼가 죽음을 무릅쓰고 아룁니다.

이 나온다.

# 두 번째 상소

再疏

무진년(1568, 선조1) 4월 10일

운운. 삼가 아룁니다. 신이 70여 세인 늙고 병든 부모에게 돌아가 봉양해야 하는 사정이 있어 위로 성상을 번거롭게 해 가면서 해직(解職)되어 혼정신성(昏定晨省)하기 좋게 함으로써 20년간 서로 떨어져서 느낀 그리운 마음을 조금이라도 펼 수 있기를 바랐습니다. 땅에 엎드려 명을 기다리고 있던 차에 도리어 당치도 않은 은혜를 입었으니, 효성을 다하라고 장려하고 자주 찾아뵙도록 면려하셨으며 거기에다 노친(老親)에게 드릴 음식까지 내려 주셨습니다. 명을 듣고는 떨리고 놀라 몸 둘 바를 모르겠으며 감격하여 눈물 콧물 흘리며 어찌할 바를 모르겠습니다.

그러나 신하가 임금에 대하여 마음속에 담아 둔 생각이 있으면 감히 입 다물고 가만히 있어서는 안 되므로 마침내 두 번이나 번거롭게 해 드리기에 이르렀습니다. 신의 부모의 노병(老病)은 더하면 더했지 덜해지지 않아, 오고 가고 만났다 헤어질 때 슬픔과 기쁨이 점점 더 심해집니다. 노인의 병은 하루에도 열 번은 달라지는데도 신은 그리워하며 기쁘게 지낼 줄만 알았지, 드시는 것이 단지 쓴지, 병이 더한지 덜한지도 살피지 못했습니다. 만약 잠깐 사이에 변고라도 있게 된다면 반드시 죽어도 못 잊을 슬픔을 남길 것이니, 신의 마음이 망극합니다, 신의 마음이 망극합니다. 더구나 상주(尙州)는 서울에서 500리나 떨어진 곳입니다. 왕복하는 데 움직였다 하면 열흘에서 한 달이 걸리다 보니, 공적으로나 사적으로나 분의(分義)에 모두 해로워, 신이 실로 민망합니다. 신이 《경국대전(經國大典)》을 상고하니 "어버이가 70세 이상인

자는 300리 밖에 제수하지 않는다."라고 하였습니다.[2] 이 경우 비록 서울을 기준으로 말한 것이기는 하지만 자식의 마음으로 보면 어찌 서울로 가나 지방으로 가나 차이가 있겠습니까. 신의 부모는 상주에 있는데 신은 조정에서 벼슬하고 있으니, 이는 실로 법전의 본의와 서로 어긋나는 듯합니다. 청명한 효로 다스리시는 데 누가 될까 봐 염려됩니다. 신이 듣자니 옛사람은 하루만 봉양할 수 있다면 삼공의 지위와도 바꾸지 않았다고 하였습니다. 더구나 신은 외롭고 위태로운 처지로 갑자기 본직에 오른 뒤 1년간 봉양하는 것과 바꾸지 못하고 있으니, 이 점이 신이 더욱 민망해하는 바입니다.

신이 전에 《논어》 불원유장(不遠遊章)[3]을 읽다 보니, 그 주(註)에 "어버이를 멀리 떠나고 나서 여러 날이 흐르면 아침저녁으로 문안하는 일이 비고 소식도 뜸해지니, 이렇게 되면 자신이 부모 생각하는 마음을 놓지 못할 뿐만 아니라 부모도 자신 생각하는 마음을 잊지 못할까 봐 두려워하게 된다."라고 되어 있었습니다. 신이 전에 유배 가서 있을 때 이 주가 효자의 마음을 잘 안다고 여겼습니다만, 그때야 어찌 감히 만에 하나도 바라지 못할 것을 함부로 생각할 수 있었겠습니까. 근래에 서울에서 객지 생활하면서 이제야 이 말뜻이 더욱 절실함을 깨닫고 늘 여러 번 반복해 읽으며 슬퍼해 마지않았습니다.

**2** 경국대전을……하였습니다 : 《경국대전》 〈이전(吏典) 외관직(外官職)〉에 "어버이가 70세 이상이 되었을 때에는 그 아들을 300리 밖 먼 고을의 수령으로 차임하지 않는다."라는 내용이 나온다.

**3** 불원유장(不遠遊章) : 《논어》 〈이인(里仁)〉에 "부모가 생존해 계시거든 먼 곳에 가지 않으며, 가더라도 반드시 일정한 장소가 있어야 한다.〔父母在, 不遠遊, 遊必有方.〕"라고 하였다.

삼가 바라건대 전하께서는 특별히 신의 사정을 불쌍히 여기시어 즉시 신의 직명을 해면하여 저로 하여금 돌아가서 얼마나 더 살지 모를 부모를 봉양할 수 있게 해 주시기 바랍니다. 그렇게 된다면 어찌 한 사람도 제 자리를 얻지 못하는 일이 없게 할 뿐이겠습니까. 실로 효로써 나라를 다스리는 도에 보탬이 될 것입니다. 신은 54세로, 정력이 쇠하였고 그동안의 일들을 잘 잊어버립니다. 특별히 내리신 은총이 비상함을 생각지 않고 감히 다시 번거롭게 말씀을 올리니, 참람한 죄를 지은 것을 피하기 어렵습니다. 말하자니 눈물이 함께 흘러 무어라 말해야 할지 모르겠습니다. 신은 몹시도 위태롭고 다급하여 간절히 걱정하는 마음을 견딜 수 없어, 삼가 죽음을 무릅쓰고 아룁니다.

## 부제학에서 해직되고 돌아가 부모를 봉양하게 해 달라고 청하는 상소

副提學乞解職歸養疏

7월 24일○선생이 이미 두 번 상소하고도 청한 대로 허락을 받지 못하자 드디어 휴가를 청해 어버이를 뵈었다. 6월에 조정에 돌아왔는데, 특별히 부제학으로 승진되었다. 7월에는 대사간으로 옮겨 제수되었다가 사은하기도 전에 다시 부제학에 제수되었다. 다시 상소하여 해직되고 돌아가 봉양하게 해 달라고 청하였다.

통정대부(通政大夫) 홍문관부제학 지제교 겸 경연참찬관 춘추관수찬관(弘文館副提學知製敎兼經筵參贊官春秋館修撰官) 신 노수신은 진실로 황공한 마음으로 머리를 조아리고 또 조아리며 삼가 주상 전하께 말씀을 올립니다.

엎드려 생각건대 신하와 임금 관계는 자식과 부모 관계와 같습니다. 자식이 생각하는 바가 있으면 반드시 아버지에게 고하므로 신하가 걱정하는 바가 있을 때에도 모두 임금에게 하소연하고자 하는 것입니다. 더구나 내 아버지의 급한 사정을 나의 임금께 감히 하소연하지 않을 수 없으니, 우리 임금이 높은 자리에 계시다 해도 그 신하의 아버지에게 어질게 대하지 않을 수 없습니다. 이는 천리(天理)로 보나 인정(人情)으로 보나 반드시 있어야 하니, 이것이 신이 큰 은혜를 저버리고 만번 죽을 것을 각오하면서까지 말을 그만둘 수 없는 이유입니다. 신이 21년 동안 죄수로 지내다 기용되었으니, 신을 처음 낳은 것은 부모지만 다시 낳은 것은 전하입니다. 전하께서 신을 놓고 다른 사람의 말을 잘못 받아들였다 하더라도, 실제로 성상의 마음에 정해 둔 것으로 장려하고 허여하심이 여러 번 드러났고 순서를 뛰어넘어 발탁하신 것이

상례(常例)를 뛰어넘었습니다. 이때에 전하께서 신을 믿는 단서가 드러나 신도 전하를 위해 목숨을 바치는 의리를 지키리라 결심하였습니다. 사람이 지극히 어리석고 완악하다 하더라도 누군들 궐 아래 머물며 맑고 빛나는 성상을 바라보면서 만분의 일이나마 보답할 것을 도모하기를 바라지 않겠습니까.

그러나 신의 정세를 돌아볼 때 다만 가만히 있어서는 안 될 점이 있어, 삼가 4월에 올린 두 상소에서 이미 갖추어 말씀드렸습니다. 전하께서는 신의 정세를 환히 살피시어 따르지 않을 수 없다고 여기고 오히려 관심을 기울여 대신에게 물으셨습니다. 그런데 대신은 신의 부모의 나이가 80이 안 되었다는 것만 대충 헤아리고, 부모의 병이 위중해 일어날 수 없다는 것은 몰랐습니다. 그래서 서울로 데려올 것을 청하였는데, 신은 몹시도 놀랍고 걱정스러워 감히 세 번 사직하지 못하고 잠자코 물러 나왔습니다. 그리고 속히 가서 살펴보니, 신의 어머니는 밭은기침과 귀먹음이 전보다 심해졌고 원기도 날로 쇠하였으며 음식을 먹는 양도 날로 줄어들어 있었으나 그래도 어찌해 볼 수 있는 상태였습니다. 하지만 신의 아버지는 이미 그 위태로움을 못 견디고 오래된 습병(濕病)으로 하체가 무거워져 근육이 풀려 다리가 마비되었습니다. 아무 때고 변액(便液)이 나오고 객열(客熱)이 치오르며 담이 끓고 기침이 잦으며 심한 갈증이 계속되어 한 걸음 떼는 것도 천 리 길을 가는 것 같고 하루가 삼추(三秋)처럼 느껴지니, 이러고서 무얼 더 바랄 수 있겠습니까. 그런데도 명령을 듣고는 바로 부축을 받아 앉아 울면서 "성상의 은혜가 이러한데 어찌 감히 길을 떠나지 않을 수 있겠느냐."라고 말하여 마침내 신은 작은 가마를 타고 울타리 문을 나섰습니다. 돌아가면 틀림없이 아플 것이고, 틀림없이 통증이 밤새도록 갈 것입니다. 아, 늙은 자를 편안하게 해 준다 했거늘, 어찌 잠시라도 누워 계신 자리에서 떠나 있을 수 있겠습니까. 병이 이미 심해져 옛날에 길에서 죽임을 당한 일을 겪을까 봐 두렵습니다. 눈물 콧물이 먼저 떨어지는데 형벌이 미칠까 봐 어찌할 수 없음을 알고 그만두었습니다.

신이 이러한 때 이미 성지(聖旨)를 받들어 관장(館長 홍문관 부제학)으로 승진했는데, 놀랍고 민망하고 떨리고 황공하여 더욱 어찌해야 할지를 몰랐습니다. 오직 수레가 준비되기를 기다릴 것도 없이 빨리 길을 떠나 이러한 사정을 자세히 말씀드릴 것만 생각했습니다. 궐에 나아가 사은(謝恩)하고 돌아올 생각에 다시 마음이 급해졌으나 다만 연제(練祭) 기일이 임박하고 중국 사신도 가까이 있으므로 조금 시간을 기다리고 직무에 힘쓰면서 수고를 다하고자 하였습니다. 그러나 아침에는 기쁘게 일을 시작하고 낮에는 수고하느라 힘을 쓰지만 저녁이 되면 슬퍼지고 밤이면 운 지도 마침내 이제 64일입니다. 신의 아버지는 눈이 어둡고 손이 떨려 사람을 시켜서 글을 써 보냈습니다. 평안하다고는 했지만 어찌 다 믿을 수 있겠습니까. 더구나 "내가 꼭 갑자기 죽지는 않을 테니, 너는 급히 돌아와서는 안 된다."라고 하였는데, 이 말이 몹시도 걱정스럽습니다. 어찌 차마 들을 수 있겠습니까. 이것이 신이 큰 은혜를 저버리고 만번 죽을 것을 무릅쓰고 끝내 봉양할 것을 청하면서 목메어 슬피 울며 성상을 번거롭게 하는 죄를 피하지 않는 이유입니다. 신은 무능하고 둔하고 엉성하여 잘하는 것이 전혀 없는데 속이고 훔친 정상(情狀)이 이제 다 드러났습니다. 게다가 우환이 침범하고 심지(心志)가 약해져 경연(經筵)하는 자리에 머물게 한다 해도 버틸 근력도 없습니다. 그러니 신이 여기 있다 해도 손해만 있지 이익이 없을 것이 분명합니다.

옛날 이영백(李令伯)[4]이 조모를 봉양하면서 몸소 탕약을 받들자 사람들이 모두 그가 지방에 있음을 알았습니다. 노래자(老萊子)는 양친을 기쁘게 하느라 날마다 색동옷을 입고 장난쳤는데, 그가 조정에서 벼슬했다는 말은 끝내 듣지 못했습니다. 진실로 천하의 자식 된 자가 남에게 차마 하지 못하는 마음을 가지고 차마 하지 못하는 정치를 행하도록 한 것입니다. 지금 전하께서 처음에는 신이 청한 바를 따라 주지 않을 수 없다고 여기셨으나 우선 어버이를 모셔오라는 하교를 내리셨습니다. 이미 어버이가 올 수 없으니, 그 청하는 바를 따라 주지 않을 수 없다는 하교가 여기에서 결정되는 것입니다.

엎드려 생각건대 전하께서는 천지 부모와 같으니 그 참람함을 용서하고 그 사정을 애틋하게 여기시어 이내 직임을 면해 주어 돌아가 봉양함으로써 얼마 남지 않은 미약한 목숨이 신의 손에서 숨을 거둘 수 있도록 해 주소서. 그렇게 해 주신다면 죽은 자나 산 자나 영원토록 전혀 유감이 없을 것입니다. 지금 멀리 떠나면서 상소를 놓고 눈물을 닦으며 무어라 말씀드려야 할지 모르겠습니다. 신은 몹시도 위태롭고 절박하고 황공한 마음을 견딜 수 없습니다. 삼가 죽음을 무릅쓰고 아룁니다.

**4** 이영백(李令伯) : 삼국 시대 촉(蜀)나라 사람 이밀(李密)을 말한다. 영백은 그의 자(字)이다. 부친을 일찍 여의고 모친이 개가(改嫁)하여 조모 유씨(劉氏)에게서 양육되었는데, 조모를 섬기는 효성이 알려져 고을 수령의 천거로 상서랑(尙書郎) 대장군주부(大將軍主簿) 태자세마(太子洗馬)가 되었다. 촉나라가 망한 후 진(晉)나라 황제가 부르자 〈진정표(陳情表)〉를 올려 사양하였다. 《三國志 蜀書 鄧張宗楊傳》

## 끝까지 봉양할 수 있게 해 달라고 청하는 전문

乞終養箋

9월 5일○7월에 올린 상소로도 청한 대로 되지 않아 결국 휴가를 청해 귀성길에 올랐다. 9월에 또 전을 올려 체차해 줄 것을 청하였다.

통정대부(通政大夫) 홍문관 부제학(弘文館副提學) 신 노수신은 진실로 황공한 마음으로 머리를 조아리고 또 조아리며 삼가 주상 전하께 말씀을 올립니다.

엎드려 생각건대 천지 같은 은혜로 다시 살려 주셨으니, 의리상 반드시 갚을 날이 있겠지만, 부모가 늙고 병들어 정리(情理)상 떨어져 있을 시간이 없습니다. 나라를 위한 영구한 계책을 생각하면서도 진실로 끝까지 부모를 모실 수 있기를 간절히 바랍니다. 가만히 보면 충(忠)과 효(孝)는 같은 도리이지만 마음과 일이 서로 맞기가 어렵습니다. 우리 선왕 성종(成宗)께서는 유호인(兪好仁)이 가는 것을 들어주셨고,[5] 중국 홍치제(弘治帝)는 진무열(陳茂烈)이 돌아가는 것을 허락하였습니다.[6] 이 어찌 백성을 후하게 대하는 것일 뿐이겠습니까. 참으로 임금을

5 성종(成宗)께서는……들어주셨고 : 유호인은 문장이 뛰어나 성종이 각별히 총애하던 인물이다. 그는 고향에 계시는 어머니가 그리워 영남으로 내려가던 길에 어느 역참의 누각에 올라 임금과 어머니 사이에서 갈등하는 심정을 담은 율시 한 수를 지어 그 누각의 벽에 써서 남겼다고 한다. 《五山說林草藁》

6 홍치제(弘治帝)는……허락하였습니다 : 명나라 홍치(弘治) 연간에 어사(御史)였던 진무열이 벼슬을 내놓고 어버이를 끝까지 봉양할 것을 청하자, 효종(孝宗)이 그 사정을 불쌍히 여겨 허락한 일이 있다. 진무열은 소장에서 "어버이께서 병으로 홀로 신음하고 있는데 약물을 누가 지어 드릴 수 있겠습니까. 임금의 은혜는 다시 갚을 수 있지만 어버이의 여생은 얼마 남지 않았습니다."라고 하였다. 《明史 陳茂烈列傳》

섬기는 일입니다.

삼가 생각건대 신이 외람되이 유악(帷幄)에 드는 것[7]은 진실로 부모를 저버리는 일입니다. 세 번이나 긴 문장으로 진심을 토로한 상소를 올린 것은 참으로 그럴 수밖에 없어서였는데, 그때마다 온화한 말씀으로 자주 가서 뵙도록 하시어 뜻을 돌릴 수 없을 듯했습니다. 이는 진실로 성상의 보살핌이 당치 않게 융숭한 데서 말미암기는 하지만, 다만 저의 정성이 부족해서입니다. 옛날의 병세에 비해 지금이 더 위태롭다는 것을 점점 느낍니다. 정신은 남아 있지만 피부가 다 벗겨지는 통증을 느끼고, 말하는 내용은 좋다 해도 목소리가 너무 작아 민망합니다. 그러니 명이 있어도 참으로 차마 따를 수 없을 뿐입니다. 생각건대 은혜로이 내려 주신 휴가가 기한이 다 되었으니, 어리석고 태만한 죄가 더해짐을 어찌해야 합니까. 오랫동안 어연(御筵)에서 모시지 못하면서 괜스레 해를 바라보는 해바라기 같은 심정만 간직한 채, 드시는 약을 반드시 먼저 맛보면서 오직 돌아가신 뒤에는 모시고 싶어도 모실 수 없음을 걱정하고 있습니다. 금(琴)과 슬(瑟)을 치우고서[8] 하늘을 우러르고, 부월(鈇鉞)을 기다리며 땅에 엎드려 있습니다. 답답한 마음

**7** 유악(帷幄)에 드는 것 : 유(帷)와 악(幄)은 모두 진영(陣營)에 쓰이는 막으로, 작전을 세우는 장소를 뜻하는 말이었는데, 후에 임금을 시종하며 국정을 보좌하는 신하라는 의미도 갖게 되었다. 여기서는 소재가 경연 참찬관으로서 임금의 곁에서 모시는 것을 말한다.

**8** 금(琴)과 슬(瑟)을 치우고서 : 임종(臨終)을 준비하는 것을 말한다. 《예기(禮記)》 〈상대기(喪大記)〉에 "사람이 병들어 위독해지면 먼저 그 방의 안팎을 깨끗이 청소한다. 그리고 임금이나 대부는 실내에 설치한 악기 걸이를 제거하고, 사(士)는 금과 슬을 치운다. …… 그리고 솜을 입과 코 근처에 갖다 대고 숨이 끊어지기를 기다린다."라고 하였다.

을 고할 길 없으니, 아, 어디에 의지한단 말입니까. 어질면서 그 어버이를 버리는 자는 없다 하여, 장차 무신경하게 맡은 직임을 비워 두어서야 되겠습니까. 배운 것으로 이 세상을 속여 가며 다시 뻔뻔하게 강관(講官)의 장을 맡아서야 되겠습니까. 그러면 다만 중외(中外)의 의구심을 초래하고, 공사(公私)에 누가 되기만 할 뿐입니다.

엎드려 바라건대 주상 전하께서는 사랑의 이치를 넓히고 일의 마땅함을 헤아려 헛되이 내린 벼슬을 속히 거두어 병을 편하게 치료하게 해 주시고, 실제로 쓸 수 있는 사람을 다시 뽑아 교화를 돕게 하소서. 그리하면 사방(四方)이 교화되고, 온 나라에 가르침이 완성될 것입니다. 각각 구체(口體)와 심지(心志)를 섬기기를 증자(曾子)처럼 하여 백 가지 행실의 근원을 맑게 할 것이고, 좌우 전후에 있는 자 모두가 설거주(薛居州)[9]처럼 현신(賢臣)이 되어 삼대(三代)의 교화를 일으킬 것입니다. 신은 삼가 아홉 번 죽는다 해도 끝내 후회하지 않을 것이고 한 번 밥 먹는 사이에도 결코 잊지 않을 것입니다. 바닷가에서 돌아와 늙은 부모를 조금이라도 더 보살펴 드릴 수 있기를 바라고, 도성 밖으로 물러나서도 여전히 만세를 부를 수 있기 바랍니다.

신은 하늘을 우러르고 성상을 바라보며 간절히 빌고 대죄(待罪)하는 지극한 심정을 가눌 수 없습니다. 삼가 죽음을 무릅쓰고 아룁니다.

**9** 설거주(薛居州) : 전국(戰國) 시대 송(宋)나라의 현신이다.

## 뜻을 먼저 세우기를 청하는 상소

請先立志疏

11월 3일○9월에 올린 전(箋)이 들어가기도 전에 부르시는 명이 내려 또 사직하는 글을 올렸는데, 상께서 대신의 말을 수용해 특별히 청주 목사(淸州牧使)에 제수하여 봉양하기 편하도록 해 주셨다. 10월에 상경하여 사은하였는데, 조금 있다 본도 감사에 제수하셨다. 11월에 이 상소를 올려 뜻을 세우는 것이 근본임을 극진히 논하였고, 〈숙흥야매잠해(夙興夜寐箴解)〉[10]를 올리면서 사정을 아뢰었다.

통정대부(通政大夫) 수 충청도관찰사 겸 병마수군절도사(守忠淸道觀察使兼兵馬水軍節度使) 신 노수신은 진실로 황송한 마음으로 머리를 조아리고 또 조아리며 삼가 주상 전하께 말씀을 올립니다.

엎드려 생각건대 천하를 다스리는 도는 임금의 뜻이 먼저 서는 데 있습니다. 임금의 뜻이 먼저 서지 않으면 다스림을 말하고자 해도 모두 구차해질 뿐입니다. 대개 마음이란 몸의 주인입니다. 성명(性命)에 근원해서 발하여 나오는 것을 가리켜 정(情)이라 하고, 그 경영하고 왕래하면서 주장하는 것을 가리켜 의(意)라 하고, 그 방향을 정하고 기필하면서 주재(主宰)하는 것을 가리켜 지(志)라 하니, 이 세 가지는 하나의 이치[一理]에 나아가 마음이 작용하는 것입니다. 그러나 정(情)이 승하면 욕심이 되고, 의(意)는 자칫 악(惡)이 많아질 수 있지만, 지(志)

**10** 숙흥야매잠해(夙興夜寐箴解) : 소재는 37세 때인 1551년(명종6)에 진도(珍島)에서 귀양살이하면서 송(宋)나라 때 남당(南塘) 진백(陳柏)이 지은 〈숙흥야매잠〉에 대해 주해를 하였다. 이후 호서도 관찰사(湖西道觀察使)가 되어 상소를 올리면서 〈숙흥야매잠해〉를 올리니, 선조가 이를 교서관(校書館)에 내려 간행하게 하였다. 《宣祖修正實錄 1年 12月 1日》

는 바로 마음이 가는 바이기 때문에 그 글자를 만들 적에도 마음 심 자에 획을 더함으로써 마음이 가는 바가 있으면서 주재함을 보인 것이니, 여기에는 의혹의 여지가 없습니다.

이것과 저것이 바뀌지 않는다는 뜻과 처음부터 끝까지 틈이 없다는 뜻이 있으니, 삼군(三軍)도 빼앗지 못하고 귀신도 바꿀 수 없는 바가 바로 이것입니다. 만약 빼앗고 바꿀 수 있다면 이를 지(志)라고 할 수 없을 것입니다. 지란 기(氣)를 거느리는 것입니다. 지가 있는 곳에는 기가 반드시 이르니, 발분해서 용맹스럽게 행하고 분연히 신속하게 흥기해야 힘을 쓸 곳이 있게 됩니다. 산에 오르면서 정상에 오르는 데 뜻을 두지 않는다면 이는 스스로 멈추는 것이고, 우물을 파면서 지하수에 닿는 데 뜻을 두지 않는다면 이는 스스로 포기하는 것입니다. 그러니 하물며 성현의 큰 덕을 이루려 하면서 뜻이 서지 않는다면 어떻게 하겠습니까. 사람이 항심(恒心)이 없으면 의원(醫員)이나 무당도 될 수 없고, 길가에 집을 지으면 3년이 되어도 완성하지 못합니다.[11] 하물며 국가의 대업(大業)을 완성하면서 뜻이 서지 않는다면 어떻게 하겠습니까. 반드시 임금은 먼저 그 큰 뜻을 세우고, 바른 학문을 강구하여 그것을 밝히고 참된 선비의 도움을 받아 높은 수준에 이르러 그 사이에서 이리저리 충분히 생각할 수 있어야 합니다. 그래야 그 뜻을 성취하여 덕이 오래가고 업(業)이 커지는 데 이르러 천하의 뜻에 통하고 천하의 업무를 이룰 수 있어 천지의 운행에 참여할 수 있습니다.

**11** 길가에……못합니다 : 길가에 집을 지으면서 행인들에게 집을 어떻게 지을 것인지를 물어보면 저마다 의견이 달라서 집을 제대로 지을 수 없다는 것으로, 정책을 결정할 때 이견(異見)이 너무 많아 결론을 내지 못함을 비유하는 말이다. 《通鑑節要 卷29》

그러니 임금이 뜻을 세우는 것이 진실로 급하지 않겠습니까.

공손히 생각건대 주상 전하께서는 큰 변혁을 담당하실 분으로서 크게 놀라 움직일 때를 맞으셨고, 매우 비상한 자품으로 크게 무언가를 할 뜻을 떨치셨습니다. 왕위에 오른 초기에 바로 요순(堯舜)처럼 되기를 기약하시어 옛것을 사모하고 시속(時俗)을 슬퍼하는 마음과 선을 좋아하고 악을 미워하는 마음과 잘못을 고치고 간하는 것을 따르는 마음과 선비를 사랑하고 백성을 돌보는 마음이 있었습니다. 뜻을 벼리어 학문을 하고 정신을 가다듬어 다스림을 구하며 많은 사람의 말을 받아들이시느라 시간이 부족할 정도입니다. 그러니 전하의 뜻이 서지 않았다고 말할 수 없습니다.

그러나 전하께서 스스로 '뜻〔志〕'이라고 여기는 것이 참으로 이른바 '뜻'이라고 하는 그것인지요? 아니면 반쯤 올라갔다가 아래로 떨어지고, 한번 나갔다가 한번 들어오는[12] 그런 '뜻'인지요? 옛것을 사모하면서도 당우(唐虞)에게서 본받지 않고 시속을 슬퍼하면서도 한당(漢唐)을 누추하게 여기지 않는다면 '뜻'이 아닙니다. 당우를 본받더라도 한당을 누추하게 여기지 않는 것이 그 사이에 끼고, 한당을 누추하게 여기더라도 당우를 본받지 않는 것이 그 사이에 낀다면 그 또한 이른바 '뜻'이 아닙니다. 선을 좋아하되 색(色)을 좋아하는 것처럼 하지 못하고, 악을 미워하되 악취를 싫어하는 것처럼 하지 못하면 '뜻'이 아닙니다. 색을 좋아하듯 선을 좋아하되 악취를 싫어하듯 악을 싫어하지 못하는 마음이 섞이는 일이 있고, 악취를 싫어하듯 악을 싫어하되 색을

**12** 반쯤……들어오는 : 처음에는 정성껏 하다가 중도에 그만두어 이루지 못하거나 꾸준히 하지 못하는 것을 말한다.

좋아하듯 선을 좋아하지 못하는 마음이 섞이는 일이 있다면 이 또한 이른바 '뜻'이 아닙니다. 잘못을 고치는 데 인색하고 간언을 따르는 일에 화를 낸다면 이것이 '뜻'이겠습니까. 인색하지 않다가 한 가지 일에서 인색한 것이 해될 게 무엇이며, 화내지 않다가 어쩌다 한번 화를 내는 것이 해될 게 무엇이냐고 한다면 '뜻'이라고 할 수 있겠습니까. 선비를 아낀다면서 의심하고, 백성을 돌본다면서 소홀히 한다면 이것이 '뜻'이겠습니까. 의심하지 않다가 털끝만큼이라도 의심하는 마음을 두고, 소홀히 하지 않다가 한순간이라도 소홀히 한다면 '뜻'이라고 할 수 있겠습니까.

참으로 '뜻'이라고 하는 것이 선 연후에 성현의 가르침을 반드시 따를 수 있어 바른 학문을 강구하여 밝힐 수 있고, 인현(仁賢)의 덕을 반드시 가까이할 수 있어 참된 선비를 통해 도움을 받아 높은 수준에 이를 수 있습니다. 여기에서 《대학(大學)》의 도가 비로소 베풀어질 수 있게 됩니다. 격물치지(格物致知)가 이에 근본하여 안착되고, 성의(誠意), 정심(正心), 수신(修身)이 이로 말미암아 확립되고, 제가(齊家), 치국(治國), 평천하(平天下)도 이를 미루어 넓혀 간다면 천하의 모든 일이 뜻대로 되어 성인(聖人)이 할 수 있는 일이 다 이루어질 것입니다.

비록 그러하나 뜻이 서느냐 못 서느냐 하는 것은 전하만이 아는 바로, 다른 사람이 관여할 수 있는 바가 아닙니다. 전하께서 스스로 마음속으로 헤아려 보시고 '내가 이것을 해낼 수 있으니, 나 또한 요순이다.'라고 여기신다면 다스리는 데 무슨 어려움이 있겠습니까. 하지만 '나는 이렇게 할 수 없다.'라고 여기신다면 어찌 감히 보통 수준의 군주 축에라도 낄 수 있겠습니까. 다스려서 조금 편안한 정도에 이르는 것도 기대할 수 없습니다.

아, 이 뜻이 서지 않아 여유를 부리며 대강대강 하고, 느긋하게 하며 어지러워진다면 그 해로움은 이루 다 말할 수 없는 점이 있을 것입니다. 만기(萬機)가 어지러이 몰려들고, 여러 가지 일이 뒤섞여 모이며, 간사하고 참람하고 아첨하고 속이는 무리들이 여기저기서 튀어나오고 환관(宦官)과 궁첩(宮妾)과 편폐(便嬖) 무리가 물이 스며들 듯 은근하게 하는 참소와 피부에 와 닿을 듯 절박하게 하는 하소연을 임금이 작은 몸으로 감당해야 하니, 그 밤낮으로 협공해 오는 것에 자기도 모르게 패하지 않을 이가 얼마나 되겠습니까. 지금 전하께서는 궁중에 홀로 거하시고 아직 왕후의 내정(內政)이 행해지지 않고 있으니 그처럼 심한 데 이르지는 않을 것 같습니다마는 이러한 때에 더욱 경계하고 살피소서. 정자(程子)가 말한 "임금은 욕심이 싹트기 전에 막아야 한다."라고 한 것이 이 경우가 아니겠습니까, 이 경우가 아니겠습니까. 그러므로 이 뜻을 세우고자 하는 자는 학문을 좋아하면서 진보해 가고 선비를 가까이하면서 수양해야 할 뿐입니다.

그러나 학문에는 바르고 그른 것이 있고, 선비에는 참되고 거짓된 자가 있습니다. 들은 대로 말하고 몸소 실천하는 것은 아랑곳하지 않는다면 학문이 아니고, 말과 행동이 어긋나고 시속을 따르는 데 힘쓰는 자는 선비가 아닙니다. 만약 임금이 오인하여 바르고 참되다고 여긴다면 그 해가 어찌 몹시 두려워할 만하지 않겠습니까. 그러므로 옛날에 뜻이 있는 임금은 제왕과 성현의 도를 독실하게 믿어서 반드시 경연에서 그것을 언급하였습니다. 덕성을 기르는 것과 기질을 함양하는 것이 으뜸이요, 이의(理義)를 분석하고 시무(時務)를 묻고 연구하는 것이 그다음이요, 훈고(訓詁)를 정밀히 가려내 형식에 지나치게 사로잡히는 것은 가장 수준이 낮을 뿐입니다. 아, 옛날에는 으뜸이었던 것이 오늘날에는 가장 낮은 수준이 되었으니, 삼가 바라건대 전하께서는 잘 가려내 취하십시오.

또한 신이 《맹자》를 살펴보니, 등 문공(滕文公)은 전국(戰國) 시대의 임금일 뿐인데, 세자 때부터 이미 옛것을 사모하는 뜻이 있어 자기를 굽혀 현인을 높일 줄 알았습니다. 송(宋)나라를 지나다 맹자를 보았고, 또 초(楚)나라에서 돌아와 다시 만나기를 원하여 요순을 칭하는 것과 도가 하나라는 설을 들을 수 있었습니다.[13] 맹자가 이에 "저 사람도 장부이며, 나도 장부이니 내 어찌 저 사람을 두려워하겠는가."라는 말과 "순 임금은 어떤 사람이며 나는 어떤 사람인가. 훌륭한 일을 하는 자는 또한 이와 같다."라는 말과 "문왕(文王)은 내 스승이다."라는 말로 경계하였습니다.[14] 이에 등 문공의 뜻도 한껏 분발되어 정공(定公)이 홍서하자 스승 연우(然友)를 보내 맹자에게 자문을 구하여 삼년상으로 치르기로 정하였습니다. 부형(父兄)과 백관(百官)이 모두 그렇게 하는 것을 원치 않으면서 "우리 선대 임금이나 우리 종국(宗國) 노(魯)나라

**13** 등……있었습니다 : 《맹자》 〈등문공 상〉에 "등 문공이 세자로 있을 때 장차 초나라로 가려고 송나라를 지나다가 맹자를 만나 뵈었다. 맹자께서는 성선(性善)을 말씀하되 말씀마다 요순을 칭하셨다. 세자가 초나라로부터 돌아와 다시 맹자를 뵙자 맹자께서는 '세자는 내 말을 의심하십니까? 도(道)는 하나일 뿐입니다.'라고 하였다."라는 내용이 보인다.

**14** 맹자가……경계하였습니다 : 《맹자》 〈등문공 상〉에 "성간(成覸)이 제 경공(齊景公)에게 이르기를 '저들도 장부이며 나도 장부이니 내 어찌 저 성현들을 두려워하겠는가.'라고 하였고, 안연(顏淵)이 말하기를 '순 임금은 어떤 사람이며 나는 어떤 사람인가. 훌륭한 일을 하는 사람은 또한 이와 같다.'라고 하였으며, 공명의(公明儀)가 말하기를 '「문왕은 내 스승이다.」라고 하였으니, 주공(周公)이 어찌 나를 속였겠는가.'라고 하였습니다."라는 문장이 있다.

의 선대 임금도 모두 행한 적이 없습니다." 하자 문공이 이에 스스로 허물을 자책하면서 다시 묻고서는 "이것은 진실로 나에게 달린 문제이다." 하고 단호히 결행하여, 결국 조문하는 자가 크게 기뻐하였습니다.

아, 습속이 비루해진 것이 저토록 고질이 되었는데도 임금이 바꾸어 변화시킨 계기는 이와 같이 쉬우니, 누가 옛 도를 회복할 수 없다 하겠습니까. 임금이 되어서 나라 다스리는 것을 물었고, 필전(畢戰)을 시켜서 정전법(井田法)을 물었으니,[15] 옛것을 회복하고자 한 그 뜻이 얼마나 위대합니까. 하지만 50리 나라를 가지고 사나운 두 나라 사이에 끼여서 온 힘을 다하여 섬겼는데도 어쩔 수가 없어 결국 그 뜻을 이루지 못했으니, 얼마나 애석합니까.

엎드려 생각건대 전하께서는 천승(千乘)의 나라를 다스리시니, 이루지 못할 뜻이 없을 것입니다. 다만 지금의 국가는 사람으로 치면 고황(膏肓)에 병이 든 것과 같은 상태라 반드시 일찍부터 눈앞이 아찔해질 정도로 강한 약을 써서 위와 장을 씻어 내어 병의 근원을 제거한 뒤에야 좋아질 수 있으니, 일반 의원과 보통 약으로는 어찌할 수 없는 상태입니다. 삼가 바라건대 전하께서는 몸과 마음을 책려하고 덕업에 힘써 등 문공 같은 용단을 내리고, 요순을 모범으로 삼으십시오. 유속(流俗)의 구태의연한 논의를 내치고, 후세의 박잡(駁雜)한 정치를 파하고, 국가에 세상에 드문 공을 세우고, 동방이 고법(古法)을 따르도록 하는 군주가 되신다면 국가의 큰 다행이요, 동방의 큰 다행일 것입니다.

**15** 임금이 되어서……물었으니 : 필전은 등 문공의 신하이다. 등 문공이 맹자를 초빙하여 나라를 다스리는 방도에 대해 들은 뒤 필전에게 정전(井田)의 일을 주관하게 하고 그로 하여금 정전법을 묻게 하자 맹자가 자세히 일러 주었다. 《孟子 滕文公上》

신이 근래 옥당(玉堂)에 있을 적에 망녕되이 상부터 뜻을 세우는 것이 급선무라고 여겨 삼가 동료와 소장(疏狀)을 갖추어 그 대강을 아뢰기는 하였으나 그 깊은 뜻은 끝까지 아뢰지 못하였습니다. 이제 멀리 떠나면서 보잘것없는 신이 의(義)를 다하고 충성하기를 원하는 정성을 접지 못해 다시 이렇게 여러 말을 하니, 그 정성을 헤아리실 수 있을 것입니다. 정통(正統)을 높이고 제가(齊家)하는 것에 대해 다 하지 못한 말은 이황(李滉)의 상소에 남김없이 다 있으니, 진실로 그것을 가져다 가까이 두신다면 신은 그 보탬이 작지 않을 것이라 봅니다. 그러나 그 또한 전하께서 뜻이 있느냐 없느냐에 달려 있을 뿐입니다. 삼가 바라건대 전하께서는 유의하여 살피소서.

신이 전에 섬에 있을 적에 진백(陳柏)의 〈숙흥야매잠(夙興夜寐箴)〉을 보고, 그 말뜻이 간결하면서도 절실한 것을 좋아하기는 하였으나 그 의미의 은미한 곳까지 표현하지 못한 것을 근심하였습니다. 이내 선유(先儒)가 한 말을 뽑아서 조목마다 아래에 주소(注疏)하였고, 다시 친구들과 산삭(刪削)하고 보충하는 일을 대략 다하였습니다.

이 잠(箴)이 비록 규모가 작아서 제왕의 도를 다 채우지 못할 듯하지만 그 공정(工程)의 면밀함은 실로 성현의 학문과 관계가 있습니다. 보잘것없기는 하지만 훌륭하다고 여겨 바치려고 마음먹은 지가 오래되었습니다. 지금 삼가 잘 베껴 책으로 만들어 상소와 함께 올리니, 을야(乙夜)의 열람[16]에 대비해 두었다가 만에 하나라도 도움을 얻으시기를

**16** 을야(乙夜)의 열람 : 을야는 밤 10시쯤으로, 임금이 잠자리에 들기 전에 독서하는 때를 말한다. 당(唐)나라 문종황제(文宗皇帝)가 "만약 갑야(甲夜)에 정사를 살피지 않고 을야에 책을 보지 않는다면, 어떻게 제대로 된 임금이 될 수 있겠는가."라고 한

바랍니다. 삼가 바라건대 전하께서 그 참람함을 용서하고 그 어리석음을 불쌍히 여기신다면 신은 매우 다행이겠습니다.

신의 아버지의 병이 위독해져 죽음을 앞두고 있습니다. 이번 가을에는 얼굴이 두 번이나 부었다 빠졌다 하여 신이 위태한 상황을 간절한 심정으로 다섯 번이나 호소하여 비로소 윤허를 받았습니다. 그리하여 다시 특별히 수령에 제수하시어 제가 어버이를 봉양하기 편하도록 해 주셨습니다. 신은 10월 3일에 명을 듣고 놀랍고 두려우면서도 감격스러웠습니다. 그 후 6일이 지나 신의 아버지가 양쪽 발의 부종이 다행히 조금 낫자 갑자기 웅얼거리는 말로 "천은(天恩)이 망극하니 너는 반드시 속히 떠나라."라고 하기에 신은 급히 눈물을 거두고 길을 떠났습니다. 지체되고 늦어진 것이 극에 달했으니, 실로 신에게 죄가 있습니다.

신이 어제 사은숙배(謝恩肅拜)할 생각이었는데, 갑자기 감사의 직임을 제수받고 보니 떨리고 두려워 어찌할 바를 모르겠습니다. 비록 부임하는 도가 신의 집에서 좀 가깝기는 하나 약시중을 들 수 없기는 청주(淸州)와 마찬가지입니다. 왕래할 적에 공적으로나 사적으로나 모두 해가 될 뿐이니 실로 걱정스럽습니다. 그러나 성상을 번거롭게 하고 분수를 넘어서는 일은 죽음으로도 용납받을 수 없기에 지금 감히 다시 청하지 못하고 다만 스스로 메인 목으로 눈물을 흘리며 말할 뿐입니다. 신은 몹시도 떨리고 두려운 마음을 가눌 수 없습니다. 삼가 죽음을 무릅쓰고 아룁니다.

데서 유래한 말이다.《杜陽雜編 卷中》

## 부친상을 당해 시골에 있으면서 올리는 상소

丁憂在鄕疏

기사년(1569, 선조2) 3월 16일○전에 상소를 올리고[17] 하직 인사를 올리기도 전에 의정공(議政公)[18]의 상(喪)에 분상(奔喪)하였다. 장례를 마친 후 병이 위독해지자 감사가 조정에 보고하였는데, 상께서 내의(內醫)와 약을 보내 치료해 주셨다. 선생이 이 상소를 올리면서 전에 말씀드린 입지(立志)에 관한 설을 또 아뢰고, 힘써야 할 여섯 조항을 이어 말씀드렸다.

부친상을 당해 시골에 있는 통정대부(通政大夫) 전(前) 수 충청도 관찰사(守忠淸道觀察使) 신 노수신은 참으로 황공하여 머리를 조아리고 또 조아리며 삼가 주상 전하께 말씀을 올립니다.

삼가 아룁니다. 신이 들으니, 임금을 섬기는 자는 큰 말이 쓰이면 큰 이익을 기대하고, 작은 말이 쓰이면 작은 이익을 기대한다고 합니다. 임금께 말씀을 올리고 그 이익을 바라는 것도 본디 바른 도리가 아니거늘 진실로 한마디도 쓰이지 않았는데 그 이익을 받는다면 어찌 허물이 없을 수 있겠습니까. 이른바 이롭기를 구해도 얻지 못하고 해가 따르는[19] 경우도 많습니다. 이에 못난 신은 이익을 얻었는데도 해가

17 전에 상소를 올리고 : 1568년 11월 3일에 올린 상소를 가리킨다.

18 의정공(議政公) : 의정부 영의정에 증직된 소재의 부친 노홍(盧鴻)을 가리킨다.

19 이롭기를……따르는 : 양 혜왕(梁惠王)이 맹자에게 어떤 방법으로 나라를 이롭게 할 것인지 묻자, 맹자가 "왕께서는 인의(仁義)를 말해야 할 뿐이니, 어찌하여 굳이 이로움을 거론하십니까."라고 대답하였는데, 이에 대해 주희(朱熹)는 "천리(天理)를 따르면 이롭기를 구하지 않아도 절로 이롭지 않음이 없고, 인욕(人慾)을 따르면 이롭기를 구해도 얻지 못하고 해가 따른다."라는 내용이 있다. 《孟子集註 梁惠王上》

이르지 않아 늘 스스로 이상하다고 여겼는데, 이제야 그 사실이 틀림없다는 것을 증험하게 되었습니다. 어째서 그렇겠습니까? 신이 경서(經書)를 들고 입시해 그저 고사(故事)를 가지고 말씀드렸을 뿐인데도 그동안 이익을 얻은 것을 분명히 밝힐 수 있습니다. 21년간의 귀양살이에서 벗어난 것이 첫 번째 이익이요, 갇혀 있다 풀려나 관직을 회복한 날 발탁된 것이 두 번째 이익이요, 순서를 뛰어넘어 승진된 것이 세 번째 이익이요, 어버이를 모시고 오라는 명을 받은 것이 네 번째 이익이요, 부모 봉양에 편리하도록 제수된 것이 다섯 번째 이익입니다. 신하로서 아무런 이유 없이 이런 큰 이익을 누렸으니, 틀림없이 큰 해가 있을 것이 분명합니다.

신은 지난해 11월에 방백(方伯)의 임무를 받았는데, 부임한 지 며칠 만에 부친이 돌아가셨습니다. 분상하고 3개월이 지나 장례를 마쳤는데, 장례를 치른 다음 날 밤 오래된 병이 도져서 가슴과 배가 아파왔고 심열(心熱)이 갑자기 치성(熾盛)하여 며칠 사이에 결국 더할 수 없이 정신이 사나워져 거의 죽을 지경에 이른 지가 오래되었습니다. 그러다 2월 1일부터 15, 6일 사이에 좀 살 것 같아졌는데, 20일에 삼가 승정원의 서장(書狀)을 받들게 되었습니다. 그 내용을 보니 "오늘 본도(本道) 관찰사가 장계(狀啓)한 내용을 보고, 그대가 상중에 중병을 얻은 것을 알고는 매우 염려스러웠다. 이에 의관(醫官) 남응명(南應命)에게 약을 가지고 내려가게 하였으니, 그대는 백방으로 조섭하고 치료하라."라고 하셨습니다. 신의 아우와 조카가 신을 마당으로 이끌어 엎드려 명을 받들었는데, 정신이 하나도 없고 감격하고 떨려 목소리도 안 나오고 기절할 지경이었습니다. 전날 입은 은혜도 쌓이고 쌓여 이미 감당할 수 없는데 지금 다시 곡진히 감싸 주고 덮어 주고 거듭 일깨워 주시니, 자애로운 아버지가 자식을 사랑한다 해도 그 살뜰한 은혜와 걱정하는 마음이 이보다 더하지 않을 것이라 느꼈습니다. 분수를 돌아보고 반성해 볼 때 참람함이 극에 달했습니다. 상께서 특별히 명하고 신명(神明)이 도와주는데도 신이 박복한 탓에 도리어 죽음을 재촉하여 두려움이 극심해지고 열이 더 올랐습니다. 그러다 다시 며칠이 지나 약을 먹고 조리하자 통증이 가라앉고 열도 내렸으며 5, 6일이 지나자 정신도 점점 돌아오고 음식도 조금씩 넘어가 비로소 살 방도를 찾게 되었습니다.

가만히 생각해 보건대 공훈(功勳)이 있는 신하나 나이 많으면서 덕이 있는 신하가 병이 났다고 보고할 때에나 의원과 약을 내리는데, 신이 어떤 사람이라고 이 반열에 든단 말입니까. 이는 감사가 장계를 잘못 써서 올리고 정원에서는 미처 살피지 못한 채 입계(入啓)하여 이런 실수를 했는데도 사람들이 그것을 몰랐던 것입니다. 남들은 몰랐다 해도 신을 그것을 알았으니, 도리상 마땅히 사양하고 물러났어야 하는데도 벼슬이 낮고 사람이 못나다 보니 두렵고 주눅이 들어 그럴 겨를이 없었습니다. 또 도리상 마땅히 감사를 표했어야 하는데도 관직이 낮고 사람이 미천하다 보니 걱정하고 헤매느라 살피지 못했습니다.

또 생각해 보건대 신은 미천한 몸으로 유독 특별한 은혜를 입어 죽다 살아나고 뼈에 살이 붙었으니, 이는 생각지도 못한 은혜이고 사체(事體)가 의례적인 경우를 넘어섭니다. 그러니 마음에 이는 감격을 어찌 멈출 수 있겠습니까. 실로 직접 봉장(封章)을 올려 미천한 저의 심정을 조금이나마 펼 수 있기를 바라는 것만 한 게 없을 것입니다. 지금부터는 마땅히 총애하시는 뜻을 명심하여 더욱 제 몸을 보호하여 천지 부모와 같은 성상의 지극히 높고 두터운 은덕을 저버리지 않도록 하고자 합니다. 이를 제외하고 말한다면 물에 빠지고 머리를 깨뜨리며 아홉 번 죽는 것을 마다하지 않는다 해도 그 은혜를 갚았다고 하기 어려울 것입니다.

아, 신이 다섯 가지 큰 이익을 얻어 반드시 한 가지 큰 해가 있을 터이니, 아버지의 죽음을 무엇이라 하겠습니까. 또 신이 병들어 죽게 된 것이 여기에 해당할 것입니다. 그런데 성은(聖恩)이 특별히 더해져서 죽을 사람이 다시 살아나게 해 주셨으니, 이것이 비록 한때의 이익이 될지는 모르겠으나 어찌 종신토록 해가 되지 않겠습니까. 끝내 해를 당함을 면치 못할 것이 확실합니다. 신은 생각이 모나고 운수가 기구한데다 타고난 품성이 들떠 있고 체질이 약하여 병에 걸리면 스스로 버티지 못할 정도입니다. 섬에서 20년간 귀양살이하면서 겨우 목숨을 보전하였으니, 진실로 이른바 '정직하지 않으면서도 사는 것은 죽음을 요행히 면한 것'일 뿐입니다.

요즘 들어 걱정과 노고가 점점 쌓이면서 고질이 되었는데, 상을 당한 이후로는 그저 허수아비처럼 되었습니다. 비록 병든 몸이 성은에 힘입어 조섭과 치료를 알맞게 하여 지금 당장은 몹시 고통스럽거나 위급한 증세는 없습니다만 원기(元氣)가 다 빠져 보는 사람이 피하려 합니다. 남은 열이 내리지 않아 오래된 천식으로 다시 위급해졌고, 무얼 먹고 난 뒤에는 노곤해져 견딜 수가 없습니다. 피골이 상접한 상태인데도 날로 더 말라만 가고, 걷거나 앉을 때에도 힘이 없고, 말할 때에도 기운이 없습니다. 그 밖에 숨이 끊어질 듯한 증세가 나타났다 사라졌다 하는 것은 말로 다 할 수 없는 점이 있습니다. 이러니 꺾이고 손상을 입어 죽지 않을 가능성이 얼마나 되겠습니까. 지금 당장은 은택을 받아 바로 죽지는 않겠지만 정기(精氣)가 이미 다해 나중에 나을 거라는 기약이 없습니다. 신은 위로는 성주(聖主)께서 알아주심에 보답하지 못하고, 아래로는 노모가 돌아가셔도 장례도 치르지 못하게 될까 봐 두렵습니다. 비통해하고 상심하고 근심하고 걱정하느라 죽어도 눈을 감지 못하겠습니다. 이익을 얻으면 해가 따른다는 것 때문에 이렇게 된 것인가 싶어 실로 두렵습니다.

삼가 전하께서 보잘것없는 신 때문에 번거로이 염려하지 않기를 바라니, 그렇게만 된다면 신이 다행히 어리석은 저의 분수에 넘치는 일을 그만두어 만에 하나라도 살아나기를 바랄 수 있을 것입니다.

아, 신이 이제 죽는 마당에 어찌 감히 상중(喪中)에 있으면 말하지 않는다는 제도[20]를 지켜 짧은 말 한마디도 올리지 않을 수 있겠습니까. 그러고도 이익을 얻은 데 대해 한두 가지라도 갚을 수 있단 말입니까.

신이 또 반복해서 생각해 보니, 오늘날 급선무로 전에 말씀드린 입지(立志)에 관한 설보다 더한 것이 없습니다. 진실로 여기에 정성을 다하실 수만 있다면 그 밖의 긴요한 일을 시행할 수 있을 것입니다. 신이 따로 바칠 것은 없으나 여전히 근심하는 바가 남아 있으니, 무엇을 근심하겠습니까? 전하께서 어디에 힘쓰시는 지를 근심할 뿐입니다. 문의(文義)와 훈해(訓解)를 따지는 일에는 힘쓰면서 의리와 사실을 구하는 일에는 그렇지 않으시는 것, 정사(政事)의 잘못을 살피는 데는 힘쓰면서 다스리는 도와 법을 세우는 데에는 그렇지 않으시는 것, 권력

**20** 상중(喪中)에……제도 : 《예기》 〈곡례 하(曲禮下)〉에 "거상하여 장사를 지내기 전에는 상례(喪禮)를 읽으며, 장사를 지낸 뒤에는 제례(祭禮)를 읽으며, 상기가 끝나 상복을 벗은 뒤에는 악장(樂章)을 읽는다. 거상할 때에는 악(樂)에 대해 말하지 않으며, 제사 때에는 흉사(凶事)를 말하지 않으며, 공정(公庭)에서는 부녀에 관한 일을 말하지 않는다."라고 한 것을 두고 한 말이다.

을 잡는 데에는 힘쓰면서 인심에 부합하는 데에는 그렇지 않으시는 것, 전례(前例)를 따르는 데에는 힘쓰면서 고의(古義)를 기준으로 결단하는 데에는 그렇지 않으시는 것, 아첨하는 것을 기뻐하는 데에는 힘쓰면서 정직한 것을 좋아하는 데에는 그렇지 않으시는 것, 재주 있는 사람을 좋아하는 데에는 힘쓰면서 덕망 있고 학식 있는 이를 중히 여기는 데에는 그렇지 않으시는 것, 이 여섯 가지는 모두 신이 병중에도 몹시 근심했고, 병이 나은 후에도 마음을 놓지 못하는 것입니다.

엎드려 바라건대 전하께서는 유념하여 주소서. 신이 화(禍)와 징벌을 겪은 나머지 학식이 더욱 졸렬해져서 마음으로 고뇌하다 보니, 언사(言詞)가 번잡하고 쓸데없습니다. 참람되이 번거롭게 하였으니, 실로 죽음으로도 용서받기 어렵습니다. 신은 하늘을 우러르고 성상을 바라보며, 슬픈 심정을 말씀드리고 처분을 기다리는 지극한 심정을 가눌 수 없습니다. 삼가 죽음을 무릅쓰고 아뢰옵니다.

## 대사간을 사직하는 상소

大司諫辭免

신미년(1571, 선조4) 2월 17일○이해 1월 4일에 제수하기로 정하고, 15일에 대사간에 임명하면서 전지(傳旨)로 불렀다. 19일에 소장(疏狀)을 올려 사직했는데, 2월에 다시 부름을 받자 대궐에 나아가 사은(謝恩)하고 이 글을 올렸다.

소신은 뜻밖에 은혜로운 전지를 받고 두려워 몸 둘 바를 모르겠습니다. 분수상 마땅히 받을 만하고 형세상 능히 감당할 수 있는 바가 아니라 글을 써서 애통한 심정을 말씀드려 성상께서 잘못 내리신 은혜를 면할 수 있기를 바랐습니다. 그런데 상께서는 이를 나무라지 않고, 도리어 다시 부르라는 명을 내리셨습니다. 성상의 말씀이 정성스럽고 간절하여 신은 다급히 길을 떠나 허둥지둥 길을 재촉하였으나, 사은하는 일이 늦어져 지은 죄가 더욱 무거워졌습니다.

신은 실로 남보다 나은 게 없고 많은 병이 쌓여 몸이 쇠한 상태입니다. 거상(居喪)하다 보니 정신이 더욱 어두워져 일상적으로 응접(應接)하는 일에서도 날마다 낭패를 보았습니다. 유사(有司)의 업무도 보기 어려운데, 더구나 사간원의 관직은 온갖 책임이 모인 자리입니다. 또한 지금 쇠퇴한 습성과 고식적인 정사는 이루 다 말할 수 없는 점이 있습니다. 신이 만약 어리석음을 무릅쓰고 차지해서는 안 될 자리에 있음으로써 장관의 자리에서 하는 일 없이 직임을 비워 둔다면, 신이 높은 곳에서 엎어짐을 자초하는 것은 참으로 애석할 것도 없거니와 명기(名器)를 더럽히고 욕되게 하는 것은 어찌하겠습니까. 속히 신의 직임을 체차하도록 명하소서.

## 대사헌으로서 숙배한 뒤에 올리는 상소

大司憲肅拜後疏

3월 1일○2월 19일, 대사간에서 특별히 대사헌에 제수하여 22일부터 모두 네 번 정사(呈辭)하였으나 모두 휴가를 내리자, 이때에 이르러 나와서 사은하였다.

삼가 아룁니다. 국가가 작위(爵位)를 배치하고 신분의 질서를 정하여 어질고 능력 있는 이를 높여 주는데, 그 옮겨 진급시키는 순서에는 작은 관직이나 말단 계급이라 해도 법이 있습니다. 더구나 2품 관직은 재상(宰相)의 반열에 해당하니, 현명해서 제수되는 자라도 오히려 일정한 세월을 보낸 뒤에 결정하고 능력이 있어서 승진되는 자라도 반드시 차츰차츰 쌓는 일을 거친 뒤에야 명기(名器)가 중해져서 인심이 복종하고, 인심이 복종해서 모든 일이 잘되는 것입니다.

그런데 소신은 성품이 용렬하고 학술이 엉성하여 전혀 잘하는 것이 없음을 스스로 드러냈습니다. 그런데도 어버이를 위하여 녹봉을 구할 줄만 알아 계묘년(1543, 중종38) 9월에 요행히도 고과(高科)에 급제하여 6품직을 제수받았습니다. 그 후 을사년(1545, 명종 즉위년) 10월에 죄를 얻어 관직에서 폐해져 유배되었다가, 정묘년(1567, 선조 즉위년) 9월에 공경히 주상 전하를 뵈었는데 특별히 교리(校理)에 제수하셨습니다. 그러다 무진년(1568) 11월에 부친상을 당하여 돌아갔으니, 그동안의 관력(官歷)을 짚어 보면 40여 개월 정도도 안 됩니다. 그 가운데 공적인 일로든 집안의 사적인 일로든 들어간 시간이 3분의 1이나 되니, 실제로 일을 얼마나 했겠습니까. 그사이 이유 없이 두 번이나 차례를 뛰어넘어 관직에 제수되었으니, 분수상 편안할 수는 없었으나 의리상 실로 사직하기 어려웠습니다. 그런데 이제 겨우 8개월 되었는데 또 차례를 뛰어넘어 높은 자급으로 올리셨으니, 이는 국가의 오랜 법례에 없는 일입니다. 명기를 중히 여기지 않는 것과 인심이 복종하지 않는 것이 무엇이 이보다 심하겠습니까.

이러한 때에는 덕이 두텁고 재주가 높은 자가 맡더라도 오히려 법규를 헤아리고 형편을 살피려 머뭇거리고 물러나 피하느라 겨를이 없을 것입니다. 그런데 신 같은 자는 그 뜻으로 말하면 과거에 응시하여 벼슬을 구한 것이 모두 녹봉을 구하기에 급급해서였고, 그 절개로 말하면 편안할 때와 험난할 때에 차이가 있어 뜻이 꺾이고 막히는 것이 날로 심해지고 있고, 그 학문으로 말하면 보고 들은 것이 넓지 못하여 어둡고 안일한 것이 뒤흔들고 있고, 그 행실로 말하면 겉과 속이 달라 부끄러운 것이 한두 가지가 아닙니다. 수고하여 성과를 낸 것은 4년도 채 안 되는데, 자기 것인 양 버젓이 자리를 차지하고 있을 수 있겠습니까.

신이 병든 몸을 애써 일으켜 사은한 뒤에 묵은 병이 번갈아 일어나고 감기까지 걸렸는데, 마침 이러한 때에 특별한 은명(恩命)을 내리셨습니다. 놀랍고 두려운 데다 심열(心熱)이 올라 네 차례나 휴가를 받았으니, 이는 매우 예외적인 일입니다. 병을 조리한 지 4일이 되었을 때 조금 나은 듯하여 비로소 병든 몸을 이끌고 궐 마당에 나아가 게으르고 태만한 죄에 대해 처벌받기를 가만히 엎드려 기다렸으니, 이는 실로 사사로운 의리로 보아 편치 않은 점이 있어서입니다. 상(賞)이 공적에 걸맞지 않고 명예가 실제와 부합하지 않으니, 신처럼 우매한 자도 스스로 걸맞지 않음을 압니다. 더구나 공론(公論)이 있거늘 사람들이 이를 두고 무어라 하겠습니까. 만일 다시 은명과 영광을 탐하고 욕심내어 인피(引避)할 줄 모르고 뻔뻔한 얼굴로 차마 넘보고 낯 두껍게 그것을 받는다면, 이는 사방의 비웃음거리가 될 것이고 후세에 기롱거리를 남길 것입니다. 신이야 비록 말할 것도 못 되지만 실로 성조(聖朝)에 오점을 남길까 봐 두렵습니다. 이것이 못난 제가 죽을죄를 범함을 무릅쓰고 다 말씀드리지 않을 수 없는 이유입니다.

삼가 바라건대 인자하신 성상께서는 간절한 마음을 불쌍히 여기고 살피시어 가선(嘉善)이란 중한 자급을 거두고 사헌부 대사헌의 직임을 체차해 주시기 바랍니다. 위로는 국가의 기강을 바로 세우는 정치에 누가 되지 않고, 소신으로서는 조정의 명령을 오랫동안 어기지 않게 하여 죄를 얻는 일을 면하게 해 주신다면 천만다행이겠습니다. 신이 노모를 떠난 지가 벌써 20여 일이나 되었습니다. 썰렁한 집에서 객지살이하면서 한밤중에 잠을 못 이루고, 근심하며 흘린 눈물로 이불을 다 적셔 가며 새벽까지 신음하고 있습니다. 신은 두려운 마음을 가눌 수 없습니다.

## 부제학으로서 수령이 되어 어머니를 봉양할 수 있도록 해 달라고 청하는 상소

副提學乞郡養母疏

6월 20일○6월 10일부터 모두 세 차례 정사(呈辭)하였으나 체직을 허락받지 못하였다. 이날 출사(出仕)하면서 이 상소를 올렸다.

홍문관 부제학 신 노수신은 참으로 황공한 마음으로 머리를 조아리고 조아려 삼가 주상 전하께 말씀을 올립니다.

삼가 아뢰니다. 신 모자가 서로 의지하는 것으로 목숨을 부지하면서 오직 날마다 병들고 쇠해지는 것만을 걱정하였습니다. 아버지의 상을 마치고부터는 더욱 불안하여 감히 대뜸 벼슬할 마음을 먹을 수 없었습니다. 그런데 얼마 후 은혜를 내려 대사간으로 부르고 이내 대사헌으로 발탁하셨습니다. 심지어 어머니를 모시고 오도록 명하셨으니, 성상의 은총이 날로 높아질수록 신의 죄는 날로 쌓여만 갑니다. 신이 실로 떨리고 황송하여 몸 둘 바를 모르면서도 감히 명을 받들지 않을 수 없었습니다.

삼가 생각건대 신의 어머니는 신과 떨어져 지내면서 20여 년 동안이나 가난하게 지냈는데 이젠 돌아가서 후한 녹봉(祿俸)을 누릴 수 있게 되었으니, 이른바 마른 풀에서 꽃이 흐드러지게 핀 격이라 하겠습니다. 그런데도 오히려 '옛사람들은 모두 지방관이 되어 어버이를 모시고자 했으니, 이는 맛있는 특산물을 올리고 여러 모로 위로가 되고 기쁘게 해 드리는 것을 신하 된 사람이 어버이를 봉양하는 지극한 방법이라 여겨서가 아니겠는가.'라고 하며 가만히 탄식하기를 면치 못했습니다. 진실로 작은 읍(邑) 하나를 얻어서 위로 전하의 백성을 보호하고, 아래로 소신의 노모(老母)를 봉양하게 된다면 종신토록 유감이 없을 것입니다.

신의 어머니는 열 때문에 숨이 가쁘고 풍 때문에 귀가 어두워 날로 쇠약해져서 식사량이 점차 줄고 지내기가 점점 더 어려워지고 있습니다. 신도 원기가 상해서 여러 증세가 겹쳐서 나타나고 있는데, 다행히 조금 나아져 괜찮다가도 바로 다시 조섭하기 어려운 상태가 됩니다. 이전에 상을 당하여 휴가를 청했을 적에 근심이 이어지는 상황에서도 이 한 가지 생각만은 붉게 타올랐습니다. 지금 노모가 끼니를 이어서 드시고 있고 지내시는 데 문제가 없을 때 1, 2년간 봉양하는 데 온 힘을 다 쓰지 못하는데, 머뭇거리며 탐하고 연연해하며 지내던 대로 지내면서 형세를 관망하는 사이에 신의 몸을 조섭하기 어려운 상태가 또 뒤를 이어 어쩔 수 없게 된다면 하늘 같은 망극한 은덕을 장차 무슨 수로 갚을 수 있겠습니까. 이것이 신이 늘 침석(枕席)에 엎드려 항상 눈물을 흘리고 이로 인해 심열(心熱)이 이는 것을 쉽게 고쳐 회복하지 못하는 이유입니다. 삼가 바라건대 인자하신 성상께서는 신이 조정에서 쓸모가 없음을 살피고, 신이 늙은 어머니를 모시는 정성을 보아 가엽게 여겨 특별히 읍 하나를 내리시어 하찮은 신의 사사로운 바람을 이룰 수 있도록 해 주소서. 그렇게 해 주신다면 신이 비록 예악으로 다스려 도를 배우는 교화를 일으켰다는 말은 못 들을지언정 자식처럼 은혜롭게 여기는 마음을 보존하여 어진 정사를 베푸시는 데에 도움이 될 수 있을 것입니다.

신이 상고하건대 송(宋)나라의 충선공(忠宣公) 홍호(洪皓)는 오랑캐에게 가 있다 15년 만에 돌아왔습니다.[21] 그는 아뢰는 일을 마치고는 고향으로 돌아가 노모를 봉양하게 해 달라고 극력 청하였으나 고종(高

宗)이 그를 아껴 허락하지 않았는데, 나중에 결국 좌천되어 가는 길에 죽었습니다.[22] 아, 공이 어머니의 은혜를 갚지 못하고 남은 삶을 지켜 내지 못한 것은 하늘의 뜻이니, 지금 어리석은 신이 성명(聖明)을 만난 것과는 비교가 안 되는 것이 분명합니다. 그러나 유독 나라에 돌아와 고을을 맡기를 청한 것은 불행히도 비슷하기 때문에 목이 메어 눈물을 흘리면서 함께 말씀드리니, 전하께서는 불쌍히 여겨 살펴 주시기 바랍니다. 신이 외람되이 특별한 은총을 받아 세 번이나 휴가를 주셨으므로 떨리는 마음이 진정되지 않아 병든 몸을 억지로 일으켜 궁궐에 이르렀습니다. 신은 위태롭고 급박하며 격정이 일어 일반적인 규례를 어기고서 죄를 기다리는 지극한 마음을 감당할 수 없습니다. 삼가 죽음을 무릅쓰고 아룁니다.

**21** 송(宋)나라의……돌아왔습니다 : 홍호는 남송 고종(南宋高宗) 때의 충신으로, 금(金)나라에 사신 갔다가 억류되어 15년 만에 돌아왔다. 금나라 점한(粘罕)의 뜻을 거슬러 냉산(冷山)으로 쫓겨나서 갖은 고초를 다 겪었으며, 큰 눈이 내려 땔감이 다 떨어지자 말똥으로 불을 피워 국수를 끓여 먹었다고 한다. 《宋史 洪皓列傳》

**22** 좌천되어……죽었습니다 : 홍호는 금나라에서 돌아온 뒤에 진회(秦檜)에게 미움을 사서 원주 지주(袁州知州)로 좌천되어 부임하러 가는 도중에 죽었다. 《宋史 洪皓列傳》

## 홍문관에서 올리는 차자

弘文館箚子

7월 3일○당시 선생은 부제학으로서 동료 이기(李墍),[23] 신담(申湛),[24] 정탁(鄭琢),[25] 이우직(李友直)[26]과 함께 나아갔다.

삼가 아룁니다. 임금 한 몸에는 팔다리와 귀와 눈이 있는데 반드시 서로가 있어야 편안해지는 형세이니, 서로 없어서는 안 됩니다. 그러므로 묘당(廟堂)에서 함께 가부(可否)를 살피기도 하고, 전각 섬돌 앞에서 함께 옳고 그른 것을 다투기도 하여 그 도를 행하고 그 말을 행한 뒤에야 임금의 몸이 편안할 수 있습니다. 성상께서는 늘 대신(大臣)의 천거는 어겨서는 안 되고 대간(臺諫)의 말은 믿어서는 안 된다고 하교하시는데, 이는 팔다리에만 맡기고 눈과 귀는 닫아 버리는 격입니다.

**23** 이기(李墍) : 1522~1600. 본관은 한산(韓山), 자는 가의(可依), 호는 송와(松窩), 시호는 장정(莊貞)이다. 편수관으로 《명종실록》 편찬에 참여하고 대사간과 대사헌 등을 역임한 뒤 이조 판서에 올랐다.

**24** 신담(申湛) : 1519~1595. 본관은 고령(高靈)이다. 임진왜란 때 전주 부윤(全州府尹)으로 의병 2000여 명을 모집해 왜군에 대항하였다. 군자감 정(軍資監正), 예조 판서를 지냈다.

**25** 정탁(鄭琢) : 1526~1605. 본관은 청주(淸州), 자는 자정(子精), 호는 약포(藥圃)·백곡(柏谷), 시호는 정간(貞簡)이다. 이황(李滉)의 문인이다. 1558년(명종13) 문과에 급제하여 정언, 도승지, 대사헌 등을 역임하였고, 1600년(선조33) 좌의정에 올랐다. 호성 공신(扈聖功臣)으로 서원부원군(西原府院君)에 봉해졌으며 사후에 예천(醴泉) 도정서원(道正書院)에 제향되었다.

**26** 이우직(李友直) : 1529~1590. 본관은 여흥(驪興), 자는 중익(仲益), 호는 저로(樗老), 시호는 문의(文懿)이다. 선조 때 예조 판서 등을 역임하였다.

눈 어둡고 귀먹어 자빠지고 미끄러진 뒤에야 멈추니, 그렇지 않은 경우가 얼마나 되겠습니까. 박충원(朴忠元)[27]의 사람됨이 공론에 용납되지 않은 지가 오래되었습니다. 양사(兩司)에서 공론을 가지고 대궐에 엎드려 논열(論列)한 지가 거의 한 달이나 되었고, 합사(合司)하여 하루에 두세 번 아뢰기까지 하였으니, 어찌 소란해질 줄 모르고 반드시 청한 대로 되리라 기약해서였겠습니까. 진실로 전하의 몸을 편안하게 하기 위해 그만둘 수 없어서였을 뿐입니다.

전하께서는 어찌 생각을 확 바꾸시어 깨달아 "대신은 나의 팔다리이고, 대간은 나의 귀와 눈이다. 팔다리가 어쩌다 잘못 움직였을 때 귀와 눈이 시비를 가려 내 몸을 편안케 한다."라고 하지 않으십니까. 그렇게만 하신다면야 이른바 해와 달이 다시 밝아진다고 하는 것[28]과 같습니다. 그런데 지금 억지스럽게 판단하고 마음대로 하는 것이 간하는 말을 듣고 더욱 심해지고 어떤 경우는 온당치 않은 하교를 내리시기도 하니, 이것이 공론이 오래될수록 더욱 격해지는 이유입니다.

아, 이공(貳公 찬성(贊成))은 정무(政務)를 행하기 시작하는 자리입니다. 적임자가 아닌 자에게 제수하는 것은 적임이 없어 그 자리를 비워 두는 것보다도 못합니다. 전하께서 구태여 대신이 한때 잘못 천거한 것 때문에 굳이 대간이 힘써 간쟁하는 정론(正論)을 막으시고, 심지

**27** 박충원(朴忠元) : 1507～1581. 본관은 밀양(密陽), 자는 중초(仲初), 호는 낙촌(駱村)·정관재(靜觀齋), 시호는 문경(文景)이다. 1554년(명종9) 성절사(聖節使)로 중국에 다녀온 뒤 형조 참의가 되었다.

**28** 해와……것 : 군주가 허물을 고치는 것을 뜻한다. 《논어》〈자장(子張)〉에 "군자의 과실은 마치 일식·월식과 같아서, 과실이 있으면 사람들이 다 볼 수 있고, 고치면 사람들이 다 우러른다."라고 한 데서 온 말이다.

어 "대신이 보는 바가 어찌 언관(言官)만 못하겠는가."라고까지 말씀하셨습니다. 참으로 그러하다면 대신의 의론은 항상 옳고 대간의 말은 항상 그른 게 되는데, 그렇다면 국가에서 귀와 눈을 둔 의리가 어디에 있겠습니까. 만약 가부를 보지 않고 시비를 따지지 않으며 대신의 한마디 말에서 오로지 취하여 결정한다면 그 치우치게 듣고 전적으로 맡긴 해(害)를 장차 이루 다 말할 수 없을 것이니, 어찌 위태롭지 않겠습니까.

신등은 모두 못난 사람으로서 논사(論思)하는 직임을 맡고 있으나 눈이 놀라고 마음이 서늘해져 감히 말하지 않을 수 없습니다. 삼가 바라건대 전하께서는 불안한 마음을 굽어살피고 시원스럽게 공론(公論)을 따라 주어, 팔다리와 귀와 눈이 서로 의지하여 편안하게 해 주소서. 그렇게 해 주신다면 국가의 큰 다행이겠습니다. 재결하여 주소서.

## 홍문관에서 올리는 차자

弘文館箚子

8월 18일, 이기(李墍), 신담(申湛), 김규(金戣),[29] 이경명(李景明)[30]이 나왔다.

삼가 아룁니다. 사람이 마음으로 삼는 것은 이치와 욕심뿐입니다. 이치가 한 푼 자라면 욕심이 한 푼 줄고, 욕심이 한 푼 자라면 이치가 한 푼 주니, 줄고 자라는 기미에는 털끝만 한 틈도 있을 수 없습니다. 더구나 많은 욕심이 공격을 해 오는 임금의 마음이야 어떻겠습니까. 이른바 욕심이라는 것은 꼭 거기에 빠지지는 않는다 해도 한번 향하는 바가 있으면 이내 미혹되어, 스스로 돌이킬 줄 모르면 그 형세가 반드시 불이 들판을 다 태우고 물이 하늘까지 차오른 뒤에야 그칠 것이니, 몹시도 두렵습니다.

삼가 전하께서 궁전과 못을 수축(修築)하시는 일을 두고 보건대, 어찌 처음부터 대번에 과욕에 빠지려는 뜻이 있었겠습니까. 분명 허물어진 곳을 수리하고 낡은 곳을 보수하려는 정도이고, 공사도 작고 힘도 적게 드는 정도일 뿐이라 그것이 무슨 해가 될까 생각하셨을 것입니다. 그러나 성상께서 한번 여기에 마음을 두고 꿈쩍도 안 하시니, 앞에 있던 것보다 크게 하고 뒤에 지을 것보다 사치스럽게 하기를 좋아하여 빨리 이루게 하고 한껏 아름답게 하는 잘못을 저지르지 않을 거라 어찌

**29** 김규(金戣) : 1531~1580. 본관은 희천(熙川)이다. 의주 목사(義州牧使) 김백순(金伯醇)의 아들로, 홍문관 수찬, 사간원 사간을 지냈다.

**30** 이경명(李景明) : 1517~1576. 본관은 고성(固城), 자는 여회(如晦), 호는 모헌(慕軒)이다. 1562년(명종17) 별시 병과에 급제하여 선략장군(宣略將軍), 승정원 주서, 예조 좌랑, 동래 부사(東萊府使) 등을 역임하였다.

보장할 수 있겠습니까. 이런 마음이 날로 자라서 점점 더 옭아매면 전하라 해도 자신도 모르게 그 속에 빠져들 것입니다. 어찌 몹시도 두렵지 않겠습니까.

한(漢)나라 문제(文帝)는 재위한 23년 동안 궁실이나 원유(苑囿)나 구마(狗馬)나 복어(服御)를 늘리지 않았고, 불편한 게 있으면 바로 해결해 주어 백성을 이롭게 하였습니다. 한 번은 노대(露臺)를 만들려고 공장(工匠)을 불러 계산하였는데 값이 100금이 든다고 하자, 문제는 "100금이라면 중인(中人) 열 집의 재산이다. 내가 선제(先帝)의 궁실을 받들면서 그것을 부끄럽게 여길까 봐 늘 두려워했으니, 어찌 대(臺)를 세우겠는가."라고 하였습니다. 이는 조종(祖宗)이 창업하신 어려움을 생각하고 세민(細民)이 살아가기 어려움을 염려한 것입니다.

우리 태조대왕(太祖大王)께서 우연히 이 누각을 세워 한가하게 지낼 처소로 삼으셨는데, 태종대왕(太宗大王)께서는 그 땅이 습한 것을 걱정하시어 빙 둘러 연못을 팠으니, 다만 보기 좋으라고 한 일만은 아니었습니다. 전하께서 만약 수축하고 보수하고자 하신다면 그저 하루 이틀 정도만 공사를 해도 됩니다. 그런데 지금 사관(史官)을 보내 그 근무 태도를 살피고, 감독하는 자를 넷으로 나누어 그 공정(工程)을 감독하게 하셨습니다. 돌을 뜨는 일이 여러 달 동안 그치지 않고, 실어 날라 바치느라 수레가 길을 메웁니다. 실제로 들어가는 것이 거의 천 단위이니, 이것이 어떤 공사이기에 이렇게까지 한단 말입니까. 더구나 천문(天文)이 변괴(變怪)를 보이고 하늘의 견책(譴責)이 심해져서 풍수해가 있고 백성의 원성이 자자한데, 지금이 어떤 때라고 굳이 이런 일을 하신단 말입니까. 신등은 전하의 마음이 이미 여기에 미혹되어 조종의 창업을 소홀히 하고 백성의 생활을 뒷전으로 여기시어 한 문제에 비해 볼 때 몹시 부끄러울까 봐 걱정스럽습니다.

정원(政院)은 왕명을 출납하는 책임을 지고 있으면서도 즉시 아뢰어 처음에 막지 못하였고, 신등은 가까이서 모시는 직책을 맡고 있으면서도 일에 따라 행해야 할 것은 진헌(進獻)하고 행해서는 안 될 것은 폐기하여 전하를 허물없는 경지로 모시지 못하였으니, 신등의 죄가 더욱 큽니다. 삼가 전하께서는 이치와 욕심을 명확히 구분하고 하늘과 사람의 사이에서 공경하여, 속히 이 공사를 그만두시어 크게 잘못되기 전에 원래대로 돌리기를 바랍니다. 그렇게 된다면 종묘사직에 매우 다행일 것이며 백성에게 매우 다행일 것입니다. 재결하여 주소서.

## 네 겸직과 이조 참판을 사직하는 상소

四兼吏參辭免

임신년(1572, 선조5) 2월 13일

경연관은 직임이 중하므로 논할 것도 없거니와, 국학(國學)은 많은 선비가 모여 있는 곳이니 덕망 있고 학문이 깊은 인물이 아니면 본보기로 삼을 수 없습니다. 예문원과 승문원의 경우는 사명(辭命)을 짓는 일을 맡는데, 사대교린(事大交隣)은 실로 나라의 대사(大事)이니 어찌 아무나 할 수 있겠습니까.

소신은 젊어서부터 허약하고 병들어 고생을 하다 보니 글 읽는 일을 제대로 하지 못했고, 중년(中年)에는 우환을 겪으며 정신이 어두워졌으며, 늙어서는 기운이 꺾이고 일이 엉성해져서 하는 일마다 눈을 부릅뜨고 하여도 늘 놓치는 게 있는 듯하였습니다. 그런데도 거듭 과분한 은혜를 입었고 심지어 네 관직을 겸하게 되어 두려움과 부끄러움이 번갈아 모두 일면서 마음속이 타는 듯합니다. 매번 스스로 방황하며 몸 둘 바를 몰라 단지 실상을 말씀드리고 면직되기만을 바랐는데, 지금 옥당에서 직임을 맡고 있어 감히 겸임하고 있는 것을 먼저 사직할 수 없었습니다. 그 뒤로 질병과 사고가 계속 이어져 지금까지 가만히 있다가 다시 본직에 제수되었습니다. 비록 좌이(佐貳)의 관원이기는 하지만 어찌 감히 하루라도 요행히 차지하고 있을 수 있겠습니까. 너무도 황공합니다.

또한 신의 병은 낫지 않고 질질 끌다 고질이 되어 숨도 가쁘고 기침과 가래도 늘 심합니다. 그러니 조정에 오래도록 누를 끼칠 뿐만 아니라 사사로운 의리로 보더라도 실로 매우 방해됩니다. 만일 이를 눌러

두고 직임을 행한다면 반드시 저절로 엎어지고 말 것이니, 신은 걱정스러운 마음을 금할 수 없습니다. 신은 발탁되는 특별한 은혜를 받고 두터운 은택을 입었으니, 무슨 마음과 낯으로 말을 꾸미겠습니까. 삼가 바라건대 자애로운 성상께서는 신의 간절한 심정을 굽어살피시어 속히 겸임을 모두 체차하도록 명하여 공적으로나 사적으로나 온전하게 해 주소서.

## 대사헌을 사직하는 상소

大司憲辭免

4월 14일○13일에 이조 참판에서 옮겨 제수되어 사은숙배한 뒤에 아뢰었다.

소신은 젊어서 기운이 꺾이는 일을 겪었고, 늙어서는 더욱 혼미하고 나약해졌는데, 다시 본직에 발탁되어 사람들에게 비웃음을 사고 욕을 먹은 지가 오래되었습니다. 다시 은명(恩命)을 받들고 보니, 놀랍고 두려워 몸 둘 바를 모르겠습니다. 지금 천심(天心)이 기뻐하지 않아 임금은 근심하고 백성은 수고롭고 백공(百工)은 나태해져 무엇도 할 수 없습니다. 반드시 풍채(風采)가 멀리서나 가까이서나 그리워하며 바라볼 만한 자를 기다려 다스리게 해야 자신을 바르게 함으로써 사물이 바르게 되는 것을 볼 수 있을 것입니다. 신이 어떤 사람이기에 명기(名器)를 거듭 더럽힌단 말입니까. 또한 노병(老病)은 해가 갈수록 파고들고 잘못한 일들은 날로 쌓이고 있습니다. 요 몇 달간은 애써 병든 몸을 이끌고 나왔으나 조석(朝夕)을 감당할 수 없었습니다. 그런데 도리어 중임을 맡기시니, 더욱 황공하고 민망합니다. 신은 감히 거짓으로 으레 사양하는 것이 아닙니다. 삼가 바라건대 자애로운 성상께서는 특별히 신의 직임을 체차하라고 명하소서.

# 두 번째로 사직하는 상소

再度辭免

4월 14일

성상께서 지금 국가를 돌아볼 때 이미 어찌할 수 있는 상황이 아니라고 하교하시니, 신은 엎드려 두려움에 떨며 어찌해야 할 바를 모르겠거니와 특히나 규찰하는 자리에는 감히 함부로 거할 수 없습니다. 규찰하는 자리는 기강이 있는 곳입니다. 신은 평소 위의(威儀)와 절조가 없고 또 재주와 지혜도 없어 직임을 감당할 수 없다는 것을 나라 사람들이 다 알고 있는데, 유독 성상께서만 아직도 모르고 계실 뿐입니다. 자애로운 성상께서는 특별히 신을 체차하도록 허락하여 사람을 알아보는 안목이 있음을 밝히고, 신이 일을 그르치는 화를 면하게 해 주시기를 바랍니다.

## 이조 판서를 사직하는 상소

吏曹判書辭免

7월 4일○특별히 제수하였다. 먼저 숙배하고 후에 사직하였다. 하루에 세 차례 사직했으나, 윤허하지 않았다.

전형(銓衡)의 직임은 옛날부터 적임자를 얻기 어렵거니와, 그 장(長)은 더욱 구하기가 쉽지 않습니다. 진실로 적임이 아니면 국가의 위태로움과 백성의 근심이 모두 거기에서 말미암습니다. 소신은 배우지 못하고 볼만한 행실이 없는데도 당치 않게 성상의 칭찬을 입어, 오랫동안 버려져 있다가 우뚝 일어나 6년 동안 품계를 뛰어넘어 높은 자리에 올랐으니 항상 근심하고 두려워하며 부지런히 직무를 수행하는 데 힘썼습니다. 지금 본직에 제수한 것이 비록 성상의 진심에서 나오기는 했지만 실로 사람들의 기대에서 벗어났습니다. 관직에 제수하는 문서가 내렸을 때 누군들 깜짝 놀라지 않았겠습니까. 신이 엎어지는 것이야 신경 쓸 것도 없지만 나라의 백성은 어찌한단 말입니까. 결코 직임을 감당할 수 없으니, 신은 실로 두렵습니다. 신은 의리상 마땅히 사직해야 하고 은명(恩命)을 받들어서는 안 되는데, 성상의 은혜가 잘못 미치자 정신이 나간 상태에서 사은하기에 바빠 먼저 명을 받든 뒤에 사직하니, 더욱 황공하여 몸 둘 바를 모르겠습니다. 속히 신의 직임을 체차하도록 명하소서.

소신은 엉성하고 제대로 아는 게 없어 무슨 일을 하려면 눈을 부릅뜨고 하는데, 나이가 많은데도 전고(典故)에 익숙지 않고 하는 일 없이 아경(亞卿)의 지위에 있으면서 일이 어떻게 돌아가는지도 모릅니다. 항상 물러나고자 했지만 감히 말씀드리지 못한 지 오래되었습니다.

그러니 갑자기 그 직임의 장을 맡는 것은 실로 감당할 수가 없습니다. 만약 이를 억지로 결행한다면 반드시 선발하는 일을 망칠 것입니다. 더구나 지금은 잘못된 오랜 습성이 유행하고 벼슬길이 맑지 않아 손을 쓰기 어려운 상태라 신처럼 지치고 나약한 사람은 결코 감당할 수 없습니다. 신이 못나기는 해도 감히 거짓으로 글을 꾸미지는 못합니다. 청컨대 속히 신의 직임을 체차하도록 명하소서.

현재 훌륭한 덕과 높은 재주로 이조의 직임을 주관할 수 있는 자가 진실로 많은데, 신은 몸도 명망도 미천하니 인심이 복종하지 않을 것입니다. 신은 조정이 이로 인해 존귀해지지 못할까 봐 두렵습니다. 삼가 바라건대 자애로운 성상께서는 특별히 신의 직임을 체차하도록 명하시고, 다시 재주와 덕이 있는 자에게 제수하도록 명하소서.

## 원접사를 다섯 번째로 사직하는 상소

遠接使辭免五度

7월 12일○11일, 대신이 선생을 원접사(遠接使)로 삼고, 정유길(鄭惟吉)[31]을 관반(館伴)으로 삼았다. 이날 선생이 네 차례나 사직하면서 어버이의 병만을 말하였는데, 말이 몹시도 애절하였다. 그러자 정상(鄭相)과 서로 자리를 바꾸도록 명하였다. 또 한 차례 관반을 사직하였으나, 윤허하지 않았다.

나라에서 조사(詔使)가 오는 것을 맞을 때에는 반드시 덕이 충만하고 응대하는 내용이 풍부하게 할 수 있는 자를 골라서 사신으로 삼아 국경에서 맞이하도록 해야 합니다. 무릇 길에서 접대하는 업무 및 온 나라와 관계된 일을 모두 어떻게 할지를 먼저 계획하고 여쭈어 둔 뒤에야 국가의 사체(事體)가 손상되지 않을 것입니다. 소신은 타고난 성품이 어리석고 망녕되어 일을 만나면 헤매고 재주와 학식이 없어 나랏일을 망칠 것이 분명하니, 관계된 바가 작지 않습니다. 신이 죄를 지어 벌을 받는 것은 전혀 애석하지 않고 말할 것도 없으나 나라는 어찌한단 말입니까. 지극히 황공하고 근심스럽습니다. 삼가 바라건대 성명(聖明)께서는 성심으로 결단하시어 속히 신을 원접사에서 체차하소서.

나라에서 근래에 원접사를 선발하는 것을 보면 오로지 문학을 위주로 합니다. 무릇 글이 화려하고, 시를 주고받는 것이 정밀하고 민첩한

**31** 정유길(鄭惟吉) : 1515~1588. 본관은 동래(東萊), 자는 길원(吉元), 호는 임당(林塘)이다. 1538년(중종33) 별시 문과에 장원으로 급제하였고, 1544년 이황(李滉), 김인후(金麟厚) 등과 함께 동호서당(東湖書堂)에서 사가독서(賜暇讀書)를 하였다. 1583년(선조16) 우의정이 되었고, 1585년 좌의정이 되었다.

자라야 겨우 그것을 담당할 수 있습니다. 소신은 젊어서 과거 공부를 하여 글을 꾸미는 일은 대충 해 보았으나, 문장 짓는 일에는 전혀 장점이 없습니다. 그저 붕우와 한가하게 이야기 나누면서 한두 시구 짓는 것을 일삼았을 뿐입니다. 20년간 좌절하고 상심한 나머지 젊어서 읽은 것은 이미 희미해졌고, 중년(中年)에 읽은 것은 본래 들어 보지도 못한 것처럼 되었습니다. 중국에서 온 사신도 분명 접대하는 사신을 능력 있다 여기고 기대할 텐데 신이 만약 괜히 웃고 무안해하면서 말 한 마디 못하고 시 한 수 이어 가지 못한다면 바로 상국인(上國人)이 업신여기고 비웃을 것이니, 국가가 입는 수치와 모욕이 어찌 얕겠습니까. 속히 신이 맡은 원접사 직임을 체차하라고 명하소서.

원접사는 임무가 번다하여 정신과 기력이 지탱할 수 있는 자라야 감당할 수 있습니다. 소신은 어려서부터 여위고 약해 겨우 성장할 수 있었는데, 중년에 섬에 들어가 살면서부터는 장독(瘴毒)과 여기(癘氣)에다 우울증까지 와서 안팎으로 모두 손상되었습니다. 그러다 갑자기 성상의 은혜를 입어 애써 직무를 수행하게 되었고, 아버지의 상을 당하여 급히 집으로 돌아갔다가 상중에 바로 엄한 부르심에 응하였습니다. 결국 조리를 제대로 하지 못하여 왼쪽 눈과 귀가 유독 남들만 못한데, 때때로 열이 오르면 거의 봉사나 귀머거리처럼 됩니다. 심화(心火)가 항상 끓어올라 찬물을 마구 마시는데, 여름과 가을을 지나면서부터는 오래된 천식이 도져 한밤중부터 앉은 채로 아침이 오기를 기다리고, 아침이 되어서야 조금 나아지고는 했습니다. 이런 날이 계속되니 마땅히 정사(呈辭)해야 하는데도 으레 하는 것처럼 보일까 싶어 하지 않았습니다. 겨울에는 여러 증세가 끊임없이 발작하여 기어이 고꾸라질 지경이 되니, 이럴 때면 어찌할 수가 없습니다. 신의 죄가 특히 중하니,

실로 망극합니다. 삼가 바라건대 특별히 체차하도록 명하소서. 그렇게 해 주신다면 나랏일이 매우 다행이겠습니다.

누차 아뢰어 성상을 번거롭게 해 드리니 몹시도 황공합니다만, 정리(情理)가 절박하여 아뢰지 않을 수 없습니다. 소신의 어머니는 올해 77세입니다. 질병이 몸을 휘감아 먹고 마시는 것이 날로 줄어들고 기거하는 것도 누군가가 도와주어야 하는데, 겨울이 되면서 기침이 심해졌습니다. 어제 신이 멀리 떠난다는 말을 듣고 나랏일은 모른 채 그저 근심하고 울기만 하였습니다. 신이 나라를 근심하고 어머니를 걱정하는 마음에 몸이 병드는 것을 면치 못했으니, 나랏일을 망치고 어머니의 마음을 상하게 할까 봐 몹시도 두려워 어찌할 바를 모르겠습니다. 신은 은혜를 받은 초기에 매번 고향으로 돌아가 봉양하기를 청하였으나, 끝내 아버지와 얼굴을 마주하고 영결(永訣)할 수 없었습니다. 생각이 여기에 미치니, 더욱 나랏일을 생각할 때 걱정스럽습니다. 신이 나랏일을 언급하면서 아울러 사사로운 이유까지 언급하였으니, 죄가 만번 죽어 마땅합니다. 삼가 바라건대 자애로운 성상께서는 특별히 결단하시어 체차하라고 명하소서.

하찮은 소신의 간절한 심정이 위로 성상의 마음을 움직여, 이에 하교하기를 "내가 차마 하지 못하겠다. 특별히 체차할 것을 명한다." 하셨습니다. 신은 비망기(備忘記)를 받들고는 감격스러운 마음을 가눌 수 없어 오열하며 울기를 멈출 수 없었습니다. 그러나 다시 관반으로 바꾸도록 명하셨으니, 관반의 직임도 중대하기는 마찬가지입니다. 옛날에 "어찌 먹는 것만 주로 하고 다른 말은 하지 않는단 말인가."라고 하였으니, 이는 실로 신이 감당할 수 있는 바가 아닙니다. 지금 조정에 신보다 덕망 있고 뛰어난 재주를 지닌 자가 한둘이 아닙니다. 삼가 바라건대 성명께서는 아울러 관반을 체차하라고 명하고 적임자를 골라 제수하신다면 나랏일이 매우 다행이겠습니다.

## 대제학을 사직하는 상소

大提學辭免

7월 28일○1월 12일부터 23일까지 모두 네 차례 정사(呈辭)하였는데, 연이어 말미를 더 주었다. 이날 출사(出仕)한 뒤에 아뢰었으나, 윤허하지 않았다.

도(道)가 《시경》, 《서경》, 육예(六藝)에 나타난 것을 문(文)이라고 하는데, 오직 덕이 있는 자만이 이를 지을 수 있습니다. 나라에서 대제학을 두어 문석(文席)을 주관하게 하여, 많은 영재들의 문한(文翰)을 담당하는 직임과 내외 사명(辭命)을 다루는 책임과 기사(記事)와 전신(傳信)[32]의 직임이 모두 여기에 귀속되게 하였습니다. 학교의 경우는 많은 선비가 길러지는 곳으로, 덕 있는 스승을 찾고 기예(技藝)를 겨루고 믿음을 주고 바름을 취하는 것에 대해 쉽게 말할 수 없기는 하지만 선비의 취향이 옳고 그름과 백성의 덕이 높고 낮음이 실로 여기에서 말미암으니, 그 의(義)가 어찌 중차대하지 않겠습니까. 소신은 덕행에 결함이 있고 학문에 두서가 없어, 어려서는 경사(經史)를 섭렵하는 재능이 없었고 늙어서도 글을 짓는 솜씨가 모자랍니다. 거기에 이도 빠지고 머리카락도 성글어서 심신(心神)이 어두운 상태입니다. 인재를 공정하게 선발하는 종장(宗匠)의 임무에 대해서는 무엇을 해야 할

**32** 전신(傳信) : 확실한 내용을 기록해서 후세에 전하는 것을 말한다. 《춘추좌씨전(春秋左氏傳)》 환공(桓公) 5년에 "봄 정월 갑술 기축에 진후 포(陳侯鮑)가 죽었다."라고 하였는데, 《춘추곡량전(春秋穀梁傳)》에 "포가 죽은 날짜를 어찌하여 두 개나 기록하였는가? 《춘추》의 원칙을 보면, 사건이 확실한 것은 확실하게 기록하고 의심스러운 것은 의심스러운 대로 기록해 두기 때문이다.〔鮑卒, 何爲以二日卒之? 春秋之義, 信以傳信, 疑以傳疑.〕"라는 말이 있다.

지 아득히 알지도 못하면서, 그저 잘못되이 헛된 명성을 띠고 있을 뿐입니다. 차지해서는 안 되는 직임을 갑자기 제수받아 분수에 넘는 일을 하고 보니 두려움에 떨려 어찌할 바를 모르겠습니다. 사방에 웃음거리를 전하고 온 나라에 욕을 끼치니 작은 일이 아닙니다. 삼가 바라건대 성명(聖明)께서 신의 간절한 마음을 곡진히 따라 속히 잘못 내리신 명을 거두어 주시어 여론에 불만이 없게 한다면 사류(士類)가 매우 다행스러워할 것입니다.

재차 아뢰자니 황공합니다. 문병(文柄 대제학)은 누구나 잡을 수 있는 바가 아닙니다. 국초(國初)에 상신(相臣)의 지위에 오르면서 그대로 잡은 자가 있었던 것은 구차하게 충당할 수 없어서였습니다. 그러니 어찌 근세(近世)에는 꼭 그렇게 하지 않았다는 것을 끌어다 전례(前例)를 구차하게 피하겠습니까. 전 대제학 박순(朴淳)[33]은 문(文)과 행(行)을 겸하였으니, 다 갖춘 자를 구하고자 한다면 이 사람을 능가할 자가 없습니다. 속히 다시 제수한다면 참으로 여론에 부합할 것입니다. 박충원(朴忠元), 정유길(鄭惟吉), 김귀영(金貴榮),[34] 이후백(李後白),[35] 기

33 박순(朴淳) : 1523~1589. 본관은 충주(忠州), 자는 화숙(和叔), 호는 사암(思菴)·청하(青霞), 시호는 문충(文忠)이다. 1553년(명종8) 정시 문과에 장원으로 급제하였으며, 1579년(선조12)에 영의정에 올라 약 15년간 재직하였다. 이이(李珥)가 탄핵받았을 때 그를 옹호하다가 도리어 양사(兩司)의 탄핵을 받고 스스로 관직에서 물러나 영평(永平) 백운산(白雲山)에 암자를 짓고 은거하였다.

34 김귀영(金貴榮) : 1520~1594. 본관은 상주(尙州)이다. 선조 때 평난 공신(平難功臣)으로 상락부원군(上洛府院君)에 봉해졌다. 임진왜란 때 임해군(臨海君)을 호종하고 피난 갔다가 왜군의 포로가 된 일로 희천(熙川)에 유배되어 죽었다.

35 이후백(李後白) : 1520~1578. 본관은 연안(延安), 호는 청련(青蓮), 시호는 문청(文淸)이다. 1555년에 문과에 급제한 후 1567년 원접사(遠接使)의 종사관이 되어 명

대승(奇大升)[36]은 모두가 신보다 몇 등은 더 넉넉함을 사람들이 알고 있습니다. 다만 신이 오랫동안 외직에 있어 조정에 있는 자들이 잘 모르고 잘못 취사(取捨)하였으니, 몹시도 말도 안 됩니다. 청컨대 내리신 명을 속히 거두고 다시 정밀하게 조사하여 적임자에게 제수하소서.

누차 아뢰어 성상을 번거롭게 해 드리니 몹시도 황공합니다. 소신이 명을 들은 뒤로 두렵고 부끄러워 나설 수가 없었습니다. 게다가 사은(謝恩)하는 의리가 급하다 하여 도감에 일이 많은데도 버젓이 와서 사직하자니 더욱 황공했습니다. 삼가 생각건대 신이 이 직임을 맡아서는 안 될 세 가지 이유가 있습니다. 첫째는 덕이 없고, 둘째는 재주가 없고, 셋째는 몸에 병이 있습니다. 덕과 재주 중에 하나라도 있다면 몸과 마음을 다 바쳐 죽은 뒤에야 그만두어야 또한 괜찮을 것입니다. 그러나 덕과 재주 중에 하나도 없는데 몸을 망치고 나라를 욕되게 하면서 미련하고 완고하게 피하지 않는다면 이는 큰 죄를 짓는 것입니다. 신은 신하들 중 가장 노둔하고 못난 사람인데 가장 특별한 은혜를 입었습니다. 감격하여 눈물을 흘리며 목숨을 바칠 것을 스스로 기약하였고, 나아간 뒤에는 만분의 일이나마 은혜에 보답하기를 바랐습니다. 그러나 지금 맡기신 책임은 맡을 수 있는 바가 아니니 결코 감당할 수 없습니다. 어찌 감히 어리석음을 무릅쓰고 명을 받들 수 있겠습니까. 또한

(明)나라 사신을 맞았고, 1573년 종계변무 주청사(宗系辨誣奏請使)로 명나라에 다녀왔다. 벼슬이 대사헌, 대사간 등에 이르렀으며, 청백리에 녹선(錄選)되었다.

**36** 기대승(奇大升) : 1527~1572. 본관은 행주(幸州), 자는 명언(明彥), 호는 고봉(高峯)·존재(存齋), 시호는 문헌(文憲)이다. 1549년 사마시를 거쳐, 1558년 식년 문과에 급제했다. 1567년 선조가 즉위하자 조광조(趙光祖)와 이언적(李彥迪)에 대한 추증을 건의했다. 1572년 대사간을 지내다가 병으로 그만두고 귀향하는 도중 졸했다.

감히 으레 하는 대로 말을 꾸미지 못하겠습니다. 신은 실로 두렵고 근심스러워 분명 이상한 병에 걸릴 것이기에 가만히 있을 수 없어 끝내 허락을 얻기를 바랍니다.

삼가 바라건대 자애로운 성상께서는 몇 명의 신하가 잘못 천거한 것을 살피고 소신의 보잘것없는 마음을 가엽게 여겨 특별히 체직해서 바로잡도록 명하시어 역량에 맞게 부리는 도리를 다해 주소서.

## 이튿날 사직하는 상소

翌日辭免

윤허하지 않았다.

소신이 어제 대제학을 제수받지 않겠다는 일로 세 번 아뢰었으나, 윤허받지 못하여 그만두었습니다. 이는 이를 멈추어도 된다고 여겨서가 아니라 다만 번거롭게 해 드리는 것이 황공하여 물러났을 뿐입니다. 신은 밤새도록 반복해서 생각해 보아도 끝내 만에 하나도 할 만한 이유를 찾을 수 없었습니다. 그래서 감히 다시 와서 청하여 신하로서 소회가 있으면 반드시 아뢰는 의리를 다하는 것입니다.

무릇 사람이 직책을 맡는 일은 넉넉하면 다스려지고, 적합하면 이루어지고, 부족하면 실패합니다. 신은 글을 검토하는 재주도 없고 문장을 짓는 재주도 없는 그저 용렬한 일개 늙고 병든 사람일 뿐입니다.

옛적 사마광(司馬光)과 왕안석(王安石)은 지제고(知制誥)를 끝내 사양하였으니, 그 임무가 이처럼 중하지도 않고 그 재주가 분명 그토록 잘 갖추어졌는데도 오히려 감당하지 않았습니다. 신처럼 전혀 갖추어지지 않은 자가 몹시도 중요한 것을 감당하고자 한다면 반드시 망치고 말 뿐이니, 두 공(公)이 사양한 것과는 참과 거짓이 다른 듯합니다. 신이 비록 형편없다 하더라도 감히 거짓으로 아뢰어 죄를 더할 수는 없습니다. 삼가 바라건대 자애로운 성상께서는 미천한 신의 정성을 곡진히 살피시어 특별히 체차해 주소서.

## 이튿날 사직하는 상소

翌日辭免

윤허하지 않았다.

소신이 날마다 아뢰어 번거롭게 해 드리니 황공합니다. 그러나 물러나 생각해 보아도 끝내 그만둘 수가 없어 감히 다시 와서 아뢰자니 더욱 황공합니다. 대제학의 직임이 비록 신에게 주어진 것이기는 하지만 이를 사직하는 것은 신의 사사로운 뜻이 아닌, 국가의 대사와 관계된 일입니다. 그래서 감히 사사로운 일이라고 혐의하면서 나랏일을 생각하지 않을 수 없어, 밤낮으로 우려하며 나라에 죄를 짓지 않기를 바랄 뿐입니다. 성상의 하교에 중임(重任)을 가볍게 체차해서는 안 된다고 하셨지만, 신은 직임이 중대하기 때문에 체차할 만하며, 체차할 만하면 여러 번 체차해도 된다고 생각합니다. 힘을 다해 반열에 나아갔다가 제대로 하지 못하면 그만두는 것입니다. 지금 신은 잘하는 것은 없고 몸에 병이 많아 결코 감당할 수 없음을 스스로 매우 분명히 알기에 날이 갈수록 더욱 걱정입니다. 삼가 바라건대 자애로운 성상께서는 특별히 불쌍히 여기시어 속히 체차해 주소서.

## 이조 판서를 사직하는 상소

吏曹判書辭免

계유년(1573, 선조6) 1월 28일○1월 12일부터 23일까지 네 차례 정사(呈辭)하였으나 연이어 휴가를 더 주었다. 이날 출사 후 아뢰었으나, 윤허하지 않았다.

소신은 어려서부터 약했고, 중년(中年)에는 우환이 있었고, 늙어서는 병이 많으나 성상의 특별한 총애를 입고부터 감격하여 애써 직임을 행하였습니다. 하루에 먹는 양이 몇 홉에 불과하고 일을 하면 숨이 가빠 고생하다 쉬고 나면 이내 안정되고는 하였습니다. 그러나 항상 근년에 정사하여 소란을 피웠던 것이 마음 편치 않아 한 해가 다 가도록 병에 대해 말하지 않았습니다. 그런데 근일에는 쌓인 증세가 날마다 나타나 괴로웠습니다. 그 가운데 상기(上氣), 호흡곤란, 두근거림, 어지럼증이 심한데 일을 하면 다시 심해져 부득이 네 차례나 정사하여 말미를 받았습니다. 그리고 두렵고 황공하여 어찌할 바를 몰라 후환을 생각지 않고 병을 무릅쓰고 숙배하였습니다. 다만 조리하지 않고 애써 행하다 보니 병세가 더 중해질 수밖에 없어 이내 정사하게 되었으니 실로 황공합니다. 더구나 정신이 더욱 소진되어 그동안의 일들을 잊어버리는데, 인물(人物)을 보고 듣는 일에서 특히 헷갈리고 기운이 평안하지 못할 때면 어지러워 엎드리기도 합니다. 신이 지금까지 1년간 이조에 있으면서 틀림없이 잘못한 것이 많을 테니, 특히나 마음이 편치 않습니다.

삼가 바라건대 자애로운 성상께서 특별히 본직 및 겸하고 있는 직임에서 해면하여 몇 달 동안 안심하고 조리할 수 있게 해 주신다면 후일 쓰러져 죽는 근심을 면할 수 있을 것입니다.

## 우의정을 사직하는 상소

辭右議政疏

3월 6일○2월 25일 이조 판서에서 상신에 제수되었다. 이날 상소하여 사직하였으나, 윤허하지 않았다.

삼가 아룁니다. 국가에서 관직 제도를 성대하게 갖추어 등급이 더욱 치밀해졌는데, 백관(百官)은 육판서(六判書)로 귀결되고, 육판서를 거쳐 한 자리에 의해 총괄됩니다. 그 한 자리에는 오직 적임자를 쓰되 인원을 구비할 필요는 없으며, 그 종류가 점점 줄어들수록 그 책임져야 할 범위는 자연히 넓어집니다. 그러므로 덕이 부족하고 재주가 모자란 자는 차지할 수 없고 인망(人望)이 별로 없고 자질이 부족한 사람은 감히 끼일 수가 없으니, 이는 참으로 분수에 넘치는 일을 맡았다가 그르칠까 봐 근심스럽고, 나라를 위태롭게 하고 신세를 망치는 화가 닥치기 때문입니다. 소신은 덕과 재주가 본래 한 가지 일도 칭할 만한 것이 없으니, 인망이나 자질이나 어찌 몇 년간 쌓인 것이 있겠습니까. 다만 헛된 명성을 훔쳐 얻어 특별한 은혜를 욕되게 하여 여러 번 화요직(華要職)을 맡았으니 완전히 꿈을 꾼 것만 같았습니다. 그런데 다시 정승에 제수되었으니, 이 무슨 거조란 말입니까. 참으로 이른바 정오(鄭五)가 재상이 되었으니, 천하의 일을 알 만하다고 한 것[37]입니다.

**37** 정오(鄭五)가……것 : 걸맞지 않은 지위에 오른 것을 걱정하는 말이다. 당(唐)나라 정경(鄭綮)이 말을 생략하고 압축해서 쓰는 헐후체(歇後體) 시를 곧잘 지어 당시의 일을 풍자하곤 하였는데, 환관이 그의 시를 소종(昭宗) 앞에서 암송하자 소종은 가슴속에 품은 뜻을 다 발휘하지 못해서일 것이라고 생각하고는 정경에게 관직을 제수하였다. 이에 종척(宗戚)들이 와서 경축하니, 정경이 머리를 긁으며 말하기를 "헐후시를 쓴

제수하는 문서가 한번 내리자 신은 처음에는 의심하였고, 중간에는 놀랐고, 끝내는 괴이하여 웃었습니다. 우려할 겨를도 없다가 당황스러운 마음이 겨우 진정되자 그제야 두려운 마음이 생겨났습니다.

삼가 생각건대 중서(中書 의정부)에서 복상(卜相)할 때 여러 사람의 뜻을 묻지 않고, 성상께서 낙점할 때 누가 정승의 직책을 맡을 수 있는지 묻지 않으셨으니, 어찌 모두가 바라보는 부서가 도리어 욕이 모이는 곳이 되게 할 수 있겠습니까. 더구나 두 대감을 아무 이유 없이 번갈아 면직한 것도 이미 물정(物情)에 어긋나는데 저 같은 자가 분수에 넘치게 차서를 뛰어넘어 높은 지위를 차지하니, 더욱 여론을 놀라게 할 일입니다. 지금 천지에서 발생하는 이변(異變)이 사서(史書)에서 끊이지 않고, 세속의 더러움과 변경(邊境)의 근심이 계속해서 역보(驛報)로 전해지고 있습니다. 위로는 임금이 의지할 수 있도록 모시고 아래로는 백성의 기대에 부응해야 하는 직책을 그 누가 담당할 수 있겠습니까. 또한 책임이 지극하다 하겠습니다. 신이 중형을 받는 것은 전혀 돌아볼 것도 없거니와 혹 나라가 망하기라도 하면 전혀 어찌해 볼 수가 없게 되니, 이것이 신이 엎드려 일어나지 않고 오래도록 어찌할 바를 모르는 이유입니다.

돌아보건대 신이 임금을 섬기는 것은 자식이 아버지를 받드는 것과 같으니, 오직 동서남북 어디든 따르는 것이 바로 천지와 고금의 변치 않는 도리입니다. 신은 미천한 데서 우뚝 일어나 성상의 은혜를 곡진히 입었으니, 급히 달려가 사은하고 바로 간절한 심정을 아뢰어야 참으로

정오가 재상이 되다니 일이 어찌 돌아가는지 알 만하다."라고 하였다. 《舊唐書 鄭綮列傳》 정오는 정경 자신을 가리킨다.

마땅합니다. 그런데도 부끄럽고 위축되어 서성이며 가만히 있으면서 밤낮으로 애를 태우다 하는 일 없이 열흘이나 보냈으니, 상정(常情)으로 헤아려 볼 때 실로 큰 의리에 어긋납니다. 그러나 신하로서의 분의(分義)로 보면 또한 반드시 진퇴를 신중히 해야 합니다. 가령 은명(恩命)에 사은하고자 반열에 나아간 뒤 제수받고는 곧바로 사직하거나 사직해 놓고 다시 제수받는다면 이는 의리에 부합하지 않으니, 사정상 더욱 쓰이기 어려울 것입니다.

또 어찌 감히 취해서는 안 될 명성을 가져다 걸맞지도 않은 몸에 더하겠습니까. 신이 비록 지극히 어리석지만 스스로를 매우 잘 알고 있습니다. 차라리 명을 어기는 죄를 지을지언정 차마 요행으로 벼슬길에 나아가는 죄에 빠질 수는 없습니다. 참으로 바로 봉장(封章)을 올려 불쌍히 여겨 살펴 주시기를 바라는 것만 한 것이 없으니, 조정과 사방의 사람들이 불초한 자가 하루라도 그 자리를 훔칠 수 없다는 것을 알게 하고 장차 하루아침에 관복을 뺏기는 것을 보게 하는 것이 옳습니다.

아, 높은 하늘과 두터운 땅처럼 베풀어 주시는 은혜를 어찌 잔약하고 보잘것없는 제가 피할 수 있겠습니까. 다만 공조(公朝)에서 벼슬과 상을 내리는 일의 엄중함과 개인적인 의리의 편안함이 서로 상충하는 부분이 있어 어떤 것이 옳은지를 알 수 없습니다. 그래서 신의 미천함을 헤아리지 않고 우러러 천둥 같은 위엄을 저촉합니다.

삼가 바라건대 전하께서는 특별히 마음을 돌려 속히 명을 거두고, 이 시대의 선비를 널리 구하여 그들과 천위(天位)를 함께하신다면 어리석은 신이 몽매하여 분의를 저버리는 재앙을 면할 뿐만 아니라 실로 성조(聖朝)에서도 명기(名器)를 함부로 쓴다는 누를 입는 일도 없을 것이니, 나라에 매우 다행이겠습니다. 신은 하늘을 우러르고 성상을 바라보며 두려운 마음으로 대죄(待罪)하는 지극한 심정을 가눌 수 없습니다. 삼가 죽음을 무릅쓰고 아룁니다.

## 우의정을 사직하는 상소

右議政辭免

3월 10일○계사를 올렸으나, 윤허하지 않았다.

신은 성상의 은혜를 넘치게 받아 갇혀 있다 풀려나 관작을 회복하였습니다. 장려하여 발탁하고 차서를 뛰어넘어 등용해 주시어 7년 안에 신하로서 최고의 지위에 올랐습니다. 실로 요행히 차지한 것이라 황공하여 몸 둘 바를 모르겠습니다. 신은 명에 응해 숙배하였고 사직하는 일을 으레 청하지 못하다가 마침내 상소를 올려 진달해 청하였는데, 이에 속히 출사하도록 다시 명하셨으니 스스로 더욱 황공했습니다. 그래서 오히려 며칠 동안 움츠리고 엎드려 있으면서 나가지도 못하고 숙배하기를 망설이고 있었으니, 참으로 감당할 수 없을까 봐 걱정하는 마음을 금할 수 없습니다. 신이 못나서 말이 진실하거나 미덥지 못하고 뜻에 불쌍히 여길 만한 것이 없으니, 성상의 마음을 돌리지 못하는 것이 마땅합니다. 다만 큰 임무를 사직하면서 신병(身病)을 구실로 삼아서는 안 됩니다. 하지만 옛사람이 몸이 편안해진 뒤에야 나라를 보전할 수 있다고 말하였습니다. 소신이 상례(喪禮)를 마친 뒤로 기력은 날로 부족해지고 온갖 병이 번갈아 공격해 오는데, 가장 괴로운 증상은 상기(上氣)되고 가래가 끓고 숨이 가쁜 것입니다. 몇 걸음 걷는 사이에도 조금이라도 경사가 있으면 꼭 가슴이 꽉 막혀 타는 듯하고 기침이 몰아치다 시간이 지난 뒤에야 안정이 됩니다. 밤에는 1, 2경(更)부터 날이 밝을 때까지 앉아서 숨을 헐떡거리기도 합니다. 그 나머지 크고 작은 여러 증상은 일일이 헤아릴 수 없습니다. 이와 같은 몸으로 여러 직임을 맡는다면 형세상 지탱할 수 없을 것이 틀림없으니,

감당할 수 없을까 봐 더욱 몹시도 걱정스럽습니다. 삼가 바라건대 성명(聖明)께서는 위로는 나랏일을 생각하고 아래로는 재주도 없고 병든 미천한 신을 불쌍히 여기시어 속히 체차해 주소서.

## 다시 아뢰어 문형을 사직하는 상소

再啓辭文衡

윤허를 받았다.

소신은 문학(文學)이 볼품없으며 노쇠하고 병든 상태가 계속 이어져 대제학의 직임을 감당하기 어려워진 지 오래되었습니다. 항상 면직을 청할 것을 생각하였으나 그저 번거롭게 해 드리는 것 같아 그만두었습니다. 그러다 지금 다시 이렇게 분수에 맞지 않은 직임을 맡았는데 겸직을 할 수 없을 뿐만 아니라 분명 겸직할 능력도 없으니, 이치로 보나 형세로 보나 그러합니다. 박순(朴淳)의 재주로도 오히려 면할 수 있었으니, 더구나 신처럼 재주가 없는 데다가 노쇠하고 병들기까지 한 자는 결코 직임을 감당할 수 없습니다. 신이 맡은 대제학을 체차하여 적임자에게 제수하소서.

## 책면을 청하는 상소

乞策免疏

12월 17일○이달 10일부터 다음 해 2월 4일까지 두 차례 상소하고 아홉 차례 정사(呈辭)하였으니, 모두 열한 차례였다. 모두 윤허하지 않았다. 이 상소는 두 번째로 올린 것이다.

삼가 아룁니다. 신이 일찍이 《논어》를 읽다가 "공자께서 말씀하시기를 '부모는 오직 자식이 병들까를 걱정한다.' 하였다."라는 대목에 이르렀습니다. 이에 탄식하기를 "이것은 참으로 사람의 공통된 마음이구나." 하였습니다. 근래에 신과 신의 어머니가 한집에서 우거(寓居)하는데 어머니가 신의 병을 걱정하여 늘 생각하고 계시므로 신이 숨기고자 해도 숨길 수가 없었습니다. 그제야 성인의 말씀이 더욱 친절하고 맛이 있다는 것을 알게 되었습니다. 또 이를 두고 탄식하기를 "부자(父子)와 군신(君臣)은 하늘이다. 하늘을 피할 수 있겠는가." 하였습니다. 드디어 병을 갖추어 말씀드리고 사직하면서 감히 성상께 아뢰었습니다. 그러자 상께서 바로 태의(太醫)를 보내고 알맞은 약을 내려 주셨으며, 이어 사관을 급히 보내 윤허하지 않는다는 비답이 이르게 하셨습니다. 신은 명을 듣고는 감격의 눈물을 흘리기 이전에 놀라 땀이 먼저 쏟아져 문득 잠깐이라도 땅 위에 있고 싶지 않았습니다. 이윽고 두려운 마음이 진정되자 제가 차지하고 있는 자리가 병을 요양하는 곳이 아니라는 생각이 들어 그냥 가만히 있을 수 없어 다시 상을 번거롭게 하는 데 이르렀습니다. 진실로 만약 문득 전처럼 감당할 수 없는 일이 있으면 장차 어찌하겠습니까.

아, 하늘은 피할 수 없으니, 병든 몸으로 임금에게 의탁해서는 안 됩니다. 신병(身病)을 어머니에게 숨길 수 없는 점이 있으면 임금에게 의탁할 만한 점이 없는 것입니다. 임금에게 의탁할 만하다면 어찌 어머니에게 숨길 거리가 있겠습니까. 사람이 미친 것이 아니라면 반드시 여기에 이르지는 않을 것입니다. 더구나 신은 특별히 남다른 대우를 입고도 보답할 길이 없었기에 감히 우선 피하지 못한 것이니, 어찌 차마 스스로 편하자고 그랬겠습니까. 다만 근년의 습속을 보면 다투어 정사하는 것을 우선으로 치다 보니, 그럴 만한 정상(情狀)이 있는 경우에도 다른 경우와 똑같이 보고 듣기를 면치 못하고, 성상께서도 하나하나 자세히 살피지 못하십니다. 이것이 신이 또 말을 꾸미는 반열에 들어 중외(中外)로부터 신뢰를 받지 못하는 이유입니다. 신은 강직한 자질을 지니지 못했고 건명(建明)한 재주도 부족하여 어영부영 지낸 지가 오래되었습니다. 진실로 병 때문에 체차되어 얼마 없는 복이 날아가지 않고 남은 화가 일어나지 않아, 1년간 몸을 보전하며 덕화(德化)가 이루어지는 것을 볼 수 있었습니다.

삼가 바라건대 자애로운 성상께서는 숨기고자 하는 신의 마음을 깊이 가엽게 여겨 의탁하기 어려운 정상을 더욱 잘 살펴 주시기 바랍니다. 의례적인 규례를 특별히 없애 속히 면직을 명해 주신다면 국가에도 매우 다행이고, 신에게도 매우 다행이겠습니다. 신은 하늘을 우러르고 성상을 바라보며 지극히 간절히 바라는 절박한 심정을 금할 수 없습니다. 삼가 죽음을 무릅쓰고 아룁니다.

## 파직하는 뜻을 분명히 보일 것을 청하는 상소

請明示罷斥疏

갑술년(1574, 선조7) 1월 6일○이 상소는 여섯 번째 올린 것이다.

삼가 아룁니다. 성상께서 정성을 다하여 아랫사람을 대하시어, 신이 다섯 번 사직하는 글을 올린 것이 모두 위급한 심정에서 나왔고 꾸민 말이 없음을 살피시어 특별히 가엽게 여겨 윤허해 주셨습니다. 이는 안심(安心)하고 조리하여 몸을 보전하게 하고자 한 것입니다. 신은 명을 듣고 감격하여 흐르는 눈물을 주체할 수 없었습니다. 그러니 신하들이 더 머물게 하기를 청하고 상께서 이에 따르실 줄 어찌 생각이나 했겠습니까. 또 사관(史官)을 보내어 유시(諭示)하셨으니, 신은 몹시도 황공하여 더욱 몸 둘 바를 모르겠습니다. 비록 그러하나 이 몇 신하는 신에게 안부를 물은 적도 없는데, 어떻게 신의 병의 실제 경중(輕重)을 알겠습니까. 그저 전해 들은 말에 근거해 보고한 것이니, 어찌 온당치 못할 뿐이겠습니까. 우러러 생각건대 성명(聖明)께서 소신을 불쌍히 여겨 허여해 주신 것은 성인(聖人)의 마음입니다. 이에 다투어 신의 직임을 계속해서 맡을 수 있다면 이는 신이 사직한 것이 임금에게 요구한 것에 가깝게 되고, 혹 신의 병이 중하지 않다면 이는 신이 사직한 것이 임금을 속인 데 가깝게 됩니다. 신하의 죄 가운데 임금에게 요구하고 임금을 속이는 것보다 큰 게 없는데 신이 불행히도 거기에 가까우니, 신이 이 두 가지 죄를 짓고 장차 어디에 스스로 설 수 있겠습니까. 이 때문에 신은 절통한 마음으로 두려움에 떨며 처벌을 기다리는 것입니다.

아, 신의 죄가 이미 이와 같으니, 신의 병은 말할 것도 없습니다만,

신은 실로 원통한 바가 있습니다. 신은 쇠운에 접어들어 오래 몸이 상한 나머지 여러 가지 질병이 번갈아 나타납니다. 지금 당장은 위급한 증상이 없지만 정신과 건강이 날로 쇠약해져 말할 때 기운이 없고 거동할 때에 힘이 없습니다. 밤새 벽에 기대 쿨럭쿨럭 기침을 하고, 풍담(風痰)이 간간이 일면 머리와 눈이 이내 어지러워집니다. 비위(脾胃)가 손상되어 날마다 몇 숟가락 뜰 뿐입니다. 그 밖의 무시로 일어나는 통증은 다 말할 수 없는 게 많습니다. 결코 몸을 조리하고 직무를 수행할 기약이 없어 그저 신하로서 불공(不恭)한 죄를 쌓아 갈 뿐이니, 신은 더욱 두렵습니다. 오직 전하께서 스스로 성충(聖衷)으로 결단하고 즉시 전일에 윤허하신 명을 거듭 내려 곧장 파직하는 뜻을 분명히 보이신다면 성조(聖朝)에서 정밀하고 성실한 것을 면려하는 정사에 반드시 보탬이 될 것이니, 그저 미천한 신 자신을 위한 일일 뿐만이 아닐 것입니다. 신은 하늘에 빌어 죄를 기다리며 두렵고 떨려 몸 둘 바를 모르는 지극한 심정을 감당할 수 없어 삼가 죽음을 무릅쓰고 아룁니다.

## 출사한 후에 사직하는 상소

出仕後辭免

2월 15일○전에 정사(呈辭)한 것이 4일이었는데, 이날 출사하자 인견(引見)하였다.

소신은 본래 허약한 체질인 데다 오랫동안 이내 낀 곳에서 장려(瘴癘)의 독에 젖어 있다 보니, 안으로 손상되고 밖으로 망가지는 정상을 말로 다 할 수 없습니다. 그러다 성명(聖明)을 만나 특별한 은총에 감격하여 애써 병든 몸을 부지하고 있는 상황이 이미 극에 달했습니다. 지난번에 집안의 우환을 만난 데다 병까지 겹쳤으나 성은에 힘입어 오랫동안 죽음을 면했습니다. 병을 조리하고 출사하는 일이 다음 날을 기약할 수 없으니, 신이 지은 무거운 죄로 인해 마음이 조금도 편치 못합니다. 항상 가슴이 답답한 상태로 지내다 보니 도리어 병이 절로 더해졌습니다. 정사할 때마다 황공하여 몸 둘 바를 모르겠고, 비답이 내리면 용서받을 길이 없을 듯합니다. 또 근일에 신의 어머니는 본인이 늙은 것과 신이 병든 것 때문에 걱정이 많았는데, 거처를 옮기면서부터 감기에 걸려 지쳤으므로 신의 걱정이 더 늘었습니다. 신의 정성이 하늘을 감동시키지 못하여 오래도록 청을 들어주지 않으시니, 어찌해야 할지를 모르겠습니다.

다행히 지금 병이 조금 차도가 있고 날도 조금 풀려 사은(謝恩)할 생각인데, 일어나 움직이려 하면 다리가 떨리고 눈이 어지러우며 천식이 다시 심해져서 겨우 버티고 있을 뿐입니다. 대궐로 나아가면 명을 어기고 태만히 한 죄를 피하기 어려워 몹시도 황공하고 두려운 마음을 감당할 수 없습니다. 신이 "하늘이 바야흐로 주(周)나라 왕실을 쓰러뜨리려고 하니 그렇게 안일하게 있지 말라."[38]라고 한 때를 가만히 생각해 보니, 이는 모름지기 기력이 완전하고 힘이 강하며 지혜가 밝고 사려가 원대한 자라야 거의 성공할 수 있는 것이었습니다. 그런데 신은 하나도 잘한다고 내세울 만한 것이 없는 데다 날이 갈수록 쇠하고 병이 더해져 근심하고 두려워하는 가운데 대중과 함께 진퇴(進退)하는 동안 고질이 여러 차례 도져 스스로 힘쓸 수 없게 되었습니다. 그러니 아무리 온 힘을 다해 죽은 뒤에야 그만두리라 다짐한들 그게 가능하겠습니까. 미천한 신으로서는 제힘으로 할 수 없음을 너무도 잘 알기에 밤낮으로 우려하며 어찌할 바를 모르는 것입니다. 삼가 바라건대 자애로운 성상께서는 특별히 신의 직임을 해면하여 적임자에게 제수하소서.

**38** 하늘이……말라 : 선왕의 도를 따르지 않고 윗사람이나 아랫사람이 모두 게으르고 안일하면 나라가 언제 망할지 모름을 경계한 말로, 《시경》〈대아(大雅) 생민(生民)〉에 "하늘이 어려움을 내리시니 그렇게 즐겁게 있지 말지어다. 하늘이 바야흐로 뒤엎으려 하시니, 그렇게 안일하게 있지 말지어다."라고 한 데서 온 말이다.

## 본직과 내의원 제조를 사직하는 상소

本職及內醫提調辭免

12월 17일○제조에서 체직되다.

소신의 노모는 80세가 되어 갑니다. 늘 고질병에 시달렸는데, 이달 6일에 병이 들어 갑자기 열이 끓고 아무 말이나 헛소리를 하며 인사불성이 되어 거의 숨이 넘어가다시피 하다 다시 살아났습니다. 그러다 14일에는 종잡을 수 없이 열이 올랐다 내렸다 하다가 어제저녁에 다시 열이 올랐습니다. 신도 애를 태우며 약을 구하다 보니 기침이 심해지고 기운이 떨어져서 정신이 멍해져 힘을 쓸 수가 없었습니다. 그래서 정사(呈辭)하고자 했으나 머뭇거리다가 감히 하지 못하였습니다. 그러다가 신은 삼가 자전(慈殿)께서 편찮으시다고 듣고 깜짝 놀라 달려가 문안하였습니다. 신은 평소 의학(醫學)에 어두워 약을 올리는 일에 적합하지 않습니다. 게다가 어머니의 병 때문에 마음이 어지럽다 보니 걱정스러운 마음을 금할 수 없습니다. 신의 본직과 내의원 제조 직임을 체차하도록 속히 명하소서.

## 본직을 사면해 줄 것을 재차 아뢰는 상소

再啓本職辭免

신은 삼가 자애로운 성상께서 제조를 체차하도록 명해 주신 은혜를 입고 감격하여 흐르는 눈물을 주체할 수 없었습니다. 다만 생각건대 신이 만약 공적인 일에 보탬이 된다면 어찌 사사로운 사정을 돌보겠습니까. 재주와 덕이 없어 공적으로나 사적으로나 한갓 손해를 끼칠 뿐입니다. 신의 어머니가 병중이라 약을 복용하거나 눕거나 기댈 때 반드시 신이 옆에서 일러 드려야 하니, 형세상 잠시도 곁을 떠나기가 어렵습니다. 신의 책임은 일반적인 직무에 비할 바가 아닙니다. 비록 집에 있는 날이 많기는 하지만 실로 군국(軍國)의 일을 번거롭게 한 것이 몹시도 걱정스럽습니다. 바라건대 자애로운 성상께서는 특별히 불쌍히 여기시어 속히 신의 본직을 아울러 체차하도록 명하소서.

## 정사한 뒤에 올리는 상소

呈辭後疏

12월 27일○10월 20일에 정사(呈辭)하고 이때에 또 상소하였다.

삼가 삼조(三朝)를 거친 소신이 다행히 성대한 시대를 만나 유자(儒者)들 가운데 부족한 재주를 가지고도 갑자기 백관(百官)의 위에 있게 되었습니다. 반열에 나아가 제대로 하지 못하는 자는 그만두어야 한다고 듣기는 했지만 온 힘을 다해 죽은 뒤에야 그만두어야 한다는 것도 알고 있습니다. 그러니 어찌 감히 꾸미는 말과 으레 하는 방식으로 위로 성상의 총애를 저버리고 아래로 신의 마음을 속이는 일을 할 수 있겠습니까. 실로 신은 예순이 넘은 아들로서 여든이 된 노모를 모시니, 뜻을 분산하지 않아야 할 때이지, 힘을 다해 일을 겸할 때가 아닙니다. 그러니 신이 정신없이 진퇴(進退)하면서 어지럽게 아뢰는 것을 어찌 그만둘 수 있겠습니까.

지난해에는 신의 병 때문에 신의 어머니가 병이 났었는데, 올해는 신의 어머니의 병 때문에 신이 병들었습니다. 다만 올해가 지난해보다 더 심각한 것은 어머니의 병이 중하기 때문입니다. 신의 어머니는 항상 신을 염려하고 신을 가리키며 말하기를 "나 때문에 벼슬하러 왔는데, 내가 온 것으로 인해 벼슬하면서 병에서 벗어나지 못하니, 이것이 내 걱정이다."라고 하시며, 추우나 더우나 묘시(卯時)부터 유시(酉時)까지 신이 근무하는 것을 보고는 얼굴에 근심을 드러내지 않은 적이 없었습니다.

지난번에는 감기에 걸린 상태에서 어쩌다 성을 내며 원망한 것이 심화(心火)가 치성해져 열이 내리지 않아 소시호탕(小柴胡湯)[39]을 복용하기까지 했는데, 여러 번 복용하고 나서야 비로소 열이 내리고 다시 숨을 쉬게 되었습니다. 그러나 지금까지도 병석에 누운 채 일어나지 못하고 있습니다.

노인의 병은 하루에도 몇 차례씩 변하니, 식사량이 늘었다 줄었다 하는 것과 무얼 시키는 것이 더뎠다 빨랐다 하는 데에서 모두 건강을 상한 것으로 보이는 일이 자주 있습니다. 신이 병이 없더라도 감히 곁을 떠날 수가 없을 텐데 고질병이 있어 위태로운 기미와 안 좋은 증상이 틈을 타 자꾸 나오니, 어찌 안심하고 조리하여 아직 낫지 않은 어머니의 마음을 상하지 않게 할 수 있겠습니까. 신의 병이 심각하여 죽게 생긴 것은 걱정할 것도 없거니와 신 모자가 서로 걱정하여 둘 다 온전할 수 없게 된다면 성세(盛世)에 효로써 다스리는 도리가 아닐 듯합니다.

삼가 생각건대 성명(聖明)께서는 효로써 나라를 다스리시어 변수(邊帥)와 근신(近臣)까지도 부모가 있으면 호소하여 반드시 허락을 받았습니다. 그러나 신의 절박함의 만분의 일이나마 닮은 자가 누가 있었습니까. 신이 나아가 총애를 받은 지 지금 5년이 되었습니다. 외롭고 어리석은 저의 실정을 이미 성상께서도 다 알고 계시니, 성명께서 더욱 불쌍히 여기고 살펴 주셔서 거짓이라면 처벌하고 사실이라면 면직하시는 것이 공적인 의리로 보나 사적인 분수로 보나 매우 다행일

**39** 소시호탕(小柴胡湯) : 상한(傷寒)에 걸린 지 4, 5일이 되어서 오한과 발열이 오락가락하고, 가슴이 꽉 막히면서 옆구리가 아프고, 속이 답답하면서 구토할 것 같고, 풍습(風濕)으로 열이 나는 것을 치료하는 처방이다. 시호(柴胡), 황금(黃芩), 인삼(人蔘), 감초(甘草), 반하(半夏) 등을 쓴다.

것입니다. 신은 하늘을 우러르고 성상을 바라보면서 간절히 바라며 두렵고 떨리는 지극한 심정을 금할 수 없습니다. 삼가 죽음을 무릅쓰고 아뢰습니다.

## 출사 후 사직하는 상소

出仕後辭免

그 후 12월 9일

소신이 삼가 비망기를 읽으니, 더없이 간곡하게 반복하셨습니다. 옛날에 임금과 신하가 서로 함께할 적에도 이렇게 몹시도 간절하지는 않았으니, 인자한 아버지가 자식을 사랑하는 그 은혜가 아무리 애틋하다 해도 어떻게 이보다 더하겠습니까. 신이 목석이 아니다 보니 깜짝 놀랐습니다. 분수와 역량을 헤아려 볼 때 그렇게 하신 이유를 모르겠습니다. 황공하고 놀라운 마음에 땀과 눈물이 함께 흘러내리니, 오직 죽음만 남았음을 알 뿐입니다. 신의 어머니는 80세 노구에 병이 들었으니 원래대로 회복되기가 실로 어렵고, 신의 고질도 대번에 낫기가 어렵습니다. 그러나 보니 신이 전교를 받든 뒤로 정신이 떨려 물러나 엎드려서도 불안해하며 그저 점점 더 목이 메면서 황공하고 답답한 마음이 날로 심해졌습니다. 지금 병이 조금 나은 틈을 타 몸을 끌고 숙배하니, 더욱 주저하며 몸 둘 바를 모르겠습니다. 다만 신하로서의 의리와 자식으로서의 도리가 끊임없이 교차하며 방해하는 것을 감당할 수 없습니다. 바라건대 자애로운 성상께서는 곡진히 불쌍히 여겨 특별히 체차하도록 허락하시어 몇 개월 동안 조리하여 모자가 모두 온전하게 해 주소서.

## 충과 경에 관해 올리는 차자

忠敬箚子

무인년(1578, 선조11) 2월 22일○이달 18일부터 5월 18일까지 두 번 차자를 올리고 열일곱 번 정사(呈辭)하였다. 모두 열아홉 번이었는데, 이 차자는 두 번째 올린 것이다.

삼가 아룁니다. 죽은 뒤에야 그치는 것이 충(忠) 가운데 상(上)이고, 할 수 없는 것은 그만두는 것이 경(敬) 가운데 큰 것입니다. 그러므로 넘어지는 것을 붙들고 위태로운 것을 지탱하면 반드시 나아가고, 어진 이를 방해하고 나라를 병들게 하면 반드시 물러나는 것이 고금에 통하는 의리입니다. 소신은 배웠으나 생각하지 않고 소박하지만 재주가 없어, 말은 모호한 점이 있고 일은 어수선한 게 많습니다. 그렇다 보니 넘어지는 것을 붙들고 위태로운 것을 지탱하는 책무는 감당하지 못하고 도리어 어진 이를 방해하고 나라를 병들게 하는 죄만 무거워졌습니다. 바로 아침에 체차되어야 마땅하니, 하루도 차지하고 있을 수 없음이 분명합니다. 더구나 다시 고황에 병이 들어 쇠해지면서 더욱 고치기 어려워지고, 홀로 남은 모친을 모시는 일은 늙어 가면서 더욱 미흡해지고 있습니다. 그러니 뜻을 분산하지 않아야 할 때이지, 온 힘을 나해 직무를 겸할 때가 아닙니다. 어찌 유유히 주저하고 멍하니 말을 머뭇거리고 있을 수 있겠습니까.

다만 성상의 돌보심은 하늘처럼 넓지만 글을 올린 것을 되돌릴 수 없고, 저의 충심(衷心)은 활활 타오르지만 유시(諭示)하는 어찰(御札)을 받들기가 어렵습니다. 너무도 두렵고 떨려 몸이 상한 나머지 지난해 봄에는 오른손에 난 종기가 침을 네 번이나 맞았는데도 낫지 않다가 한 달이 되어서야 나왔습니다. 이로 인해 원기(元氣)가 안에서 사그라지고 숙병(宿病)이 밖에서 해쳐 이제 정신이 계속 피로하고 몸이 다시 극도로 피곤해져서 늦여름 말에서 한겨울 초까지 대궐에 나아가지 않은 것이 20일 가까이 됩니다. 다시 온 나라에 일이 많아 백관이 정신없는데 어찌 감히 위험한 때에 안일을 도모하고 죽을 상황에서 살 궁리를 하면서 집에 누운 채 일어나지 않고 대궐에서 호소하며 구차하게 빌겠습니까. 겨우 몸을 끌고 나왔는지라 더는 의용(儀容)을 갖춘 것이 없으니, 낭패를 당해 이지러지고 꺾여서 죽는 데 이르지 않을 방도가 거의 없습니다. 다행히 인산(因山)이 막 끝났는데 아직도 목숨이 붙어 있어, 망녕되이 이런 때에 잠시라도 한가하게 지내기를 청해 신의 남은 목숨을 이어 가고 어머니가 천수를 다 누리기를 바라고 있습니다.

삼가 바라건대 성상께서는 미천한 신의 정성을 훤히 알아 깊은 인애(仁愛)를 곡진히 미루시어, 가볍게 체차한다는 혐의에 사로잡히지도 말고 여러 차례 번거롭게 상소하기를 기다리지도 말아서 속히 여유롭게 봉양하고 보전할 수 있도록 해 주소서. 삼가 성상께서 체후가 좋지 않음을 느끼신다는 이야기를 듣고도 사실(私室)에 엎드려 있으니, 어찌 근심을 가눌 수 있겠습니까. 급히 제조(提調)를 바꾸어 어약(御藥)을 신중하게 조제하신다면 매우 다행이겠습니다. 재결하여 주소서.

## 어머니에게 음식을 하사한 데 대해 사은하는 전문

謝賜母食物箋

2월 30일

대광보국숭록대부(大匡輔國崇祿大夫) 의정부우의정 겸 영경연사 감춘추관사(議政府右議政兼領經筵事監春秋館事) 신 노수신은 이달 29일 삼가 성상께서 특별히 신의 어머니에게 쌀 20섬, 콩 10섬, 술 15병, 말린 연어(鰱魚) 10미(尾), 말린 숭어 10미, 말린 대구 10미, 말린 돼지고기 3구(口), 말린 노루 고기 3구, 조기 50속(束), 문어(文魚) 4미, 중포(中脯) 10조(條), 원전복(圓全腹) 3첩(貼)을 내려 주신 은혜를 입었습니다. 신은 감격스러움을 이기지 못해 삼가 전문(箋文)을 올려 사례합니다. 신은 참으로 기쁘고 두려워 머리를 조아리고 또 조아립니다.

삼가 생각건대 잘못 발탁하고 과분하게 포용해 주시어 성상의 관심이 죽어 가는 사람에게까지 영향을 미쳐 특별한 하사가 한껏 내려졌고 성상의 은혜가 저에게까지 미쳐 몸이 부서져 가루가 되더라도 은혜에 보답하기 어렵게 되었으니, 입은 은혜에 대해 어찌할 줄을 모르겠습니다.

삼가 생각건대 신은 기두(箕斗)[40]처럼 명예를 훔치고 삼공(三公)의 지위를 차지하고 있으면서 한창 질병이 기승을 부리는 때에 도리어 저에게 내리신 은혜를 받았습니다.

**40** 기두(箕斗) : 실제 내용은 없이 이름만 난 것을 말한다. 《시경》 〈소아(小雅) 대동(大東)〉에 "남쪽 하늘에 기성이 떠 있어도 나락을 까불 수 없고, 북쪽 하늘에 북두성이 있어도 술을 떠 마실 수 없네.〔維南有箕, 不可以簸揚; 維北有斗, 不可以挹酒漿.〕"라고 한 데서 온 말이다.

좋은 쌀과 콩으로 봉양하는 곳간이 더욱 풍성해지고, 맛좋은 술과 음식으로 모시는 자리가 더욱 빛나게 되었습니다. 제게 무슨 공이 있다고 부모를 모시는 이런 영광을 누린단 말입니까. 지금 주상 전하께서 근본을 다스리고 어진 정사를 베풀며 선왕의 교화를 계승하여 효도할 것을 생각하는 때를 만나 돌보아 주심이 이 못난 늙은이에게 각별히 미쳤고, 총애가 마침내 늙은 어머니에게까지 미쳤습니다. 신이 감히 엎드려 신병(身病)을 잊고 우러러 화축(華祝)[41]을 올리지 않을 수 있겠습니까. 조석(朝夕)으로 어머니가 기거하는 곳에서 부들과 버드나무처럼 쇠해진 때에 이제나마 보전하고, 시종일관 충성하는 마음으로 늘그막을 잘 정리하려 합니다. 신은 하늘을 우러르고 성상을 바라보며 간절하고 두려운 지극한 심정을 가눌 수 없습니다.[42] 삼가 전(箋)을 올려 사례하고 아룁니다.

41 화축(華祝) : 화봉삼축(華封三祝)의 준말로, 임금을 위해 기도하는 것을 말한다. 화(華)라는 땅의 봉인(封人)이 수(壽), 부(富), 다남자(多男子)라고 하는 세 가지로 요(堯) 임금을 축도(祝禱)했던 데서 온 말이다. 《莊子 天地》

42 하늘을……없습니다 : 대본에는 '▨▨▨▨天仰聖激切屛營之至'로 되어 있고, 판독불가 글자 위에 '盧守愼製'라는 글자가 적혀 있다. 문맥에 근거하여 '▨▨▨▨'에 '臣不任瞻'을 보충하여 번역하였다.

## 관직을 중시하고 사람을 중시하는 것에 관한 차자

重官重人箚子

5월 18일○이 차자는 열아홉 번째로 올린 것이다.

삼가 아뢰니다. 관원을 꼭 갖추지 않는 것은 관원을 중시하는 것이니, 관원을 중시한다는 것은 그 사람을 중시한다는 것입니다. 참으로 그 직임을 오래 맡겨 그 임무를 완성하도록 요구해야 하지만, 어떤 이유로 책면(策免)하거나 병으로 사양하거나 병들어 면직을 청하거나 늙어서 치사(致仕)하며 파직을 청할 때 허락하는 것은 그 관직을 중시해서일 뿐만 아니라 실로 그 사람을 중시해서입니다. 윗사람이 아랫사람에게 그 본성을 이루도록 해 주고 아랫사람이 윗사람에게 그 마음을 펼 수 있는 것이 고금의 보편적인 도리입니다. 지금 신이 다행히 성명(聖明)을 만나 총애하여 발탁하여 주신 은혜를 여러 번 입었습니다. 재주도 없고 덕도 없으면서 남들을 따라 부화뇌동하였으니, 하늘이 기뻐하지 않아 재이(災異)가 자주 나타나 항상 놀랍고 두려워서 하루도 제대로 살 수 없을 것 같습니다. 게다가 잔약한 자질이 늙을수록 더욱 약해져서 한 해 한 해 위태롭기만 합니다. 그런데도 나라에 일이 많다 보니 감히 청할 수 없어 면직하라는 명이 내리기를 가만히 기다린 지 오래되었습니다. 신은 병을 핑계 댄 것이 아니라 실로 병 때문에 면직을 청한 것입니다. 성상께서 통촉하여 매우 불쌍히 여겨 아홉 번째 사직하기에 이르러서는 그래도 허락하셨으니, 이는 중시해서였습니다. 그런데 어찌하여 신하들은 성상께서 중히 대우한 뜻은 이해하지 못하고 그저 대신(大臣)을 가벼이 체차했다는 말을 주장하여 아뢰는 것입니까. 상께서는 또 그 말을 믿고 다시 번복하여 아랫사람으로 하여금 그 마음을 펴고 그 본성을 이룰 수 없게 하셨으니, 이것이 신이 알 수 없는 바입니다.

무릇 사람이 부형(父兄) 이상에 대해 세 번 요청해서 허락하지 않으면 그만두는 것은 번거롭게 해 드릴까 봐 두려워해서입니다. 더구나 천둥 벼락 같은 위엄을 범하면서 보잘것없는 저의 간절한 심정을 열여덟 번이나 토로하면서도 감히 그렇게 하는 경우야 어떻겠습니까. 신이 이렇게까지 하면서도 그만둘 수 없는 이유가 어찌 다른 데 있겠습니까. 염치를 무릅쓰고 가만히 있자니 분명 일을 망칠 우려가 있고, 사정을 억누르고 행하자니 분명 함부로 할 우려가 있습니다. 그래서 조금 한가로워질 때를 지켜보고 우선 잔약한 목숨을 늘려 가며 만분의 일이라도 훗날 은혜를 갚을 수 있기를 바랐습니다. 좌의정 홍섬(洪暹)[43]이 여러 차례 올린 차자에서 진심을 쏟아 내고도 몹시도 번민하다 나온 것이 어찌 그의 본심이겠습니까. 다만 감격스럽고 두려웠을 뿐입니다. 지금 신의 심정이 어찌 이것과 다르겠습니까. 참으로 신 모자(母子)는 다른 모자에 비해 나이는 비록 적지만 병은 더합니다. 나가서는 충성을 다할 수 없고 들어가서는 효를 다할 수 없으니, 신이 출사하는 것은 실로 아무런 대책도 될 수 없습니다. 어찌 나이에 구애받지 않고 힘을 헤아리지 않을 수 있겠습니까. 이것이 신이 방황하고 머뭇거리며 반드시

**43** 홍섬(洪暹) : 1504~1585. 본관은 남양(南陽), 자는 퇴지(退之), 호는 인재(忍齋)로, 영의정 홍언필(洪彦弼)의 아들이고 조광조(趙光祖)의 문인이다. 1535년 이조 좌랑으로서 김안로(金安老)의 전횡을 탄핵하다가 흥양현(興陽縣)에 유배되었다. 1560년(명종15) 이량(李樑)의 횡포를 탄핵하다가 삭직당하였고, 명종이 승하하고 선조가 즉위하자 원상(院相)으로서 여러 정무를 처결하고 이어 우의정에 올랐으나 남곤(南袞)의 죄상을 탄핵하다 또다시 파직되었다. 1571년(선조4) 좌의정이 되어 궤장(几杖)을 하사받았다.

청이 받아들여진 뒤에 그만두려 하는 이유입니다. 삼가 바라건대 자애로운 성상께서는 속히 신의 본직과 내의원 제조 직임을 체차하시어 시종 보전할 수 있도록 해 주소서. 재결하여 주소서.

## 책면을 청하는 차자

乞策免箚子

경진년(1580, 선조13) 3월 25일○1월 29일부터 4월 23일까지 차자 한 번, 정사(呈辭) 열여섯 번, 총 열일곱 번을 올렸는데, 이 차자는 열 번째로 올린 것이다. 윤4월 3일에 출사하였는데, 인견(引見)하였다.

소신은 특별한 은혜를 과분하게 입고 오래도록 삼공(三公)의 반열에 있었습니다. 나이는 70이 다 되고 몸에는 병이 깊이 숨어들어 있으니, 나라에 도움이 될 만한 것은 조금도 없고 그저 다스림에 누가 될 흠만 있습니다. 그런데도 위로는 의심을 받지 않고, 아래로는 비웃음과 비난을 받지 않았습니다. 비록 천에 하나라도 기특하게 맞는 생각을 하지는 못하지만 그래도 외롭게 지키고 있는 충성은 따라야 합니다. 스스로 쇠약하고 병든 몸을 이끌고 지칠 때까지 죽을힘을 다해야 하니, 어찌 감히 우선 생명을 보전할 생각부터 하고 공무(公務)를 받드는 의리는 뒷전으로 하여, 임금의 은혜를 저버리고 인정(人情)을 거스를 수 있겠습니까. 그러나 신은 평소 약한 체질로 환난(患難)을 겪었습니다. 20년 동안 쌓인 장독(瘴毒)으로 나쁜 기운이 혈맥(血脈)을 더럽혔고, 3년 동안 상(喪)을 치를 때 독이 내장까지 파고들었습니다. 그런데도 아침 일찍 출근해 밤에 퇴근하면서 항상 감격하여 애쓰다 보니, 오래 손상된 나머지 죽음을 재촉하는 상황이 되었습니다. 그 기력이 꺾여 다하고 위태로움이 나타나지 않은 것이 얼마나 되겠습니까.

이에 염치를 무릅쓰고 사직 상소를 올릴 수밖에 없었으나 시원하게 유음(兪音)을 내리시는 은혜를 받지 못하였습니다. 그래서 결국 마음대로 하는 일 없이 녹봉만 받으면서도 머뭇거리며 떠나지 않고 있었습니다. 그런데 작년 가을 겨울 무렵, 오래된 질병의 증세가 더해져 사지(四肢)에 힘이 빠지고 숨이 곧 넘어갈 지경이 되었습니다. 공무를 받드는 의리에 대해서는 참으로 말할 수도 없었거니와 목숨을 보전할 계책에 대해서도 미처 논할 겨를이 없었습니다. 이것이 신이 총애를 받고도 잘못하고 근심을 품은 채 두려워하면서도 보잘것없는 간절한 마음을 피력하여 천둥과 같은 위엄을 저촉하는 일을 그만두지 못하는 이유입니다.

상께서 문사(門司)를 보내고, 이어 궁궐의 약제를 내려 주셨습니다. 또 병들어 누워 있느라 윤음을 받는 데 어려움이 있을까 봐 염려하여 관아의 아전에게 승정원의 사관을 대신해서 가도록 특별히 하교하셨습니다. 특별한 예우를 거듭 내리시어 온 집안이 얼떨떨해하고 있습니다. 더구나 성상께서 거듭 부지런히 안부를 묻고 병에 차도가 있는지를 살피도록 해 주신 것이 이미 일반적인 예를 뛰어넘었고 심지어는 어의(御醫)를 물려 곁에서 간호하도록 하기까지 하셨으니, 이는 특히나 예에 맞지 않습니다. 옛날에 중사(中使 내관)가 가고 노구(老嫗)가 왔다는 것도 이보다 더하지는 않을 것입니다. 하지만 방교(房喬)[44]가 모의하고 이정(李靖)[45]이 계책을 세운 것에 비해 부족한 것을 어찌하겠습

**44** 방교(房喬) : 579~648. 당(唐)나라의 명재상이자 정치가로, 자는 현령(玄齡)이다. 당나라에 귀의하여 태종(太宗) 정관(貞觀) 1년에 중서령이 되고 개국공(開國公)에 봉해졌다. 15년 동안 재상으로 있으면서 두여회(杜如晦)와 정권을 담당하여 '방현령이 모의하고 두여회가 결단한다.'라는 말이 있을 정도로 모의에 능했다. 《舊唐書 房玄齡列傳》

**45** 이정(李靖) : 571~649. 당나라의 걸출한 군사가로, 자는 약사(藥師)이다. 병법에 능통하여 이세민(李世民)을 따라 왕세충(王世充)을 정벌하는 등 큰 공을 세웠다. 태종이 즉위한 뒤에 병부 상서를 지냈으며, 후에 돌궐(突厥)과 토욕혼(吐欲渾)을 정벌하여 위국공(衛國公)에 봉해졌다. 《舊唐書 李靖列傳》

니까. 다만 두려운 마음에 눈물이 흐르면서 남은 열이 더 뜨거워지고 남은 복은 다 날아갔습니다. 오직 죽음만이 남았으니, 다시 무슨 말을 하겠습니까.

삼가 생각건대 신의 병은 바로 원기(元氣)가 점점 메말라 가는 증세입니다. 분명 정신을 편안히 하고 쉬면서 요행히 여러 해를 보낸 뒤에야 회복될 수 있을 것이니, 한열(寒熱)에 우연히 걸리는 그런 증상이 아닙니다. 혹 약을 잘 투약한다면 시간이 지나 나을 수도 있겠지만 지금은 공무를 보는 관원으로서 밤낮으로 여염(閭閻)에 있다 보니 신의 병이 조금 낫는 것보다 더 걱정스러울 뿐만 아니라 실로 누구라도 들으면 놀라고 의혹하여 몹시 이상하다고 손가락질할까 봐 신은 더욱 두려워 몸 둘 바를 모르겠습니다. 또한 듣자니 겨우 보름 정도 사이에 거듭 태양(太陽)의 변고가 있어서 정신이 없어 안정이 되지 않고 놀라 살필 수 없는 가운데서도 다만 민덕(民德)이 흩어지고 물성(物性)이 피폐해진 것만은 보았습니다. 오직 하늘의 경계(警戒)에는 반드시 주된 이유가 있을 테니, 신처럼 가장 늙고 못난 사람이 어디에 몸을 두고 싶겠습니까.

삼가 바라건대 자애로운 성상께서는 어리석은 신의 마음을 굽어살펴 속히 어의에게 돌아오라고 명하시고, 신의 상신의 직임을 면직하도록 명하소서. 아울러 내의원 제조에서 체차하여 자유롭게 병을 조리하여 끝까지 보전할 수 있도록 해 주신다면 매우 다행이겠습니다.

## 출사한 후에 사직하는 상소

出仕後辭免

경진년(1580, 선조13) 6월 28일○5월 18일부터 6월 21일까지 여덟 차례 정사(呈辭)하였으나, 윤허하지 않았다. 이날 출사한 후에 아뢰었다.

소신은 본래 재주와 덕이 없고 일찍부터 오래 병을 앓아 처음 명을 받들 때부터 특별한 은혜를 저버려 성세(聖世)에 대죄를 짓게 될까 봐 두려움에 떨었습니다. 7년 동안 네 번이나 사직을 청하면서 늘 이 생각만 해 오다 올봄에는 고황(膏肓)에 든 병이 더 심해졌습니다. 남은 생이 줄어드는 것만이 문제가 아니라 실로 성상의 치세(治世)에 누를 끼치는 일이기에 우러러 치사(致仕)할 것을 호소하다 보니 여덟 장이나 쓰게 되었습니다. 목을 빼고 답을 기다리고 있었는데, 오히려 장려하고 권면하는 하교를 내리셨습니다. 총 512자 하나하나가 성상의 슬픈 마음에서 우러나온 것이라 듣는 사람 모두 눈물을 흘렸으니, 신 자신은 또 어떠하겠습니까. 저 자신이 말씀하신 내용과 만에 하나도 비슷하지 않음을 스스로 알면서도 감격스럽고 황공하여 눈물을 흘리며 묵묵히 있으면서 몸을 어디에 두어야 할지 모르겠습니다. 오랫동안 살펴보고는 오직 몸을 끌고 대궐에 나아가 미천한 신의 심정을 우러러 호소하여 한번 윤허를 내려 주시기를 바라는 것이 마땅하지만, 어질어 질하여 안정되지 않다 이제야 조금 차도를 보여 감히 들어와 신의 구구한 심정을 아뢰니다. 삼가 바라건대 자애로운 성상께서는 특별히 실낱같은 신의 목숨을 불쌍히 여겨 속히 체차해 주는 은혜를 내려 주소서.

## 본직 및 내의원 제조를 사직하는 상소

本職及內醫提調辭免

7월 11일○세 번 아뢰었으나, 윤허하지 않았다.

소신이 지난번에 분에 넘치는 특별한 은총을 입어 병을 무릅쓰고 숙배하였는데, 성상께서 또 돈유(敦諭)를 내리셨습니다. 황공하여 감히 번거롭게 해 드리지 못하고 물러났는데, 물러나 생각해 보니 소신은 연로하고 병이 많아서 겉으로는 사람 모습을 하고 있지만 속은 실로 텅 비었습니다. 마치 인경의 종이 울리고 물시계의 물이 다 떨어졌는데도 여전히 가기를 멈추지 않는 것[46]과 같으니, 지극히 슬프고 답답한 마음을 금할 수 없습니다. 신이 목석(木石)이나 우마(牛馬)가 아닌 이상 어찌 감히 저 편하자고 기만하고 저버리는 지경에 스스로 빠지겠습니까. 진실로 성상을 번거롭게 한다는 생각에 억지로 나아간다면 스스로를 돌보지는 않았다 해도 반드시 자리를 비워 두는 꼴이 되니, 그 죄가 더욱 큽니다. 또 신은 의약(醫藥) 분야에 실로 어두우니, 어약(御藥)을 조화롭게 조제하는 것을 관장하는 결코 작지 않은 자리를 하루도 차지해서는 안 됩니다. 청컨대 신의 본직을 체차하여 끝까지 보전할 수 있도록 해 주시고, 아울러 내의원 제조를 체차하여 의약을 진어(進御)하는 일을 중히 여기소서.

**46** 인경의……것 : 이미 일할 때가 아닌데 계속해서 일하는 것을 비유한 말이다. 《삼국지(三國志)》〈위지(魏志) 전예전(田豫傳)〉에 전예가 노년에 위위(衛尉)에 임명되자 늙고 병들었다는 핑계로 사직하며 "70세가 넘도록 벼슬자리에 있는 것은 비유하자면 통금을 알리는 종이 울리고 물시계의 물이 다 떨어진 깜깜한 밤중에 계속해서 길을 가는 것과 같으니, 이는 죄인입니다."라고 한 데서 온 말이다.

## 두 번째 아뢰는 상소

再啓

삼가 성상의 하교를 받드니 몹시도 황공합니다. 전에 유시하신 성상의 뜻을 신이 잘 살피지 않은 것은 아니지만 신의 기력으로는 감당할 수 없는 점이 있습니다. 성상께서 다 알고 계시지는 못하니, 더욱 안타깝습니다. 선배들 중에 아직 그럴 나이가 안 되었는데도 치사한 자가 예부터 많았습니다. 더구나 신은 나이가 70에 가깝고 고황에 병이 들어, 이른바 두 정강이에 뼈만 남아 절하고 일어나는 것도 모두 어렵고 두 눈은 있어도 흑백도 분별하기 어렵다는 바로 그 경우입니다. 그런데도 부축을 받고 나아가고 물러나면서 하는 일 없이 녹봉만 받으며 소일하고 있으니, 나라에 큰 누가 됩니다. 어찌 다만 소신만을 생각해 걱정할 뿐이겠습니까. 삼가 바라건대 자애로운 성상께서는 특별히 불쌍히 여기시어 속히 체차해 주소서.

## 세 번째 아뢰는 상소

三啓

삼가 비답의 내용을 읽고는 지극히 놀랍고 두려워 더 이상 세상에서 살고 싶지 않았습니다. 물러나 돌아가느라 겨를이 없어야 하니, 어찌 감히 일부러 번거롭게 아뢸 수 있겠습니까. 그러나 신의 안타깝고 절박한 심정을 돌아볼 때 가만히만 있어서는 안 되는 점이 있습니다.

소신은 정신과 기력이 쇠약해진 지가 오래되었습니다. 저에게 주어진 중임(重任)을 생각할 때마다 모기가 산을 짊어지는 것 같아서 근심스러운 마음을 가눌 수 없어 눈물을 흘리기까지 하였습니다. 성상의 은혜를 입어 이 무거운 책임을 벗고 1, 2년 보양하여 목숨을 연장할 수 있다면 신의 어머니에게만 다행일 뿐만 아니라, 실로 국가로서도 노신(老臣)을 보전해 주는 특별한 은혜를 베풀게 될 것이라고 스스로 생각했습니다. 만약 그렇게 되지 않아 감히 끝까지 사직하게 된다면 하늘이 반드시 죽일 것이니, 상께서 보전해 주시고자 한들 되겠습니까. 삼가 바라건대 자애로운 성상께서는 특별히 유념하시어 속히 체차해 주소서.

## 상을 당해 고향에 있으면서 올리는 상소

丁憂在鄕疏

12월 8일○이해 9월 2일 선생이 대부인(大夫人)의 상을 당해, 10월에 상을 치르러 남쪽으로 돌아갔다. 상께서 특별히 도승지를 보내 지나치게 슬퍼하지 말라고 매우 간곡히 면유(勉諭)하셨다. 또 말씀하기를 "부디 여막(廬幕)에서 시묘를 살지 말고, 봄이 되거든 반혼(反魂)해서 올라오라." 하였다. 그러나 장사를 치르고 묘 아래 여막에서 지내다 보니, 몸이 몹시 상했다. 한밤중마다 무덤에 가서 곡하며 애통해하였으므로 곁에 있는 사람들도 몰랐다가, 기력이 점점 소진되어 가자 감사(監司)가 이를 조정에 보고하였다. 12월에 성상께서 내의(內醫)에게 와서 구호하도록 명하시어 대신 왕명을 전하기를, 다시 고기를 먹기 시작하라고 면려하고 슬픔을 억누르고 예를 따르라고 하셨다. 또 자제(子弟)에게 밤에 무덤에 가지 못하게 하라고 유시(諭示)하셨다. 선생이 상소하여 사은(謝恩)하였는데, 상소 말미에 심학(心學)으로 자신을 책하고 시무(時務)로 아랫사람을 책하시어 화합하게 하는 데 힘씀으로써 조정을 바로잡으라는 등의 말로 규간(規諫)하였다.

상을 당해 시골에 있는 대광보국숭록대부(大匡輔國崇祿大夫) 전(前) 의정부 좌의정 신 노수신은 참으로 황공하여 머리를 조아리고 또 조아리며 삼가 주상 전하께 말씀을 올립니다.

삼가 아뢰옵니다. 임금의 명이 집에 이르는 것은 고례(古禮)가 아닙니다. 임시로 만든 제도가 아무리 성인에게서 나왔다고는 해도 넉넉한 예가 악덕(惡德)에 미쳐서는 안 됩니다. 소신이 갑자기 은혜로운 녹봉을 받아 오랫동안 영광스럽게 부모를 봉양해 왔습니다만, 하늘이 견책(譴責)하여 갑자기 어머니를 앗아 갔습니다. 성상께서 굽어살펴 애처롭게 여겨 특별히 조문하도록 하면서 상여와 묘소와 제사에 필요한 부의(賻儀)를 베푸셨습니다. 이어 한기(寒氣)와 습기를 막고 질병에 대비할 수 있는 자원을 대 주고 거기에다 간곡하게 가르치고 면려해 주기까지 하셨는데 글의 내용이 간곡하였으니, 신은 간담이 뚝 떨어지고 놀란 뼈가 부러질 것만 같았습니다.

이미 11월 12일에 우로(雨露) 같은 성상의 은혜를 입어 어머니의 체백(體魄)을 묻었는데, 갑자기 다시 자애로운 성상께서 신이 필경 죽을까 봐 지나치게 염려하여 근시(近侍)를 보내 보양식을 먹을 수 있게 해 주셨습니다. 신의 나이가 아직 70이 안 되어 일어날 때 부축을 받을 필요가 없는데도 이미 이런 명을 내리셨습니다. 이런 법 앞에서 어찌 감히 작은 절조에 매여 대체(大體)를 어지럽히겠습니까. 이내 황공한 마음으로 절하고 받아서 감격하며 먹었습니다. 이어 스스로 가만히 생각해 보니, 신은 안으로는 친당(親黨)이 없고 밖으로도 유대가 강한 무리가 없는데도 객지의 외로운 상여를 멀고도 먼 고향까지 옮길 적에 바로 성상의 은혜를 받들면서도 임금의 힘이 미치고 있는지도 모를 정도였습니다. 그러니 그 입은 은혜를 헤아려 보면 모두가 예(禮)에 없는 예입니다. 실로 헛된 명망으로 귀신의 노여움을 사고 복이 지나쳐 재앙이 생길까 봐 두렵습니다. 나라 사람들이 손가락질하며 "덕이 없는 자가 분에 넘치는 상을 받은 것이 아무개로부터 시작되었다."라고 한다면 어찌 위태롭지 않겠습니까.

일찍이 신에게 예에 따라 서울로 반혼하도록 하신 유시(諭示)를 받들었으니, 이는 나라의 풍속이 후해서인데도 신은 아직 결정을 못 내리고 있습니다. 게다가 앞서 지은 낡은 여막이 작은 언덕 하나를 넘어가면 있으니, 망녕된 생각에 어머니의 혼이 분명 다른 데로 가지 않고 돌아온다면 응당 이리로 올 것이라고 봅니다. 이것은 성상께서는 모르셔도 신은 마음으로 아는 바입니다. 명을 받들고 달려 나가는 것을 지체한 것에 대해서는 날마다 죄를 기다리겠습니다.

아, 새가 죽을 때 그 울음소리가 반드시 슬프다고 하였습니다. 신이 다행히 두터운 은혜를 입어 어쩌다 보니 시각을 늦추고는 있지만, 숨이 가빠지면 답답한 기운이 올라와 여러 번 숨이 끊어질 뻔하였습니다. 북쪽을 바라보며 길게 호소하고 남쪽에 머물며 영결(永訣)하면서 그래도 옥후(玉候)가 평상시대로 회복되고 용안(龍顔)이 예전처럼 회복되셨을 거라 생각했습니다. 말이 나오기도 전에 가슴이 먼저 꽉 막혀 옵니다.

다만 주상 전하께서는 심학으로 자신을 책하고, 시무로 아랫사람을 책하며, 또 화합하도록 힘써 이로써 조정을 바로잡으시기를 바랍니다. 이것이 신이 항상 간절히 바라는 것입니다. 신은 은혜와 돌봄을 입고 지극히 간절하고 황공한 심정을 감당할 수 없습니다. 삼가 죽음을 무릅쓰고 아룁니다.

## 서울에 돌아온 뒤 쌀과 콩을 하사한 데 대해 사례하는 상소
還京後謝賜米豆疏

임오년(1582, 선조15) 5월 15일○처음 상(喪)이 있을 때부터 상께서는 선생을 계속 생각하여 여러 번 글을 내려 서울로 반혼(反魂)하도록 명하셨는데, 그때마다 선생이 간절하게 사양하면서 묘 곁에서 죽음을 기다리기를 청하였다. 4월에 또 글을 내려 재촉해 부르자 선생이 어쩔 수 없이 서울에 들어왔다. 상께서 근시(近侍)를 보내어 뜻을 알리고 슬픔을 억누르고 예를 따르도록 면려하셨다. 이때 또 쌀과 콩을 하사하자, 선생이 상소하여 사례하였다.

상(喪)을 당한 신 운운.[47]

삼가 아룁니다. 소신은 본래 상례의 규정을 다 따르지는 않고 겨우 상복만 입고 지냈습니다. 거듭 사명(四命)을 받든 지도 세 계절이 훌쩍 지났습니다. 그사이에 베푸신 특별한 은혜를 한 번에 다 아뢸 수 없어, 다만 묵묵히 두려운 마음을 품고서 하루를 무사히 마칠 수 없을 듯이 지냈습니다. 그런데 집에 도착하자 옹인(饔人)이 하사하신 물건을 보내 왔고 다음 달에는 근시가 교지(敎旨)를 전하였으며 얼마 되지 않아 또다시 하사품이 전달되었습니다. 신하는 상사(喪事)가 있더라도 임금이 술과 고기를 내리면 먹어도 되고, 병이 낫고 나서 다시 원래대로 해도 됩니다. 신하가 명을 저버리는데 상이 다시 명을 내리는 의리가

**47** 상(喪)을……운운 : 앞의 〈상을 당해 고향에 있으면서 올리는 상소〔丁憂在鄕疏〕〉에 "상을 당해 시골에 있는 대광보국숭록대부(大匡輔國崇祿大夫) 전(前) 의정부 좌의정 신 노수신은 참으로 황공하여 머리를 조아리고 또 조아리며 삼가 주상 전하께 말씀을 올립니다."라고 한 내용을 줄여 쓴 것이다. 이하의 '상(喪)을 당한 신 운운'도 동일하다.

어디에 있습니까. 이는 신이 형편없어서 그렇게 된 것입니다. 더구나 달마다 술과 고기를 보내 주시니, 어찌 신은 스스로 계속하지 않는데 상께서는 계속하도록 명하시는 것입니까. 이것이 또 신이 불행한 이유입니다. 감히 상달(上達)하여 처벌을 기다리고자 했지만 번거롭게 해 드릴까 봐 염려되어 근심하고 답답해하며 두려워한 지가 오래되었습니다. 그런데 지금 또 쌀과 콩을 하사하시어 골목과 문 앞에 가득 차 있습니다. 신은 놀랍고 두려워 안정이 되지 않아 더욱 어찌할 바를 모르다가, 이윽고 성상의 은혜가 이토록 연속되는 것을 두고 스스로 탄식했습니다. 흉복(凶服)을 입은 신하가 대궐에 나아가지 못하고 또 가만히 있을 수만도 없어 번거롭게 해 드리는 것을 고려하지 않고 감히 애달픈 심정을 토로합니다. 이는 성상께서 그 정상을 애처롭게 여겨 그 간절한 마음을 받아들이시는 데에 달려 있을 뿐입니다. 신의 사사로운 생각으로는, 신의 아우가 묘를 지키고 혼자서 신주를 모시고 있는데 각각 따로 있다 보니 마음을 펼 수가 없습니다. 흙을 바른 여막에서 우두커니 지내며 근심으로 잠 못 들면서 오직 고향으로 살아 돌아가지 못할까 봐 두려워하고 있습니다. 점점 오른쪽 몸이 때로 마비가 되는 것처럼 느껴지고 두 눈은 눈동자가 없는 것이나 마찬가지이며, 상기(上氣)되고 숨이 차서 잠시도 편안할 수가 없습니다. 오직 영양을 보충하여 스스로를 보호할 줄만 아니, 잠시라도 죽지 않고 있다가 덕화(德化)가 이루어지는 것을 볼 수 있기를 바랄 뿐입니다. 덕화가 이루어지려면 반드시 성궁(聖躬)부터 옥체를 보호해 나가야 하니, 도성에서 목을 빼고 간절히 바라마지 않습니다. 신은 은혜와 돌봄을 입고 하늘을 우러러 몹시도 망극한 심정을 금할 수 없습니다. 삼가 죽음을 무릅쓰고 아룁니다.

## 또 쌀과 콩을 하사한 데 대해 사례하는 상소

又謝賜米豆疏

11월 30일

상(喪)을 당한 신 운운.

삼가 아룁니다. 소신이 환난을 겪은 뒤에 총애해 주신 은혜를 받은 것이 한두 가지가 아닙니다. 그런데 지금 또다시 쌀과 콩을 하사하라고 명하시어 짐을 실은 수레가 골목을 가득 채우니, 놀라서 온몸이 땀에 젖었습니다. 스스로 생각할 때 벼슬할 때에는 녹봉을 받아 봉양하였고, 상을 당해서는 하사한 물품을 받아 제사를 지냈으니, 이는 신의 어머니가 살아서나 죽어서 모두 신이 아무 공 없이 받은 것을 드신 것입니다. 그러니 두려워하며 감동하여 신과 함께 이승과 저승에서 감격하여 울지 않을 수 있겠습니까.

더구나 성궁(聖躬)께서 편찮으신 뒤 보양하는 때에 갑자기 조사(詔使)를 만났는데, 더욱이 한겨울이라 아랫사람의 근심은 한창 심하고 윗사람의 걱정도 몹시 심했습니다. 그런데도 신이 거의 죽게 된 것을 근심하고 신이 가난하여 몸이 상할까 봐 걱정하여 이렇게 과분한 은혜를 내리셨으니, 이것이 신이 크게 두려워하는 바입니다. 다만 신은 성상께서 작은 일은 친히 살피지 말고 오직 대권(大權)만을 지켜 맑은 마음을 스스로 유지하고 조용히 사려하여 사물을 다스리시기를 바라니, 이것이 실로 신의 구구한, 살아서의 간절한 마음입니다.

신의 상기(上氣)와 천식은 더해지기만 했지 덜해지지는 않고, 오른쪽 몸은 마비된 것 같습니다. 두 눈은 완전히 흐려지고 숨은 곧 끊어질 듯하여 남은 목숨이 간당간당한데, 우선 의약(醫藥)에 기대 조금씩 조석(朝夕)을 연장하고 있습니다. 신은 은혜와 돌봄을 입고 하늘을 우러러 몸시도 망극한 심정을 금할 수 없습니다. 삼가 죽음을 무릅쓰고 아룁니다.

## 돌아가 부제를 지내게 해 주기를 청하는 상소

請歸爲祔祭疏

계미년(1583, 선조16) 8월 23일

상(喪)을 당한 신 운운.

삼가 아룁니다. 국운이 막히고 어려워 변방과 조정이 동시에 안정되지 않고 있습니다. 성상께서는 밤낮으로 배회하고 자나 깨나 조금이라도 잘못될까 봐 염려하시는데 소신은 한창 심하게 흐느끼며 눈물을 흘리고 있자니, 공적인 도리와 사적인 사정이 번갈아 닥쳐와 멍하니 판단이 서지 않아 더욱 두렵습니다.

생각건대 신은 모친상을 치르면서 남다른 예우를 과분하게 입은 것이 한두 가지가 아닙니다. 특히 장례(葬禮)를 마치고 서울로 돌아오도록 하신 성지(聖旨)가 네 번이나 이르렀습니다. 신이 황공한 마음으로 명에 응하자 거듭 은전을 내리셨을 뿐만 아니라 다시 또 의약으로 잘 치료하여 잘 버틸 수 있게 해 주셨습니다. 어느덧 융기(隆期 대상(大祥))가 다가왔으니 제사를 마치고 나면 부묘(祔廟)하러 떠나야 하는데, 이는 신의 삼세(三世) 신주(神主)가 시골에 있기 때문입니다. 오늘날 반혼(反魂)하면 형제가 있는 자는 서로 번갈아 가면서 묘를 지키고, 형제가 없으면 왕래하며 성묘를 합니다. 그런데 불행히도 신의 아우인 노극신(盧克愼)은 지난해 가을 중풍(中風)으로 거의 죽을 뻔하여 병든 몸을 이끌고 의원을 찾는 처지가 되었습니다. 신의 어머니의 넋은 외로이 빈산에 의탁해 한 해가 넘도록 간절히 기다리느라 마음이 상해 피눈물을 흘렸습니다. 그래도 여전히 성상께서 미천한 목숨을 보호하고 연명해 주신 데 힘입어 장차 돌아가 부제(祔祭)와 합제(合祭)와 묘제

(墓祭)를 지내 구구한 정과 예를 다할 수 있게 되었으니, 이젠 저녁에 죽는다 해도 좋습니다.

삼가 천지 부모와 같은 성상께서 마음 써 주신 것이 이처럼 망극하니, 신하의 사적인 예는 본래 성상께 아뢸 것이 못 됩니다만 이미 명을 받들고 온 이상 감히 가만히 드러나지 않게 행할 수 없습니다. 신은 오관(五官)이 꽉 막히고 사람 꼴을 갖추지 못한 데다 소복(素服)을 입고 있는 처지라 대궐에 나아가지 못하였습니다. 신은 은혜와 돌봄을 입고 아뢰자니 몹시도 두려운 심정을 감당할 수 없습니다. 삼가 죽음을 무릅쓰고 아룁니다.

## 쌀과 콩과 역마를 지급하라고 한 명을 특별히 거둘 것을 청하는 상소

請特寢米豆驛馬之命疏

8월 27일

상(喪)을 당한 신 운운.

삼가 아뢰니다. 소신이 외람되이 사사롭고 간절한 심정에 죽음을 무릅쓰고 성상께 아뢰었는데, 성상께서는 죄로 여기지 않고 도리어 즉시 허락해 주셨습니다. 이어 말과 제수(祭需)를 지급하고, 또 30섬이나 되는 쌀과 콩을 지급하라고 명하셨다고 삼가 들었습니다. 신은 두렵고 놀라워 몸 둘 바를 모르겠고 뭐라 말해야 할지 모르겠습니다. 다만 감동하여 흘리는 눈물과 울음소리가 모두 터져 나올 뿐입니다.

생각건대 신은 지난해에 상여를 따라갈 때 정신이 혼미하고 노망이 들어 사직을 청해 떠나지 못하고는 지금에 와서 더욱 몹시도 황송해하고 있습니다. 이미 제수를 받은 데다 또다시 쌀과 콩을 받는 것만도 감당할 수 없으니, 더구나 상례를 다 마치지도 않은 사람이 역마를 바꾸는 비용까지 받는 것은 특히나 마땅치 않습니다. 신은 적이 두렵고 답답합니다.

삼가 바라건대 자애로운 성상께서는 쌀과 콩과 역마를 지급하라고 한 명을 특별히 거두어 어리석은 신의 분수를 편안하게 해 주시기 바랍니다. 신은 슬프고 감격스러운 마음으로 간청드리는 지극한 심정을 가눌 수 없습니다. 삼가 죽음을 무릅쓰고 아뢰니다.

## 좌의정으로 소명한 것을 사양하는 상소

左議政辭召命疏

갑신년(1584, 선조17) 1월 16일○계미년(1583) 11월 9일 고향에서 상기(喪期)를 마쳤다. 다음 날 좌의정에 제수되었고, 11일에 소명(召命)이 있어, 17일에 공경히 받들었다. 19일부터 갑신년 4월 25일까지 정장(呈狀) 다섯 번, 상소 한 번, 전(箋) 세 번을 올려 모두 아홉 차례 사직하였다. 상께서 관청의 아전을 세 번 보냈고, 사관(史官)을 네 번 보냈고, 승지를 한 번 보냈고, 윤허하지 않는다는 비답을 열두 번 내렸다. 선생이 부득이 명에 응했다. 이 상소는 네 번째로 올린 것이다.

구함(具銜).[48] 삼가 아룁니다. 신은 항상 직무를 감당하지 못할까 봐 걱정해 왔습니다. 계유년(1573) 이래로는 질병에 걸릴 때마다 하소연하였고, 여러 해 동안 매우 간절한 마음을 아뢴 것이 거의 70번에 가까운데도 윤허를 받지 못하였습니다. 신사년(1581) 가을에 모친상을 당해 돌아와 장사 지내고 이내 특명(特命)에 부응해 서울에 있는 집에서 상주 노릇을 하였습니다. 의약(醫藥)으로 조리해 가며 힘든 몸을 이끌고 간신히 부제(祔祭)와 담제(禫祭)를 지냈습니다. 모진 목숨이 아직까지 죽지 않고 살아 있으니, 하늘이 망극할 뿐입니다. 노환(老患)이 있는 상인(喪人)으로 수로(水路)와 산길을 걷고 안개와 이슬이 끼고 춥고 습한 곳을 세 차례나 범하면서 먼 길 험한 여정을 거치는 동안

**48** 구함(具銜) : 공신호(功臣號), 품계(品階), 관직명(官職名), 봉호(封號) 등을 모두 갖추어 썼음을 말한다. 원래의 문서를 문집에 수록하면서 원래의 문서에는 다 갖추어 썼음을 밝히는 정도로만 적고 자세한 내용은 생략한 것이다. 이하의 '구함'도 동일하다.

마침내 기혈(氣血)이 몹시도 상하였는데, 상(喪)을 마친 뒤로 오히려 점점 더 위태로워져 온갖 증세가 다 나타났습니다. 심한 것으로는 어지럼증과 산기(疝氣)와 마비 증세가 있고 배, 가슴, 등 할 것 없이 전부터 있었거나 새로 생긴 통증이 번갈아 가며 공격을 해 대는데, 담천(痰喘)과 상기(上氣)가 주된 증상입니다. 기침 소리가 밤낮으로 끊이지 않는데, 밤에는 평상에 기대기도 하고 큰 베개에 엎드리기도 합니다. 독기(毒氣)가 기승을 부릴 때면 명치와 위가 뒤집혀 체한 것을 토하거나 삼키느라 머리털에 땀이 흥건해져 온몸이 땅에 쭉 뻗어 거의 죽을 뻔하다 다시 살아나기를 여러 번 했습니다. 세 차례 사직을 청한 후 마침내 교서를 받으니 눈물이 옷깃을 적시고 마음에 감격이 일었습니다. 성상의 은총에 힘입어 구차하게 시간만 끄는 동안 지난날의 모습이 아침저녁으로 변하였으니 근심스럽고 두렵고 놀라워 어떻게 해야 할지 모르겠습니다. 어떤 계책을 행해 보려 해도 이미 할 수 있는 것이 없습니다. 신이 길에서 죽는 것은 진실로 돌아볼 것도 없지만 성상의 너그럽고 인자한 도량으로 볼 때 후회하는 바가 있을까 봐 두렵습니다.

아, 요즘 국가에 어려움이 많으니, 초야에 있다 해서 침석(寢席)에 몸을 붙이고 있기를 바랄 수 없음은 사람 마음에 그렇게 하지 않을 수 없거니와 조정에서 감히 인피(引避)하면서 스스로를 보전할 계책을 세운다면 천하에 어찌 이런 이치가 있겠습니까. 옛날에 광덕(廣德)[49]이 병으로 관직을 그만두려 하자 그 임금이 집에 있도록 허락한 것은 그를 아끼지 않아서가 아니라 참으로 걱정스러워 차마 오라고 다그칠 수

**49** 광덕(廣德) : 한(漢)나라 설광덕(薛廣德)을 말한다. 그가 치사할 때 천자가 안거(安車)를 하사하자 집에 매달아 놓고 영광으로 여겼다는 고사가 있다. 《漢書 薛廣德傳》

없어서였습니다. 신이야 재주와 덕이 감히 그와 비교할 정도가 못 되지만 그 늙고 병든 것으로 말하면 열 배 백 배 정도일 뿐이 아니니, 이 점은 밝은 성상께서 특별히 불쌍히 여겨 자세히 살펴 주셔야 합니다.

삼가 바라건대 자애로운 성상께서는 신이 전에 여러 차례 간절히 사직한 것을 불쌍히 여기고 신이 지금 병이 더해진 상황을 살펴서, 치사하는 나이인 지금 다행히 한가하게 보양할 시간을 조금이라도 연장해 주신다면 천지 부모와 같은 성상께서 죽어 가는 목숨을 다시 살려 주시는 일이 될 것입니다. 신은 은혜를 입고 슬픔을 머금고서 하늘을 우러르고 성상을 바라보는 지극한 심정을 가눌 수 없습니다. 삼가 죽음을 무릅쓰고 아룁니다.

# 전

## 箋

3월 14일○이 전은 여섯 번째 올린 것이다.

구함(具銜). 삼가 아룁니다. 나이가 70이 되었으니 이치상 힘을 쏟기는 참으로 글렀고 질병 또한 심각해 형세상 스스로 물러나기를 청하러 나갈 수밖에 없고 보니, 온통 불안한 마음에 몇 줄기 눈물이 흐릅니다.

삼가 생각건대 신의 헛된 명성이 기두(箕斗)[50]와 같아 티끌만큼도 보답하지 못하였습니다. 화(禍)가 선비(先妣)에게 미치고 잘못된 은혜가 더해졌으니 상신의 소임을 망칠 것이 분명하고, 허물이 몸에 쌓여 바르지 못한데도 요행히 죽음을 면해 살고 있으니 이미 때가 다 되었다 하겠습니다. 삼가 바라건대 주상 전하께서 전부터 말씀드린 신의 간절한 말을 살피고 신이 지금 올린 절박한 청을 허락하신다면, 신은 삼가 조금이라도 쇠약한 몸을 보전하여 노년을 더 온전히 보내겠습니다. 밤낮으로 하늘을 이고 임금께서 장수하시기를 공경히 빌고, 아침저녁으로 죽어 결초보은할 생각만 품고 있습니다. 신은 하늘을 우러르고 성상을 바라보며 지극히 간절하고 황공한 심정을 가눌 수 없습니다. 삼가 죽음을 무릅쓰고 아룁니다.

**50** 기두(箕斗) : 실제 내용은 없이 이름만 난 것을 말한다. 225쪽 주40 참조.

# 전

## 箋

4월 9일○이 전은 여덟 번째 올린 것이다.

구함(具銜). 삼가 아룁니다. 윤음의 내용은 저를 손발처럼 여긴다는 것이었으나 아직도 사직을 청한 데 대해 허락하지 않고 계시기에, 진심을 아뢰어 천둥 같은 임금의 위엄을 범하면서 성상께서 마음을 돌리기를 바랐습니다. 그래서 마침내 정성을 다해 포용해 주시는 성상을 여러 차례 번거롭게 합니다. 삼가 생각건대 신은 무리도 없이 홀로 학문을 했는데도 융숭한 은혜를 입은 것은 짝할 만한 이가 드뭅니다. 두 해가 지나 거상이 끝나고 보니 고황에 병이 들었고, 반년 동안 관위(官位)를 비워 두다 보니 그 죄가 왕명을 어기고 태만한 데에 해당됩니다.

삼가 바라건대 주상 전하께서 특별히 고향으로 돌아가고 싶어 슬퍼하는 마음을 살펴 속히 모기가 태산을 지는 것처럼 역량은 안 되는데 중임을 맡는 데서 오는 근심을 풀어 주신다면, 신은 삼가 초심(初心)을 보존하고 늘그막의 절의(節義)를 더욱 가다듬을 것입니다. 뭇 별이 북극성을 받드는 마음을 어찌 밥 한번 먹는 사이엔들 잊을 수 있겠습니까. 장수하시기를 세 번 만세를 부르는 일[51]처럼 날마다 축원할 수 있을 것입니다. 신은 하늘을 우러르고 성상을 바라보며 지극히 간절하고 황공한 심정을 가눌 수 없습니다. 삼가 죽음을 무릅쓰고 아룁니다.

**51** 세……일 : 백성들이 임금을 찬양하여 만세를 부르며 즐거워함을 말한다. 한(漢)나라 무제(武帝)가 숭산(崇山)에 올라가 제사를 지낼 때 만세 소리가 세 번 들렸다는 고사가 있다. 《漢書 武帝本紀》

## 전

箋

4월 25일○이 전은 아홉 번째 올린 것이다.

구함(具銜). 삼가 아룁니다. 늙은 말이 마구간에 누워 있노라니[52] 슬픈 생각이 들지만, 일어난다 한들 어찌 도를 알겠습니까. 구렁에 빠져 슬피 울고 있지만, 날아도 하늘에 다다를 방법이 없습니다. 변치 않는 저의 정성을 다 드러내어, 임해 주시는 밝은 성상께 여러 번 누를 끼쳤습니다.

삼가 생각건대 신은 복이 지나치다 보니 재앙이 거듭되어 점점 더 몸이 쇠하고 병이 더해졌습니다. 수기(水氣)와 화기(火氣)가 조화롭게 돌지 못해 잔약한 생명력이 사그라들고 근육과 뼈도 다잡지 못해 일개 추하고 더러운 귀신의 형상을 하고 있습니다. 삼가 바라건대 주상 전하께서 오랫동안 비워 둔 관직을 해임해 주어 한가롭게 지내도록 은전을 베풀어 주신다면, 신은 삼가 맑은 교화에 목욕하고 밝은 시대를 약으로 삼을 것입니다. 상산사호(商山四皓)처럼 숨만 붙은 채 삶을 마칠 때까지 몸을 보전하기를 바라고, 낙표(洛表)[53]에서 떠돌며 해를 바라보는

**52** 늙은……있노라니 : 세상에 뜻이 있어도 늙어서 움직일 수 없음을 표현한 말이다. 진(晉)나라 때 왕돈(王敦)이 술에 거나하게 취할 적마다 "늙은 준마는 마구간에 엎드려 있어도 뜻이 천 리 밖에 있고, 열사는 늙어도 웅장한 마음 끊이지 않네."라고 노래하면서 여의장(如意杖)으로 타호(唾壺)를 두드렸다는 고사가 있다. 《世說新語 豪爽》

**53** 낙표(洛表) : 하(夏)나라 태강(太康)이 떠나 있으면서 유람하고 사냥했던 장소이다. 《서경》 〈오자지가(五子之歌)〉에 태강이 왕위를 계승하고서도 낙표에서 사냥하며 100일 동안 돌아오지 않았다는 내용이 보인다. 여기서는 조정에서 멀리 떨어진 곳을

해바라기처럼 충성을 다 바칠 것입니다. 신은 하늘에 빌며 명을 기다리는 간절하고 절박하며 두렵고 애타는 지극한 심정을 가눌 수 없습니다. 삼가 죽음을 무릅쓰고 아룁니다.

가리키는 말로 쓰였다.

## 송추에서 생을 마치기를 청하는 차자

乞畢命松楸箚子

을유년(1585, 선조18) 3월 8일○2월 18일부터 5월 22일까지 한 번 차자를 올리고 13번 정사(呈辭)하였다. 총 14번 중에 이 차자는 네 번째 올린 것이다.

삼가 아룁니다. 신이 사직을 청한 정상을 이미 성상께서 통촉하고 계신데도 여전히 누차 번거롭게 해 드리는 것은 어쩔 수 없는 점이 있기 때문입니다. 신은 특별히 천총(天寵)을 입고는 단지 망극한 마음을 품었습니다. 재주가 없으면서 굳이 어진 인재에게 길을 비켜 주지 않은 것은 마음을 다하고자 해서였을 뿐이고, 나이가 들어서도 치사(致仕)를 청하지 않은 것은 감히 예로써 물러날 수 없어서였습니다. 작년에 온 것은 비록 감격스럽고 황공한 마음에서 나왔으나 그래도 몸을 일으켜 움직일 수 있어서였습니다. 그런데 한 해 한 해 위태롭고 그동안의 슬픔이 번갈아 몰려들어 다그치니, 기운이 사그라져 다하지 않을 시간이 얼마나 되겠습니까. 이것이 신이 노병(老病)을 가지고 말하지 않을 수 없는 이유입니다. 나라에 근심이 많은 때에 누가 감히 스스로 외면하겠습니까. 그런데도 벼슬을 더하지 않으려는 뜻은 실로 몹시도 늙고 병들어 방향을 잃은 것처럼 정신이 혼미하여 스스로 진작할 수 없어서입니다. 거룩하신 성상께 점점 다가갈 수 없고, 숨이 곧 넘어갈 것 같아 더 이상 그 무엇도 할 수가 없습니다. 마을에서 깊은 밤마다 통곡과 눈물을 모두 쏟은 뒤에야 그치니, 어찌 슬프지 않겠습니까. 신은 부모를 떠난 지 20여 년이 되도록 서로 만난 것이 몇 번 안 되고, 연락도 못하고 지냈습니다. 송추(松楸)에 한두 해 의거하여 지내다 생을 마치고자 하니, 어찌 하루라도 마음속에서 잊힐 리가 있겠습니까. 이젠 어쩔 수 없다고 하다가 죽고 난 뒤에는 어찌하겠습니까.

삼가 바라건대 자애로운 성상께서는 특별히 불쌍히 여겨 속히 체차해 주신다면 매우 다행이겠습니다. 재결하여 주소서.

## 해직을 청하고 궤장을 사양하는 계사

乞骸辭几杖啓辭

6월 4일○출사한 뒤에 아뢰었다.

소신이 물러나야 할 이유 세 가지는 분수를 지켜야 한다는 것, 늙었으니 벼슬을 그만두어야 한다는 것, 도리에 어긋난다는 것입니다. 또 감당할 수 없는 이유 네 가지는 상기(上氣), 다리 마비, 어지러움, 귀먹음입니다. 무릇 이는 모두 억지로 할 수 없는 일이기에 황공하여 근심하고 서글피 우는 것을 금할 수 없습니다. 매양 스스로 은혜를 저버리고 삶을 보전하니 그 죄가 죽음으로도 용납될 수 없다고 생각하였습니다. 그러다 또 성상의 비답을 받아 보니, 간곡하고 정성스러워 감히 뜻을 받아들일 수 없고 몸 둘 곳이 없습니다. 수상(首相)의 직임은 더욱 어찌할 도리가 없습니다. 오랫동안 자리를 비운 채 물러나 엎드려 말하자니 더욱 망극하여, 어쩔 수 없이 몸을 이끌고 들어와 사은하고 해직을 청합니다.

삼가 바라건대 자애로운 성상께서는 곡진히 살피고 불쌍히 여겨 특별히 체차해 주시고, 아울러 궤장(几杖)을 사양하는 것을 허락해 주소서.

## 궤장을 하사할 때의 술과 음악을 사양하는 차자

賜几杖時辭酒樂箚子

윤9월 25일

삼가 아뢰웁니다. 신이 지난봄에 신병으로 정사(呈辭)하자 특지(特旨)로 궤장을 하사하도록 명하셨습니다. 신은 놀라움을 금할 수 없어 열 번이나 사양하였으나 윤허하지 않으시어, 황송하고 당혹스러워 그만두었습니다. 삼가 생각건대 이러한 예(禮)는 신이 전에 들어 보지 못했는데, 가만 듣자 하니 고려 시대의 권신(權臣) 최충헌(崔忠獻)이 그 지위를 공고히 하고자 처음으로 만들었다고 합니다. 신은 아조(我朝)가 어떻게 잘못을 답습하여 예전(禮典)에까지 실리게 되었는지 모르겠고, 또 술을 하사하고 음악을 하사하는 데 이르렀는지 모르겠습니다. 더구나 신 같은 자는 그 정도가 가볍든 무겁든 간에 비난과 비웃음을 끼쳤으니, 몹시 걱정스럽습니다. 생각해 볼 때 명을 받든 지 이미 오래되어 은혜를 맞이하는 것이 너무 느슨해져서 그저 부끄러움과 두려움이 늘 뿐이니, 신은 죄가 있습니다.

삼가 보건대 근래 변이(變異)가 끊이지 않아 상하가 두려워하고 반성하는 때입니다. 해당 관사로 하여금 궤장을 갖추어 지급하는 것을 멈추도록 하고, 다시 예(例)에 따라 술과 음악을 하사하는 일을 하지 말아 어리석은 신의 분수를 조금이나마 편안하게 해 주신다면 매우 다행이겠습니다. 재결하여 주소서.

## 궤장을 하사한 데 대해 사례하는 전문

謝賜几杖箋

10월 13일

대광보국숭록대부(大匡輔國崇祿大夫) 의정부영의정 겸 영경연홍문관예문관춘추관관상감사(議政府領議政兼領經筵弘文館藝文館春秋館觀象監事) 신 노수신은 이달 12일 삼가 궤장(几杖)을 하사하라고 명하시는 성은을 입었습니다. 신이 감격에 겨워 삼가 전(箋)을 올려 사례합니다. 신은 참으로 황공하여 머리를 조아리고 또 조아립니다.

삼가 아룁니다. 치사(致仕)하기를 청함이 합당하다고 여겨 스스로 진퇴의 어려움을 만들었는데, 특별히 보살펴 머물도록 해 주시니 그저 용사(用捨)에 누를 끼친 것 같습니다. 자신을 돌아볼 때 어찌할 바를 모르겠고 분수를 생각할 때 망극합니다.

삼가 생각건대 신은 입을 다물고 못가에 걸터앉아[54] 구유에 머리를 대고 욕심을 내다가 은혜를 베풀어 돌보시는 은전(恩典)에 놀랐으며, 은혜로운 글이 내릴 적에는 몸을 기대는 물품까지 참람되이 함께 받았습니다. 총애를 받는 영광이 널리 미쳤으니 어찌 능력이 있느니 없느니 할 수 있겠습니까. 이에 오히려 분수에 넘치는 일을 맡고 있는 것입니다. 이는 대개 주상 전하께서 미약한 저에게 깊이 인(仁)을 베푸신

54 못가에 걸터앉아 : 재주도 없이 벼슬함을 가리키는 말이다. 송(宋)나라 때 증공량(曾公亮)이 늙어서도 벼슬을 그만두지 않고 중서성(中書省)에 재직하고 있자, 이복규(李復圭)가 "늙은 봉황이 못가에 걸터앉아 떠나지 않고, 굶주린 까마귀가 대 위에서 입 다물고 가만히 있네."라는 시구로 기롱하였다. 《宋名臣言行錄 後集 卷6 曾公亮》

때와 늘그막에 의리가 돈독해진 때를 만난 것이기는 하지만 비루한 사람이 해서는 안 되는 일임을 알 수 있으니, 늙은 자를 우선 편안하게 하는 일을 용납하소서. 신이 감히 받들어 주선하여 깊은 물에 임한 듯 얇은 얼음을 밟는 듯 조심하지 않을 수 있겠습니까. 남은 인생 늙은 이로 살아야 하니 살아서 은혜를 갚을 수는 없지만, 아홉 번 죽더라도 일편단심은 남아 있으니 죽어서 결초보은할 것을 약속드립니다. 신은 하늘을 우러르고 성상을 바라보면서 지극히 간절하고 황공한 심정을 감당할 수 없습니다. 삼가 전(箋)을 올려 사례하고 아룁니다.

## 영상 자리를 체차해 줄 것을 청하는 차자

乞遞領相箚子

무자년(1588, 선조21) 7월 22일○정해년(1587) 1월 23일부터 6월 6일까지 모두 23차례 정사(呈辭)하였으나, 모두 윤허하지 않았다. 14일에 출사하고 또 무자년 1월 21일부터 4월 13일까지 모두 17차례 정사하여 체차되었다. 5월 11일에 다시 영상에 제수하였다. 6월 7일에 한 번 정사하고, 이날 이 차자를 올렸다.

삼가 아뢰니다. 소신은 부종(浮腫)으로 인해 양쪽 다리를 절룩거리는데, 의원이 가을이 되면 분명 차도가 있을 것이라고 말했습니다. 또 생각건대 은혜를 입어 반드시 나을 거라 생각하여 죽음을 무릅쓰고 반열에 나아갔습니다. 그러나 완고하고 우매하여 예사로운 일에도 의혹을 품고 일을 감당할 수 없을까 답답합니다. 우의정 유전(柳㙉)[55]은 서울에 나가고 좌의정 정유길(鄭惟吉)[56]만 있는데, 홀로 공회(公會)를 담당하다 병이 들었고 또 얼마나 갈지 알기 어렵습니다. 소신은 집에 있으면서 발이 아파 꼼짝도 할 수 없다 보니 두려워 떨며 몸 둘 바를 모르겠습니다. 더구나 서울로 올라오라는 문서가 도착했으니, 어떻게 해야겠습니까. 삼가 바라건대 신의 직임을 체차하도록 속히 명하고, 시급히 그 후임을 정해 주시면 매우 다행이겠습니다. 재결하여 주소서.

**55** 유전(柳㙉) : 1531~1589. 본관은 문화(文化)이다. 정여립(鄭汝立)의 옥사를 다스린 후 평난 공신(平難功臣)에 책록되고, 영의정 등을 지냈다.

**56** 정유길(鄭惟吉) : 1515~1588. 본관은 동래(東萊), 자는 길원(吉元), 호는 임당(林塘)이다. 1538년(중종33) 별시 문과에 장원으로 급제하였고, 1544년 이황(李滉), 김인후(金麟厚) 등과 함께 동호서당(東湖書堂)에서 사가독서(賜暇讀書)를 하였다. 1583년(선조16) 우의정으로 승진하고 1585년 좌의정에 이르렀다.

## 봉조하를 청하는 차자

乞奉朝賀箚子

기축년(1589, 선조22) 1월 4일○앞의 차자를 올리고 그해 7월 29일부터 12월 3일까지 열두 번 정사(呈辭)하여 체차를 허락받았다. 16일에 오사(五司)의 제조를 모두 사직하였는데, 사역원 제조만 체차하도록 허락받았다. 이때 이 차자를 올렸으나 윤허하지 않았다.

삼가 아룁니다. 소신이 성상의 은혜를 입어 체직되어 목숨을 보전하였으니 조금이라도 병을 줄일 수 있어야 마땅한데, 도리어 병을 더 얻어 날이 갈수록 더욱 상심하여 근심하고 있습니다.

아, 소신은 한 발짝도 움직이지 못하면서 직임을 띠고 녹봉을 받으니, 이 어찌 마음 편히 지내며 조금이라도 쉴 수 있는 상황이겠습니까. 신이 일찍이 선배를 통해 듣기로는 대신(大臣)이 나이가 들어 병이 있으면 봉조하(奉朝賀)에 임명된다고 하였습니다. 신은 이미 75세인데다 상기(上氣)와 부기(浮氣)와 삽기(澁氣)가 번갈아 일어나 공격하니 봉조하도 받들 수 없는데, 더구나 후한 녹봉을 받는 직명이야 말할 것이 있겠습니까. 지금의 상황으로 보면 법이 행해지지 않는 것은 그것이 폐해져서가 아니라 단지 신 같은 경우가 없어서일 뿐입니다. 구구한 저의 바람은 삼가 성명(聖明)께서 특별히 유사(有司)에게 명하여 특별히 그 법을 일으켜 시행하는 것이니, 그렇게 된다면 사방으로 하여금 조종조(祖宗朝) 성세(盛世)의 좋은 풍속을 알리게 될 것입니다. 이와 같이 하신다면 이는 비단 신의 마음만 편안할 뿐만이 아닙니다. 목을 빼고 간절히 기다리는 이 마음을 가눌 수 없습니다. 재결하여 주소서.

## 치사를 청하는 차자

乞致仕箚子

5월 12일○윤허하지 않았다.

소신은 하부(下部)에 힘이 하나도 안 남았다가 숨이 날로 점점 가빠지기에 이르렀습니다. 다만 아무 때고 온몸이 부었다 빠졌다 하고 양쪽 정강이뼈가 손가락처럼 앙상한데, 수차례 부었다가 지난달에는 크게 부어올랐습니다. 부어오를 때면 뼈와 살이 욱신욱신 아파 옵니다. 또 조금 헛디뎠는데 많이 다쳐 낫지 않고 있으니, 심해져서 구부리고 펴지도 못하여 영원히 대궐에 가서 사직하지 못하게 될까 봐 참으로 두렵습니다. 이에 부축을 받고 들어가서 숙배하고자 했지만 비통해 울고 말았습니다. 신이 한번 대강을 말하였으나 다 하지 못한 말이 있어 지금 다 하자니 더욱더 황공해집니다.

신의 5세조(世祖)인 동지(同知) 노덕기(魯德基)가 상주(尙州)의 화령(化寧)에서 노후를 보냈는데, 산이 높고 물이 차가운 땅이라 어떤 식물도 여물지를 않고 목화도 피지 않아 사람들이 살려고 하지 않았습니다. 그러니 신이 어찌 유독 이곳에 살기를 즐길 리가 있겠습니까. 그저 고향에서 생을 마무리하고 싶은 지극한 심정에서였습니다. 더구나 20여 년 동안 고향을 떠나 있던 몸으로 300여 리나 되는 험한 길을 영구(靈柩)를 옮긴다면 타향에서 떠도는 혼이 외로이 의지할 데가 없을 것입니다. 속담에 이르기를 "살아 있는 개도 죽은 정승과 바꾸려 하지 않는다."라고 하였습니다. 이는 죽은 것에는 기력이 없음을 강조한 말입니다.

신은 올해 75세입니다. 영예와 경사를 더없이 잘 갖추기로는 인간 세상에서 짝이 될 만한 사람을 찾을 수 없습니다. 바라는 바는 다만 치사(致仕)하는 것 한 가지뿐입니다. 만약 다시 천은(天恩)을 받아 망가진 수레와 여윈 말을 타고 마을 문으로 걸어 들어가 부로(父老)를 위해 산소를 찾으면서 남은 생을 다하고 죽어서도 결초보은할 수 있다면 여한이 없을 것입니다. 그렇지 않고 일품관(一品官)의 녹봉 대신 10묘(畝)의 이익을 중히 여겨 하루아침의 안락을 탐하는 것이라면 어찌 그런 법이 있겠습니까. 이는 그저 힘이 모자라서이니, 마음으로는 반드시 쓰이려고 하는 것입니다. 그러니 미천한 신에게만 다행일 뿐만 아니라 성조(聖朝)의 유풍(遺風)이 먼 후대에까지 영향을 미치는 일도 격발됨이 있을 것입니다.

아, 신이 길에서 죽으면 그만이거니와 만약 다행히 이를 면할 수 있다면 살아 있는 동안 임금께서 만수무강하시기를 기원할 것입니다. 말을 하고 싶으면서도 말하지 않는다면 후회해도 소용이 없습니다. 죽음에 임박하여 정신이 아득하니, 죄가 만번 죽어 마땅합니다. 재결하여 주소서.

## 치사를 청하는 차자

乞致仕箚子

7월 20일○또 윤허하지 않았다.

옛날에 신하로서 나이가 70이 되면 임금에게 치사하였는데, 임금에게 치사하는 것은 염치를 기르고 향사(鄕社)에 보탬이 되기 위해서입니다. 그런데 꼭 이대로 다 물러나게 할 필요는 없기 때문에 덕이 높고 재주가 높으며 총명함이 줄지 않은 자는 혹 남겨 두기도 합니다. 그러나 신은 물러나야 할 자입니다. 숙병(宿病)이 때마침 일었으니 예로 헤아려 보더라도 딱 부합하고, 의리에 근본해 보더라도 참 편안합니다.

상께서도 틀림없이 그렇게 여기면서도 다만 옛일을 가지고 난처해하실 뿐입니다. 가을바람이 불어 다시 서늘해지자 병이 날로 더욱 중해져 숨이 넘어가려는 상태를 겪다 결국 이렇게까지 되었습니다. 박순(朴淳)도 세상을 떠났고, 정종영(鄭宗榮)[57]도 이미 세상을 떠났습니다. 벼슬하며 녹봉을 받는 것은 옛 도이나, 하등(夏等)[58]의 녹봉을 받는 것은 감히 바랄 바가 아닙니다. 아직까지도 숙배하지 못하였으니, 본직은 끝났습니다. 경연직이 어떤 관직입니까. 제사(諸司)의 제조도 직분

57 정종영(鄭宗榮) : 1513~1589. 본관은 초계(草溪), 자는 인길(仁吉), 호는 항재(恒齋)이다. 김안국(金安國)의 문인으로, 1543년(중종38) 식년 문과에 병과로 급제하였다. 1562년(명종17) 경상도 관찰사로 부임하여 윤원형(尹元衡)에게 아부하여 부정행위를 자행하는 수령들을 응징하고, 내전의 힘을 빌려 권세를 부리는 요승(妖僧)을 제거하였다.

58 하등(夏等) : 녹봉을 지급하는 분기(分期) 가운데 여름에 해당하는 것을 말한다. 석 달씩 나누어 춘등(春等), 하등, 추등(秋等), 동등(冬等)으로 구분하였다.

아닌 게 없는데 모두 나아가 행하지 못하고 있으니, 인심(人心)을 지닌 자로서 감당할 수 있겠습니까.

삼가 바라건대 자애로운 성상께서는 속히 미천한 신의 정성을 살펴 먼저 경연관 직임을 거두고 겸하여 제조를 체차한 뒤에 치사 등의 일을 의논하여 처리하소서. 재결하여 주소서.

소재집

제9권

行狀 행장 墓表 묘표 墓誌 묘지 碑碣 비갈

# 행장 行狀

## 유명 조선국 고 자헌대부 의정부우참찬 겸 지춘추관사 이공 행장

有明朝鮮國故資憲大夫議政府右參贊兼知春秋館事李公行狀

한산 이씨(韓山李氏)는 고려(高麗) 때 가정(稼亭) 문효공(文孝公) 휘(諱) 곡(穀)과 목은(牧隱) 문정공(文靖公) 휘 색(穡) 부자(父子)가 연이어 원(元)나라 조정에 들어가 제과(制科)[1]에 급제하여 문장(文章)과 덕업(德業)이 천하에 알려지면서 드디어 대대로 문헌으로 이름난 가문이 되었다.

목은의 둘째 아들 휘 종학(種學)은 첨서밀직사(簽書密直事)를 지냈는데, 고려조에 절의(節義)를 다하다 바뀐 사직(社稷)에서 목숨을 마쳤다. 밀직공(密直公)이 휘 숙묘(叔畝)를 낳았는데, 형조 판서로 있을 적에는 심리(審理)를 깔끔하게 하여 원통해하는 경우가 없었고, 집안에는 남아도는 물건이 없었다. 지돈녕부사(知敦寧府事)를 지내다 생을 마쳤다. 시호는 양도(良度)이다. 양도가 휘 형증(亨增)을 낳았는데, 첨지중추원사(僉知中樞院事)를 지냈다. 몸가짐이 청렴하여 작은 것 하

1 제과(制科) : 시(詩), 부(賦), 송(頌), 책(策)으로 인재를 선발하는 과거를 말한다.

나라도 남에게 주거나 받지 않았다. 첨지공(僉知公)이 휘 예견(禮堅)을 낳았는데, 사간원 대사간을 지냈다. 가는 곳마다 청렴하고 신중하다는 명성을 얻었고, 자제(子弟)를 교육할 때에는 몸가짐을 단속하고 겉으로 보이는 것에 치중하지 않도록 하였다. 선산 김씨(善山金氏) 종사랑(從仕郎) 김관안(金寬安)의 집안으로 장가들어 성화(成化) 경자년(1480, 성종11)에 서울에서 공을 낳았다.

공의 휘는 자(耔)이고, 자(字)는 차야(次野)이다. 세상에서는 음애(陰崖) 선생이라 칭했다. 공은 어려서부터 의젓한 모습이 성인(成人) 같았고 함부로 장난을 치지 않아 주위 사람들이 범상한 아이가 아님을 알았다. 겨우 7, 8세 되던 무렵에 대간공(大諫公)이 처음으로 글을 가르쳤는데, 신경을 많이 쓰지 않았어도 1년 만에 구두를 떼고, 다시 1년 후에는 대의(大義)를 환히 알았다. 조금 더 자라서는 학문에 더욱 힘써서 방에 물러나 지냈는데, 마치 마음으로 깨달은 바가 있는 것 같았다.

계축년(1493)에 삼척 부사(三陟府使)로 있던 아버지를 모시고 가르침을 받았는데, 마침내 두타산(頭陀山) 중대사(中臺寺)에 올라가 《송사(宋史)》를 읽다가 개연히 스스로 의분(義奮)이 일어 만언서(萬言書)를 지어서 스스로 바치고자 하였으나 대간공이 경계하여 말렸다. 어떤 학식이 깊은 분이 있었는데, 계율을 상당히 엄격히 지키고 말에도 도리가 있자 또 그를 좋아하여 함께하려고 하였다. 절 앞에는 깎아지른 절벽이 서 있고 쌓인 눈이 서로 비추어 주었는데, 그곳에서 향 피우고 등을 달아 놓고 밤을 지새우며 천고(千古)의 역사를 두고 격앙하였다. 서울로 돌아올 때가 되자 공은 실망스러워 기뻐하지 않아 때로 깊이 걱정하며 길게 탄식하였고, 심지어는 간관(諫官)이 되어 당세의 일을 극언(極言)하고자 하였다.

홍치(弘治) 신유년(1501, 연산군7)에 사마시(司馬試)에 합격하였는데, 함께 급제한 김안국(金安國), 정충량(鄭忠樑), 성세창(成世昌), 유운(柳雲)이 다들 공과 뜻을 같이하는 친구였다. 성균관에 유학할 적에 남들과 특출하게 다르지는 않았지만 모두 그가 덕망 있는 인물이 될 거라 기대하였다. 이장곤(李長坤), 심정(沈貞), 이공중(李公仲), 이효언(李孝彦), 김희수(金希壽), 송호의(宋好義), 송호례(宋好禮), 송호지(宋好智) 등과 함께 지내며 학문을 갈고 닦았다. 그러나 늘 전에 기대했던 데서 열에 여덟아홉은 이미 망가진 것을 한스러워하였다.

갑자년(1504)에 문과 제1등으로 뽑혀 사헌부 감찰에 제수되고 천추사(千秋使)의 서장관(書狀官)으로 충원되었다. 돌아와서는 이조 좌랑에 천거되어 임명되었다. 당시는 연산(燕山)의 정치가 어지러운 상황이라 애써 벼슬살이를 하였으나 오직 술만 마시며 스스로를 더럽혔다. 대간공이 임금의 뜻을 거슬러 처음에는 용궁(龍宮)에 유배되었다가 얼마 있다 성주(星州)로 이배(移配)되었다. 공은 문소(聞韶)로 부임하기를 청하였는데, 백성들을 다스리고 인재를 양성하는 일 모두에 최선의 방법을 다하여, 공이 떠난 뒤에 사람들이 그를 매우 그리워하였다.

정덕(正德 명 무종(武宗)의 연호) 병인년(1506, 중종1)에 정국(靖國)하자 대간공이 조정에 돌아오게 되었다. 공은 또 양천(陽川)에 부임하기를 청하였는데, 부임하기도 전에 공의 문학(文學)이 고문(顧問)에 대비할 만하다고 말한 자가 있어 홍문관 수찬에 제수되었다.

경오년(1510) 겨울에 대간공의 상(喪)을 당하였다. 이듬해 봄에 용인(龍仁)의 기곡리(器谷里)에서 여묘하면서 예에 따라 장사 지내고 제사 지내니, 향리 사람들이 감화되었다. 상기(喪期)가 끝나고 나서 선산 아래 남쪽 시내 바위틈에 단풍 숲이 끼어 자라는 것을 보고 그것을 사랑하는 마음에 스스로 풍림거사(楓林居士)라 호를 지었다.

계유년(1513) 봄에 부교리, 부응교, 사간으로 승진하였다. 갑술년(1514) 8월에 대부인(大夫人)의 상을 당하였는데, 슬픔으로 몸이 상할 지경인데도 더욱 몹시 슬퍼하였고 상기를 마치고 돌아가면서는 종의 손을 잡고서 "너를 여기에 남겨 혼자 지키게 하니, 의리가 형제와 똑같다."라고 하고는 오열해 마지않았다.

병자년(1516) 9월에는 직롱(直壟) 남쪽에 한 칸짜리 집을 짓고 처마를 올리고 담장을 둘러 재숙(齋宿)하는 장소로 삼았는데, 사암(思庵)이라고 이름하였다. 기문(記文)을 지어 그 뜻을 밝혀서 판(板)에 쓰면서 "나의 허물을 징계한다."라고 하고 또 규계(規戒)로 삼아 걸어 두었으니, 그 뜻이 종신토록 갈 것 같았다.

그해 겨울에 다시 응교(應敎)에 제수되었고 곧이어 전한(典翰), 직제학(直提學)으로 승진하였으며, 정축년(1517) 여름에는 부제학으로 승진하였다가 승정원 우부승지로 이임(移任)되었다.

무인년(1518) 5월에 조정에서 종계변무(宗系辨誣)[2]에 대해 주청(奏請)할 일을 의논하자 상께서 사자(使者)를 폭넓게 선발할 것을 명하였다. 전조(銓曹)에서 적임자를 구하기가 어려워 시종신(侍從臣)으로 임명한 명을 거두기를 청하고 부사(副使)로 천거하여 의망(擬望)하였다.

**2** 종계변무(宗系辨誣) : 종계(宗系)에 관한 무함을 밝힌 것을 가리킨다. 명나라의 《태조실록(太祖實錄)》과 《대명회전(大明會典)》에 조선의 태조 이성계(李成桂)가 이인임(李仁任)의 아들로 잘못 기록되어 있어, 국초 이래 이를 정정해 줄 것을 누차 청하였으나 거절당했다. 결국 1584년(선조17)에야 종계변무 주청사(宗系辨誣奏請使) 황정욱(黃廷彧)이 가서 바로잡았다. 《國朝寶鑑 宣祖朝 17年》《燃藜室記述 卷17 宗系辨誣》

그러자 상께서 특별히 직질(職秩)을 더해 주었고 한사코 사양하였으나, 윤허하지 않았다. 드디어 명(明)나라에 들어가 나아가 아뢰고 다시 예부(禮部)에 등서(謄書)하여 종백(宗伯)으로부터 칭찬을 받았다. 제본(題本)이 오르자 이내 유음(兪音)이 내렸고, 이에 칙서(勅書)를 받들어 압록강을 건너 본국으로 돌아왔다. 그러자 등급을 건너뛰어 한성부 판윤(漢城府判尹)에 임명하고 동지경연사(同知經筵事)를 겸하게 하면서 토지와 노비를 하사하였다.

그해 3월에는 형조 판서로 옮겨 오위도총부 도총관(五衛都摠府都摠管)을 겸임하였고, 얼마 있다 의정부 우참찬이 되어 지춘추관사를 겸임하였다.

기묘년(1519)에 사화(士禍)가 일어나자 이에 연루되어 음성(陰城)에 살면서 처음으로 스스로 음애(陰崖)라고 호를 지었다. 모든 관계를 끊고 두문불출하면서 허물을 반성하고 몸가짐을 조촐하게 하였는데, 식량이 자주 떨어져도 태연하였다. 오직 좌우에 있는 도서에 정신을 모으고 주목하여 가동(家僮)조차 그의 얼굴을 자주 보지 못하였다. 시간이 나면 학자 몇 명을 데리고 문암(門巖)의 시냇가를 배회하였는데, 샘물을 터서 못으로 끌어들이기도 하고 띠를 베어 정자(亭子)에 얹기도 하고, 시(詩)를 읊으며 회포를 풀기도 하고, 때로 술이 생기면 실컷 마시고 가슴속에 쌓인 응어리를 풀어내기도 하였다. 또 글을 짓기를 좋아하여 늘 붓 가는 대로 표현하며 스스로 즐기고는 하였다.

기축년(1529)에는 다시금 깊이 은거할 계획으로 충주(忠州) 달천(獺川) 상류에 있는 토계(兎溪)로 거처를 옮겨 정하였다. 작은 정사(精舍)를 지어 몽암(夢庵)이라 이름을 지었고, 스스로 몽옹(夢翁)이란 호를 짓기도 하였다. 산이 높고 골짜기가 깊어 물이 더욱 맑았고, 인적이 싹 사라져 마을에서 밥 짓는 연기 보기도 어려워 물가의 새들과 숲의 짐승들이 놀랄 일 없이 왕래하였다. 전(前) 교리(校理) 탄수(灘叟) 선생 이연경(李延慶) 공과 사는 곳이 멀지 않았다. 이어 스스로 계옹(溪翁)이라 호를 지었다. 맑은 바람이 불고 밝은 달이 뜨는 날에는 문득 노를 저어 찾아가 도의에 대해 끝까지 연구했는데 가슴속 생각을 다 털어놓고 즐거워하며 근심을 잊은 것이 일기(一紀 12년) 남짓이었다.

계사년(1533) 12월 15일에 세상을 떠나니, 향년 54세였다. 선영(先塋) 곁에 장사 지냈다.

공은 타고난 자질이 매우 뛰어나 겉모습은 편안하여 너그럽고 속마음도 시원스러웠으며, 바탕이 넓고 두텁고 도량은 크고 밝았다. 남을 대할 때는 온화하면서도 엄하였고, 일을 처리할 때는 간결하게 하면서도 찬찬히 하였다. 부모를 섬길 적에는 효성과 공경을 극진히 했고, 형제간에는 공순함과 사랑을 다하였다. 또 제향(祭享)에 정성을 쏟았고 다스릴 적에는 엄중한 태도로 임하였다. 집안에서는 질서가 엄격하여 아무리 나이 어린 아이들이라 해도 문지방을 넘을 수 없었다. 늘 손님을 대하듯 몸가짐을 단정히 하였고 긍지를 지니고 게으른 모습이 없었다. 성세창, 정충량 두 공(公)이 그와 종유(從遊)하였는데, 승려의 방석을 빌려 치열하게 수행하는 것을 가만히 사모하고 본받으면서 "이런 사람은 습관이 쌓여 자연스럽게 된 것이니, 어찌 배워서 되겠는가."라고 감탄하였다.

조정에 있을 적에는 음성과 안색이 조금도 변하지 않아 당시 사람들이 그에게 의지하며 존중하였다. 조정에 출입한 십수 년 동안 누차 임금의 칭찬을 받아 은우(恩遇)를 가장 많이 입었는데, 날마다 목숨을 바쳐 은혜에 보답할 길을 생각하였다.

당시 국가는 법이 오래되면서 폐단이 생기고 또 어지러운 정사를 겪어, 개혁을 해야 했던 원우(元祐)[3] 연간 정도일 뿐이 아니었다. 이에 제현(諸賢)이 일어나 건명(建明)한 바가 많았다. 나이가 젊고 기상이 날카로운 사람들이 앞다투어 탄핵하고 위험을 무릅쓰다 보니 여론이 크게 어그러져 있었고, 산직(散職)에 있는 자는 원망이 뼈에 사무쳐 종적을 감춘 채 곁에서 상황을 엿보고 있었다. 공과 신상(申鏛) 공, 조광조(趙光祖) 공, 권벌(權撥) 공은 두 세력을 적절히 조절하여 파국에 이르지 않게 하고자 하였으나 한두 공이 안 된다고 고집하는 바람에 더 이상 어쩔 수 없게 되어 북문(北門)에 비바람이 불게 된 것[4]이었다.

공이 연경(燕京)에 있을 때 상사(上使)인 남곤(南袞)이 병에 걸려 거의 죽을 뻔했는데, 공이 약을 구하기 위해 고생하였다. 그러자 서장관(書狀官)[5]이 귓속말로 "이자는 필시 사류(士類)를 해칠 것입니다." 하니, 공은 정색하면서 "이 사람은 우리와 함께 온 사신이오. 그대 말은 틀렸소." 하였다. 세상 사람들이 이 사행(使行)에서 어떤 문제도 없었던 것은 공의 힘이라고 하였다.

**3** 원우(元祐) : 송 철종(宋哲宗)의 연호이다. 이때 왕안석(王安石)이 정치를 개혁하고자 신법(新法)을 제창하여 부국강병을 꾀하였다.

**4** 북문(北門)에……것 : 남곤과 심정(沈貞)이 밤에 신무문(神武門)으로 들어가 조광조 등의 죄를 청하여, 청류(淸流)로 일컬어지던 사람들이 죽거나 귀양 가서 남김없이 화를 당한 기묘사화(己卯士禍)를 가리킨다.

**5** 서장관(書狀官) : 한충(韓忠, 1486~1521)을 가리킨다. 본관은 청주(淸州), 자는 서경(恕卿), 호는 송재(松齋)이다. 1519년 가을에 승지로 물러나 충청 수사(忠淸水使)가 되었다가 사화가 일어나자 거제(巨濟)로 귀양 갔는데, 얼마 안 되어 견책을 입고 끌려와 옥중에서 매를 맞아 죽었다. 《海東雜錄3 本朝3 韓忠》

공의 동서인 김안로(金安老)가 간교하고 시기 질투가 많아 이래저래 조화를 이루지 못하였으나 공이 더욱 후하게 대하고 한껏 성의를 베푸니, 그도 감히 말을 함부로 하지 못했다. 평소에는 담담히 세상을 잊고 사는 듯하다가도 시정(時政)이 잘못 돌아가고 있다는 소식을 들으면 온종일 탄식하였다.

한번은 누구를 가르치다가 진동(陳東)을 죽인 일[6]에 이르자 몇 줄 읽기도 전에 목이 메어 소리를 내지 못하고 비통한 기색이 얼굴에 가득하며 슬픔의 눈물이 눈에 고이니, 배우는 자들이 가만히 바라보다가 놀라서 서둘러 물러갔다. 늘 스스로 말하기를 "영남에 조금이나마 터전이 있으니 떠나더라도 충분히 끼니를 때울 수 있지만 용인(龍仁)에서 더 멀어지니 내가 차마 그렇게 하지 못하겠다." 하였다.

맏형인 이운(李耘)[7]을 공경하고 챙겨 주는 태도가 마치 사마 온공(司馬溫公)이 백강(伯康)에게 했던 것[8]과 같아, 함께 선산(先山)으로 돌아

**6** 진동(陳東)을 죽인 일 : 진동은 송(宋)나라 단양(丹陽) 사람이다. 송 고종(宋高宗)이 남경(南京) 응천부(應天府)에서 즉위한 직후에 금(金)과의 항전을 주장하던 재상 이강(李綱)이 파직되자, 태학생(太學生) 진동과 숭인(崇仁) 고을의 선비 구양철(歐陽澈)이 상소하여 이강을 복직시키고 주화파(主和派)인 황잠선(黃潛善)과 왕백언(汪伯彦)을 파직하며 사기를 진작하여 동경(東京)으로 회군(回軍)할 것을 청하였다. 그러자 황잠선이 진동과 구양철을 무함하여 죽였는데, 몇 년 뒤에 고종이 무고하게 죽인 것을 후회하여 벼슬을 추증함으로써 민심을 무마하였다. 《宋史 陳東列傳, 歐陽澈列傳》

**7** 이운(李耘) : 1469~1535. 본관은 한산(韓山), 자는 중야(仲野)이다. 1501년(연산군7) 식년 문과에 병과로 급제하였다. 1507년 이조 좌랑이 된 후 청주 목사(淸州牧使), 강릉 부사(江陵府使), 제주 목사(濟州牧使) 등을 역임하였다.

**8** 사마……것 : 사마 온공은 그의 형 백강과 우애가 매우 두터워 백강의 나이가 80이었을 때 엄한 아버지 받들 듯 어린아이 보호하듯 대하였다고 전한다. 《宋名臣言行錄 後集

갈 수 없음을 슬퍼하며 북쪽을 바라보며 난간에서 눈물을 줄줄 흘리곤 하였다. 일찍이 그와 함께 성묘를 가기로 약속하였는데 만형이 먼저 도착하였고 고을 현령 성림(成霖)[9]이 찾아왔다. 성림은 형 성운(成雲)[10]의 세력을 믿고서 팔을 걷어붙이고 기세등등하여 맑은 무리를 원수 보듯 하고 방약무인(傍若無人)하였다. 그런데도 공이 야윈 말을 타고 누추한 차림으로 들어가 앉자 성림은 저도 모르게 풀이 죽어 달아나다가 억지로 나와 절을 하였는데, 숨을 죽이고 땀을 흘리면서 밖으로 나와 말하기를 "저절로 경외심(敬畏心)이 들었다." 하였다.

내가 몇 밤을 모시고 지낼 기회가 있었는데, 그때 보니 독서를 하고 난 여가에는 반드시 술을 서너 잔 마시거나 시를 짓거나 어떤 일을 기록하셨다. 그러고 다시 단정히 앉아서 책을 펼치면 글을 읽는 소리가 문밖까지 들릴 정도였다. 이런 식으로 밤을 지새우고 하루 해를 보냈는데 온화하고 윤기 있는 안색과 굳세고 진중한 기운이 어디가 끝인지를 가늠할 수 없는 점이 있었다.

문장 짓는 일은 애당초 달갑게 여기지 않아 중년에는 힘을 쏟지 않다가 노년에 들어서야 비로소 힘썼는데, 말을 맑고 평범하게 하였고 꾸미

卷7 司馬光》 사마 온공은 사마광(司馬光)이고 백강은 사마단(司馬旦)이다.

**9** 성림(成霖) : 본관은 창녕(昌寧), 자는 택보(澤父)이다. 1504년 식년시(式年試) 진사시에 급제하였고, 호조 좌랑과 용인 현령(龍仁縣令)을 지냈다.

**10** 성운(成雲) : ?~1528. 본관은 창녕, 자는 치원(致遠)이다. 1504년 식년 문과에 병과로 급제하였다. 1506년 주서(注書)가 되었으나 왕의 미움을 받아 파직되었다. 기묘사화 때는 병조 참지로 있으면서 조광조를 비롯한 사림파 제거에 앞장선 공으로 우승지를 거쳐 대사헌이 되었다. 1527년 병조 판서로 군권을 장악하였으나 심광언(沈光彦)에게 붕당을 이룬다는 탄핵을 받고 경상도 관찰사로 좌천되었다. 시호는 경숙(景肅)이다.

거나 외설스러운 것에는 관심도 갖지 않았다. 〈즉사(卽事)〉라는 시에,

연못이 평평함은 분수 지킬 줄 아는 것이고　池平知守分
물이 흘러듦은 웅덩이가 차기를 기다림이네　水注待盈科
구름 그림자는 본디 자취가 없고　雲影本無迹
하늘 모습은 영원히 치우침이 없어라　天容長不頗
술 깨면 정신이 개운하게 맑아지고　酒醒神散朗
시 지으면 좌중이 너울너울 춤을 추네　詩就坐婆娑
이것이 사람 사는 세상 풍경이니　此是人中景
그런대로 온갖 병을 씻어 낸다네　聊焉滌百痾

하였는데, 입으로 불러 지은 것들도 대부분 이런 종류였다.

〈회암어록고해후(晦庵語錄考解後)〉를 쓴 것은 가장 순정(醇正)하다. 《음애집(陰崖集)》이 있는데, 작품이 거의 다 흩어져 사라져서 겨우 시(詩) 3656수(首)와 명(銘), 표(表), 부(賦), 사(辭), 전(傳), 기(記), 서(序), 설(說) 총 74편(篇)을 얻었을 뿐이다. 식자(識者)들이 이를 보배로 여기고 있다.

공은 평생 손에서 책을 놓지 않았는데, 집 안에서는 책 상자를 열고 논저(論著)를 지으면서도 밖에 나가서는 반드시 아는 것을 꼭꼭 감춰 두어 사람들이 그가 무슨 일을 하는지를 알지 못하였다. 또 태사(太史) 범조우(范祖禹)[11]의 《당감(唐鑑)》을 모방하여 《사평(史評)》을 저술하

**11** 범조우(范祖禹) : 1041~1098. 자는 순부(淳夫)·순보(純甫)·몽득(夢得), 호는 화양선생(華陽先生), 시호는 정헌(正獻)이다. 사마광(司馬光)을 따라서 《자치통감(資治通鑑)》을 편수하였다. 선인태후(宣仁太后)가 죽은 뒤에는 그 틈을 타서 소인배들이 득세할까 봐 염려하여 철종(哲宗)에게 여러 차례 간언(諫言)을 올렸다. 그 뒤 장돈(章惇)을 재상으로 삼아서는 안 된다는 내용으로 극언하였다가 외직으로 쫓겨나 있던 중

는 데 정력을 다 쏟았으나 완성을 보지는 못하였다. 돌아가실 무렵에 소회(所懷)를 남긴 말이 없을까 봐 염려하여 〈몽암관화유문(夢庵觀化遺文)〉을 지어 자질들에게 보였는데, 대체로 삶과 죽음의 근원에 통달한 내용과 선산에서 떨어져 있음을 슬퍼하는 내용이었다. 또 "상례와 장례를 치르는 일들은 모두 《주자가례(朱子家禮)》에 따라 거행하되, 염(殮)할 때는 시복(時服)을 쓰고 제사 때는 가찬(家饌)을 쓰라. 선부군(先府君)이 유밀과(油蜜果)를 쓰지 말도록 경계하시어 감히 어길 수 없어 내내 1첩(貼)만 진설하였으나, 내 생각에는 1첩도 진설하지 않는 것이 좋겠다. 상제(喪祭)에는 고기를 쓰지 않는 것이 우리 집의 오래된 가풍이니, 삭망(朔望)에만 육포와 식혜를 간략히 진설하도록 하라. 《가례》 가운데 행할 수 없는 것은 뒤에 나열해 놓았다."라고 하였다.

공의 학문은 쇄소응대(灑掃應對)를 단계로 삼고 궁신지화(窮神知化)를 궁극으로 삼아, 도리를 갖추어 수양하였고 체용(體用)이 모두 완비되었다. 그러나 남이 알아주기를 바라지 않았고, 또한 남에게 함부로 말하지도 않았으며, 실없는 말을 좋아하지 않고 오직 실제에 맞게 착실히 해 나가는 데에만 힘썼다. 만년에 참되게 쌓아 가며 오래도록 노력하여 의(義)가 정밀해지고 인(仁)이 무르익어 동정어묵(動靜語默)이 경우에 맞았다. 비록 그가 얻은 바를 듣지는 못했지만 그가 도달한 경지는 이미 극에 달하였다. 호걸(豪傑)의 재주를 지니지 않았다면 어찌 이처럼 해낼 수가 있었겠는가.

아, 나라에 충성하는 간절한 그 마음이 오래도록 시골구석에 묻혀 있느라 펴지지 못하였고, 당당히 나서서 세상을 구제하려던 뜻이 대번

사망하였다. 《宋史 范祖禹列傳》

에 지하에 묻히고 말았다. 참으로 이른바 "이 사람에게 복(福)이 없다면 천하도 복이 없을 것이다."라는 경우이니, 천하를 생각할 때 애통해할 만하다.

당시의 만사(輓詞)에 심언광(沈彦光)[12]이 지은 작품 한 편이 있다.

재능 있는 젊은 시절 높이 품은 뜻 노성한 이와 비길 만했고 英妙高懷擬老成
일세를 경장하니 세상이 놀랐네 更張一世世曾驚
그저 처음 먹은 뜻대로 시와 예를 닦을 것을 聊將詩禮修初服
어찌하여 세상 다스리겠다며 반평생을 그르쳤을까 豈意經綸誤半生
벼슬하느냐 마느냐는 하늘에 달려 기뻐하거나 서운해할 것 없으나 仕已在天無喜慍
참담한지 편안한지는 땅에 달려 쇠퇴하거나 번영함이 있네 慘舒隨地有枯榮
궁한 처지에선 지조를 바꾸는 것이 일반적인데 窮途易節尋常事
십 년간 촌에 살아 오히려 좋은 명성을 얻었네 十載林泉尙令名

이 글이 비록 도를 지닌 자의 기상을 형용한 것으로 볼 수는 없지만

12 심언광(沈彦光) : 1487~1540. 본관은 삼척(三陟), 자는 사형(士泂), 호는 어촌(漁村)이다. 1513년(중종8) 문과에 급제한 뒤 청요직을 두루 지냈으며, 언관을 역임하면서 심정을 비롯한 권간들의 횡포를 탄핵하였다. 1530년 대사간이 되어 김안로의 등용을 적극 주장하여 실현하였으나, 김안로가 실권을 장악하여 붕당을 조직하고 사림들을 모함하자 그의 비행을 비판하였다. 인종이 즉위하여 대윤(大尹) 윤임(尹任) 일파가 집권하면서 탄핵을 받아 관직을 삭탈당하였다.

그래도 사람들 사이에 회자되며 전송되고 있다.

공이 세상을 떠난 지 6년 되던 해에 중종이 기묘년(1519, 중종14)의 일에 대해 크게 깨닫고는 살아남아 있는 노성인(老成人)을 모두 수용하였는데, 사림이 기운을 차리며 서로 매우 애석해하면서 "하늘이 우리 동방(東方)을 평안히 다스려 주지 않으려나 보다."라고 하였으니, 특히나 슬프도다.

공은 처음에 남씨(南氏)[13]에게 장가들었는데 후사(後嗣)를 두지 못했고, 뒤에 인천 채씨(仁川蔡氏) 사헌부 대사헌 채수(蔡壽)의 집안에 장가들어 1남 3녀를 낳았다. 아들 추(秋)는 문학(文學)에 뛰어났으나 일찍 세상을 떠났다. 그가 아들 배(培)를 낳았는데, 아내를 두었으나 후사를 남기지 못하고 요절하였다. 공의 맏딸은 사족(士族)인 이효백(李孝伯)에게 시집갔고, 둘째 딸은 박응성(朴應星)에게 시집갔고, 막내딸은 종실(宗室)인 봉릉부수(鳳陵副守 이만년(李萬年))에게 시집갔다.

**13** 남씨(南氏) : 《음애집》 〈연보(年譜)〉에는 의령 남씨(宜寧南氏)로 되어 있다.

# 묘표 墓表

## 유명 조선국 증 통정대부 이조 참의 행 통훈대부 풍저창수 노공 묘표
有明朝鮮國贈通政大夫吏曹參議行通訓大夫豐儲倉守盧公墓表

노씨(盧氏)는 세계(世系)가 광주(光州)에서 나왔다. 고려(高麗) 대호군(大護軍) 휘(諱) 서(恕)에서 자손이 이어져 국조(國朝)의 의정(議政) 휘 숭(嵩)에 이르렀는데, 세상에서는 한인(漢人)이라고 여겼다. 군사(郡事)[14] 휘 상인(尙仁)이 상씨(尙氏)에게 장가들면서 마침내 화령(化寧)에 장사 지냈다.

조카인 참판 휘 처화(處和)를 후사(後嗣)로 삼았는데, 그가 휘 덕기(德基)를 낳았다. 그는 관적(官籍)에 오르고 나서 정희왕후(貞熹王后)가 말을 넣어 여러 차례 승진하였는데[15] 그때마다 외직을 청하였고,

**14** 군사(郡事) : 노상인(盧尙仁)은 지양근군사(知楊根郡事)를 지냈다. 《太宗實錄 14年 3月 17日》

**15** 정희왕후(貞熹王后)가……승진하였는데 : 정희왕후는 세조(世祖)의 비로, 파평부원군(坡平府院君) 윤번(尹璠)의 딸이다. 노덕기는 윤번의 딸과 혼인하였으므로 정희왕후의 제부(弟夫), 즉 세조의 동서가 된다. 이러한 배경에 힘입어 출사한 후 괴산 군수, 공조 참의 등을 역임하였다. 《穌齋集 穌齋先生世系圖》

얼마 후 동지(同知)에 제수되었으나 결국 즐거워하지 않고 귀향하였다. 이는 점필재(佔畢齋 김종직(金宗直)) 선생이 그의 묘지(墓誌)에 기록해 둔 내용이다. 휘 희선(熙善)을 낳아 돈녕부 판관이 되었는데, 판관이 공의 부친 휘 경장(敬長)을 낳았다. 그는 돈녕부 참봉으로 일찍 세상을 떴는데 좌통례에 추증되었다.

공의 휘는 후(珝)이고 자는 공염(公琰)이다. 성화(成化) 을미년(1475, 성종6)에 태어났다. 목사(牧使) 정난손(鄭蘭孫)이 그의 외조부이다. 그에게서 교육받고 유학(儒學)을 익혔는데, 예부(禮部) 시험에 여섯 번 응시했으나 낙방하였다. 천거를 받아 상의원 별제에 보임되었다가 참군(參軍)으로 천전되었다가 감찰로 승진하였다. 정덕(正德) 무인년(1518, 중종13)에 전주 통판(全州通判)이 되어 6년간 정치를 보좌하였는데, 강직하고 청렴하고 신중하고 일 처리를 잘한다는 소문이 나서 내직으로 들어가 사의(司議)가 되었다. 그리고 얼마 후 영광 군수(靈光郡守)가 되었다. 영광은 예로부터 다스리기 어려운 고장으로 일컬어졌는데, 열 번의 고과(考課)에서 모두 최고 성적을 받았다. 남도의 선비들이 서로 받들었는데 묘를 파내는 변고[16]가 있고부터 영광군이 안정되지 않았으나 떠나간 후에는 더욱더 그리워하였다. 다시 추밀원 도사를 거쳐 괴산 군수(槐山郡守)에 제수되었다. 부친상을 당하여 상제를 마치자 은계 찰방(銀溪察訪)에 제수되었다가 풍저창 수(豐儲倉守)로 옮겨 갔다. 후에 간성 군수(杆城郡守)를 지내고 다시 장작감

16 묘를 파내는 변고 : 노후(盧珝)가 영광 군수로 있을 때 즉지(則只)라는 농부에게 형벌을 가하여 그가 죽었는데, 의금부에서 이를 다시 조사한 일을 가리킨다. 《中宗實錄 25年 8月 2日》

첨정(將作監僉正)이 되었다. 관직을 역임한 21년 동안 있었던 곳마다 잘 다스린다는 명성이 났다.

가정(嘉靖) 병오년(1546, 명종1) 2월 24일 병으로 서울 집에서 졸하였다. 9월 7일 원천(遠川)의 해좌사향(亥坐巳向) 언덕에 장사 지냈으니, 근조(近祖) 선영(先塋)의 동쪽 기슭이다. 무덤의 오른쪽은 부인을 모시기 위해 비워 두었다.

23년이 지나 통정대부 이조 참의에 추증되었다.

공은 타고난 성품이 단정하고 개결(介潔)하여 사람들에게 할 말을 다 하다 보니 좋아하지 않는 사람이 많았으나 전혀 아랑곳하지 않았다. 모부인을 효도로 섬겼다. 집안에는 사사로운 재물이 없어 관직을 지낸 40여 년간 구업(舊業)을 지키는 정도였다.

부인은 종실(宗室)의 따님이다. 아들 홍(鴻)은 활인서 별제(活人署別提)로, 이조 참판에 추증되었다. 예조 참판 이자화(李自華)의 딸에게 장가들었다. 장손 수신(守愼)은 충청 감사를 지냈으며 교리 이연경(李延慶)의 딸에게 장가들었다. 막내 손자 극신(克愼)은 의금부 도사로, 첨지 이증영(李增榮)의 딸에게 장가들었다. 손녀는 함열 현감(咸悅縣監) 이요빈(李堯賓)에게 시집갔다.

숙부인(淑夫人) 이씨는 참의 노공의 배필이다. 태도가 단아하고 온화하며 자품이 정숙하였으며, 집안에 시집와서는 부도(婦道)를 지켰다. 시어머니 정씨(鄭氏)가 성품이 엄하여 말이나 표정을 꾸미는 법이 없었는데, 부인이 더욱더 공경하여 음식을 만드는 일을 감히 마음대로 하지 않고 시어머니의 뜻에 맞추려 애쓰고, 물러난 뒤에도 조심조심 걸으며 기다리는 듯이 행동하니 정씨가 마음으로 사랑하였다. 풍질(風疾)에 걸리자 더욱더 진중히 행동하였다. 우리 태조대왕의 셋째 아들

익안대군(益安大君)은 부인의 4세조(世祖)이다. 익평부원군(益平府院君) 이석근(李石根)이 증조이고, 백파도정(白波都正) 이상(李常)이 조부이고, 옥계도정(玉溪都正) 이현동(李賢童)이 부친이다. 장간공(章簡公) 이윤손(李允孫)의 딸이 모친이다. 성화 갑오년(1474, 성종5) 3월 4일에 태어나 가정 계사년(1533, 중종28) 1월 14일에 졸하였다. 그해 10월 28일에 장사 지냈다.

의 擬

| | |
|---|---|
| 효로 이름이 나지는 않았지만 | 孝不于名 |
| 마음만은 맑았고 | 亦內其清 |
| 관직이 꼭 성(盛)하지는 않았지만 | 官不必贏 |
| 후에 성공을 이루었네 | 惟後其成 |
| 이내 근원으로 돌아가니 | 乃反其元精 |
| 시어머니는 자신을 잘 모셨다 했네 | 姑曰是善事我 |
| 공보다 한 기 앞서 졸하니 | 卒先公一紀 |
| 아, 공을 어찌할까 | 吁奈公那 |

# 유명 조선국 증 가선대부 이조참판 겸 동지의금부사 행 활인서별제 봉정대부 노공 묘표

有明朝鮮國贈嘉善大夫吏曹參判兼同知義禁府事行活人署別提奉正大夫盧公墓表

광산 노씨(光山盧氏) 7세 종손이 있으니, 활인서 별제 봉정대부 증 가선대부 이조참판 겸 동지의금부사로, 휘(諱)가 홍(鴻)이고, 자(字)가 백란(伯鸞)이다. 그의 증조부는 휘 희선(熙善)으로, 돈녕부 판관을 지냈다. 조부 휘 경장(敬長)은 돈녕부 참봉을 지냈고 좌통례(左通禮)에 증직되었다. 부친은 휘 후(珝)로, 풍저창 수(豐儲倉守)를 지냈고 이조 참의에 추증되었다. 모친 이씨는 도정(都正) 이현동(李賢童)의 따님이다. 참의공이 햇빛이 들창으로 환하게 들어오는 꿈을 꾼 적이 있는데, 얼마 후 공이 태어났다. 이상하게 여기고 그것을 가지고 어려서 부르던 이름을 지었다. 조금 자라 문학을 익히고 회시(會試)에 한 번 응시하였다. 관직에 자주 임용되었으나 맞지 않으면 그만두었다. 평소 분수 밖의 일을 일삼지 않고 술을 마시며 즐겼으나 행실이 대부분 어지럽지는 않았다. 남들을 공경스럽게 대해 미더움을 샀고 위엄이 있었다. 어려서 몸이 약해 고생하였고 중간에는 풍습(風濕)에 걸렸다. 51세에 참의공의 상을 당했는데 거의 상을 치를 수 없을 정도였다.

임술년(1562, 명종17)에 전염병에 걸려 거의 죽을 뻔하여 결국 고향에 내려가 그곳에서 늙어 갔다. 무진년(1568, 선조1) 2월 조정에서 의논하여 별제를 제수하였으나 나아갈 수 없었다. 4월에 상이 본도(本道)에 특별히 명하여 병든 몸을 수레에 싣고 서울로 오도록 하였으나 또 갈 수가 없었다.

아들이 청주 목사(淸州牧使)에 임명되자 기뻐하여 병이 낫지 않은 상태에서도 오히려 청렴하고 신중하게 일을 처리할 것을 찬찬히 부탁하였고 사사로운 일에 대해서는 한마디도 언급하지 않았다.

11월 8일 화령(化寧) 사곡(沙谷) 옛집에서 생을 마쳤다. 춘추 73세였다. 부인은 성산 이씨(星山李氏)이고, 장남은 수신(守愼)으로 충청도 관찰사를 지냈다. 차남은 극신(克愼)으로 의금부 도사를 지냈다. 차녀의 남편은 이요빈(李堯賓)인데, 함열 현감(咸悅縣監)을 지냈다. 수신은 홍문관 교리 이연경(李延慶)의 딸에게 장가들었다. 아우의 둘째 아들 대해(大海)를 후사로 삼았는데 감찰 이호약(李好約)의 딸에게 장가들었다. 극신은 첨지 증 참판 이증영(李增榮)의 딸에게 장가들어 딸 셋, 아들 둘을 낳았다. 장녀는 진사 심희수(沈喜壽)에게 시집갔다. 대하(大河)는 장령 신담(申湛)의 딸에게 장가들었다. 이요빈은 이지(李沚), 이한(李澣), 이준(李浚)을 낳았다. 나머지 3남 1녀는 모두 어리다. 다음 해 1월 29일 원천(遠川)의 참의공 묘역에 유의(遺意)를 받들어 장사 지냈다.

병든 것은 명이나 斯病也命
남은 경사가 분명 있어 餘慶也正存
두 아들과 두 손자가 가문을 융성하게 하였고 二子二孫敦其門
택조(宅兆)를 새로 점치지 않고도 영원히 혼백이 편안하게 하였도다 從不筮宅永寧魄

# 묘지 墓誌

## 유명 조선국 홍문관 교리 이탄수 선생 묘지명 병서
## 有明朝鮮國弘文館校理李灘叟先生墓誌銘 幷序

탄수(灘叟) 선생은 가정(嘉靖) 무신년(1548, 명종3) 12월 9일에 졸하였다. 성화(成化) 갑진년(1484, 성종15) 9월 13일에 태어났으니, 65세였다. 다음 해 2월 20일 충청도 남촌(南村) 불정리(佛頂里)에 있는 선조 2세(世)의 묘역에 나아가 장사를 치렀다. 조카인 현감(縣監) 호약(好約)이 후사가 되어[17] 여묘하였다.

그 후 20년이 지나 내가 섬으로 유배 가 있을 때 이경호(李景浩)가 명(銘)을 지어 드러내 줄 것을 부탁해 왔다. 탄식하기를 "다 끝났구나. 진실로 묘지명을 짓지 않는다면 어떻게 저승에서 빛날 수 있으리오." 하고 드디어 서(序)를 짓는다.

선생의 휘는 연경(延慶)이고, 자는 장길(長吉)이다. 일찍부터 남다른 자질을 갖추었는데, 자라서는 더욱 우뚝하였다. 겨우 20세 때 나라가 혼란하여 집안이 풍비박산 났는데,[18] 조부를 모시고 변방으로 달아

**17** 조카인……되어 : 《퇴계집(退溪集)》 권47 〈유명조선국……(有明朝鮮國……)〉에 "아우의 아들 청양 현감(青陽縣監) 호약을 후사로 삼았다."라고 되어 있다.

났다. 그다음 해에 해남(海南)으로 귀양을 갔는데 그곳에서 제부(諸父)를 곡(哭)하였다.[19] 역보(驛報)가 오면 반드시 정결히 하고 가다듬은 자세로 단정히 앉아 동요되지 않았다. 나라가 안정되고 나서[20] 고향으로 돌아왔을 때는 두 상(喪)의 담제(禫祭) 기간이 지났는데도 아직 장사를 지내지 못한 상태였다. 교리 홍언충(洪彥忠)[21]이 임금의 부름에 응해 달려가던 중 길에서 선생이 백의(白衣)에 대를 두른 것을 보고는 깜짝 놀라서는 "제가 군(君)의 죄인입니다." 하고 바로 집으로 돌아갔다.

정덕(正德) 2년(1507, 중종2) 사마시에 합격하였으나 도리어 사관(祠官)으로 녹용(錄用)되었다.[22]

얼마 후 벼슬에 나가고 싶지 않아 정암(靜菴 조광조(趙光祖))과 가장

**18** 나라가……났는데 : 1503년(연산군9) 이연경의 조부인 광양군(廣陽君) 이세좌(李世佐)가 뜻밖에 참소를 당해 먼 북쪽 지방으로 귀양을 가게 되면서 여러 아들이 다 흩어져 도망한 것을 말한다. 《退溪集 卷47 有明朝鮮國……》

**19** 제부(諸父)를 곡(哭)하였다 : 《연산군일기(燕山君日記)》 10년 5월 13일 기사에, 연산군이 이수원(李守元), 이수형(李守亨), 이수의(李守義), 이수정(李守貞)이 아버지 이세좌의 세력을 믿고 교만 방종하였다는 죄목으로 모두 참형(斬刑)에 처하고 3일간 효수(梟首)한 뒤에 시체를 돌리도록 하라고 명한 내용이 보인다.

**20** 나라가 안정되고 나서 : 1506년 중종반정(中宗反正)으로 연산군이 왕위에서 물러난 것을 말한다.

**21** 홍언충(洪彥忠) : 1473~1508. 본관은 부계(缶溪), 자는 직경(直卿), 호는 우암(寓菴)이다. 홍귀달(洪貴達)의 아들이다. 1495년 과거에 급제한 뒤 출사하여 화현직(華顯職)을 두루 역임하였는데, 갑자사화(甲子士禍) 때 간언하다가 연산군의 노여움을 사 유배되었다. 중종반정 이후에도 벼슬에 나아가지 않고 은둔하였다.

**22** 사마시에……녹용(錄用)되었다 : 1507년에 생원(生員)에 합격하였으나 원한을 품고 사망한 사람의 자손이라 해서 선릉 참봉(宣陵參奉)에 임명하였다. 《退溪集 卷47 有明朝鮮國……》

잘 지내면서 도의(道義)를 함께하였으니, 더 이상 과거로 출신한 사람이 아니었다.

9년(1514)에 대부인을 모시고 북촌(北村)에 은거하였는데, 도가 더욱 완성되었다.

13년(1518)에 태학의 추천을 받아 사직장(司職長)으로 기용되었다가 공조 좌랑으로 옮겼다.

그다음 해 봄에 형조 좌랑으로 천전되었다.

한창 많은 선비가 조정에서 뜻을 펼쳐 대과(大科)를 설치할 것을 건의할 때 선생이 제3명으로 발탁되자 많은 사람이 인재를 얻었다고 기뻐하였다. 드디어 병조 정랑에 올랐다가 다시 홍문관에 몸을 담았다. 사간원을 출입하였다. 유지하고 바로잡아 양쪽이 화합하도록 조정하되 정도를 잃지 않아 덕망이 한 시대에 알려졌다. 조 대부(趙大夫 조광조)가 대사헌이 되었을 때 함께 이야기할 만한 사람이 없을까 봐 걱정하였는데, 오직 선생께서 들어주셨다. 당화(黨禍)가 일어 덫과 함정이 사방에서 나왔는데,[23] 중종께서 선생을 두고 그저 평범한 백성일 뿐이라고 하자 남곤(南衮)이 감히 더 이상 말을 하지 못했다. 고향으로 물러나 탄금대(彈琴臺) 아래 용탄(龍灘) 가에 집을 지었다. 당시에 음애공(陰崖公 이자(李耔))이 음성(陰城)에 우거(寓居)하면서 토계(兎溪)에 와서 놀곤 했는데, 늘 돌아갈 때까지 강론이 끊이지 않았다.

**23** 당화(黨禍)가……나왔는데 : 심정(沈貞), 남곤, 홍경주(洪景舟) 등이 조광조가 당류와 함께 국가를 위태롭게 하기를 도모한다고 변고한 것을 말한다. 이때 남곤은 귀양 보낼 사람의 성명을 기록하여 올렸는데, 이연경을 첫째로 하였다.《退溪集 卷47 有明朝鮮國……》

계옹(溪翁 이자의 호)과 탄수(灘叟)가 서로 어울리는 것을 두고 배우는 자들이 칭송하였다.

음애공이 세상을 떠난 뒤 선생이 성묘를 하고 싶으면서도 우선 서울에서 객지 생활을 하고 있었는데, 어떤 사람이 편지 한 통을 전하고는 홀연히 사라졌다. 그 시는 다음과 같다.

| | |
|---|---|
| 도성의 티끌을 어찌 뒤집어쓰랴 | 城市風塵豈被身 |
| 녹문의 높은 절개[24]가 사람을 놀라게 하네 | 鹿門高節政驚人 |
| 음애공 정령이 지하에 있다면 | 陰崖地下精靈在 |
| 왕량처럼 벼슬에 연연함[25]을 부끄러워하리라 | 應媿王良屑屑頻 |

선생은 그것을 읽고 무안해하며 "이인(異人)이다."라고 말씀하였다.

훌륭한 소문이 자자하니 원근에서 듣고는 남북으로 가는 사대부들이 반드시 당하(堂下)에 예를 표하고, 학문에 관해 묻고 의심나는 부분을 점검받고서 떠났다. 혹 마을에 분쟁이 있으면 한마디 말로 해결해 주기를 바랐고 더욱 믿고 복종하며 감사를 표했다. 심지어 일반 백성이

**24** 녹문(鹿門)의 높은 절개 : 녹문은 세상을 피해 사는 은자(隱者)를 상징한다. 후한(後漢) 방덕공(龐德公)이 남군(南郡)의 양양(襄陽)에 살았는데, 형주 자사(荊州刺史) 유표(劉表)가 초빙하자 나아가지 않고 가솔을 모두 거느리고 녹문산(鹿門山)에 들어가 다시는 세상에 나오지 않았다는 고사에서 나온 말이다. 《後漢書 龐公列傳》

**25** 왕량(王良)처럼 벼슬에 연연함 : 왕량은 동한(東漢) 사람이다. 그가 벼슬에 급급하다가 처음으로 조정의 부름을 받고 가던 중에 친구의 집을 방문하였는데, 그 친구가 "충성스러운 말이나 기이한 계책도 없이 높은 자리를 차지하려고 하니, 어쩌면 그렇게도 벼슬에 연연해 왔다갔다 하면서도 거리낌이 없을 수 있단 말인가."라고 하였다. 《後漢書 王良列傳》

모두들 경의를 표하며 "이(李) 어르신, 이 어르신."이라고 하였다. 내가 항상 종일토록 가만히 모시고 있으면서 그 언행이 전대의 가르침과 지나간 자취에 얽매이지 않으면서도 스스로 조리를 갖추어 법도에 맞는다는 것을 알았다. 독서는 《소학(小學)》과 사서(四書)를 기본으로 하였고, 사람을 취할 적에는 기국(器局)과 식견(識見)을 우선으로 하였다. 일을 논할 때마다 시비를 잘 판단하였고 반드시 물정(物情)을 곡진히 살폈다. 상례(喪禮)나 제례(祭禮)는 문공(文公 주자(朱子))의 《가례(家禮)》를 위주로 하되 의(義)에 따라 하고자 하는 대로 행하여도 그 안에 절로 예가 있었다. 늙을 때까지 원칙을 지키면서도 초연히 자유롭게 지냈으니, 참으로 한 시대 유학의 종주(宗主)라 하겠다. 선생이 돌아가시자마자 이홍남(李洪男)이 그의 아우가 반역을 도모한다고 고하여[26] 이기(李芑)가 고문하여 처형하였다. 충성스러운 사람이 거의 다 죽자 "이모(李某)가 살아 있었다면 분명 이렇지는 않았을 것이다."라고들 하였다. 이는 그가 사실을 있는 그대로 밝히려 해서이니, 이를 통해 또한 현자에게 감히 횡역(橫逆)이 더해지지 않음이 이와 같다는 것을 알 수 있다. 어찌 하늘의 뜻이 아니겠는가.

광릉부원군파(廣陵府院君派) 둔촌(遁村) 전교시 판사(典校寺判事) 휘 집(集)에서 혈통이 이어져 목은(牧隱), 포은(圃隱), 도은(陶隱) 삼은(三隱)과 함께 서로 추중(推重)을 받았는데, 선생이 그의 7세손이

**26** 이홍남(李洪男)이……고하여 : 이홍남과 그의 동생 이홍윤(李洪胤)은 양재역 벽서 사건에 연루되어 죽은 이약빙(李若氷)의 아들이다. 이홍윤은 아버지의 억울한 죽음에 대해 종종 분개하는 말을 하곤 하였는데, 평소 동생과 사이가 나빴던 이홍남이 동생을 반역죄로 고발하였다. 《燃藜室記述 卷10 乙巳士禍》

다. 형조 판서 광성군(廣城君) 휘 극감(克堪)이 증조이고, 판중추부사 광양군(廣陽君) 휘 세좌(世佐)가 조부이다. 충청 도사 증 병조 참의 휘 수원(守元)과 당량공(唐梁公)의 후손 남양 방씨(南陽房氏) 사용(司勇) 방의문(房毅文)의 따님이 그의 부모이다. 부인은 현감 이연원(李延源)의 딸이다. 사위 셋이 있었는데 모두 선생이 직접 골라 가르친 자들이다. 막냇사위 강유선(康惟善)은 생원인데, 원통하게 죽었다. 둘째 사위 심건(沈鍵)은 승문원 정자로 오래 살지 못했다. 첫째 사위 노수신은 임종(臨終)을 지키지 못하여 끝내 천지를 저버렸다. 아, 어찌 차마 명(銘)을 새기리오. 다음과 같이 명(銘)을 짓는다.

| | |
|---|---|
| 아, 선생이여 | 嗚呼先生 |
| 눈처럼 해처럼 빛나시니 | 光于雪日 |
| 괴이한 일들을 끊어 버렸네 | 絶群怪也 |
| 대도를 가까이하며 | 大道以尼 |
| 홀로 거침없이 움직이시네 | 獨行夬也 |
| 날마다 편안한 데서 쉬지만 | 日休于逸 |
| 공경함은 줄지 않네 | 恭不隘也 |
| 금구[27]와 옥슬[28]은 | 金甌玉瑟 |
| 부서지지 않는다네 | 無缺壞也 |

**27** 금구(金甌) : 황금 단지라는 뜻으로, 영원히 전해질 견고한 물건을 비유하는 말이다. 남조(南朝) 양 무제(梁武帝)가 "우리나라는 마치 황금 단지와 같아서 하나도 상하거나 부서진 곳이 없다.〔我家國猶若金甌, 無一傷缺.〕"라고 말한 고사에서 온 말이다. 《梁書 侯景列傳》

**28** 옥슬(玉瑟) : 옥으로 만든 비파라는 뜻으로, 귀한 물건을 비유하는 말이다.

| | |
|---|---|
| 누가 그 진실을 맛보고도 | 孰茹其實 |
| 잘못될 수 있겠는가 | 而或饔也 |
| 내가 붓을 적시며 | 我閏我筆 |
| 머리를 조아려 절하노라 | 稽顙拜也 |

# 비갈 碑碣

## 유명 조선국 통정대부 수 황해도관찰사 겸 병마수군절도사 유공 묘갈명 병서

有明朝鮮國通政大夫守黃海道觀察使兼兵馬水軍節度使柳公墓碣銘 幷序

유씨(柳氏)는 옛 풍산(豐山)의 저명한 성씨(姓氏)이다. 시조(始祖) 휘(諱) 백(柏)은 고려 말에 벼슬하였고, 휘 난옥(蘭玉)과 휘 보(葆)는 모두 높은 관직에 올랐다. 본조(本朝)에 이르러 공조 전서(工曹典書)를 지낸 휘 종혜(從惠)가 하외촌(河隈村)에 들어와 이곳에서 여생을 보내면서 마침내 세거지(世居地)가 되었다. 전서(典書)가 휘 홍(洪)을 낳았는데, 우군 사정(右軍司正)을 지냈다. 사정(司正)이 휘 소(沼)를 낳았는데, 선략장군(宣略將軍) 충무위 부호군(忠武衛副護軍)을 지냈고, 통훈대부(通訓大夫) 사복시 정(司僕寺正)에 추증되었다. 정(正)이 휘 자온(子溫)을 낳았는데, 진사시(進士試)에 합격하였다. 학문과 행실이 있기로 세상에 이름이 나서 통정대부 형조 참의에 추증되었다. 참의가 휘 공작(公綽)을 낳았는데, 통훈대부 간성 군수(杆城郡守)를 지냈고 가선대부(嘉善大夫) 호조참판 겸 동지의금부사에 추증되었다. 연안 이씨(延安李氏)로 교수(敎授)를 지내고 통정대부 이조 참의에 추증된 이형례(李亨禮) 집안에 장가들었다.

정덕(正德) 을해년(1515, 중종10)에 공을 낳았다. 공의 휘는 중영(仲郢)이고, 자(字)는 언우(彦遇)이다. 약관(弱冠)에 지향(志向)의 옳고 그름을 분별하고 학업을 중시할 줄 알았다.

경자년(1540)에 과거에 급제하여 권지 성균관학유(權知成均館學諭)가 되어 세 읍(邑)을 가르쳤는데, 배우는 자가 적은 것을 불만스럽게 여기지 않고 가는 곳마다 마음을 다하여 가르치자 식자들이 원대한 기량을 지녔다고 추대하였다.

병오년(1546, 명종1)에 양현고 직장(養賢庫直長)을 겸하였는데, 편안하고 조용하면서 분명하고 막힘이 없어, 나날이 경외(敬畏)의 대상이 되었다. 학전(學田)에 결손이 많음을 알고 문서를 살펴 베껴 내어 부상(富商)과 문서대로 맞춰 보는 과정에서 말이 호조를 범해 노여움을 사자, 호조에서 세 자급(資級)을 깎을 것을 아뢰었다.[29] 이로 인해 결국 시골로 돌아가 학문하게 되었다.

정미년(1547)에 박사(博士)에 서용되자, 친구들이 공론(公論)에 따라 공에게 사관(史館)에 재직하면 의당 여러 선생을 찾아뵈어야 한다고 하였는데, 공은 웃어넘기고 응하지 않았다. 일찍이 공적인 일로 윤원형(尹元衡)을 찾아간 일이 있었는데 강하게 주장하며 뜻을 꺾지 않다가 파면되었다.

**29** 학전(學田)에……아뢰었다 : 유중영(柳仲郢)이 성균관에 속한 토지를 부상이 차지하여 경작하는 것을 놓고 문서대로 따져서 추궁하자 부상이 호조에 송사(訟事)하였는데, 판서가 부상에게 뇌물을 받고 부상을 두둔하였다. 그러자 유중영은 "이 토지는 나라에서 선비를 기르기 위하여 둔 것인데, 공이 꼭 빼앗아서 부상에게 주려고 하는 뜻은 무엇이오?"라고 하였다. 이 일로 판서가 심히 노하여 말을 꾸며서 아뢰어 파직시킨 일이 있었다. 《燃藜室記述 卷11 明宗朝名臣》

기유년(1549, 명종4)에 다시 박사가 되었다. 전적(典籍)으로 승진하고 전중(殿中)[30]과 민부(民部 호조)를 거쳤는데, 칭찬이 자자하였다.

경술년(1550)에 유신 현감(惟新縣監)을 지냈는데, 몇 달 만에 은혜와 위엄이 크게 행해졌다. 전(前) 감사 이해(李瀣)가 무고(誣告)를 당하여 심리(審理) 중에 있었는데, 간언하는 자가 공이 편당을 짓고 비호했다며 함께 국문(鞫問)하기를 청하였다. 그러자 임금이 특별히 파직하기만 하라고 명하였다.

신해년(1551)에 사헌부 낭중(司憲府郎中)으로 승진하였는데, 평의(評議)한 내용을 기록하는 일에 막힘이 없었다.

임자년(1552)에 관서(關西)에 감군 어사(監軍御史)로 나갔을 때, 백성을 소생시키고 탐관오리를 끌어내자 여러 진(鎭)이 숙연해졌다. 공조(工曹)로 옮겼다가 종부시(宗簿寺)와 장악원(掌樂院)의 첨정(僉正)으로 승진되었다가 군기시 부정(軍器寺副正)으로 옮겼다.

계축년(1553)에 군적(軍籍)을 고칠 적에 호남(湖南)에서 귀신같이 부정을 적발하여 원액(元額)을 채우고 머슴이나 거지를 모두 없애니 모두가 충실한 장부라고 칭찬하였고, 여러 도 가운데 최고가 되었다.

9월에 장령(掌令)에 제수되었는데, 윤원형에게 빌붙어 아부하는 자[31]가 장(長)이 되어 함부로 개작(改作)을 일삼는데도 사람들이 뭐라 하지 않았다. 그런데 공이 무슨 일이 있으면 반드시 간쟁하고 강직한

**30** 전중(殿中) : 고려 때 어사대(御史臺)의 정6품이나 종5품 또는 감찰사(監察司)의 정6품 벼슬인 전중시어사(殿中侍御史)의 약칭으로, 조선의 사헌부 감찰(司憲府監察)에 해당한다.

**31** 윤원형에게……자 : 당시 대사헌으로 있던 윤춘년(尹春年, 1514~1567)을 가리킨다. 윤춘년의 자는 언구(彥久), 호는 학음(學音)이다.

모습으로 아첨하지 않자 사람들이 이를 위태롭게 여겼다. 이 징군(李徵君 이희안(李希顔))이 고령 현감(高靈縣監)이 되었는데, 관찰사가 그를 해치고자 이내 지레 떠난 정황을 추궁할 것을 청하였다. 공이 이희안은 유일(遺逸) 출신으로 관직을 버리고 떠나 죄를 얻었지만 이는 선비에게 보이려 한 것이 아니었다고 아뢰었으나 받아들여지지 않았다.

갑인년(1554)에 사간(司諫)에 임명되었고, 얼마 지나지 않아 장악원정(掌樂院正)에 제수되었다. 율학(律學)이 사라지는 것을 보고 개연(慨然)히 정리할 뜻을 가져서 밤새도록 고증하여 바로잡고, 가르치고 감독하며 상과 벌을 내리니, 거의 확 달라졌다.

을묘년(1555)에 달량포(達梁浦)에 경보(警報)가 있자, 이남(二南 경상도와 전라도)이 크게 동요하였다. 공이 순찰사(巡察使) 조광원(曺光遠)을 따라서 영외(嶺外)로 나갔는데, 조광원은 재주가 보잘것없어 공이 아니면 아무것도 하지 못하였다. 공이 한번 호령을 낼 때마다 원근(遠近)의 사람들이 놀라서 복종하였다.

12월에 의주 목사(義州牧使)로 승진하였는데, 기율(紀律)을 일신(一新)하니 성안의 사람들이 두려워 숨을 죽였다. 중국 사람이 관노(官奴)의 집에 숨어 있다가 마침 공이 이르자 밖으로 나오지 못하고 있었는데, 공이 이들을 찾아내도록 명하여 잡아서 형틀에 묶어 압록강 연안의 진보(鎭堡)로 보내자 진보의 관원이 문책을 받고서 부끄러워하며 사죄하고 관할 부서에 신칙하였다. 공이 이어서 압록강을 따라 매복해 위아래에서 서로 망보게 하고 순군(巡軍)을 설치하여 왕래하게 하니, 국경(國境)이 편안해졌다. 향교(鄕校)가 무너진 것을 애석하게 여겼는데, 점점 수리하여 더욱 번듯해지자 한가한 날에는 선성(先聖)을 배알하고 유생(儒生)들을 가르쳤다. 그리고 다시 빼어난 유생들을 골라서 그들에게 빈집을 거처로 내주고는 매달 그 공부한 것을 물었는데, 잘한 사람과는 술을 대작(對酌)하기까지 했지만 잘하지 못한 사람에게는 반드시 회초리를 쳤다. 보고 들은 사람들이 모두 그 교화(敎化)에 따랐으며, 그 후에 학당 앞에 비(碑)를 세워서 사모하는 마음을 부쳤다.

병진년(1556)에 요동(遼東)에 기근이 들자 도사(都司)가 백호(百戶) 2인을 보내어 자문(咨文)으로 양식을 구하고 바로 도성에 가기를 요구하였으나 공이 완강히 거절하였다. 그러자 그들이 성을 내고 연경(燕京)으로 가지 않았는데, 공이 완곡하고 정성스럽게 이야기한 것이 곧 환심을 사 그들이 마침내 길을 떠나 나라가 무사해졌다.

그때 관문에서 기찰(譏察)을 엄하게 했는데 간사하고 교활한 무리들이 공격을 받자 유언비어로 음모를 꾸미고 비방(誹謗)에 걸려들게 하여 기필코 물들이려 하였다. 두 사신(使臣)이 돌아가는 길에 의주(義州)에 이르렀을 때, 역관(譯官)들이 물목(物目)을 바치면서 "목사(牧使)가 사사로이 무역하는 것입니다."라고 하였다. 어떤 이가 공에게 스스로 해명할 것을 권하였으나 따르지 않았다.

부마(駙馬)의 재화가 강(江)을 건널 적에도 모조리 취하여 관가에서 몰수했고, 권세 있고 귀한 자들이 절일(節日)을 축하하고자 보낸 크고 작은 물화가 길을 메웠을 때 찰방(察訪) 곽간(郭趕)이 지나치게 불법을 적발하여 이어서 탄핵을 받아 파면되었는데, 공이 지시해서 한 일 같았으나 굳게 입을 다물었다.

기미년(1559)에 모친상을 당하였다. 삼가(三家)[32]가 번갈아 제멋대로 군 지 오래되어 뿌리가 꽤 깊었다. 사류(士類)가 똑같은 수준의

**32** 삼가(三家) : 윤임(尹任), 윤원형, 이량(李樑)을 가리킨다.

사람으로 대응하려고 하자 공이 근심하면서 "그 사람은 어리석어 반드시 나라에 흉한 근심거리가 될 것이다."라고 하였는데, 나중에 보니 과연 그러하였다.

신유년(1561)에 상복을 벗고 나서 관압사(管押使)로서 연경에 갔다.

계해년(1563)에 연경에서 돌아와 형조 참의에 제수되었다.

갑자년(1564)에 황해도 관찰사로 나갔는데, 재판할 때는 관대하였지만 백성들에게 해를 입힌 4, 5명의 괴수(魁首)를 붙잡아 다스릴 적에는 봐주지 않았다. 그리하여 부역(賦役)이 다소 공평함을 얻었다. 문헌당(文憲堂)[33]에 학전(學錢)이 끊기자 범죄를 단속하여 속포(贖布)를 받아 곡식 1000곡(斛)을 만들어 저장하고 그 이름을 '작성고(作成庫)'라고 하였다. 학도들이 모여들어 거문고 타고 글 읽는 소리가 날마다 들렸다.

병인년(1566) 봄에 정주 목사(定州牧使)가 되었는데, 더욱 긴장을 늦추지 않았다.

무진년(1568, 선조1) 겨울 청주 목사(淸州牧使)가 되었는데, 퇴계옹(退溪翁)이 병풍에 글을 써서 그 뜻을 전하였다.[34]

**33** 문헌당(文憲堂) : 주세붕(周世鵬)이 황해 감사로 있을 때, 해주(海州)에 세운 당이다. 유생들이 이곳에 모여 책을 읽고 학문에 힘썼다.

**34** 퇴계옹(退溪翁)이……전하였다 : 유중영이 1568년 8월 정주 목사의 임기가 만료되어 서울로 돌아왔다가 그해 겨울 청주 목사로 나갔는데, 부임할 때 퇴계 이황(李滉)에게 하회 마을과 낙동강 일대를 그린 〈하외상하낙강일대도(河隈上下洛江一帶圖)〉가 실린 병풍을 보여 주며 여기에 시를 써 주기를 간곡히 청했다. 이에 이황은 근체시 두 편을 지어 둘째 아들인 유성룡(柳成龍)을 통해 보내왔는데, 여기서는 그 가운데 첫 수의 4구만을 취해 왔다.《退溪集 卷5 題柳彦遇河隈畫屛》

| | |
|---|---|
| 대각에는 관원 넘쳐 발 걸치기 어려워 | 臺閣剩員難寄足 |
| 도탄에 빠진 야원 백성에게 더욱 마음 쏟는구나 | 壑溝多瘠更關心 |
| 풍류 있는 낙사[35]에서 때로 그림 펼치고 | 風流洛社時看畫 |
| 넓고 넓은 궁궐에서 홀로 옷깃 어루만지네 | 曠蕩天門獨撫襟 |

그가 공을 몹시도 아끼는 것이 이와 같았다.

부임해서는 주(州)에서 죄를 짓고 소굴로 도망친 사람들을 대대적으로 수색해서 거의 수백 명을 그 주인에게 돌려주었다. 원망하고 욕하는 말이 사방으로 퍼져 집안사람들이 매우 두려워하자, 공은 "저들이 움직이고자 하면 나 또한 움직일 것이니, 오는 자가 어찌하겠는가."라고 하였다.

전에 조세(租稅)를 아산(牙山)으로 실어 가서 바다에서 조운(漕運)하다가 여러 번 실패하였는데 그때마다 다시 거두어들였다. 그러자 공이 육로로 옮기는 것이 강으로 옮기는 것만큼 편리함을 들어 장점과 단점을 분명히 드러내면서 방백(方伯)에게 운반 방법을 바꾸도록 요구하였다. 그리하여 백성들이 비로소 큰 화(禍)에서 벗어났다.

주(州)의 선비들이 서원을 창건할 것을 도모하여 재목(材木)을 모으고 백성들에게 중노동을 시켰는데, 공이 이것을 탄식하면서 자제들을 가르쳤다. 그러자 부형들이 기뻐하지 않아 여러 사람이 힘을 써서 몇몇이서 축조하고 그 지명을 따서 '유정서원(有定書院)'이라고 명명(命名)

**35** 낙사(洛社) : 송(宋)나라 때 문언박(文彥博), 부필(富弼), 사마광(司馬光) 등 낙양(洛陽)의 원로 13명이 모여서 술을 마시면서 서로 즐긴 낙양기영회(洛陽耆英會)를 말하는데, 여기서는 서울에서 함께하던 모임을 가리킨다.

하였으며 별도로 학규(學規)를 마련하여 인방(引枋)에 걸었다. 그리고 다시 3칸짜리 집을 지어서 장차 목은(牧隱) 이색(李穡), 충암(冲庵) 김정(金淨), 규암(圭菴) 송인수(宋麟壽) 같은 지방의 현인(賢人)을 봉사(奉祀)하려고 하였는데, 그 의론이 결정되기 전에 떠나게 되었다.

임신년(1572) 봄 참지(參知)에 제수되었다. 숙위(宿衛)가 몹시 허술하고 징수하는 색목(色目)이 복잡한 것을 살피고 바로 경중(輕重)을 조정하자 아전들이 다스려지고 군사들이 여유가 생겨 병정(兵政)이 대략 거행되었다. 그해 가을 승지에 제수되었는데, 경연(經筵)에 입시해서 의견을 제시하여 명확히 밝힌 내용이 많았다.

계유년(1573) 3월 병으로 인해 체차되어 예조 참의가 되었다가 다시 승지에 제수되었는데, 6월에 또 사직하였다. 병이 심해졌는데도 정성스럽게 나랏일을 말하고는 7월 13일 정침(正寢)에서 세상을 떠났다. 이해 11월 8일 본부(本府)의 서쪽 자좌오향(子坐午向) 언덕에 장사지냈다.

공의 자질과 성품은 반듯하고 굳세며, 마음 씀은 온화하고 넉넉하였다. 도량도 넓고 크며, 일 처리는 상세하고 신중하였다. 임기응변이나 바르지 못한 생각을 마음에서 없애 단순하고 정직하고 자애롭고 신실한 기운이 모습에 넘쳐흘렀다.

집에 있을 때에는 침묵하였고, 장중하고 조심하는 태도로 아랫사람을 대했다. 새벽에 일어나면 의관을 갖추었는데, 춥거나 덥다 해서 그만두지 않았다. 밤이 되면 반드시 빈객과 자제와 더불어 고금의 일들을 토론하였는데, 즐기면서 하였고 따분하게 여기지 않았다. 어떤 때는 새벽닭이 울 때까지 하기도 했는데 그럴수록 더욱 정채(精彩)를 드러냈다. 평생 선잠 자기를 그만두지 않아 하루라도 그럭저럭 보내지 못했고,

일하기 싫어하는 자가 있으면 매우 나무랐다.

집안에서는 엄숙하고 정성스러웠고, 관직에 임해서는 관리를 단속하고 백성들을 불쌍히 여기는 것을 우선으로 삼았으며, 형벌을 느슨하게 적용하고 은혜를 크게 베푸는 것을 근본으로 삼았다. 날마다 가뭄과 홍수에 대비하고 밭 갈고 씨 뿌리는 것을 관리하고 수리(水利) 사업을 일으키는 것에 힘썼는데, 때때로 마부를 물리치고 순시하며 형편을 묻다 보니 궁벽한 곳에 사는 사람들의 성명(姓名)까지도 모르는 경우가 드물었다.

항상 변방의 일을 생각하여 산천(山川)과 성지(城池)와 무기와 군량 등을 꼼꼼하게 미리 마련해 두지 않은 적이 없었고, 절제(節制)가 준엄하고 밝고 항오(行伍)가 잘 정리되어 있어 감히 질서를 어지럽히고 시끄럽게 구는 자가 없었다. 특히 풍속을 교화하는 데 마음을 두어 인재를 아끼고 보호하고 후학을 성취시키니, 선비들 중에 감동하여 분발한 자가 많았다.

제사를 받들 때에는 미리 희생을 고르고 폐백(幣帛)을 갖추어 놓고 제삿날에는 묘당(廟堂) 아래에서 재계(齋戒)하면서 묵었고, 사전(祀典)에 실려 있는 대로 공경을 다하지 않은 적이 없었다. 집안의 의례(儀禮)는 한결같이 주자(朱子)의 《가례(家禮)》를 따랐으며, 당세(當世)에 시행하기 어려운 것이라도 반드시 그 의미를 깊이 찾아내 그것을 지키는 데 힘썼다. 제사상의 그릇의 수와 줄은 본래 정해진 법식이 있어서, 아래로 비복(婢僕)에 이르기까지 이를 익혀 그대로 따랐다.

친구를 대할 때에는 은혜로운 뜻이 넉넉하고 사귀는 정이 시원스러웠으며, 어쩌다 등지는 일이 있더라도 말과 표정에서 조금도 그런 낌새를 찾아볼 수 없었다. 집안 친족이 전사(田舍)를 빼앗아 갔는데도 신경

쓰지 않고 이를 묻어 두었고, 고향 사람이 땅을 도둑질하면 다시 그 반을 떼어 보태 주었다. 평범한 백성 가운데 상(喪)을 당한 이가 있으면 제대로 치르지 못할까 봐 걱정하였다.

남의 나쁜 점을 듣는 것을 싫어하고 남의 사사로운 비밀을 말하는 것을 부끄럽게 여겼으며, 병졸이나 노예라 하더라도 자주 그들을 비호해 주었다. 좋은 말이나 행동을 하나라도 들으면 말하기를 즐거워하였으나 오직 부화뇌동하여 억지로 맞춰 주는 일을 하려 하지 않다 보니, 아는 자가 더욱 적어졌다.

일찍이 교리(校理 유성룡(柳成龍))에게 "내가 일찍이 학문하기를 꿈꾸었으나, 중간에 멀리 떠나 벼슬하다 보니 늙어서도 이룬 것이 없다. 이제 와서 후회한들 무슨 소용이 있겠느냐. 너는 아직 젊고 갈 길이 머니, 네 아버지처럼 되어서는 안 된다."라고 당부하였다. 임종에 우연히 고신(告身)을 보더니 의심하면서 "임금을 섬기면서 털끝만큼의 허위(虛僞)도 있어서는 안 된다."라고 하였다. 그 몸을 잊어버리고 나라를 따르려는 마음과 자기를 단속하고 후손에게 당부하는 도리가 이 정도라 더 이상 더할 것이 없었다.

부인 김씨(金氏)는 같은 부(府) 사람인 진사(進士) 김광수(金光粹)의 딸인데, 자식 여섯을 낳았다. 맏아들 문룡(文龍)은 일찍 죽었다. 그다음 운룡(雲龍)은 업유(業儒)로 전함사 별좌(典艦司別坐)에 보임(保任)되었는데, 참봉(參奉) 이용(李容)의 딸에게 장가들어 2녀 3남을 낳았다. 딸은 사인(士人) 김홍미(金弘微)에게 시집갔고 아들은 정보(正甫)와 순보(純甫)이며, 나머지는 어리다. 그다음 성룡(成龍)은 병인년(1566, 명종21)에 문과(文科)에 급제하고 옥당(玉堂)에 선임(選任)되어 들어갔는데, 이 사람이 바로 교리이다. 현감(縣監) 이경(李

垌)의 딸에게 장가들어 1남 1녀를 낳았는데 어리다. 그다음은 사인 이윤수(李潤壽)에게 시집가서 1남 1녀를 낳았는데 어리다. 그다음은 사인 김종무(金宗武)에게 시집가서 1녀를 낳았는데 어리다. 막내딸은 참봉 정호인(鄭好仁)에게 시집갔다.

두 효자가 나를 선친의 친구로서 정직하여 꾸미지 않는다고 보아 소개하는 글을 가지고 와서 밝게 드러내 달라고 하였다.

아, 공은 지금의 강직함이 옛날과 같아 세상과 어울려 살아갈 수가 없어 갑작스럽게 뜻을 지닌 채 사망하였다. 가령 그가 뜻을 얻어 국정(國政)을 부지하고 진(鎭)을 책임졌다 하더라도 다만 임금의 뜻을 거스르고 한 시대의 원수가 될 뿐이었을 것이니, 그가 뜻을 얻는 것도 명(命)이고 그가 뜻을 얻지 못한 것도 명이다. 명을 어찌하겠는가. 다음과 같이 명(銘)을 짓는다.

| | |
|---|---|
| 호련은 천하의 귀한 물건이고 | 瑚璉也天下之貴 |
| 부월은 천하의 두려운 물건이고 | 鈇鉞也天下之畏 |
| 귀책[36]은 천하의 일을 처리하는 것이네 | 龜策也所以處天下之事 |
| 하늘이 우리에게 인재를 준 것은 | 天與我器 |
| 국가의 이익을 위해서였네 | 爲國家利 |
| 어째서 주고 어째서 빼앗는고 | 奚與奚奪 |
| 사람이 제때에 의지할 수 없어라 | 人罔時倚 |

**36** 귀책(龜策) : 길흉을 판단하기 위하여 점을 치는 데 사용하는 귀갑(龜甲)과 시초(蓍草)를 말한다. 거북 껍데기를 가지고 점을 치는 것을 복(卜)이라 하고 시초를 사용하여 점을 치는 것을 서(筮)라고 한다.

| | |
|---|---|
| 오직 후세에 빛남이 이어져 | 惟紹有光 |
| 백세토록 그 빛이 일어나기를 | 百世其起 |

## 유명 조선국 종사랑 행 현릉 참봉 증 자헌대부 이조판서 겸 지의금부사 노공 묘비명 병서

有明朝鮮國從仕郎行顯陵參奉贈資憲大夫吏曹判書兼知義禁府事盧公墓碑銘 幷序

만력(萬曆 명 신종(明神宗)의 연호) 3년(1575, 선조8) 겨울에 판서(判書) 노군(盧君 노진(盧禛))은 천령(天嶺)에서 여묘하고 있었다. 그다음 해 가을, 사자(嗣子)인 진사(進士) 사훈(士訓)에게 행장과 서찰을 주어 서울로 가서 광산(光山) 노수신에게 부탁하도록 하였는데 "선인(先人)의 무덤가에 심은 나무는 이미 노목(老木)이 되었는데 동남(東南)에 비석이 없으니, 이는 진실로 기다리는 바가 있어서였지만 끝내 그 묘가 점점 사라져 거듭 저버리는 불인(不仁)을 저지를까 봐 두려우니, 그대는 서둘러 도모해 주십시오."라는 내용이었다.

삼가 상고해 보면 노씨(盧氏)는 황해도 풍천부(豐川府)의 명망 있는 성씨로, 성균관 진사 휘(諱) 유(裕)는 실로 특출한 분이었다. 5세(世) 동안 아름다운 명성을 이어 날로 빛나도록 계승해 왔는데, 휘 흥길(興吉)에 이르러 이조 참의에 추증되었고, 휘 언(焉)은 병조 참판에 추증되었다. 휘 숙동(叔仝)은 사헌부대사헌 겸 예문관제학을 지냈고, 휘 분(昐)은 예문관 교리로 이조 참판에 추증되었다. 이상이 공의 4대이다. 거창 신씨(居昌愼氏) 동지중추부사 신선경(愼先庚)은 외조부이다.

성화(成化) 신묘년(1471, 성종2) 1월 임진일(19일)에 태어나니, 공의 휘는 우명(友明)이요, 자(字)는 군량(君亮)이요, 호는 신고당(信古堂)이다.

일찍 부친을 여의었으나 글을 읽고 문장을 지을 줄 알았으며 명망과 행실이 있었다. 형 우량(友良)과 동생 우영(友英)이 모두 진사가 되자 세상에서는 이들을 가리켜 '삼주(三珠)'라고 하였다. 어려서 조모의 보살핌을 받았는데, 재산을 넉넉히 주었으나 군이 사양하고 받지 않았다. 본래 일두(一蠹 정여창(鄭汝昌)) 선생과 이웃해 살았는데, 선생이 안음(安陰)의 수령(守令)으로 나가자 왕래하며 학업(學業)을 묻는 것을 즐거움으로 삼았다.

홍치(弘治) 무오년(1498, 연산군4)에 진사시에 합격하였는데, 얼마 후 모친상을 당하였다. 이때 역월제(易月制)[37]가 시행되었으나 스스로 흔들림 없이 옛 예제(禮制)를 지켰다. 이로 인해 과거 공부를 하는 것을 달가워하지 않고 40세가 넘도록 자기의 생활을 꾸리는 일은 하지 않은 채 다만 경전(經典) 읽는 것을 스스로 즐겨, 집이 망가지고 끼니를 거르게 되어도 마음이 담담했다. 늦게야 작은 집을 짓고 곁에 매화나무, 대나무, 잣나무를 심고 사이사이에 약초를 심었다. 늘 방 하나를 깨끗이 치워 두었는데 아무리 작은 것이라도 정돈해 두었다.

남들과 어울리는 것을 좋아하지 않았으나 어울릴 적에는 반드시 잘 가려서 사귀었다. 누가 방문해 오면 언제나 맞아들여 접대하였는데, 술과 기장밥으로 대접하기도 하였다. 배우러 오는 사람이 있으면 받아들여 귀찮은 기색 없이 정성스레 가르쳤다. 경전(經傳)을 보다가 지우거나 고친 곳이 있으면, 성내며 "무엇인들 가르침 아닌 게 있다고 감히 함부로 다룬단 말인가." 하였다. 계씨(季氏)가 사는 곳이 그다지 가깝

**37** 역월제(易月制) : 부모의 상사(喪事)에 27개월을 복상(服喪)하도록 되어 있는 제도를 연산군이 1개월을 1일로 따져 복상하도록 강제했던 제도이다.

지 않았는데도 열흘에 네댓 번은 꼭 만났고, 사정이 있으면 편지로 연락을 하였다. 때로 서로 자연을 찾아 술 마시고 읊조리며 한껏 즐기고, 번갈아 가며 음식을 장만하기도 하였는데 안팎으로 우호(友好)를 다지는 일을 거른 달이 없었다.

무인년(1518, 중종13)에 모재(慕齋) 김 선생(金先生 김안국(金安國))이 본도(本道) 관찰사가 되어 산골에 숨은 선비를 찾았는데, 공을 만나 이야기해 보고는 크게 기뻐하여 그가 사는 집에 글을 지어 주고 안우(安遇), 노필(盧㻶), 김대유(金大有)와 같이 추천하였다. 현릉 참봉(顯陵參奉)에 제수되어 청렴결백하게 직임을 받들자 사람들이 자못 남다르게 여겼다. 이때 조정에서 대과(大科)를 설치하자 공은 김공(金公)과 더불어 상의하고 비로소 대책(對策)에 응시하였다.

경진년(1520) 봄에 병을 이유로 사직하고 돌아갔는데, 판서군(判書君)의 나이가 이미 5, 6세가 되었다.[38] 《중용(中庸)》 및 회암(晦庵 주희(朱熹))의 잠명(箴銘)과 발어(跋語)를 손수 써서 가르쳤는데, '희(熹)' 자가 나오면 글자대로 소리 내지 못하도록 경계하였다. 책을 넘어가는 것을 보면 가져다 머리에 이고 있게 하고, 장난을 치면 데려다 잘못을 바로잡도록 하였는데, 반드시 한참을 그렇게 한 뒤에야 그만두었다.

계미년(1523) 10월 신축일(5일)에 병으로 외침(外寢)에서 졸(卒)하였고, 12월 계축일(17일)에 고을 북쪽 주곡리(酒谷里) 오향(午向) 언덕에 장사 지냈다.

공은 순수하고 깨끗하고 온화하고 치밀하기가 좋은 옥 같아 예(禮)

**38** 판서군(判書君)의……되었다 : 이조 판서를 지낸 노진(盧禛)은 1518년에 태어나 이때 나이가 3세였다. 기록에 착오가 있는 듯하다.

가 아닌 말은 듣지도 말하지도 않았으며, 몸에 태만한 빛이 없었다. 오직 효를 다해 어버이를 섬겼고 공경을 다해 조상을 받들었으며, 친척 간에는 화목하고 붕우 간에는 미덥고 부리는 사람에게는 은혜롭다 보니 마을에서도 존경하여 호(號)를 부르고 이름을 부르지 않았다. 그 밖의 일에서도 담담하고 깨끗하여 굳건하니, 이는 타고난 천성(天性)이었다. 연원(淵源)을 살필 줄 알아 당송(唐宋) 시대의 것을 잘 알아서, 백에 한두 가지도 놓치지 않았다. 또 음학(音學)과 사성(四聲)에도 조예가 깊었고, 육체(六體)[39]를 모두 강구하여 해법(楷法)에도 힘이 있어 동진(東晉) 시대의 필법(筆法)과 은연중에 부합하였다. 그러나 공은 평소 심원한 운치가 있어 마음을 편안한 곳에 두었고, 학문은 널리 읽어 암기하고 깊이 탐구함을 숭상하였다. 중년 이후에는 민락(閩洛)[40] 이론을 몹시 좋아하여 외고 해석하며 정성스레 마음에 새겼다. 아, 지극하도다. 아마도 정공향(鄭公鄕)[41]에서 얻음이 있어 원우(元祐)의 학풍[42]을 발휘한 것이리라.

**39** 육체(六體) : 서체(書體)와 운필법(運筆法)을 의미한다. 《한서(漢書)》 〈예문지(藝文志)〉에 "육체는 고문, 기자, 전서, 예서, 무전, 충서를 이른다.〔六體, 謂古文奇字篆書隸書繆篆蟲書也.〕"라고 하였다.

**40** 민락(閩洛) : 송(宋)나라 학자인 정호(程顥)·정이(程頤) 형제와 주희(朱熹)를 말한다. 정호·정이 형제는 낙양(洛陽) 사람이고 주희는 민중(閩中), 곧 복건성(福建省) 건명(建明) 사람이므로 이렇게 일컫는데, 그들의 학문인 정주학(程朱學)을 지칭하는 말로 많이 쓰인다.

**41** 정공향(鄭公鄕) : 태어난 고장을 예찬하는 말이다. 한(漢)나라 때 대학자인 정현(鄭玄)이 태어난 고밀현(高密縣)을 공융(孔融)이 예찬하여 부른 데에서 온 말이다. 《後漢書 鄭玄列傳》

**42** 원우(元祐)의 학풍 : 원우는 송나라 철종(哲宗)의 연호이다. 원우 연간에 활동한

부인 순흥 안씨(順興安氏)는 전적(典籍) 안기(安璣)의 딸이요, 문성공(文成公) 안유(安裕)의 후손이다. 아들 희(禧)는 진사로 참판 방유령(方有寧)의 딸에게 장가들어 딸을 낳았는데, 맏이는 충의위(忠義衛) 박리(朴理)에게, 차녀는 현감(縣監) 최언광(崔彦光)에게 출가하였다. 이어서 승사랑(承仕郎) 양응기(梁應麒)의 딸에게 다시 장가들어 아들 사준(士俊), 사예(士豫), 사개(士介)[43]를 낳았다. 사위 임숭두(林崇杜)는 찰방(察訪)으로, 아들 임기암(林起巖)을 낳았고, 딸들은 참의(參議) 양응정(梁應鼎), 문위천(文緯天), 참판(參判) 윤의중(尹毅中)에게 출가하였다. 둘째 사위 최우(崔祐)는 부장(部將)이다.

후 부인(後夫人) 권씨(權氏)는 그 선계(先系)가 신라(新羅)에서 나뉘어져 내려왔다. 보첩(譜牒)에 있는 김행(金幸)이란 분이 안동(安東)을 지키다가 고려 태조(太祖)를 만나 지금의 성씨를 받았고, 10대를 전해 문탄공(文坦公) 권한(權漢)에 이르러 공적이 더욱 두드러졌다. 부인의 증조 권계우(權繼祐)는 사용(司勇)이고, 조부 권금석(權金錫)은 봉사(奉事)이고, 부친 권시민(權時敏)은 생원이다.

모친 팔계 정씨(八溪鄭氏)는 행 목사(行牧使) 정종아(鄭從雅)의 따님이다. 아들 진(禛)은 이조 판서로 봉상시 판관(奉常寺判官) 안처순(安處順)의 딸에게 장가들어 아들 사훈(士訓), 사회(士誨), 사흔(士訢), 사악(士諤), 사전(士詮), 사섬(士譫), 사심(士諗)을 낳았고, 맏딸

사마광(司馬光), 문언박(文彦博), 정이, 소식(蘇軾), 황정견(黃庭堅) 등 문인(文人) 학자의 학풍을 가리킨다.

**43** 사개(士介) : 《옥계집(玉溪集)》 권3 〈고종사랑……(考從仕郎……)〉 등에는 '士价'로 되어 있다.

은 유기(柳起)에게, 다음은 허성필(許成弼)에게 시집갔다. 차자(次子) 관(祼)은 제원 찰방(濟原察訪)으로 사맹(司猛) 표곤운(表鵾雲)의 딸에게 장가들어 아들 사선(士善), 사상(士尙), 사소(士召)를 낳았다. 맏딸은 노급(盧伋)에게, 다음은 강위로(姜渭老)에게 출가하였다. 사위 신잠(申潛)은 행 목사이다.

권씨 부인은 홍치(弘治) 경술년(1490, 성종21) 10월 계축일(5일)에 태어났다. 자질이 정숙하고 단아하고 민첩하였다. 혼인하여 집안에 들어오자 늙은 여종들이 서로 축하하였다. 먼저 태어난 서출(庶出) 소생들을 한집에 모아 길렀는데, 친척들도 그들을 다르게 대하는 모습을 찾지 못했다. 제사를 잘 받들어 춥거나 덥다 해서 게을리하지 않고 더욱 정성껏 지냈으니, 공이 끝까지 그 고상함을 이룰 수 있었던 것은 모두 안에서 도와서였다. 공이 "그대는 실로 덕스러운 사람이니, 반드시 그 보답을 누릴 것이오."라고 말한 적이 있다. 공이 졸한 뒤에 부인은 외롭게 아버지 잃은 어린아이들을 이끌고 보호하였는데, 일을 계획함에 조리가 있었고 일에 응하고 사람을 대할 적에 그저 온 정성을 다했다. 아들이 거의 20년간 수령을 하며[44] 봉양할 적에는 입는 것 먹는 것을 아껴 나누어 주기를 좋아하고 유산(遺産)을 마련할 계획을 세우지 않았으며, 누구에게 부탁할 일을 만들지 않으려 했다. 또 번화하고 화려한 것이나 권세나 이익을 마음에 두지 않았다. 그러므로 판서군이 주군(州郡)에서 편히 지내고 뜻에 차지 않는 일을 안 해도 되었다.

**44** 아들이……하며 : 노진은 1560년(명종15) 형조 참의를 거쳐 도승지가 되었는데, 시골에 계신 늙은 어머니를 봉양하기 위해 외직을 지원하여 담양 부사(潭陽府使), 진주 목사(晉州牧使), 충청도 관찰사 등을 지냈다.

아, 현숙(賢淑)하도다. 을해년(1575, 선조8) 10월 병술일(22일)[45]에 노환(老患)으로 졸하여 다음 해 1월 정미일(13일)에 합장하였다. 다음과 같이 명(銘)을 짓는다.

기가 맑은 것은　氣之淸者
공이 타고난 것이고　公之生也
뜻이 곧은 것은　志之貞者
공의 행실이며　公之行也
의가 정밀한 것은　義之精者
공의 이룸이라네　公之成也
세상을 경영할 듯하였으나　若爲世經
당시에 형통함이 없었으니　而罔時亨
아마도 후손에게　庶開後扃
잘 갚아 주리라　惟艾之贏
하늘이 혹 어둡다 하나　謂天或冥
그 집안을 살펴보면　視其闈庭
어머니는 영예가 있었고　有萱斯榮
자제들은 훌륭하다네　有蘭斯馨
남쪽으로 길을 잡자　惟南所程
우리 임금이 편안해지셨네　我王以寧
공이 명성을 얻지는 못했지만　公不收聲

**45** 병술일 : 대본에는 '丙辰'으로 되어 있다. 《옥계집》 권3 〈선비정부인권씨행장(先妣貞夫人權氏行狀)〉에 근거하여 '辰'을 '戌'로 바로잡아 번역하였다.

그 명성이 커지리니 厥聲載宏

천만년 후에도 於千萬齡

나의 명 앞에 부끄럽지 않으리라 不愧吾銘

## 유명 조선국 가선대부 동지돈녕부사 심공 묘갈명 병서
有明朝鮮國嘉善大夫同知敦寧府事沈公墓碣銘 幷序

심씨(沈氏)는 오래전부터 대대로 이어져 내려오다 고려(高麗) 때 이조정랑으로 문하시중(門下侍中)에 추증(追贈)된 휘(諱) 룡(龍)에서부터 크게 현달(顯達)하기 시작하여, 휘 덕부(德符)는 좌시중(左侍中)으로 청성백(青城伯)에 봉해졌다. 본조(本朝)에 들어와 좌정승(左政丞)으로 구호(舊號)를 이어받아 봉해진 휘 온(溫)은 영의정부사(領議政府事)로 시호(諡號)가 안효(安孝)인데 소헌왕후(昭憲王后)를 낳았다. 이분이 공에게 고조부가 된다. 증조 휘 회(澮)는 좌의정으로 익대 좌리공신(翊戴佐理功臣) 청송부원군(青松府院君)에 책훈되었고, 시호가 공숙(恭肅)이다. 조부 휘 원(湲)은 내자시 판관(內資寺判官)으로 좌찬성에 추증되었다. 부친 휘 순문(順門)은 의정부 사인(議政府舍人)으로 영의정에 추증되었다. 모친 평산 신씨(平山申氏)는 고려 태조 때 원공(元功)을 세웠던 신숭겸(申崇謙)의 후손으로 사헌부 감찰 신영석(申永錫)의 따님이다. 4형제를 두었는데, 모두 다 문장으로 현달하였다. 장남 휘 연원(連源)은 선비들을 아꼈다는 명성이 높았는데, 인순왕후(仁順王后)의 친조부이다. 영의정을 지냈는데, 우뚝한 명망에 조금도 손색이 없었다.

공은 셋째 아들로 휘는 봉원(逢源)이고, 자(字)는 희용(希容)이다. 공은 어린 시절 행동거지가 남달랐고, 침착하고 진중하여 농담을 하지 않았다. 집안이 불행한 일을 당하자, 대부인(大夫人)께서 친히《소학(小學)》 같은 글을 가르쳤는데, 공은 그 뜻을 이미 깨우치고 있었다.

조금 자라서는 능히 스스로 과정(課程)을 정해 두고 공부하였고, 시문(詩文)을 지어서 사람들로부터 많은 칭찬을 받았다. 20세에 상사(上舍 성균관)에 오르자 붕우들이 점점 더 따르기 시작하여 영화로운 소문이 점점 커졌다. 기묘년(1519, 중종14)에 화(禍)가 일어나자 만형과 지평(砥平)의 산수(山水)를 유람하면서 장차 그곳에서 늙어 가고 싶어 했지만 어버이가 살아 계시기 때문에 할 수 없었고, 얼마 뒤에는 병이 생겨 침상(寢牀)을 떠나지 못했다.

갑오년(1534)에 잠시 음보(蔭補)로 내시교관(內侍敎官)이 되었으나 얼마 있다 그만두었다.

정유년(1537)에 과거에 급제하여 권지 학유(權知學諭)를 맡으면서 사록(司錄)을 겸하였다.

무술년(1538)에 탁영시(擢英試)에서 발탁되었다. 그 뒤부터 상례(常例)에 따라 학록(學錄), 학정(學正), 박사(博士), 전적(典籍)을 지냈다.

계묘년(1543)에는 청현직(淸顯職)을 두루 거쳤으나 휴가 중인 때가 많았다. 우수(右授)로는 호조・예조・형조의 좌랑(佐郞)과 정랑(正郞), 정언(正言), 헌납(獻納), 장령(掌令), 사간(司諫), 검상(檢詳), 사인(舍人), 교리(校理), 응교(應敎), 전한(典翰), 직제학(直提學)을 지냈고, 좌서(左敍)로는 교서(校書), 교리, 사예(司藝), 전첨(典籤), 전설사 수(典設司守), 사복시(司僕寺)・훈련원(訓鍊院)의 부정(副正), 사도시(司導寺)・군기감(軍器監)・종부시(宗簿寺)・상의원(尙衣院)의 정(正), 판교(判校), 우통례(右通禮)를 지냈다.

계축년(1553, 명종8) 가을에 직제학을 거쳐 승정원의 동부승지에 진급되었다가 이내 사직하고 첨지중추부사가 되었다. 그리고 얼마 후 호조와 예조의 참의(參議)에 제수되었다.

무오년(1558)에 다시 승지로 임명되었으나 취임하지 않았다. 명종대왕은 공이 두 임금에 걸쳐 높은 지위에 올랐으나 병으로 힘을 펼 수 없다는 것을 알고 어찰(御札)을 내려 가선대부(嘉善大夫) 동지돈녕부사(同知敦寧府事)에 제수하였는데, 이때가 계해년(1563) 7월이었다.

경술년(1550)부터 공은 근심하고 슬퍼하다 쇠약해져 휴가를 청한 것이 한두 번이 아니었는데, 수년째 병세가 더욱 심해졌다. 그리하여 직무를 놓아 버리고 사직을 청한 뒤 다시는 당세(當世)의 일에 간여할 뜻을 품지 않았다.

갑술년(1574, 선조7) 10월 21일 임술일에 세상을 떠났으니, 공은 태어난 해인 홍치(弘治) 정사년(1497, 연산군3) 모월 모일로부터 80세에서 2년이 모자라는 수(壽)를 누렸다.

공은 온유하면서도 충직하고 훌륭하였으며 깨끗하고 원대하면서도 간결하고 중후하였다. 안으로는 임기응변하는 일을 끊었고 밖으로는 화려한 꾸밈이 없었으며 물러나 있을 적에는 옷도 감당하지 못하는 것처럼 조신한 모습이었다. 어렸을 적에 문중에 돈 많은 노파가 있었는데, 늙도록 후사가 없자 공을 데려다가 길러서 그에게 의탁하려 하자 공은 바로 달아나 돌아와서는 돌아보지도 않았다. 그리하여 대종가(大宗家)가 가업을 잃고 제사를 받들 수 없게 되었다. 공은 만년(晩年)에 더욱 마음 아파하여 이를 위해 계획을 세우고 친족들에게 이에 대비하겠다는 약속을 하였으나 그래도 여전히 부족하게 여겼다.

무릇 친구의 상(喪)을 당하면 마음을 다하여 상례(喪禮)를 주선하였는데, 녹봉으로 받은 포(布)를 모두 부의(賻儀)로 돌리기도 하였다. 사간(司諫) 곽순(郭珣)[46]이 피살(被殺)되었을 때, 그와 잘 지내던 사람들도 감히 그 집 문 앞을 지나가지 못했지만 공만은 망설임 없이 수의를 입혀 주었다. 늘 병든 상태로 스스로를 지키다 보니 먹고 입고 앉고 눕는 것을 반드시 횟수를 정해 두었다. 네 가지 경우에 나가지 않고〔四不出〕[47] 세 가지 말하지 않는 것〔三不語〕[48]은 모두가 사람들이 하기 어려운 바인데, 여기에 힘써서 바야흐로 스스로 적합하다고 여겼다.

집이 화산(華山) 기슭에 있었는데, 정원을 가꾸는 취미가 있어 소나무를 심어 벗으로 삼았고 그것으로 집에 이름을 붙였다. 날마다 그 사이에서 읊조리며 따스한 바람을 맞아 몸을 펴고 지팡이를 끌고 나가 이끼 낀 곳 주변을 천천히 거닐곤 하였다. 큰 키에 여윈 모습을 하고, 희고 깨끗한 수염과 눈썹을 지녀 흡사 외로운 학 한 마리가 목을 빼고 아득히 먼 곳을 바라보는 것 같았다. 그러나 찾아오는 이가 있으면 때때로 거문고를 타고 노래를 부르거나 더러 술을 마시고 시부(詩賦)를 지으면서[49] 즐거움이 또한 그 가운데 있다고 스스로 여겼다.

**46** 곽순(郭珣) : 1502~1545. 자는 백유(伯瑜), 호는 경재(警齋), 본관은 현풍(玄風)이다. 을사사화 때 사간원 사간으로 직언을 한 것 때문에 고문을 받다 죽었다. 1568년(선조1)에 신원되고 직첩이 환수되었다.

**47** 네……않고 : 소옹(邵雍)이 지은 시 〈사사음(四事吟)〉에 나온 말이다. "때에는 네 가지 나가지 않아야 할 경우가 있다.〔時有四不出〕"라는 구절이 있는데, 그 주석에 '큰 추위가 있을 때〔大寒〕, 큰 더위가 있을 때〔大暑〕, 큰바람이 불 때〔大風〕, 큰비가 올 때〔大雨〕'라고 되어 있다. 《擊壤集 卷13》

**48** 세……것 : 《논어》 〈술이(述而)〉에 "공자께서는 괴력난신(怪力亂神) 네 가지 일을 말씀하지 않으셨다."라고 한 데서 나온 '사불어(四不語)'의 오기(誤記)인 듯하다.

**49** 더러……지으면서 : 대본에는 '酒賦□作'으로 되어 있다. 연세대학교 소장본 《소재집》 권9 〈유명 조선국 가선대부 동지돈녕부사 심공 묘갈명〉에 근거하여 '□'에 '間'을 보충하여 번역하였다.

오직 병 때문에 평생에 두 가지 한이 남았으니, 일찍이 갈 방향도 알고 학문에 뜻을 두었으면서 중도에서 그만둔 것과 집이 가난하여 녹봉이 필요했는데도 10년 동안 벼슬하지 못한 것이었으니, 지기(知己)들을 만날 때마다 이를 한탄해 마지않았다. 그러나 욕심을 줄이고 조용히 양생(養生)하였으며, 진기(眞氣)를 잘 보존하여 원기를 회복하였다. 점차 탕제를 싹 끊으면서 정력이 다시 나아지는 것을 보게 되어 10년 전에 읽은 것을 떠올리면 또렷이 바로 다시 생각나고 《논어》를 암송할 정도까지 될 수 있었다.

공은 정절(靖節 도잠(陶潛))의 "득실(得失)을 생각하지 않았다."라는 말과 정헌(正獻 여공저(呂公著))의 "사물(事物)로써 마음을 움직이지 않았다."라는 등의 말을 좋아하여 반복해서 읊조렸다. 그림과 음률(音律)에서도 오묘함을 알았고, 의술(醫術)과 서법(書法)은 전문적인 수준에 올랐으며, 시운(詩韻)은 특히나 담박하고 고상하여 속되지 않았다. 일찍이 공은 스스로 효창노인(曉窓老人)이라 호(號)를 지어 부르고 설(說)을 지어 자기 생각을 나타냈는데, 대체로 천리(天理)와 인욕(人慾)이 소장(消長)하는 분수를 밝히고자 한 것이다.

부인 김씨(金氏)는 계림(鷄林)의 명망 있는 집안의 후손으로 정랑(正郎) 김현조(金顯祖)의 딸이고, 보덕(輔德) 김전(金琠)의 손녀이자, 대사헌 김승경(金升卿)의 증손이다. 1남 3녀를 두었다. 아들 건(鍵)은 승문원 정자(承文院正字)이다. 맏딸은 출가 전에 죽었고, 둘째 딸은 함흥 판관(咸興判官) 윤경복(尹慶福)에게 시집갔고, 셋째 딸은 금천 현감(衿川縣監) 조윤신(曺胤申)에게 시집갔다. 정자는 홍문관 교리 이탄수(李灘叟) 선생 댁에 장가들어 아들 둘을 낳았다. 맏아들 희수(喜壽)는 승문원 정자로 은진 현감(恩津縣監) 노극신(盧克愼)의 딸에게 장가갔고, 둘째 창수(昌壽)는 전적(典籍) 윤지서(尹之瑞)의 딸에게 장가가서 1남 1녀를 낳았는데, 어리다. 판관은 아들 희(僖)를 낳았는데 승지 조보(趙溥)의 딸에게 장가갔다. 현감은 아들 넷을 낳았는데 맏이가 형(泂)이고 둘째가 한(澣)이다. 딸은 셋을 두었는데, 맏딸은 선비 임몽정(任蒙正)에게 시집갔다. 나머지는 모두 어리다.

가만히 생각해 보니, 공은 부인과 사별하고 자녀들까지 이어서 떠나보내는 슬픔을 겪었으니 이른바 "세상에 어찌 이런 일이."라고 할 만한 경우이다. 그러나 적손(適孫) 희수가 효성을 다해 공을 봉양하고 공경을 다해 병간호를 하였으며 예를 다해 상(喪)을 치렀다. 그러니 하늘이 착한 자에게 복을 내리는 일을 정하는 데에 틀림이 없다는 것이 여기에 이르러서 더욱 분명해졌다.

그해 세모(歲暮) 16일에 공을 부인의 묘소 오른편에 장사 지내니, 곧 고양군(高陽郡) 치소(治所) 남쪽 대완리(大宛里) 미향(未向) 언덕이다. 이듬해 가을에 상복(喪服) 차림으로 시묘를 살던 초막에서 나와 가장(家狀)을 들고 와서 명(銘)을 써 줄 것을 부탁하였다.

아, 공의 아들은 나와 동서 간이고 나의 질녀는 공의 손부(孫婦)이니, 공의 행적을 알아 명을 짓는 일에 나만 한 사람이 없을 것이다. 그러니 어찌 글솜씨가 없다고 사양할 수 있겠는가. 다음과 같이 명을 짓는다.

| | |
|---|---|
| 아, 빛나는 청송 심씨 가문 | 於赫青鳧 |
| 국가에 경사를 쌓아 오다 | 積慶寶圖 |
| 공의 몸에 이르렀네 | 以有公軀 |
| 덕성을 기르고 | 德性其培 |

총명을 열어　聰明則開

공의 자질을 길렀네　以篤公材

헌걸찬 장부로서　頎而丈夫

선인의 무리였고　善人之徒

군자다운 선비였네　君子之儒

마음이 비고 고요하여　沖然而寂

맑으면서도 과격해지지 않았고　淸不近激

놀아도 심신이 상할 정도로 탐닉하지 않았네　游不傷溺

구차하고 어려운 일과 말을　事辭苟難

이치대로 따르며 범하지 않아　理遣非干

오직 순리를 편안히 여겼네　惟順之安

인작이 자연히 이르렀으나　人爵自至

하는 일 없이 녹을 받는 일을 부끄럽게 여기니　素餐是愧

그 뜻이 더욱 겸손하였네　益遜其志

욕심을 따르지 않을 줄 알아　能不徇欲

몸의 독이라 여겼으니　以爲身毒

그 자취가 높도다　巍乎其躅

근심과 두려움이　不以憂悖

마음에 누가 되지 않게 하였으니　爲此心累

그 기국이 넓도다　恢乎其器

그 천성을 홀로 즐기다가　獨樂其天

그 일생을 잘 마쳤네　克終其年

그 전해짐이 영원하도록　寔遠其傳

비석을 갈아 세우니　礱者植焉

지나는 자 인사 올릴 것이고　過者式焉

찾아오는 자 본보기로 삼을 것이네　來者則焉

원(遠) 자는 영(永) 자로 된 곳도 있다.

## 유명 조선국 한공 묘갈명 병서

有明朝鮮國韓公墓碣銘 幷序

공의 휘(諱)는 모(某)[50]이고, 자(字)는 모(某)이고 성은 한씨(韓氏)이다. 본관은 청주(淸州)이다. 성화(成化) 21년 을사년(1485, 성종16) 5월 경신일(11일)에 태어났는데, 얼마 안 되어 모친을 여의었다.[51] 부친 참판공(參判公)[52]의 아우인 돈녕부 정 한종(韓倧)이 길러서 후사로 삼았다. 겨우 12세가 되었을 때 두 옹(翁)[53]이 동시에 질병으로 졸하였는데, 이때 조문하러 온 사람들이 공의 안색과 음성과 태도를 보고는 모두들 서로 한씨 가문에 대대로 인물이 있다고 말하였다. 성품이 효성스럽고 우애가 있고 검소하고 간소하여 일 처리가 진솔하고 집에 있을 때 엄중하였다. 살림을 챙기지 않았고 의를 좋아하고 베풀기를 즐겼다. 성실하고 전일하여 사견(私見)을 용납하지 않았다. 친족 중에 제사를 맡게 된 이가 있자 그에게 여종을 주었고, 여종 중에 모자가 친족 집에 나뉘어 살게 된 자가 있자 합쳐서 살도록 해 주었다. 가난한 동학(同學)

**50** 모(某) : 《율곡집(栗谷集)》 권18 〈충의위한공묘지명(忠義衛韓公墓誌銘)〉에는 '세륜(世倫)'으로 되어 있다.

**51** 태어났는데……여의었다 : 《율곡집》 권18 〈충의위한공묘지명〉에 공이 태어난 지 몇 달 지나지 않아 모친이 졸하였다는 내용이 보인다. 모친은 정부인(貞夫人) 송씨(宋氏)로 여산군(礪山君) 송익손(宋益孫)의 딸이다.

**52** 참판공(參判公) : 형조 참판을 지낸 한한(韓僩)을 가리킨다.

**53** 두 옹(翁) : 《율곡집》 권18 〈충의위한공묘지명〉에는 '이고(二考)'로 되어 있다. 생부 한한과 한종을 가리킨다.

과 입을 것과 먹을 것을 함께해서 누구 것인지 아는 사람이 없었다. 모든 상사(喪事)에 언제나 서둘러 조문하고 장사(葬事) 치르는 일을 도왔다.

윤자(尹姊)[54]가 종기를 앓을 때 반드시 먼저 지렁이 즙을 맛보고 올렸고, 홍자(洪姊)[55]가 전염병에 걸려 집안에 독기(毒氣)가 치성하자 그를 업고서 나가 손수 탕약을 달여 올렸다. 며칠이 지나 나아서 마침내 병이 번지지 않게 되자 사람들이 지성(至誠)에 감응한 것이라 하였다. 늘그막에는 여러 형이 모두 세상을 떠났고 서제(庶弟) 세경(世經)만 남았는데, 그 또한 효성스럽고 우애가 있었다. 서로 더욱 돈독히 아껴 주어 늘 화락하게 마주했고, 하루도 떨어져 지낸 적이 없었다. 벗들이 오면 반드시 술과 음식을 베풀고 한껏 즐기다 모임을 파하였다. 누군가 벼슬할 것을 권해도 전혀 마음에 두지 않았다. 공경(公卿)의 추천으로 두 차례나 의망(擬望)하였으나 두 번 모두 채택되지 않았다.

가정(嘉靖) 갑오년(1534, 중종29) 12월 22일 집에서 생을 마쳤다. 춘추 50세였다.

병신년(1536) 3월 1일 광주(廣州) 치소(治所) 동쪽 조곡산(早谷山) 두척리(斗尺里) 영의정공 묘 옆에 장사 지냈다. 비조(鼻祖)는 휘(諱) 란(蘭)으로 삼중대광(三重大匡)을 지냈고, 문혜공(文惠公)[56]과 사숙

**54** 윤자(尹姊) : 《율곡집》 권18 〈충의위한공묘지명〉에는 '尹氏姨'로 되어 있다. 윤씨 성을 가진 서모(庶母)를 가리킨다.

**55** 홍자(洪姊) : 《율곡집》 권18 〈충의위한공묘지명〉에는 '申氏姨'로 되어 있다. 서모가 홍씨(洪氏)인지 신씨(申氏)인지는 미상(未詳)이다.

**56** 문혜공(文惠公) : 한강(韓康)의 시호이다. 초명은 경(璟)이다. 고려 고종(高宗) 때 문과에 급제하고 수문전 태학사(修文殿太學士)를 지냈으며 충렬왕(忠烈王) 때 찬성

공(思肅公)[57]은 벼슬이 태학사(太學士)에 이르러 큰 공훈을 세웠다. 휘 영정(永矴)은 지순창군사(知淳昌郡事)[58]를 지냈고 영의정부사(領議政府事)에 추증되었는데, 이분이 공의 고조이다. 증조 휘 확(確)은 좌의정을 지낸 서원부원군(西原府院君)으로 시호는 양절(襄節)이다. 조부 휘 치인(致仁)은 판돈녕부사를 지낸 서성군(西城君)으로 시호는 공안(恭安)이다. 부친은 휘 한(僩)으로 형조 참판을 지낸 서원군(西原君)이다. 모친 송씨(宋氏)는 여산군(礪山君) 송익손(宋益孫)의 따님이다.

남양 홍씨(南陽洪氏) 석성 현감(石城縣監) 홍귀손(洪貴孫)의 가문으로 장가들었는데, 홍씨 부인은 성품이 온화하고 조용하고 부드럽고 민첩하며 여인의 일을 모두 꼼꼼하게 해냈다. 《효경(孝經)》과 《소학(小學)》의 대지(大旨)에 밝았고, 시어머니를 섬기고 제사를 지내는 일에 효도와 공경을 극진히 하였으며, 집안을 다스리는 일에는 엄하면서도 은혜로웠다. 성화 갑진년(1484, 성종15)에 태어나 가정(嘉靖) 임오년(1522)에 졸하였다. 처음에는 양근(楊根)에 장사 지냈다가 후에 옮겨 합장하였다.

두 번째로 연안 김씨 선전관 김석형(金石亨)의 가문으로 장가들었는데, 김씨 부인은 자질이 인자하고 유순하고 제사를 정성껏 지냈으며

사(贊成事)로 벼슬에서 물러났다. 《眉山集 卷7 譜圖序》

**57** 사숙공(思肅公) : 한악(韓渥)의 시호이다. 선력좌리동덕찬화 공신(宣力佐理同德贊化功臣)으로 우의정과 상당부원군(上黨府院君)을 지냈다. 《眉山集 卷7 譜圖序》

**58** 지순창군사(知淳昌郡事) : 대본에는 '淳昌郡事'로 되어 있다. 《해동역사(海東繹史)》 〈인물고(人物考)〉에 근거하여 앞에 '知'를 보충하여 번역하였다.

아랫사람을 너그럽게 대하였다. 공이 돌아가시자 병이 들었다가 살아났다. 먼저 태어난 자식들을 자기가 낳은 자식과 조금도 다름없이 대해 친척 내외가 뭐라 말하는 이가 없었다. 홍치(弘治) 임술년(1502, 연산군8)에 태어나 가정(嘉靖) 신해년(1551, 명종6)에 사망하였다. 아울러 합장하였다.

공은 아들이 다섯이고, 사위는 군수 최여주(崔汝舟)이다. 장남 수(脩)는 정유년(1537)에 상사(上舍) 선발에 합격하여 명경(明經)으로 행실을 닦았고 벼슬이 사헌부 집의에 이르렀는데, 홍씨 소생이다. 차남은 척(倜)인데 종묘서 봉사(宗廟署奉事)를 지냈다. 삼남은 담(倓)인데, 무과에 등제하여 관직이 창성 부사(昌城府使)에 이르렀으나 일찍 죽었다. 둘째 사위는 참봉을 지낸 임극(任克)인데, 김씨 소생이다. 군수는 아들 둘을 낳았다. 최호(崔浩)는 충의위 박승명(朴升明)의 딸에게 장가들었는데, 후사 없이 모두 일찍 죽었고 최황(崔滉)은 예문관 검열로 허초(許礎)의 딸에게 장가들어 3남 1녀를 낳았는데, 모두 어리다. 집의는 정랑 민선(閔瑄)의 딸에게 장가들었으나 후사를 두지 못했고 제검(提檢) 이공집(李公楫)의 딸에게 다시 장가들어 아들딸을 낳았으나 모두 일찍 죽었다. 서자 한 명을 두었다. 봉사는 최식(崔埴)의 딸에게 장가들어 2남 1녀를 낳았다. 장남 희복(希福)은 생원 원형(元亨)의 딸에게 장가들었고, 딸은 유학(幼學) 이만생(李晩生)에게 시집갔고, 그다음 희록(希祿)은 부사로 충의위 박운(朴芸)의 딸에게 장가가 아들 한 명을 낳았으며, 희길(希吉)은 유학 최덕우(崔德宇)의 딸에게 장가들었다. 참봉은 1남 1녀를 낳았는데, 모두 어리다.

아, 덕을 지녔으면서도 지위도 없고 천수(天壽)를 누리지도 못했지만 두 아내가 모두 어질었다. 장수와 복록을 누리지는 못했지만 내가 듣기로 덕을 쌓으면 반드시 펼 날이 있다고 하니, 공의 후손이 다시 시작하리라.

집의는 나의 친구인데[59] 명(銘)을 써 줄 것을 요청해 마지않기에 다음과 같이 명을 짓는다.

| | |
|---|---|
| 동국의 청주(淸州)에는 | 東國西原 |
| 예부터 큰 성씨가 있었는데 | 遠有大姓 |
| 고려의 흥성한 운세를 만나 | 丁麗興運 |
| 큰 공을 세워 경사를 열었네 | 元功啓慶 |
| 문혜공은 공적을 이루도록 돕고 | 文惠輔烈 |
| 사숙공은 굳세게 공훈을 세워 | 思肅捍宣 |
| 학사가 왕성을 수복하여[60] | 學士收京 |
| 찬란함이 서로 이어졌네 | 彪炳相聯 |
| 근래의 사오 세(世)는 | 世近五四 |
| 아조에서 드러나 | 顯于我朝 |

**59** 집의는 나의 친구인데 : 집의 한수(韓脩)의 자는 영숙(永叔), 호는 석봉(石峯)이다. 선조 연간에 유일(遺逸)로 천거되어 지평(持平), 장령(掌令), 집의, 사복시 첨정(司僕寺僉正) 등을 역임하였다. 〈한 첨정 등 제공에게 주다〔贈韓僉正諸公〕〉라는 시가 《소재집》 권6에 실려 있는데, 이 가운데 "영숙은 늙어 갈수록 기력이 좋아서, 긴 노래 소리가 하늘에 쩡쩡 울린다."라는 구절에서 두 사람의 친분을 엿볼 수 있다.

**60** 학사가 왕성을 수복하여 : 학사는 사숙공 한악의 아들 한방신(韓方信)을 가리킨다. 1360년(공민왕9) 홍건적 반성(潘誠) 등이 이끄는 20만 대군이 압록강을 건너 남하하여 11월 24일 개경을 점령하였고 공민왕은 안동(安東)으로 피신하였는데, 이듬해 1월 한방신이 다시 개경을 수복하였다. 이후 공민왕이 275명을 공신으로 책봉할 때 일등공신에 녹훈(錄勳)되었다.

| | |
|---|---|
| 양절공과 공안공은 | 襄節恭安 |
| 조(曹)이고 소(蕭)였네[61] | 是曹是蕭 |
| 덕을 쌓아 지방의 아장(亞將)이 되었으니 | 積德臬亞 |
| 아름답게 갈고닦은 훌륭한 모습이었네 | 媲礪之懿 |
| 아홉 현인을 낳았으니 | 洒娠九賢 |
| 공이 그 마지막이네 | 公於序季 |
| 십 년 동안 세 번 상을 당하였으니 | 十載三喪 |
| 아기 때부터 어린 시절의 일이네 | 自嬰而幼 |
| 우뚝한 후손들이 | 嶷嶷爲後 |
| 즐비하게 거상하였네 | 纍纍在疚 |
| 효도하고 우애하여 | 克孝克友 |
| 실로 검소하고 간소하게 지냈네 | 實儉實簡 |
| 서로 벽을 두지 않았으니 | 不設畦畛 |
| 어찌 모난 행동을 했겠는가 | 焉立崖岸 |
| 내조를 입었는데 | 曰有內相 |
| 본부인은 홍씨이고 계실은 김씨라네 | 洪初金繼 |
| 남양 홍씨 계통이고 | 江寧之系 |
| 연안 김씨 후예였네 | 閭延之裔 |
| 부인의 예의에 어긋남이 없었고 | 婦儀靡忒 |
| 어머니의 도리를 다해 끝내 길하였으니 | 母道終吉 |
| 강직한 중승[62]이 | 侃侃中丞 |

**61** 조(曹)이고 소(蕭)였네 : 조는 한(漢)나라 초의 조참(曹參)을, 소는 소하(蕭何)를 가리킨다. 여기서는 나라에 큰 공을 세운 공신이라는 의미로 쓰였다.

| | |
|---|---|
| 한결같이 섬겼네 | 事之如一 |
| 공은 능히 순리대로 할 줄 알아 | 公能隨順 |
| 하늘을 즐기고 명을 편안히 여겼네 | 樂天安命 |
| 어진 이로서 불행하였으나 | 仁者不幸 |
| 군자로서 정도를 얻었네 | 君子得正 |
| 무성한 저 조곡산에 | 菀彼早谷 |
| 관원이 묻히었네 | 冠佩攸藏 |
| 내가 그 업적을 정리하여 | 我最其蹟 |
| 후세에 길이 전하노라 | 爲示茫茫 |

**62** 중승(中丞) : 사헌부 집의를 지낸 한수를 가리킨다. 한세륜(韓世倫)의 아들이다.

## 유명 조선국 고 통훈대부 행 군기시 부정 김공 묘갈명 병서

有明朝鮮國故通訓大夫行軍器寺副正金公墓碣銘 幷序

공의 휘(諱)는 모(某)[63]이고, 자(字)는 모(某)[64]이다. 본관은 풍산(豐山)이다. 고려 삼사 좌윤 안정(安鼎)의 후손이다. 부친은 공조 참판 휘 모(某)[65]이고, 모친은 정부인(貞夫人) 양천 허씨(陽川許氏)[66]이다. 홍치(弘治) 정사년(1497, 연산군3)에 공을 낳았다. 공은 일찍부터 가정의 가르침을 받들어 힘써 행하고 학문에 뜻을 두었다. 무자년(1528, 중종23)에 사마시에 합격하였으나 여러 번 과거에 응시해 급제하지 못했고, 음서로 후릉 참봉(厚陵參奉)에 제수되었다. 모(某) 봉사(奉事), 모 직장(直長), 감찰(監察), 상서(尙瑞), 판관(判官), 찬의(贊儀), 평시서 영(平市署令), 종묘서 영(宗廟署令), 사재 첨정(司宰僉正), 예빈시 첨정(禮賓寺僉正), 장악원 첨정(掌樂院僉正), 사복시 첨정(司僕寺僉正), 풍저창 수(豐儲倉守), 전설사 수(典設司守), 전첨(典籤), 군자시 부정(軍資寺副正), 군기시 부정(軍器寺副正) 등의 직임을 조심해서 수행하였으며, 하는 일마다 사리에 맞게 하였다. 인동(仁同), 경산(慶山), 영천(榮川)에 수령으로 나가 모두 청렴하고 신중하

63 모(某) : 김순정(金順貞)이다.

64 모(某) : 화직(和直)이다.

65 모(某) : 김양진(金楊震)이다. 중종 때 문신으로 진산 군수(珍山郡守)를 지낸 김휘손(金徽孫)의 아들이다.

66 양천 허씨(陽川許氏) : 장사랑(將仕郎) 허서(許瑞)의 딸이다.

다는 평을 들었고, 떠난 뒤에는 백성들이 그를 그리워하였다.

정덕(正德) 병자년(1516, 중종11) 경주 김씨(慶州金氏) 사의(司議) 김의종(金意從)의 집안으로 장가들었는데 공과는 같은 김씨가 아니다. 부덕(婦德)이 평소 드러났고 집안을 맡는 데도 법도가 있었는데, 만력(萬曆) 병자년(1576, 선조9) 6월 질병으로 정침(正寢)에서 사망하였다. 그 후 13일이 지나 공이 세상을 뜨자 두 널이 나란히 발인하여 한 곽(槨) 안에 들었다. 파주(坡州) 북쪽 두문리(斗文里) 유향(酉向) 언덕에 묻혔다.

아, 이것이 사람 사는 세상에서 어떠하기에 함께 늙고 같이 묻히는 즐거움을 예부터 많이 들어 보지 못했는가. 공은 성품이 자상하고 공손하고 신중하여 부모님께 효도하고 형에게 우애하며 공적인 것을 받들고 삼가고 부지런히 하는 것으로 마음을 먹었으니, 이 역시 가법(家法)이 그러해서이다. 평생 헛되고 과장된 것을 힘써 제거하고 세력을 좇고 이익을 탐하는 자를 보면 침을 뱉을 정도로 비루하게 여겼다. 세업(世業)이 청빈하였고, 거하는 곳이 좁고 누추하였으나 편안하게 처하면서 오직 술 한잔 하며 스스로 즐길 뿐 자손을 위한 계책을 세우지 않았다. 사적인 제사도 국기(國忌)처럼 지내 반드시 미리 재계하였는데, 나이가 들수록 더욱 경건하게 하였다.

가정(嘉靖) 을미년(1535)에 모친상을 당했는데, 여묘하며 예를 다하였고, 한번도 집에 들르지 않았다.

명종(明宗)께서 돌아가셨을 때는 70이 넘은 나이에도 병든 몸을 이끌고 곡하는 곳에 들어가 처음부터 끝까지 빠짐없이 예를 갖추었다. 본래 충성스럽고 효성스럽지 않다면 이와 같을 수 있겠는가.

3남 2녀를 두었는데, 장남은 진(鎮)으로 기유년(1549, 명종4)에 과거에 급제하였고 경기 도사를 지냈다. 차남은 전(鏄)으로 봉사(奉事)를 지냈는데 공보다 먼저 죽었다. 삼남은 선(銑)으로 풍저창 수를 지냈다. 딸은 박계유(朴繼裕)에게 시집갔는데 부부가 모두 죽었다. 차녀는 군기시 정을 지낸 김위(金偉)에게 시집갔다.

진은 3남 1녀를 두었는데 아들은 정현(挺賢), 익현(翼賢), 수현(壽賢)이며 딸은 조진(趙進)에게 시집갔다. 전은 1남 1녀를 두었는데 아들은 명현(命賢)이며 딸은 남궁행(南宮荇)에게 시집갔다. 선은 2남 2녀를 두었는데 아들은 서현(瑞賢)과 상현(尙賢)이며, 장녀는 이사수(李士修)에게 시집갔고 차녀는 심종명(沈宗明)에게 시집갔다. 김위는 아들 하나를 두었는데 김광욱(金光彧)이다. 손자들이 학업에 종사하는 자가 많았고, 증손자와 증손녀가 15명 남짓이다. 다음과 같이 명(銘)을 짓는다.

| | |
|---|---|
| 행동은 틀림이 없고 명예를 꾸미지 않았으니 | 行靡忒名不飾 |
| 덕이 있도다 | 有其德矣 |
| 태학의 우수생으로 선발되고 군수 관직을 맡았으니 | 選庠秀官郡守 |
| 재주가 본래 있도다 | 才固有矣 |
| 난옥[67] 같은 자손이 계속 나와 | 蘭玉振振 |
| 녹위가 펴지도다 | 祿位申申 |
| 이에 숙인과 함께 | 爰曁淑人 |

**67** 난옥(蘭玉) : 지란옥수(芝蘭玉樹)의 준말로, 남의 집안의 우수한 자제(子弟)를 예찬하는 말이다. 《세설신어(世說新語)》〈언어(言語)〉에, 진(晉)나라 사안(謝安)이 여러 자제에게 어떤 자제가 되고 싶냐고 묻자, 그의 조카인 사현(謝玄)이 "비유하자면 지란옥수가 뜰 안에 자라는 것처럼 되고 싶습니다."라고 하였다.

| | |
|---|---|
| 무사히 팔순을 누리었네 | 坐享八旬 |
| 그 남은 즐거움을 이루어 | 載其餘歡 |
| 함께 묻히었네 | 竝柳同桓 |
| 파주 언덕 너른 곳의 | 坡原之寬 |
| 진택[68]을 편안히 여기시길 | 眞宅是安 |

**68** 진택(眞宅) : 사람이 죽은 뒤에 돌아가는 진정한 집이라는 뜻으로 무덤을 가리킨다.

## 유명 조선국 고 중훈대부 장악원 정 일재 선생 이공 묘갈명 병서

有明朝鮮國故中訓大夫掌樂院正一齋先生李公墓碣銘 幷序

만력(萬曆) 4년(1576, 선조9) 6월 22일에 일재(一齋 이항(李恒)) 선생이 태인(泰仁) 분동리(粉洞里) 집에서 세상을 떠났다. 상이 부의(賻儀)를 내릴 것을 명하고 이어 감사(監司)에게 관(官)에서 장례를 돕도록 명하였다. 윤8월 6일 문도(門徒)와 읍재(邑宰) 유연(柳埏)이 받들어 그 선부군(先府君)의 무덤 옆에 장사 지냈다. 이듬해 5월 초당(草堂) 허태휘(許太輝)[69] 군(君)이 그 문도 유몽학(柳夢鶴),[70] 변사정(邊士貞),[71] 김천일(金千鎰)[72]이 지은 행장(行狀)을 가지고 광산(光山) 노

**69** 초당(草堂) 허태휘(許太輝) : 허엽(許曄, 1517~1580)이다. 초당은 호(號)이고, 태휘는 자(字)이다.

**70** 유몽학(柳夢鶴) : 선조 때의 문신이다. 학덕을 겸비한 인재로 천거되어 장령(掌令), 집의(執義), 양양 부사(襄陽府使) 등을 지냈다. 이항의 문인으로, 시방(市坊)의 폐단을 개혁하였다.

**71** 변사정(邊士貞) : 1529~1596. 전라도 남원(南原) 출신으로, 자는 중간(仲幹), 호는 도탄(桃灘)이다. 1592년 임진왜란이 일어나자 남원에서 창의(倡義)하여 2000여 명의 의병을 모집해서 창원(昌原), 함안(咸安), 성주(星州), 대구(大邱) 등지에서 왜적을 무찔렀다. 장령에 추증되고 운봉(雲峯)의 용암서원(龍巖書院)에 제향(祭享)되었다.

**72** 김천일(金千鎰) : 1537~1593. 본관은 언양(彦陽), 자는 사중(士重), 호는 건재(健齋)·극념당(克念堂), 시호는 문열(文烈)이다. 이항의 문인으로, 1573년 학행으로 발탁되어 군기시 주부가 되었고, 이후 용안 현감(龍安縣監) 및 강원도와 경상도의 도사를 역임하였다. 1592년 임진왜란 때 나주(羅州)에서 의병을 일으켜 많은 공을 세웠으며,

수신에게 와서 보이며 "우리 선생을 잘 아는 분으로 공만 한 분이 없으니, 어찌 명(銘)을 짓지 않을 수 있겠습니까." 하였다.

내가 일찍이 세상의 학자들을 보았는데, 누군들 외고 문장을 짓는 것이 학문이 아니요, 허적(虛寂)과 공명(功名)이 도(道)가 아니라는 말을 듣지 못했겠는가마는, 습성이 끝내 귀로 들어가 입으로 나오는 문자에서 벗어나지 않아 알고 있는 이치와 행하는 일이 도리어 불교(佛敎), 노자(老子), 관자(管子), 안자(晏子)보다도 못하였다. 무엇 때문인가? 이는 이른바 공부와 이 마음이 전혀 교섭하지 않았기 때문이다.

우리 선생 같은 분은 마음을 맨 먼저 힘쓰는 바탕으로 삼았다. 그러므로 착실하게 치지(致知)하고 독실히 역행(力行)하는 것에서 참으로 자득(自得)한 부분이 있으니, 그 또한 특별하다. 그러니 드러내 알리지 않으면 후일 상고할 데가 없어 유감이 있을까 봐 두렵다. 내가 비루하니 어찌 이 일을 할 수 있겠는가마는 종생(從甥)[73]으로서 주고받은 서신이 많은 데다 또 평소 하루씩이라도 모신 적이 있다. 더군다나 허군(許君)이 위 세 사람이 쓴 행장의 내용이 틀림이 없다고 하니, 무슨 말로 사양하겠는가. 이에 그 행장을 펴서 나의 소견을 붙여 서술한다.

선생의 휘는 항(恒)이요, 항지(恒之)는 자(字)이다. 성(姓)은 이씨(李氏)로, 본관은 성주(星州)이다. 고려 성산부원군(星山府院君) 휘 장경(長庚)의 후손이요, 병조 판서 평간공(平簡公) 휘 발(潑)의 현손

진주성(晉州城) 전투에서 성이 함락되자 순사(殉死)하였다.

**73** 종생(從甥) : 이항은 노수신의 외종숙이다. 이항은 성주 이씨(星州李氏) 이주(李湊)의 아들 4형제 중 막내인 이자영의 아들이고, 소재의 모친은 셋째인 이자화의 딸이다. 이항과 소재의 모친이 사촌 남매 간이므로 이항이 소재에게는 외종숙이 된다.

(玄孫)이요, 사헌부 감찰 휘 유(洧)의 증손(曾孫)이다. 조부 건공장군(建功將軍) 휘 주(湊)가 아들 넷을 낳았는데, 그중 세 아들이 모두 관위(官位)가 2품이어서 부친과 조부 2대가 이조 판서와 참판에 추증되었다. 부친 휘 자영(自英)은 사마시(司馬試)에 합격하여 의영고 주부(義盈庫主簿)로 벼슬을 마쳤다. 모친 완산 최씨(完山崔氏)는 소경전 참봉(昭敬殿參奉) 최인우(崔仁遇)의 따님이다. 공은 홍치(弘治) 기미년(1499, 연산군5)에 한성(漢城)에서 태어났다.

타고난 자질이 굳세고 도량이 커서 호걸스러움이 남다르고 용기와 힘이 뛰어났다. 어려서 마을에서 놀 때부터 아이들이 두려워하며 복종하게 하였으며, 자라서는 유협(遊俠)을 좋아하여 만 리를 내달릴 뜻이 있었다. 씨름과 궁마술(弓馬術)은 당시 으뜸이었는데, 극성스러운 도적이나 배반한 종이 있다는 말을 들으면 반드시 가서 제압하였다. 일찍 무과에 급제하여 남치욱(南致勗),[74] 남치근(南致勤),[75] 민응서(閔應瑞)[76] 무리가 오직 선생의 지휘를 따랐다. 사람들이 비록 차분하지 못하고 거칠다고 지목하면서도 그가 비상한 사람임을 알았는데, 이때 나이

74 남치욱(南致勗) : 1494~1569. 본관은 의령(宜寧)이다. 약천(藥泉) 남구만(南九萬)의 5대조로, 1528년(중종23) 무과에 급제하여 내직과 외직을 두루 역임한 뒤 철원부사(鐵原府使) 등을 지냈다.

75 남치근(南致勤) : ?~1570. 본관은 의령, 자는 근지(勤之), 시호는 무양(武襄)이다. 남치욱의 동생이다. 1560년(명종15) 한성부 판윤으로 승진한 뒤 경기·황해·평안 삼도토포사(三道討捕使)가 되었고, 1562년 황해도 재령의 해서(海西)에서 일어난 임꺽정을 잡아 효수하였다. 뛰어난 무력에 지략과 충용(忠勇)이 있어, 혁혁한 공을 세웠다.

76 민응서(閔應瑞) : 1499~? 송인수(宋麟壽)와 함께 동경계(同庚契)를 만들어 교유했고, 평안도 병마절도사, 제주 목사(濟州牧使), 동지중추부사 등을 지냈다.

가 이미 28, 9세였다. 백부(伯父) 판서공(判書公 이자견(李自堅))이 불러 꾸짖고 경계하자 마침 후회하고 놀라고 두려워하며 즉시 그 무리를 끊었다.[77] 그러고는 지금까지의 태도를 바꾸어 《대학(大學)》을 읽기 시작했는데 구두(句讀)를 아는 곳은 새벽이든 밤이든 그치지 않고 읽었다.

하루는 이웃에 사는 고한좌(高漢佐)의 집을 지나다가 벽(壁)에 걸린 〈주자십훈(朱子十訓)〉과 〈백록동규(白鹿洞規)〉를 보았다. 어렴풋이 깨달은 바가 있어 이것이 무엇 하는 것인지 묻자, 기묘년(1519, 중종 14)의 학자[78]들이 공부하던 과정이라 말하고는 그 내용을 대략 해설해 주었다. 선생은 깊은 감동을 받고 "하마터면 이번 생을 그르칠 뻔하였다." 하고는, 이에 분발하고 힘을 내어 뜻을 벼르고 도(道)를 구하였다. 도봉산(道峯山) 망월암(望月庵)에 올라가 마음을 가다듬고 꼿꼿이 앉아 글을 외거나 사색하면서 반드시 직접 깨닫고 터득한 후에야 그만두었다. 곁에 좌선(坐禪)하는 자가 있었는데, 그들과 함께 세 계절에 걸쳐 치열하게 수행하였다. 선승(禪僧)은 간혹 낮잠을 자기도 했으나 선생은 정채(精采)가 점점 더 드러났다. 이때 마침 승려들이 절간을 시끌벅적하게 한 일이 있었는데 일어나서 보려다 이내 스스로 꾸짖기를 "마음이 형체의 부림을 받아서야 어떻게 공부를 할 수 있겠는가."라

**77** 즉시……끊었다 : 대본에는 '立謝其□'로 되어 있다. 연세대학교 소장본 《소재집(穌齋集)》 권9 〈유명 조선국 고 중훈대부 장악원 정 일재 선생 이공 묘갈명〉에 근거하여 '□'에 '黨'을 보충하여 번역하였다.

**78** 기묘년의 학자 : 기묘년에 유교의 왕도 정치를 실현하려다 남곤(南袞), 심정(沈貞)을 위시한 훈구 대신 일파에 의해 뜻이 좌절되어 참화를 입은 조광조(趙光祖), 김정(金淨), 김식(金湜) 등을 가리킨다.

고 하였다.

무릇 손을 씻지 않고 의복을 갖추어 입지 않으면 감히 책상을 마주하지 않았는데, 길 가다 묵는 여관(旅館)에서도 이렇게 하기를 그만두지 않았다. 한번은 말을 타고 가면서 책을 들고 사색에 잠겼다가 갑자기 벽제(辟除)를 범하였다. 하인이 가는 말을 끌어당겼는데도 공은 끝내 알아채지 못하였으니, 그 뼈를 깎는 노력과 집중하는 힘이 대부분 이와 같았다. 간혹 윤정(尹鼎),[79] 종성령(鍾城令),[80] 민기(閔箕),[81] 나식(羅湜)[82]과 종유(從遊)하였다. 스스로 "젊어서 충암(冲庵)[83]을 보았는데, 조회가 파하면 손에 《대학》이 있고 걸으면서 노천(老泉)[84]을 배웠다. 그러니 나는 더구나 만학(晚學)인데 어찌 감히 조금이라도 느슨하게 하겠는가."라고 말하였다.

**79** 윤정(尹鼎) : 1490~1536. 본관은 파평(坡平)이다. 과거(科擧)에 뜻을 두지 않고 학문에 전념하였는데, 특히 《주역》에 뛰어났다. 민기, 허엽, 이항 등 많은 인물을 길러 냈다.

**80** 종성령(鍾城令) : 이구(李球, ?~1573)를 가리킨다. 태종(太宗)의 둘째 아들인 효령대군(孝寧大君)의 증손으로, 서경덕(徐敬德)의 문하에서 수학하고 주기설(主氣說)을 계승하여 발전시켰다.

**81** 민기(閔箕) : 1504~1568. 본관은 여흥(驪興)이다. 김안국(金安國)의 문인으로, 《중종실록(中宗實錄)》 편찬에 참여하였으며, 당대 문장가로서 이름이 높았다.

**82** 나식(羅湜) : 1498~1546. 본관은 안정(安定)이다. 조광조의 문인으로, 을사사화에 연루되어 흥양(興陽)으로 유배되었다가 강계(江界)에서 사사(賜死)되었다.

**83** 충암(冲庵) : 1486~1521. 김정(金淨)의 호이다. 조광조와 함께 정치 개혁에 힘썼으나 기묘사화로 유배되었다가 신사무옥(辛巳誣獄)으로 인해 사사되었다.

**84** 노천(老泉) : 송(宋)나라 때 학자 소순(蘇洵)의 호이다. 당송팔대가(唐宋八大家)의 한 사람으로 문장이 힘차고 웅장하여 모방하는 이들이 많았다. 아들인 소식(蘇軾), 소철(蘇轍)과 함께 삼소(三蘇)로 일컬어진다.

어머니를 모시고 남쪽으로 와서 살림이 어려워지자, 힘써 농사를 짓지 않으면 상제(喪祭)를 치르고 어머니를 봉양하고 자식을 기를 길이 없겠다고 여겼다. 마침내 손에 경서(經書)를 든 채 농사일을 감독하여 한결같이 힘을 쏟았는데, 이렇게 몇 년을 하자 묵은 부채를 다 갚고 나서도 살림에 여유가 생겼다. 그러자 "이제 됐다. 일을 할 만한 하인에게 맡겨도 규제가 정해져 있어 한 해 동안 부족하지 않을 것이다."라고 말하였다. 그 측실(側室)이 일에 관여하여 처리하였는데 부지런히 농상(農桑)에 힘써 재산을 불려 풍족해지자 결국 그것을 금지하였다.

송당(松堂) 박 선생(朴先生)[85]이 도학(道學)이 있다는 말을 듣고 발이 부르터 가며 일선현(一善縣)으로 찾아가 오랫동안 스승으로 모시고 있다가 인사하고 돌아왔는데, 본령(本領)상 부합하는 점이 있었다.

늘 "동지(同志)를 찾아가도 도움 될 게 없으니, 방 안에 단정히 앉아서 긴요한 대목을 음미하며 경책(警策)하는 것이 낫다."라고 말하였다.

제사를 지낼 적에는 모든 일을 반드시 몸소 하고 기명(器皿)과 집물(什物)을 매우 깨끗하게 다루었다. 아우와 조카들에게 우애를 다하여 가르치고 독려했기 때문에 아우는 늘 행실과 학업이 모두 두드러졌다. 아랫사람들을 대할 적에는 위엄 있게 하여 노복이나 첩에게 과실(過失)이 있으면 반드시 고치게 하였는데, 고치지 않아 회초리를 치는 경우가 있어도 감히 원망하는 자가 없었다.

**85** 송당(松堂) 박 선생(朴先生) : 박영(朴英, 1471~1540)을 가리킨다. 본관은 선산(善山), 자는 자실(子實)이다. 송당은 그의 호이다. 중종반정 후 동부승지 등을 역임하고 경상도 병마절도사를 지냈다. 무신으로서 유학(儒學)에 종사하였으며, 황간(黃澗)의 송계서원(松溪書院), 선산(善山)의 금오서원(金烏書院)에 제향(祭享)되었다. 시호는 문목(文穆)이다.

남쪽 10리에 터를 잡았는데 보림산(寶林山) 기슭과 가까워 지대가 외지고 그윽해서 성묘하기 편리했기 때문에 특히 기뻐했다. 서둘러 작은 정사(精舍)를 지어 집중하여 학습하고 휴식하는 장소로 삼고 '일재(一齋)'라 편액(扁額)하였다. 또 이르기를 "자식으로서 영원한 그리움이 무궁히 이어지니, 내가 이 정사를 짓게 된 것은 나의 행운이다." 하고는 스스로 제사에 참여할 때 외에는 일찍이 이곳을 떠난 적이 없었다.

스스로 불행히도 공부할 때를 놓쳐서 정력(精力)이 분산될까 봐 염려하였으므로 다방면에 걸쳐 두루 보고 기억하는 일에 힘쓰지 않았다. 정주서(程朱書) 같은 것도 아주 좋아하며 보기는 했지만, 그 뜻은 전적으로 공자(孔子)와 맹자(孟子)를 표준으로 삼았다. 만년에는 《주역》 읽기를 좋아하여 날이 저물고 새벽이 올 때까지 읽기도 했다. 겨울에 화롯불을 쪼이지 않고 여름에 부채질하지 않는 것을 아우들은 견디지 못하였으나 선생은 편안하게 여기고 개의치 않으며 즐겼다. 기꺼이 따르는 선비를 보면 스스로 사도(師道)를 세워 가르치고 경계하여 기질(氣質)을 바꾸는 것을 우선시했다. 향당(鄕黨)에 있을 때에는 서로 예의로 대하고 악인(惡人)을 만나면 반드시 의견을 개진하고 곧바로 배척하였다. 매양 백성의 덕(德)이 야박한 것을 한탄하여 간절하게 타이르고 인도하니, 온 동네 사람들이 모두 함께 사당(祠堂)을 세웠다. 세속에서 생일에 성대하게 차리고 손님 부르는 것을 싫어하여 "저는 즐기면서 제사는 안 지내면 마음이 편한가?"라고 묻고는 역시 서로 약속하여 바로잡았다.

송규암(宋圭庵)[86]이 감사(監司)로 와서 맨 먼저 공을 방문하여 도

**86** 송규암(宋圭庵) : 송인수(宋麟壽, 1499~1547)로, 규암은 그의 호이다. 본관은 은

(道)를 강론하고는 "실천이 어찌 장횡거(張橫渠 장재(張載))만 못하다고 하겠는가."라고 하고, 마침내 그를 존경해 섬겼다. 영천(靈川) 신군(申君)[87]이 수령이 되어 찾아와 학문에 대해 묻고 치도(治道)를 논하고는 더욱더 공경하고 존중하니, 이로 말미암아 연이어 남북으로 오가는 진신(搢紳), 후생(後生), 방백(方伯) 들이 다투어 선생의 문하(門下)에 늦게 나아간 것을 부끄럽게 여겼다. 그래서 귀한 사람 천한 사람 할 것 없이 선생이 계신 것을 모르는 자가 없었으며, 일컫는 자들은 반드시 '일재(一齋)'를 말하였다.

병인년(1566, 명종21)에 명종이 경학(經學)에 밝고 덕행(德行)을 닦은 선비를 급하게 구하니, 조정에서 맨 먼저 선생을 천거하였다. 7월에 사축(司畜)에 제수되어 역마를 타고 한양에 가서 마침내 입대(入對)하여 학문에 나아가고 다스림을 이루는 방법을 진달하니, 상이 기뻐하며 받아들였다. 얼마 후 의영고 영(義盈庫令)에 제수하였고, 10월에 임천 군수(林川郡守)에 제수하고 특별히 이엄(耳掩)을 하사하였다.

정묘년(1567) 5월 병으로 사직하고 돌아오자, 상이 어의를 보내 문병하였다.

진(恩津), 자는 미수(眉叟)・태수(台叟), 시호는 문충(文忠)이다. 1543년(중종38) 전라도 관찰사에 부임하여 인재를 양성하고 학술을 장려하였다. 성리학에 밝고 성리학을 보급하기에 힘썼다. 평생 학문을 좋아하여 사림의 추앙을 받았으며 제주(濟州) 귤림서원(橘林書院)에 제향되었다.

**87** 영천(靈川) 신군(申君) : 신잠(申潛, 1491~1554)을 가리킨다. 본관은 고령(高靈), 자는 원량(元亮), 호는 영천자(靈川子)・아차산인(峨嵯山人)이다. 신숙주(申叔舟)의 증손자이다. 1519년 현량과(賢良科)에 급제하였으나, 같은 해에 기묘사화로 인하여 파방(罷榜)되었다. 그 뒤 20여 년간 아차산 아래에 은거하며 서화에만 몰두하다가 인종 때 다시 복직되어 상주 목사(尙州牧使)로 있던 중에 죽었다.

금상(今上 선조(宣祖))이 즉위하여 의빈부 경력(儀賓府經歷), 선공감 부정(繕工監副正), 사옹원 정(司饔院正)에 제수하였다.

갑술년(1574, 선조7)에 장령(掌令)으로 불렀을 때 상소하여 사은하고 진언(陳言)하자, 상이 훌륭하게 여겼다. 후일 경연(經筵)에서 정학(正學)에 상(賞)을 내려야 한다는 전교(傳敎)가 있었다. 7월에 장악원 정(掌樂院正)에 제수하였는데, 이때부터 병이 더욱 심해져서 무릇 다섯 번이나 역마를 보내어 불렀으나 나아가지 못하고, 네 번이나 어의를 보냈는데도 병이 낫지 않았으니, 애석하다.

가만히 생각해 보니, 그의 도학은 자신을 반성하고 뜻을 성실하게 하는 것을 근본으로 하고, 경(敬)을 중심으로 하며 이치를 궁구하는 것을 요체로 삼았다. 그래서 덕을 쌓는 도구(道具)는 사서(四書)만으로도 충분하였고, 성인(聖人)이 되기를 바라는 공부는 '일(一)' 자 하나만으로도 부족하지 않았다. 오직 두루 통달하고 정밀하게 익혀 일상생활 가운데 광휘(光輝)가 나타났다. 그래서 그 의표(儀表)를 바라보면 걸출하여 오만한 자라도 무릎을 꿇고, 그의 담론(談論)을 접하면 헐뜯던 자도 심취하고, 그의 가르침을 받들게 되면 취향이 다른 자도 정성으로 복종하였으니, 이는 사람의 지력(智力)으로는 미칠 바가 아니었다. 저술을 보면 답습하거나 중첩된 바가 전혀 없고, 스스로 체득하고 내놓은 것이 많다 보니, 선유(先儒)들의 설과 혹 서로 어긋난 것 같은 점이 있었다. 그래서 널리 아는 것은 항상 부족하게 여겼지만 그 귀착점을 찾아보면 합치되지 않은 것이 없었다. 또 사물을 떠나 있고 구차하게 어려운 것을 고상하게 여기거나, 예사로운 것을 따라 평이한 것을 낮게 여기지 않았다. 그래서 겉을 꾸미는 데 힘쓰는 선비들이 으레 좋아하지 않았으니, 덕 있는 이를 아는 자가 드물다[88]는 말이 참으로 맞다. 기묘년(1519, 중종14)에 일어난 사화(士禍)로 도학이 막힌 세상에서도 반드시 행의(行義)와 문학(文學)으로 많은 사람으로부터 추중(推重)을 받는 사람이 있으니, 마음을 잘 다스려 끝내 착실한 데로 나아가 성취를 이룬 분은 바로 선생이라 하겠다.

배위(配位) 영월 신씨(寧越辛氏)는 도총부 경력(都摠府經歷) 신백수(辛伯粹)의 딸이다.

아들은 둘인데, 장남은 덕일(德一)이요, 차남은 수일(守一)이다.

아우 상(常)은 장원서 별제(掌苑署別提)에 제수되었다.

장녀는 김종룡(金從龍)에게 시집갔다. 하서(河西) 선생(김인후(金麟厚))의 후사(後嗣)인데, 일찍 죽었다. 차녀는 사인(士人) 김복인(金復仁)에게 시집갔다. 서출(庶出) 아들은 수근(守根)이다. 딸은 박견천(朴堅千)에게 시집갔다. 또 아들이 둘 있는데, 수직(守直)과 수인(守仁)이고, 딸이 둘 있는데, 장녀는 과부(寡婦)가 되었고 다음은 어리다. 손자는 9명, 손녀는 2명이며, 외손(外孫)은 2명이다. 아, 이만 해도 많으니, 대현(大賢)의 후손이 다시 흥하리라. 다음과 같이 명(銘)을 짓는다.

| | |
|---|---|
| 선생의 재능은 | 先生之才 |
| 탁월하기가 으뜸이었는데 | 卓犖健魁 |
| 한번 변하자 지극해져서 | 一變而至 |
| 더 다듬을 필요 없었네 | 不假斲裁 |

**88** 덕……드물다 : 《논어》 〈위령공(衛靈公)〉에 "공자께서 말씀하셨다. '유(由)야! 덕을 아는 자가 드물다.'"라는 말이 있다.

| | |
|---|---|
| 선생의 학문은 | 先生之學 |
| 재주가 없다면 어찌 깨달았을까마는 | 非才曷覺 |
| 힘써 탐구하고 맹렬히 성찰해서 | 力探猛省 |
| 소인들을 논박하였네 | 群陰解駁 |
| 선생의 행실은 | 先生之行 |
| 배울수록 더욱 바르게 되었고 | 學而益正 |
| 미덥고 신중함도 | 庸信庸謹 |
| 그 성품을 따랐네 | 亦循其性 |
| 선생의 덕은 | 先生之德 |
| 행해서 얻어져 | 行而有得 |
| 그 온전함 회복해서 | 克復其全 |
| 확실하여 쉼이 없었네 | 確乎不息 |
| 이는 어디에 근본한 것인가 | 于何其原 |
| 오직 마음을 보존해서라네 | 惟心是存 |
| 마음을 보존하면서 간약(簡約)을 지키는 것이 | 存而守約 |
| 모든 조화의 문이네 | 萬化之門 |
| 이를 진유라 하니 | 是謂儒眞 |
| 군주의 신하라네 | 王者之臣 |
| 자신을 대할 적엔 자신을 위하고 | 在己爲己 |
| 남을 대할 적엔 남을 위하였네 | 在人爲人 |
| 세속에선 가까운 고을 풍속 격려하였고 | 俗厲近鄉 |
| 먼 곳에선 벗들이 찾아왔네 | 朋來遠方 |
| 골짜기에 핀 아름다운 난초 | 猗蘭在谷 |
| 그 향기 임금께 알려졌네 | 升聞其香 |

| | |
|---|---|
| 궁궐에 한번 입대하니 | 一對九重 |
| 밝은 군주께서 모습을 가다듬었네 | 明主改容 |
| 이내 일어나지 못하게 되었으니 | 言旋不起 |
| 그 자취 외롭게 되어 막막하네 | 邈焉孤蹤 |
| 수립함이 날로 배양되고 | 有植日培 |
| 빛나는 업적이 날로 따르네 | 有章日追 |
| 도는 경륜을 다하였고 | 道屈經綸 |
| 계왕성개래학(繼往聖開來學)의 뜻을 품었네 | 志蘊繼開 |
| 점쳐서 정하지 않은 유택(幽宅)이지만 | 不筮之宅 |
| 산 자도 죽은 자도 싫어함이 없네 | 存沒無射 |
| 이곳에 와서 본받을 일들 | 有來取法 |
| 이 비석에 있지 않은가 | 不在斯石 |

# 유명 조선국 자헌대부 병조 판서 이공 신도비명 병서
有明朝鮮國資憲大夫兵曹判書李公神道碑銘 幷序

내가 사위로서 이 징군(李徵君 이연경(李延慶)) 탄수(灘叟) 선생에게서 배울 때 그가 두 당제(堂弟)와 도의(道義)로 서로 공경하고 존중하는 것을 보고 가만히 훌륭하게 여겼는데, 이제 말하려는 병조 판서 공, 휘(諱)가 윤경(潤慶)이고 자가 중길(重吉)인 분이 바로 그중 형이다.

광주 이씨(廣州李氏) 위의 세대에 휘가 집(集)이고 호(號)가 둔촌(遁村)인 분이 있었는데, 과거에 급제하여 관직이 판전교시사(判典校寺事)에 이르렀다. 기개가 있어 비분강개하였고, 시문(詩文)으로 명성이 높아 목은(牧隱 이색(李穡)), 포은(圃隱 정몽주(鄭夢周)), 도은(陶隱 이숭인(李崇仁)) 삼은(三隱)과 가장 잘 지냈다. 당시 신돈(辛旽)의 비위를 거슬러 영해(嶺海)[89]로 피신해 있다가 신돈이 처형되자 세상에 나왔는데, 얼마 있다 사망하였다. 아들 세 명이 있는데, 휘 지직(之直)은 정도(正道)대로 태종(太宗)을 섬기다가 견책을 받고 물러난 적이 있다. 태종이 만년에 영묘(英廟 세종(世宗))에게 부탁하여 영묘가 즉위한 뒤 형조 우참의(刑曹右參議)로 불렀으나 부임하지 못하고 졸(卒)하였다. 그도 아들 셋을 두었는데 휘 인손(仁孫)은 우의정을 지냈고 다섯 아들을 낳았다. 휘 극감(克堪)은 문장에 능했는데 형조 판서 좌익 공신(佐翼功臣) 광성군(廣城君)이고 아들 셋을 낳았다. 휘 세좌(世佐)는

89 영해(嶺海) : 이집이 1368년(공민왕17) 신돈을 논박하다 미움을 받자 피신한 경북 영천(永川)을 가리킨다.

판중추부사(判中樞府事)를 지낸 광양군(廣陽君)으로 휘 수정(守貞)을 낳았다. 이분이 부수찬(副修撰)을 지내고 영의정에 추증된 공의 부친이다. 5세(世)의 종손(宗孫)과 지손(支孫)이 문과를 거쳐 나란히 재상(宰相)과 달관(達官)에 오르지 않은 자가 없어 고관(高官)이 조정에 가득하였다. 모친 평산 신씨(平山申氏)는 고려 태사(太師) 신숭겸(申崇謙)의 후예인 판관(判官) 신승연(申承演)의 소생이다.

공은 홍치(弘治) 무오년(1498, 연산군4)에 연화방(蓮花坊)[90]에서 태어났다. 일찍부터 자질이 비범하여 아이들과 장난치며 놀 적에도 입으로 나쁜 말을 하지 않았다. 7세에 집안이 전복되어 먼 고을로 귀양을 갔는데, 모두가 그를 두고 봉추기자(鳳雛驥子)[91]라고 하였다. 나라가 안정된 뒤 서울로 돌아와 외조부 밑에서 자랐는데, 외조부는 늘 머리를 쓰다듬으면서 대부인에게 말하기를 "이 아이는 기국(器局)이 있어 크게 발전할 것이니, 반드시 조심조심 잘 보살피시오." 하였다. 대부인이 친히 《효경(孝經)》과 《대학》을 가르치고 항상 타이르기를 "과부의 아들은 볼 게 없다며 벗으로 사귀지 않는다. 너희가 노력하고 조심하고 부지런히 힘쓰고 삼가지 않으면 사람대접을 못 받을 것이다." 하였다. 공이 집에 들어와서는 가르침을 받들고 나가서는 교유(交遊)하는 일을 신중히 하니, 덕과 행실이 날로 진보하고 지식과 취향이 점점 높아져 과거 보는 것을 달갑게 여기지 않고 오로지 독서에 뜻을 두고 위기지학

**90** 연화방(蓮花坊) : 서울의 동부(東部) 12방 중 하나이다. 지금의 종로구 연지동에 해당한다.

**91** 봉추기자(鳳雛驥子) : 봉황과 천리마의 새끼라는 뜻으로 훗날 훌륭한 인재가 될 만한 영특한 아이라는 말이다.

(爲己之學)에 힘썼다. 탐색하고 함양하면서 힘쓰고 힘써 세월이 흐르는 것도 모르다가 25, 6세가 되어 집안은 가난하고 모친이 연로하자 그제야 뜻을 굽혀 과거를 보았다.

가정(嘉靖) 갑오년(1534, 중종29) 봄, 거상(居喪)할 적에 죽을 먹고 채식을 하였는데 삼년상을 마칠 때까지 게을리하지 않았다. 세속에서는 반드시 의관(衣冠)을 새로 지어 담복(淡服)을 바꾸어 입었으나 공은 그저 전에 입던 대로 입었다. 검은 얼굴빛이 오래 지나도 변치 않자 보는 사람들이 대단하다고 여겼다.

신묘년(1531)에 진사과에서 장원(壯元)하고, 생원과에 제4등으로 합격하였다.

갑오년(1534)에 처음으로 벼슬길에 올라 추천으로 검열(檢閱)에 보임되었다가 주서(注書), 설서(說書)를 거쳐 홍문관 저작(弘文館著作)으로 선임되었다. 박사(博士), 부수찬에 오르고 정언으로 옮겼다가 추천으로 이조 원외랑에 제수되었다.

기해년(1539) 겨울에 상이 사정전(思政殿)에 납시어 관리를 선발할 때, 어필(御筆)로 공의 이름에 표시하여 홍문관 교리로 삼으니, 당시에 이를 영광스럽게 여겼고 논하는 자들은 그 명민함에 탄복하였다.

경자년(1540)에 사헌부 지평에 임명되었으나 언사(言事) 때문에 기부랑(起部郎 공조 낭관(工曹郎官))으로 좌천되었고, 얼마 있다 필선(弼善)으로 승진하였다. 이때에 변방에 말썽이 있어 특별히 무반(武班)의 중신(重臣)을 보내어 순찰하며 경계하게 하였는데, 공이 명망 있고 문무에 재주와 식견이 있다 하여 변방의 임무를 잘 알게 하고자 종사관으로 발탁하여 충원하였다.

신축년(1541)에 사간원 사간에 임명되고, 가을에 차례를 뛰어넘어

의주 목사(義州牧使)로 임명되었다. 몸가짐을 청백(淸白)하게 하고 은혜와 위엄을 모두 베풀며 명목 없는 세금을 모두 없애고 방어를 더욱 엄하게 하면서 여가에는 군대를 거느리고 사냥을 나가 군사를 익히도록 하니, 아랫사람들이 쓰이는 것을 달가워하였다.

임인년(1542) 겨울에 사신(使臣)이 연경(燕京)에서 돌아올 때 오랑캐 기병(騎兵)이 길을 막아섰다는 기별을 듣고 공이 급히 군사를 거느리고 직진했는데, 이윽고 거짓임을 알고는 돌아왔다. 상이 이 사실을 듣고 가상히 여기며 "급변(急變)을 듣고 재빨리 달려가니, 참으로 변방의 장수답다."라고 하였다.

갑진년(1544) 봄에 임기가 만료되자 호조로 들어갔다.

이듬해에는 대사간에 임명되어 공평하고 너그러움을 힘써 따르니, 잘못이 바로잡히고 보탬이 되는 것이 많았다. 이해 여름 첨지중추부사를 거쳐 승지가 되었다. 이휘(李輝)의 옥사(獄事)가 일어났는데 아들 중열(中悅)이 숙부(叔父)의 지시를 받고 변명하려 하자 바로 말리면서 탄식하기를 "다른 사람을 끌어다 대면서 스스로를 해명하면 네가 편안할 것 같으냐." 하였다.[92] 일이 비록 중지되지는 않았지만 듣는 자가

**92** 이휘(李輝)의……하였다 : 이휘의 본관은 성주(星州)이고, 자는 맹명(孟明)이다. 이휘가 "어진 임금을 선택하여 세워야 한다."라고 한 말 때문에 문초를 당하였는데, 벗이었던 이중열은 자신에게 화가 미칠까 두려워하여 숙부인 이준경(李浚慶)의 지휘에 따라 글을 올려 스스로를 변명하고 이휘를 고발하였다. 당시 승정원에 있던 이윤경이 편지를 보내어 이중열을 책망하기를 "내가 항상 이휘는 일을 저지를 사람이니 사귀지 말라고 주의를 주었는데도 네가 내 말을 듣지 않더니, 일이 이 지경에 이르렀구나. 어찌한단 말이냐. 그러나 이제 화가 눈앞에 닥쳤다고 해서 친구를 팔아서 살기를 도모할 수 있겠느냐."라고 하였다. 《燃藜室記述 卷10 乙巳黨籍》

탄복하였다. 가을에 성균관 대사성에 제수되었다.

병오년(1546, 명종1) 3월에 고명 사은 부사(誥命謝恩副使)로 차출되어 명(明)나라에 조회하고 돌아왔다. 일찍이 성질이 거칠고 험악한 이기(李芑)를 논박하였는데, 이때에 이르러 스스로 위험을 느껴 성주목사(星州牧使)로 나갈 것을 청하였다. 성주는 다스리기 어렵다고 불리는 곳인데, 오직 정성과 진심을 다하자 사민(士民)이 복종하여 '구름 사이의 이 사또'라는 노래를 불렀다.

무신년(1548)에 병으로 사직하였다.

기유년(1549)에 다시 승지가 되었다.

경술년(1550)에 자전(慈殿)을 지목하여 배척한 상소[93]가 있어 동료들과 의논하여 그 상소를 승정원에 남겨 두고 다시 의논하기로 하였다. 그런데 동렬(同列) 중에 진복창(陳復昌)을 추종하는 자가 상소를 덮어두고 올리지 않았다고 무고하며 대간(臺諫)을 사주해 공박하여 문외출송(門外黜送)하였다.

계축년(1553)에 대신(大臣)이 그 원통함을 아뢰었고, 드디어 형조참의에 서임되었다.

갑인년(1554)에 완산 부윤(完山府尹)으로 나갔다. 이 지방에는 사족(士族)들이 많아 남을 헐뜯기를 좋아하였다. 그러나 공이 형벌을 많이 쓰지 않고 한결같이 정성으로 대하자 함부로 말하는 일들이 멎었

**93** 자전(慈殿)을……상소 : 김령(金鈴)이란 사람이 올린 상소를 가리킨다. 그 말이 사리에 어긋난 점이 많고 또 자전을 곧바로 지적했기 때문에 이윤경이 동료들과 상의하기를 "상소에 망녕된 말이 많아 이대로 주상께 보일 수 없으니, 아직은 원중(院中)에 그대로 두고 기다렸다가 다시 의논합시다." 하였는데, 이것이 문제가 되었다. 《大東野乘 乙巳傳聞錄 李潤慶傳》

고, 그 후로는 서로 조상(弔喪)하면서 좋은 사람이 죽었다 하였으며 눈물을 흘리는 사람도 있었다.

을묘년(1555) 여름에 왜구들이 변경에 침범하여 차례로 함락하고 장차 영암(靈巖)에 다가올 상황에서 관찰사가 첩정(牒呈)을 올려 공을 수성장(守城將)으로 삼았으니, 이는 공의 위엄 있는 명성을 빌려 흩어져 무너지는 것을 막기 위해서였다. 공이 급히 정예 부대를 갖추어 성에 들어가 웅거하며 부서(部署)를 호령하였는데, 이때 계공(季公 이준경)이 도순찰사가 되어 금성(錦城 나주(羅州))에 원수(元帥)로 주둔하면서 공에게 격문(激文)을 띄웠는데, 그 내용은 "방어사(防禦使)가 입성(入城)하였으니, 임시로 성을 지키던 장수들은 꼭 본래 자리로 돌아가시오."라는 것이었다. 군중에서 소리치며 말하기를 "영공(令公)께서 아침에 나가시면 저희는 저녁에 흩어집니다."라고 하자, 방어사가 깜짝 놀라 어찌할 바를 몰랐다. 공은 사적으로 편지를 보내 "장수와 군사가 모두 나를 의지하면서 굳게 뭉쳐 있어 내가 움직이면 장차 앞일을 헤아릴 수 없으니, 바로 이른바 '터럭 하나까지도 모두 황제의 힘'[94]이라는 것이다. 항상 언제 죽을지 몰라 두려워하니, 내가 떠나서는

**94** 터럭……힘 : 한 고조(漢高祖)가 평성(平城)에서 조(趙)나라를 지날 때 조왕(趙王)이 아침저녁으로 식사를 올렸는데, 격식이 떨어지자 고조가 기대앉은 자세로 아주 심하게 꾸짖었다. 이를 본 조나라 재상 관고(寬高)가, 조왕이 황제를 공손하게 대했는데도 황제가 왕을 무례하게 대했다 하여 그를 죽일 음모를 꾸몄다. 그러자 조왕 장오(張敖)가 손가락은 깨물어 피를 내면서 말하기를 "그대는 무슨 그런 잘못된 말을 하는가. 선왕(先王)이 망하게 한 나라를 황제에게 힘입어 되찾아 덕이 자손에게까지 미치니, 터럭 하나까지도 모두 황제의 힘이다. 그대는 다시는 입 밖에 꺼내지 말라."라고 하였다. 《漢書 張耳陳餘傳》 여기서는 이윤경이 장수와 군사가 전적으로 자신을 의지하고 있음을 피력하기 위해 이 고사에 실린 말을 인용한 것이다.

안 된다." 하였다.

이윽고 왜적들이 포로들을 끌고 곧장 성 아래에 이르러 목을 베어 던지면서 날뛰고 휘파람을 불면서 성가퀴로 오르는 상태가 되었다. 그러자 온 성안이 기(氣)가 꺾여 사람들은 도망가 흩어질 생각을 하였는데 공이 몸소 순시하면서 충성과 의리로써 격려하며 "나는 진실로 대대로 나라의 은혜를 입었다. 내가 이곳의 성주(城主)가 되었으니, 반드시 이 성과 운명을 함께하겠다. 너희들도 태평 시대를 산 백성으로서 어찌 우리의 국은(國恩)을 생각하지 않을 수 있겠느냐. 너희의 마음과 힘을 하나로 합해야 적들을 무찔러 공을 세워 상을 받을 수 있다." 하였다. 그렇게 사졸(士卒)들을 격려하니 반대하는 뜻 없이 오히려 기(旗)를 내리고 북을 멈추어 적의 분노를 촉발하지 않도록 경계하였다. 공의 휘하에 적은 군사를 내어 적과 겨뤄 보자고 청하는 자가 있었다. 공이 그렇게 해볼 만하다는 것을 알고는 음식을 잘 차려 주고 그들을 보냈는데, 적의 목을 많이 베어 바쳐 그 자리에서 모두 상을 주었다. 부상 입은 군사를 보면 어김없이 눈물을 흘리니, 사람들이 더욱 감격하여 분발하였다. 그리하여 다른 위(衛)에서도 의지하여 중시하고, 그대로 따라 하여 꺾이지 않았다. 마침내 강적들을 무찔러 결국 위태로운 성을 지키고 한 지방의 계엄이 풀려 서울이 편안해지니, 이는 공의 힘이었다. 상이 장려하여 훈유(訓諭)하시고 직질(職秩)을 더해 주었다. 8월에 감사로 임명되어 방어에 더욱 힘쓰자 호남의 인심이 절로 결집되었다.

이듬해에 순찰사의 직함을 더하여 여러 장수를 전담해서 통제하였다. 이해 여름에 왜적이 중국을 침노하였다가 돌아갈 적에 변장(邊將)이 가로막고 벤 머리가 100급(級)이었다. 이와 함께 붙잡힌 중국인

100여 명을 풀어서 돌려보내자 황제가 칙서를 내렸는데 공에게까지 포상이 미쳤다. 가을에 경기 연해(沿海)의 예기치 못한 일에 대한 방비가 실로 급해지자 공을 등용해 파견하였다.

무오년(1558, 명종13)에 상이 관북(關北 함경도) 풍패지향(豐沛之鄕)[95]에서 융명(戎命)과 택명(擇命)을 받들게 하였으니,[96] 모두 그를 중하게 여긴 것이다.

경신년(1560)에 특별히 도승지에 제수되고 이어서 병조 판서에 오르니, 조야(朝野)에서 인재를 얻었다고 기뻐하였다. 여름에 어떤 일로 인해 체임되었다가 형조 판서가 되었다.

임술년(1563)에 상이 이르기를 "관서(關西 평안도)는 특히 중요한 곳이니 반드시 신중을 기해서 뽑으라." 하였는데, 공이 수천(首薦)[97]되었다. 이때 공은 오랜 병으로 수척했는데도 "아직 숨이 붙어 있으니, 어찌 감히 편안함을 구하겠는가."라고 하였다. 임지(任地)에 도착해서 구습(舊習)을 싹 씻어 내니 탐관오리가 저절로 자취를 감췄다. 해결하지 않고 묵혀 둔 억울한 일을 겸하여 심리하니, 곤궁한 사람들이 서로

**95** 풍패지향(豐沛之鄕) : 제왕의 고향을 이르는 말이다. 한(漢)나라를 개국한 유방(劉邦)은 원래 패현(沛縣) 풍읍(豐邑)의 양리(陽里) 사람이었는데, 조선에서는 태조 이성계(李成桂)의 선조가 함경도 함흥(咸興) 등지에 살았기 때문에 함흥과 그 일대 지방을 일컫는 말로 쓰였다. 《명종실록(明宗實錄)》 13년 8월 5일 기사에 이윤경이 함경도 관찰사에 제수된 내용이 보인다.

**96** 융명(戎命)과……하였으니 : 이윤경에게 관찰사를 맡긴 일을 가리킨다. 융명은 도내의 군사를 지휘하고 통제하라는 명을, 택명은 인재를 가려서 추천하라는 명을 말한다.

**97** 수천(首薦) : 관원 한 명을 채용하기 위해 후보자 세 명을 임금께 추천하는 것을 삼망(三望)이라 하는데, 그 가운데 첫 번째로 의망(擬望)되는 것을 말한다.

경사로 여겼으며 세상에서 더욱 덕이 높고 위대한 사람으로 추대하였다.

임종 때 남긴 말은 모두 충효(忠孝)와 의리였다. 부인(婦人)에게 물러나도록 손짓하고 머리를 동쪽을 향하게 단정히 눕히도록 명하고는 공관(公館)에서 숨지니, 8월 11일이었다. 부고(訃告)가 조정에 알려지자 상이 몹시 슬퍼하며 "유장(儒將)이자 노재상(老宰相)이 지방에서 세상을 뜨니, 내 마음이 실로 편치 않다." 하고는 영구(靈柩)를 호송하도록 하고 별도로 아주 후한 부의(賻儀)를 내렸다. 10월 20일 양근(陽根) 치소(治所) 서쪽 고요동(高要洞) 미향(未向) 언덕에 장사 지냈으니, 바로 부인(夫人)의 묘역 안이다.

공은 그릇과 도량이 넓고 깊으며 학업에 둔 뜻이 순수하고 올발랐다. 누군가로부터 좋은 말을 들으면 바로 기뻐하는 기색이 얼굴에 나타났다. 공경(公卿)이든 종이든 대하는 데 차별이 없어서 속된 자들이나 고집스러운 아이들도 그를 보면 반하였다. 화복(禍福)과 사생(死生)을 논한 경우는 조그만 기미도 찾아볼 수 없었고, 대사를 결정할 때는 사사로운 견해에 따라 말을 빙빙 돌리지 않았다. 유독 항상 왕부(王裒)의 애통함을 품고 사형장이 있는 길을 지나가지 않았다.[98] 현달한 뒤에도 어버이를 봉양하지 못한 일을 두고 더욱 상심하여 기일(忌日)이 되면 곡하며 제사를 지냈는데, 슬퍼하고 추모함이 초상(初喪) 때와 같았다. 형제간에는 자연스레 지기(知己)처럼 지냈는데, 아우가 더부

**98** 왕부(王裒)의……않았다 : 왕부는 진(晉)나라 사람으로, 부친이 문제(文帝)에게 억울하게 죽임을 당하자 평생 동안 대궐이 있는 서쪽을 향해 앉지 않았고, 조정에서 벼슬을 내려 불렀으나 나가지 않고 은거해 살면서 제자들을 가르쳤다. 이윤경이 1504년(연산군10) 갑자사화(甲子士禍)로 부친을 잃어 이처럼 한 것이다.

살이할 적에는 반드시 불러서 함께 지내 대부인이 집에 계실 때처럼 하였다. 서로 마주앉으면 밤낮을 이어서 이야기하면서도 피곤한 줄 몰랐고, 외출했다 돌아오면 반드시 만나 보고 나서야 사실(私室)로 들어갔다.

지내는 곳에는 횡거(橫渠) 선생의 〈정완(訂頑)〉[99]과 장사숙(張思叔)의 〈좌우명(座右銘)〉[100]과 성현(聖賢)들의 격언(格言)을 손수 써서 벽에 붙이고 자세를 단정히 추스르고 보았다. 《소학(小學)》과 《근사록(近思錄)》 같은 책은 책상에서 치운 적이 없었는데 "이런 문자는 마음과 눈에 담아 두면 경솔함을 바로잡고 게으름을 경계하여 마음을 열고 지혜를 기를 수 있다."라고 말하였다. 충신(忠臣), 의사(義士), 명현(名賢)의 사업(事業)을 읽을 때마다 반드시 무릎을 치며 감탄하고 칭찬하였고, 일반적으로 기억하고 외는 일은 귀하게 여기지 않았다.

집 안에는 작은 쌀독을 채울 식량도 없었고 밭에서는 소출이 한 말이나 한 되도 나오지 않았지만 그래도 근심하지 않고 형편에 맞춰 편안하게 지냈다. 이는 가슴속이 넓어 포용력이 있고 지조를 지킬 줄 알아서이다.

**99** 횡거(橫渠) 선생의 정완(訂頑) : 송(宋)나라 학자 장재(張載)가 지은 〈서명(西銘)〉을 가리킨다. 장재가 서재의 동서 양쪽 창문 위에 〈폄우(砭愚)〉와 〈정완〉 두 개의 명(銘)을 걸어 놓고서 제생(諸生)을 경계하였는데, 뒤에 논쟁을 야기할 소지가 있다는 정이(程頤)의 조언을 받아 〈폄우〉를 〈동명(東銘)〉으로, 〈정완〉을 〈서명〉으로 개칭하였다. 인의(仁義)에 입각한 유가의 윤리설(倫理說)을 요약해서 서술한 것인데, 주희(朱熹)가 별도로 주를 달아 해설하면서부터 세상에 크게 유행하였다. 《伊洛淵源錄》

**100** 장사숙(張思叔)의 좌우명(座右銘) : 송나라 학자 장역(張繹)이 지은 것으로, 언행과 마음가짐에 대한 세세한 다짐이 적혀 있다. 《송명신언행록(宋名臣言行錄)》에 실려 있다.

묘당에서 국사를 논할 만한 자품과 경세제민(經世濟民)할 만한 재주가 있었지만 세상과 맞지 않아 뜻을 거두어 간직하였다. 변방의 요새를 드나들면서 군대를 훈련하여 숙달하게 한 것을 보고 사람들이 그 위대함을 알아보아 결국 장군의 재능을 지닌 쪽으로 귀결되었다. 그 마음속에 보존한 것을 아는 사람이 없었고 공 또한 다른 사람에게 알아주기를 구하지 않았다.

부인(夫人) 신씨(申氏)는 고령(高靈)의 세가(世家) 출신인 현감 신종하(申宗河)의 딸이다.

아들 셋을 두었는데, 장자(長子) 중열(中悅)은 이조 정랑으로 비명(非命)에 죽었다.[101] 그는 군수(郡守) 조덕수(趙德壽)의 딸에게 장가들어 아들 사온(士溫)을 낳았는데 참봉을 지냈다. 둘째 아들 숙열(叔悅)은 감찰로, 충의위(忠義衛) 이중(李中)의 딸에게 장가들어 현감 사율(士栗)과 생원 사의(士毅)를 낳았다. 딸은 현감 윤용(尹溶)에게 시집갔다. 셋째 아들 계열(繼悅)은 참봉 김달사(金達思)의 딸에게 장가들어 아들 사민(士敏), 사손(士遜), 사수(士修)를 낳았다. 딸은 감역(監役) 성철(成哲)과 참봉 이경담(李慶曇)에게 각각 시집갔다.

딸은 넷인데, 장녀는 현령 유기(柳沂)에게 시집가 아들 봉사(奉事) 유유관(柳惟寬), 생원 유유신(柳惟信), 유학(幼學) 유유민(柳惟敏)을 낳았다. 딸은 유학 심인유(沈仁裕)에게 시집갔다. 둘째 딸은 유학 윤해(尹海)에게 시집갔으나 자식이 없다. 셋째 딸은 판관 송응기(宋應期)에게 시집가 아들 송흠조(宋欽祚), 송승조(宋承祚), 송천조(宋天祚)를

101 중열(中悅)은……죽었다 : 이중열은 이휘의 일에 연루되어 유배되었다가 결국 사사되었다. 349쪽 주92 참조.

낳았다. 나머지는 어리다. 넷째 딸은 현감 송응서(宋應瑞)에게 시집가 아들 송복창(宋復昌)을 낳았고, 딸은 행 부사(行府使) 신응시(辛應時)에게 시집갔다.

서자로 서열(庶悅)이 있다. 어쩌면 이리도 많은가. 다함이 없으리라.

사온은 친구의 자제인데, 숙부가 지은 행장을 소매에 넣어 와서는 명문(銘文)을 부탁하였다. 아, 덕(德)으로 논하자면 내가 박덕(薄德)하니, 어찌 대인(大人)의 언행을 기록해 세상에 전하여 후대에 알려지게 할 수 있겠는가. 그런데 3년 뒤에 다시 와서 "우리 조부의 명(銘)을 공이 아니고 누가 쓸 수 있겠습니까."라고 말하기에, 마침내 차례대로 서문(序文)을 쓰고 다음과 같이 명(銘)을 짓는다.

| | |
|---|---|
| 안으론 굳세면서 밖으론 유연하고 | 裏剛而表柔 |
| 두루 순수하니 | 旣粹以周 |
| 하늘로부터 타고났네 | 天得也 |
| 말은 알기 쉬우면서 생각은 원대하고 | 言邇而慮遐 |
| 빛내지 않아도 빛이 남은 | 不耀而華 |
| 학문의 힘이네 | 學力也 |
| 호랑이와 표범의 기세와 | 有虎豹之勢 |
| 봉황의 위의를 갖추었으며 | 鳳凰之儀 |
| 바다처럼 끝이 없고 | 如海不可窮 |
| 산처럼 끄떡없네 | 山不可移 |
| 효우 깊고 인자하며 충과 신을 중시했고 | 若其孝友慈仁而主忠信 |
| 담박하게 분수를 지키고 벼슬 구함을 부끄럽게 여겼네 | 恬淡持守而恥干進 |

덕의로 사람을 감동시키는 기풍과　德誼感人之風
계책으로 사람들을 복종시키는 공은　籌畫服衆之功
모두 옛 현인이 어렵게 여겼기에　皆古賢以爲難者
우리 공 스스로 완전하다 여기지 않았네　而吾公不自完焉
아,　嗚呼
수명도 길지 못하였고　齡也不贏
벼슬도 높지 않았으니　位也不盈
살려 둔 것은 무엇을 기대해서이며　生之何期
목숨을 앗아감은 어이 된 일인가　奪之何爲
내 마음 슬퍼져　我心斯怛
훌륭한 업적을 모아 옥돌에 새겨　最跡鑱珉
만세토록 훈계하노니　以訓萬世
그 참모습을 볼 수 있기를　尙見其眞

## 유명 조선국 고 중직대부 사간원 사간 곽공 묘갈명 병서
有明朝鮮國故中直大夫司諫院司諫郭公墓碣銘 幷序

만력(萬曆) 5년(1577, 선조10) 여름, 찰방(察訪) 곽회근(郭懷瑾)이 선고(先考) 사간(司諫)의 행장을 가지고 와서 보이며 "오직 선생만이 우리 아버지의 마음과 행적을 깊이 슬퍼할 수 있고, 반드시 그것을 드러내 줄 수 있기에 감히 써 주실 것을 청합니다." 하였다.

아, 어찌 차마 말하겠는가.

삼가 그 세계(世系)를 살펴보니, 곽씨(郭氏)는 본관이 현풍(玄風)으로 명망 있는 집안이 되어 대대로 청도군(淸道郡) 대평촌(大坪村)에서 살았다.

휘(諱) 성기(成己)는 사온서 직장(司醞署直長)을 지냈는데, 장기 훈도(長鬐訓導)를 지낸 휘 효원(孝元)을 낳았다. 훈도가 휘 수령(遂寧)을 낳았는데 사재감 첨정(司宰監僉正)을 지냈고 영천 김씨(永川金氏) 충순위(忠順衛) 김철단(金哲端)의 집안에 장가들었다. 홍치(弘治) 임술년(1502, 연산군8) 10월 8일에 공이 영천(永川) 창수리(蒼水里) 집에서 대어났다.

휘는 순(珣)이고, 자(字)는 백유(伯瑜)이며, 장인(丈人)은 감찰(監察) 정언수(鄭彦修)[102]이다. 장남은 찰방으로 사인(士人) 이의(李誼)의 딸에게 장가들어 딸 하나를 낳았는데, 최주남(崔柱南)에게 시집갔

102 정언수(鄭彦修) : 《내암집(來庵集)》 권13 〈사간곽공묘갈명(司諫郭公墓碣銘)〉에는 '정희수(鄭希修)'로 되어 있다.

다. 첩에게서 낳은 아들 서성(庶星)이 있다.

차남 회개(懷玠)가 아들 둘을 낳았는데 어리다. 다음으로 서자(庶子) 회무(懷珷)가 딸 하나를 낳았는데 어리다. 장녀는 유학(幼學) 허윤종(許允宗)에게 시집갔고, 차녀는 습독(習讀) 홍여창(洪汝昌)에게 시집갔다. 다음 서녀 사위는 이수천(李壽千), 이식(李栻)이다.

공의 벼슬은 가정(嘉靖) 무자년(1528, 중종23) 문과(文科)에 제 몇 위로 급제하여, 을미년(1535)에 성균관 박사(成均館博士), 교검(校檢), 호조 좌랑을 지냈고, 병신년(1536)에 진보 현감(眞寶縣監)을 지냈다. 임인년(1542)에 전적(典籍), 형조와 예조의 정랑 겸 춘추관기주관, 지평(持平)을 지냈고, 계묘년(1543)에 서천 군수(舒川郡守)를 지냈다. 갑진년(1544)에 사예(司藝), 사성(司成), 장령(掌令)을 지냈고, 을사년(1545, 인종1)에 사간(司諫), 상례(相禮), 홍문관 교리(弘文館校理), 지제교 겸 경연시독관 춘추관기주관을 지냈다. 7월에 고신(告身)을 모두 빼앗겼다가 24년이 지난 무진년(1568, 선조1)에 직첩(職牒)이 환수(還授)되었다.

장례일은 을사년(1545, 명종 즉위년) 9월 15일이었다. 신문(訊問)을 받다가 죽었는데, 영구(靈柩)가 남쪽으로 떠날 때 송규암(宋圭菴)[103]이 아들 송응경(宋應慶)을 보내어 무덤에서 치전(致奠)하였고, 또 그를 위하여 상구(喪具)를 보냈다. 이윤경(李潤慶), 이준경(李浚慶), 정원

**103** 송규암(宋圭菴) : 송인수(宋麟壽, 1499~1547)로, 규암은 그의 호이다. 본관은 은진(恩津), 자는 미수(眉叟)이다. 1545년 을사사화가 일어나자 한성부 좌윤에서 파직되었는데, 청주(淸州)에서 은거하다가 윤원형(尹元衡) 등에 의해 사사(賜死)되었다. 시호는 문충(文忠)이다.

(鄭源), 송기수(宋麒壽), 이약해(李若海), 심봉원(沈逢源), 이홍간(李弘幹), 정숙(鄭潚) 등 여러 공이 의복(衣服)과 미포(米布)와 지석(紙席)을 보내왔고, 이름을 밝히지 않고 부의(賻儀)를 보낸 사람도 많았다.

영구가 충청도 중원(中原)에 머물 때에는 탄수공(灘叟公)[104]이 제문을 지어 제사 지내고 애통해하며 곡하고서 사람과 말을 먹일 식량과 찬을 보냈다. 장례를 지낼 적에는 성청송(成聽松 성수침(成守琛))이 신주를 만들어 부쳐 왔으며, 중길공(重吉公)[105]이 성주 목사(星州牧使)로 있으면서 아침저녁으로 올리는 제수로 쓸 쌀을 매달 계속해서 보내주었다.

이듬해 12월 17일 구룡산(龜龍山) 오복동(五福洞) 묘향(卯向) 언덕에 장사 지냈다.

그의 덕행(德行)은 한두 가지가 아니다. 어려서는 용모가 수려하였고, 조금 성장해서는 용감하고 날래서 나막신을 신고도 담장 위를 마치 나는 듯이 뛰어넘어 사람들이 모두 기이하게 여겼다. 열두 살이 되어서야 비로소 학문을 배웠는데, 이때부터 연달아 발해(發解)되었으니 영남에 명성이 자자하였다.

선대부(先大夫)가 도성(都城)에서 벼슬하던 중에 졸(卒)하였는데,

**104** 탄수공(灘叟公) : 이연경(李延慶, 1484~1548)으로, 탄수는 그의 호이다. 본관은 광주, 자는 장길(長吉), 호는 탄수・용탄자(龍灘子)이다. 기묘년(1519) 현량과(賢良科)에 급제하여 지평, 교리 등을 지내다가 기묘사화가 일어났을 때 조광조(趙光祖) 일파로 몰려 파직되었고, 이후 은거하여 후학을 양성하며 여생을 보냈다.

**105** 중길공(重吉公) : 이윤경(李潤慶, 1498~1562)으로, 중길은 그의 자이다. 본관은 광주(廣州), 호는 숭덕재(崇德齋)이다. 1534년 문과에 급제하였으며, 평안도 관찰사로 재임하던 중 병으로 죽었다. 시호는 정헌(正獻)이다.

상여를 메고 고향으로 돌아오고 나서 가난하여 장례를 치를 수 없자 가산(家産)을 털고 흙을 져 날라 마쳤다. 상제(喪制)를 한결같이 문공(文公 주자(朱子))의 《가례(家禮)》에 따라 거행하니, 고향 사람들이 그의 효성을 칭찬하는 소리가 자자하였다.

일찍 일어나 관디 차림으로 사당(祠堂)에 배알하고 이어서 대부인(大夫人)의 안부를 살폈는데, 바람 불고 비가 내려도 그만두지 않았다. 늘 "남녀가 일곱 살이 되면 같은 자리에 앉아서는 안 되니, 내외(內外)를 분별하지 않을 수 없다."라고 말하면서, 비록 누이의 집이라 해도 내실(內室)에는 들어간 적이 없었다. 종들을 부릴 때 너그러우면서도 위엄 있었고, 선세(先世) 때부터 있던 늙은 하인은 이름으로 부른 적이 없어 나이가 많든 적든 지위가 높든 낮든 상하 모두에게 환심을 샀다.

혼자 된 누이를 보살필 사람이 없자 바로 자신의 집을 내 주었고, 외종질들이 먹을 게 없자 전지(田地)를 나누어 주기도 하였다. 보내온 모든 물품은 친구가 보낸 게 아니면 받지 않았고, 받은 것은 반드시 모두 대부인께 올렸다. 며느리 이씨(李氏)가 옷을 지어 올렸는데, 아주 정교하고 곱다 하여 이를 물리쳤다. 출사(出仕)하자마자 바로 어버이를 봉양하기 위해 지방 수령으로 나가기를 청하여 그 뜻을 이루었다. 5년 동안 재임하다 파직되었지만 그대로 따르고 따지려 들지 않았으며, 집으로 돌아온 뒤 곡식이 자주 떨어졌지만 편안하게 받아들였다.

그러다 운문산(雲門山) 속 동경(東京)이란 구역에 터를 잡았는데, 그 산은 물과 돌, 숲과 골짜기를 즐길 만했다. 그래서 드디어 손수 풀을 베고 땅을 개간하며 그곳에서 한적하게 생을 마칠 계획을 세웠다.

대관(臺官)의 직임을 사직하고 다시 군(郡)을 다스리면서 폐해를 없애고 고충을 해결하는 일을 동시에 했고 예악으로 교화하는 일을 모두 하였다. 얼마 되지 않아 소명(召命)을 받게 되자 어린아이, 늙은이 할 것 없이 모두 울부짖으며 더 유임되기를 원하였다. 조정에 있을 적에는 신상(神相)이 꿋꿋하여 바라보면 대장부의 풍모가 있음을 알 수 있었다. 늘 《중용》과 《대학》 읽기를 좋아하였는데, 《중용》을 특히 더 좋아하여 공무를 마치고 물러나면 반드시 20번씩 읽었고, 비록 밤중이 되더라도 반드시 그 숫자를 채운 뒤에야 잠자리에 들었다.

서연(書筵)에 입시했을 때 맨 먼저 "학문을 하는 데는 반드시 경(敬)을 근본으로 삼아야 하며, 인군(人君)의 학문은 일반 선비와는 다릅니다.……"라고 하자 인종이 감탄하며 칭찬해 마지않았고, 그것을 글로 써서 들이도록 명하였다.

대간의 직분에 정성을 다하여 마음에 품은 것이 있으면 반드시 진달하고 일을 당해서는 회피하지 않아 시종여일(始終如一)하였고, 지은 소차(疏箚)는 아주 흔쾌히 수용되었다.

병으로 인해 사직하고 고향으로 돌아갈 적에 벼슬하지 않을 때처럼 여장(旅裝)이 단출하자 유곡역(幽谷驛)의 관부(館夫)가 말을 가로막고서 손을 내저으며 "사간의 행차가 이를 것이니 들어올 수 없습니다."라고 하였다.

산사(山寺)에서 임금이 승하하셨다는 소식을 듣고 북쪽을 향하여 곡하다가 세 번이나 기절했다 깨어났다. 대궐로 달려가 곡하고 돌아와 대부인께 "권 판서(權判書)는 한마디 말을 바쳐 나라를 저버리지 않았는데,[106] 대부인이 계셔서 소자는 감히 그렇게 하지 못하였습니다."라

**106** 권……않았는데 : 권 판서는 권벌(權橃)을 가리킨다. 1545년(명종 즉위년) 8월 을사사화가 일어나자, 병조 판서로 있으면서 이에 반대하여 목숨을 바쳐 나라에 보답할

고 아뢰었다.

의금부 관원이 왔을 때 모친과 작별할 시간을 달라고 청했으나 안 된다고 하였다. 대부인이 길가에 나오자 공이 두 번 절하고 꿇어앉아 "아무 걱정 하지 마십시오." 하고, 사당을 향하여 또 두 번 절하고 떠나면서 찰방(察訪 곽회근)을 돌아보고 말하기를 "내가 끝까지 효도하지 못한 것은 내 죄로, 내가 학문을 좋아하지 않은 소치이니, 너는 독서를 게을리하지 말라." 하였다.

신녕(新寧)에 이르러 여러 아우에게 신칙하기를 "늙은 어머니를 잘 모셔라. 내가 너희에게 누(累)가 되지 않겠다. 선대의 사업을 펴지 못하였으나, 그저 회근에게 서책(書冊)을 물려주기만 해도 된다." 하였다. 매일 아침 꼭 머리를 빗자, 문경 현감(聞慶縣監) 조응세(趙應世)[107]가 "무슨 마음으로 이렇게 하십니까?" 하자, 공이 빙그레 웃었다.

안보역(安保驛)에 이르렀을 때, 여러 자제의 이름을 금의위(錦衣衛)에 들이라고 명하자 "아버지가 죽으면 자식이 뒤를 잇고 형이 죽으면 아우가 뒤를 잇는 것은 고금(古今)의 공통된 의리이니, 어찌 조금이라도 나쁜 뜻이 있겠습니까."라고만 말하고, 마침내 입을 닫고 말하지 않았다. 조남명(曺南冥 조식(曺植))은 제생(諸生)에게 "곽 아무개는 관

마음으로 밤새도록 불을 밝히고 윤임, 유인숙(柳仁淑), 유관(柳灌) 등을 적극 구하는 계사(啓辭)를 올렸다. 계사의 초안을 잡고 날이 밝기를 기다려 조정에 나가려 하자, 집안사람과 사위들이 붙잡고 울면서 만류하였으나 뿌리치고 갔다고 한다. 《沖齋集 卷9 附錄 乙巳禍蹟》

**107** 조응세(趙應世) : 본관은 횡성(橫城), 자(字)는 양필(良弼)이다. 평양부 서윤(平壤府庶尹)을 지낸 조준(趙俊)의 아들로, 1534년(중종29) 생원시에 입격하여 참봉(參奉)을 지냈다. 《내암집》 권13 〈사간곽공묘갈명〉에는 '조응서(趙應瑞)'로 되어 있다.

작(官爵)에 연연하지 않았고, 어진 이를 좋아하고 선(善)을 즐겼다. 그가 일할 만한 때를 만났더라면 반드시 국가를 위해 일할 수 있었을 것이고, 자리만 차지하고 있으면서 녹봉을 축내지 않았을 것이 분명하다."라고 말하였다. 탄수공(灘叟公)은 권 상공(權相公)에게 "곽 백유(郭伯瑜)는 곧기가 화살 같습니다."라고 하였으니, 또한 말을 할 줄 안다고 할 만하다.

아, 공은 목을 빳빳이 들고〔强項〕[108] 몸을 정직하게 움직이는 자질을 가지고 있으면서 의로움을 듣고 선을 볼 줄 아는 식견이 있었으니, 그가 말세에 용납되지 않음이 마땅하거니와 그 자신이 죽임을 당한 뒤에야 끝난 것은 하늘을 참으로 믿을 수 없다 하겠다. 비록 그러하나 하늘은 일찍이 시비가 정해지지 않음이 없어 명종께서 만년에 크게 뉘우치셨고, 금상(今上 선조(宣祖))께서는 처음으로 큰 은전을 펴 주셨다. 그리하여 찰방이 부친의 뜻을 계승할 만한 재주를 품고 있다가 녹용(錄用)되는 은혜를 입고서, 동기간을 보호하여 집안을 잘 꾸리고 자신을 신칙하여 공무를 받들게 되었다. 이는 대체로 공이 남긴 가르침이 그렇게 만든 것이긴 하지만, 실로 하늘이 한 것이지 사람이 한 것이 아니다. 아, 훌륭하도다. 명(銘)은 다음과 같다.

**108** 목을 빳빳이 들고 : 후한 광무제(後漢光武帝) 때 강직하기로 유명했던 동선(董宣)과 관련한 고사가 있다. 동선이 낙양 영(洛陽令)이 되었을 때, 대낮에 살인을 한 공주 유모의 노비를 공주가 외출할 때를 기다렸다가 공주가 타고 가는 수레에서 끌어내려 처형하였다. 공주에게 이 소식을 전해 들은 광무제가 진노하여 동선을 잡아오게 하여 신문하자, 그는 법을 집행했을 뿐이라고 말하였다. 그 뒤 광무제가 동선으로 하여금 공주에게 사과하도록 하였으나 끝까지 고개 숙여 잘못을 시인하지 않아 '강항령(强項令)'이라는 별명을 붙여 주었다 한다. 《後漢書 董宣列傳》

| | |
|---|---|
| 공의 강직함을 그 누가 꺾을쏜가 | 疇掘公剛 |
| 돌과 쇠처럼 단단한 마음을 지녔네 | 鐵石腸也 |
| 공의 청렴함 더럽히고자 해도 | 欲汚公淸 |
| 얼음과 눈처럼 순수하여라 | 氷雪精也 |
| 사람은 저마다 치우치게 행동하지만 | 人各行其偏 |
| 학문으로 이를 온전하게 하였네 | 學以全之也 |
| 해 오던 대로 따르기를 좋아함이 | 因循爲好 |
| 어찌 옛 법도이겠는가 | 何古之道也 |
| 운수가 진사년[109]에 속해 | 運屬龍蛇 |
| 현인이 탄식하였네 | 賢人嗟也 |
| 요순 같은 성군의 거룩한 덕에 | 堯舜穆穆 |
| 죄인들이 모두 복종하였네 | 罪咸服也 |
| 백대에 아름다운 명성 전하기도 하고 | 芳百代 |
| 만세에 악명을 끼치기도 하니 | 臭萬載也 |
| 이를 말로 써서 | 辭以解之 |
| 지록위마 하는 자의 경계로 삼노라 | 爲鹿馬之戒也 |

**109** 진사년(辰巳年) : 중종이 승하하고, 인종이 즉위한 갑진년(1544)과 인종이 승하한 을사년(1545)의 병칭이다. 이해에 명종이 즉위하고 나서 바로 을사사화가 일어났다.

## 유명 조선국 고 통정대부 수 강원도 관찰사 박공 묘갈명 병서

有明朝鮮國故通政大夫守江原道觀察使朴公墓碣銘 幷序

공의 휘(諱)는 세후(世煦)이고, 자(字)는 중온(仲溫)이고, 호는 인재(認齋)이다. 어려서부터 영특하고 굳세며 스스로 글을 읽을 줄 알아서 8세에 《소학(小學)》에 통달하였다. 11세에 부친을 잃었는데, 늘 뜻이 커서 가르침을 받기를 바라는 뜻이 있었다. 당시 정암(靜菴) 조 선생(趙先生 조광조(趙光祖))이 중형(仲兄) 세희(世熹) 공과 벗하며 친하게 지냈는데 드디어 그를 좇아 배우면서 탐구하고 실천하였고, 과거 공부를 달갑게 여기지 않았다. 책을 펼 때마다 학행(學行)과 절의(節義)에 관한 내용을 보면 무릎을 치며 우러러 사모하지 않은 적이 없어, 문하에 있는 여러 해 동안 자주 칭찬을 받았다.

정덕(正德) 병자년(1516, 중종11)에 진사시(進士試)에서 뽑히고, 기묘년(1519) 가을에는 문과에 급제하였다. 이윽고 사화(士禍)가 일어났으나 어머니를 봉양하는 일을 감히 그만둘 수 없어 성균관에 보임되었다.

임오년(1522) 겨울에 모친상을 당하였는데 슬픔과 예(禮)를 다하고 끝까지 해이해지지 않았다. 상기(喪期)를 마치고 박사(博士)에 제수되었다.

이듬해 가을 죄에 연루되어 파직되자 궁벽하고 그윽하고 경치 좋은 곳을 찾아다녔는데 금강산과 지리산을 안 가 본 데 없이 다니면서 돌아올 줄 몰랐다.

정해년(1527)에 다시 박사가 되고 전적(典籍), 감찰(監察)에 올랐다.

무자년(1528)에 광양 현감(光陽縣監)이 되기를 청하였다. 광양은 바다에 가까워 방어에 치중하다 보니 학문과 관련한 일을 염두에 두지 않아 8, 9칸 되는 향교가 비탈에 치우쳐 있었다. 공이 처음 가서 알성(謁聖)하고는 돌아보면서 놀라 그 남쪽에 나아가 터를 잡고 단대(壇臺)를 쌓아 전당(殿堂)을 세우자 온갖 제도가 새로워져 기릴 만하게 환해졌다. 총명하고 민첩한 자를 가려 몸소 과정을 정해 가르쳐서 반드시 유풍(儒風)을 크게 떨치려 하였는데, 점차 사마시(司馬試)와 문과에 합격한 자가 이어지는 것을 볼 수 있었다. 노인을 봉양하는 일에 유의하여 잔치를 베푸는 일을 정성껏 하고, 가난하여 혼인하지 못하는 자는 후하게 도와주었다. 농상(農桑)과 군정(軍政)을 늘 면려하고 감독하였으며, 누정(樓亭), 원역(院驛), 교도(橋道) 같은 것도 모두 증수(增修)하였다. 판결을 잘하여 재판에서 진 자가 원망하지 않았으며, 잘못된 정치 조항 수십 가지를 없애자 백성이 편리하다 하고 경내가 크게 교화되었다. 공이 세상을 떠나자 그리움이 이어져 서로 더불어 향교 옆에 사우(祠宇)를 세워 봄가을로 제사를 지냈는데 그 의식이 매우 성대하였다.

계사년(1533)에 임기가 만료되자 수부 원외랑(水部員外郎 공조 좌랑)이 되었다가 춘조랑(春曹郎 예조 낭관)으로 옮겨 갔다. 매부 채무택(蔡無擇)[110]이 김안로(金安老)의 인척으로 늘 중요한 자리에 있으면서 매

**110** 채무택(蔡無擇) : ?~1537. 본관은 인천(仁川), 초명은 무역(無斁), 자는 언성(彦誠)이다. 권신 김안로의 무리로서 많은 사람들을 무고하여 화를 입히고 조정의 상하 신하들을 이간하는 등 분규를 심하게 일으켜 김안로, 허항(許沆)과 함께 삼흉(三兇)으

번 그를 만나 볼 것을 권하였는데, 이를 부끄럽게 여겼다. 그러다 하루는 이야기하던 중에 어쩌다 말하기를 "벼슬살이를 하다 보면 절로 귀결되는 데가 있거늘, 어찌하여 꼭 권세 있는 집안에 기대겠는가. 그대는 인척이니 그렇다 쳐도 나는 오활하고 못나서 결코 받아들여지지 않을 것이니, 부디 다시는 청현직(淸顯職)에 주의(注擬)하지 말게." 하자, 채무택이 발끈하면서 "우리 무리가 망하겠네." 하였다.

몇 달 지나지 않아 호남 막부를 보좌하러 나갔는데, 마침 송규암(宋圭菴 송인수(宋麟壽))이 제주 목사(濟州牧使)로 좌천되어 있다가 병을 핑계로 사직하자 감사가 매우 애석해하면서도 힘껏 도와서 사장(辭狀)을 받아 체직할 것을 계청(啓請)하여[111] 결국 논죄하여 파직하였다.

공이 얼마 후 태상시 주부(太常寺主簿)에 제수되었는데, 김안로가 제조(提調)로 있으면서 "아무개는 인사차 명함도 안 내미니 고과(考課)를 하등(下等)으로 매겨야겠다."라고 하였는데, 어떤 사람이 구제하여 상(上)[112]을 받을 수 있었다.

을미년(1535, 중종30)에 호조 낭관(戶曹郎官)이 되었다.

병신년(1536)에 장악원 첨정(掌樂院僉正)이 되었는데, 간관(諫官)

로 일컬어졌는데, 이들과 함께 1537년 문정왕후(文定王后) 폐위를 모의하다가 유배되어 사사(賜死)되었다.

**111** 감사가……계청(啓請)하여 : 당시 전라도 관찰사는 남세웅(南世雄)이었다. 제주 목사 송인수가 부임한 지 수십 일 만에 병을 핑계로 사직했을 때, 관직에 그대로 있으면서 조리하도록 해야 하는데 정에 이끌려 경솔하게 공문을 보냈다. 이에 중종은 관찰사와 도사(都事) 박세후를 송인수와 함께 추고하라는 전지를 비망기로 내려보냈다.《中宗實錄 29年 6月 23日》

**112** 상(上) : 대본에는 '土'로 되어 있다. 문맥에 근거하여 '上'으로 바로잡아 번역하였다.

이 논박하여 문외출송(門外黜送)되었다. 대개 정광필(鄭光弼)과 송인수가 김해(金海)와 사천(泗川)으로 귀양 가자 서울에 있는 몇몇 사람이 서로 연락해 조정으로 돌아오도록 모의하고 이어서 기묘년(1519)에 축출된 사람을 끌어들였다고 하였으나 실제로는 이런 일이 없었으니, 다만 두 공(公)을 죽이고자 했을 뿐이다. 이날 저녁 채무택이 와서는 "형세를 보아 하니 분명 끝까지 국문(鞫問)할 것 같습니다만 변론하지 않는다면 면할 수 있을 것입니다."라고 하였다. 그러자 공이 소리를 지르면서 "위로 속이고 아래로 저버린다면 무슨 면목으로 땅 위에 서겠는가. 차라리 장(杖)을 맞다가 죽을지언정 그 정상을 명백히 밝히겠다. 영공(令公)은 빨리 가라. 나는 집안사람들과 내가 죽은 뒤의 일을 도모해 두겠다." 하니, 채무택이 두려워서 더 이상 말하지 않았다.

공은 바로 남양(南陽)의 농가로 내려가 방에만 틀어박혀 평생 가진 것 없이 책만 보며 스스로 즐겼다. 채무택이 길에서 죽었을 적에는 공이 지극히 슬퍼하여 재산을 다 털어 부물(賻物)을 마련하고 급히 달려가서 도왔고, 아직 출가하지 않은 그의 딸이 의탁할 곳이 없는 것을 가엾게 여겨 집에서 길렀다.

교서관 교리(校書館校理)에 서용되었고, 형조 낭관(刑曹郎官), 사예(司藝), 종부시(宗簿寺)와 봉상시의 첨정을 지냈다.

경자년(1540)에 밀양(密陽)이 다스려지지 않는다 하여 공을 선발해 보냈는데, 모든 정교(政敎)의 규모가 광양현을 다스릴 때와 같되 그보다 나아진 점도 있었다.

갑진년(1544) 여름 좌필선(左弼善)에 오르고, 얼마 후 왕명으로 등급을 뛰어넘어 근시(近侍)로 들어갔다. 겨울에 효릉(孝陵 인종)이 즉위를 앞두고 가슴을 치고 발을 구르며 차마 나아가지 못할 때 공이 예방

승지로서 울면서 호소하며 아뢰어 예(禮)가 제때 이루어지도록 하니, 조정에 있는 신하들이 모두 기뻐하였다.

을사년(1545, 인종1) 봄에 장례원 판결사(掌隷院判決事)가 되었다. 가을에 북경(北京)에 가서 성절(聖節)을 축하하였는데, 맑고 단출하고 위엄 있고 분명하므로 감히 범하는 자가 없었다.

병오년(1546, 명종1) 봄에 예조 참의가 되었다. 형적(形跡)을 남기려고 힘쓰는 중에 갑자기 대사간에 의망(擬望)되자 탄식하면서 "이는 내가 굽히지 않는 성품을 지닌 것을 알고서 그것을 이용해 무함하고자 하는 것이니, 만약 이를 맡으면 반드시 곧은 도로 밀고 나가다가 오래지 않아 화가 미칠 것이다." 하였다.

무신년(1548) 가을에 사관(四館)에서 초방(初榜)에 이름이 있는 자를 적발하여 과거에 응시하지 못하게 하였는데, 공의 중자(仲子) 충간(忠侃)이 여기에 끼었다. 그러자 공이 신칙하기를 "너는 진우(陳宇)[113]가 당한 일을 못 보았더냐. 유자(儒者)가 배워서 충효(忠孝)를 행하는 것은 정성에 달려 있을 뿐이다."라고 하였다. 일찍이 경서(經書)에 해박하고 사서(史書)를 꿰고 있었는데, 《중용》과 《대학》에 특히 힘썼으므로 그 논하는 말이 번번이 이러하였다.

기유년(1549) 여름 강원도 관찰사에 제수하는 명을 받아, 세상을

**113** 진우(陳宇) : ?~1535. 본관은 여양(驪陽)이고, 자는 확이(廓而)이다. 장옥(張玉)의 문하에서 수업하였는데, 당시 장옥이 시사(時事)를 말했던 것이 누설되어 죄를 받고 3년간 귀양살이하다가 석방되자 스승이 죄 없이 귀양살이한 것을 분하게 여겨 모여서 시사의 잘못됨을 말하였다. 김안로의 아들 김기(金祺)가 이를 중종(中宗)에게 아뢰었고, 여러 차례 형신(刑訊)을 받은 끝에 결국 사망하였다. 《中宗實錄 32年 11月 26日》

정화하려는 지조를 가다듬어 학교를 일으키고 풍속을 바꾸는 것을 급선무로 삼았다. 양구 현감(楊口縣監) 신난수(愼蘭秀)는 이기(李芑)와 가까운 친족이었는데, 세력을 믿고서 탐욕과 횡포를 부렸으므로 자초지종을 갖추어 보고하여 잡아다 조사하였다. 그러자 이기가 노하여 대관(臺官)을 사주하여 그 고을에 귀양 간 사람을 만난 일을 들추어내서 도리어 공을 고문해 신문하게 하였다. 상이 특별히 풀어 주었으나, 병이 심해져서 이듬해 9월 끝내 일어나지 못하였다.

애통하여라. 춘추 57세였다. 11월[114] 13일로 날을 잡아 양주(楊州) 천마산(天磨山) 기슭 진향(辰向) 언덕에 장사 지냈다.

박씨(朴氏)는 상주(尙州)의 대성(大姓)이다. 시조는 자금어대(紫金魚俗)[115]를 하사받은 휘(諱) 견(甄)이다. 고조 휘 문로(文老)는 사재시판사(司宰寺判事)를 지냈고 우참찬(右參贊)에 추증되었으며, 증조는 휘 안의(安義)로 전농시 판사(典農寺判事)를 지냈다. 조부 휘 미창(美昌)은 좌군 사정(左軍司正)을 지내고 좌승지에 추증되었고, 부친 휘 사화(士華)는 군자감 부정(軍資監副正)을 지내고 이조 참판에 추증되었다. 모친 영산 신씨(靈山辛氏)의 3대는 대제학 신인손(辛引孫), 참판 신계조(辛繼祖), 현감(縣監) 신복담(辛福聃)이다.

부인 안씨(安氏)는 본관이 순흥(順興)으로, 문성공(文成公) 안유

114 11월 : 대본에는 '十□月'로 되어 있다. 연세대학교 소장본 《소재집》 권9 〈유명조선국 고 통정대부 수 강원도 관찰사 박공 묘갈명〉에 근거하여 '□'에 '一'을 보충하여 번역하였다.

115 자금어대(紫金魚俗) : 적동(赤銅)으로 만든 물고기 모양의 장식이 붙어 있는 주머니로, 당송(唐宋) 시대에 관리가 가지고 다니면서 자신의 신분을 표시하던 것이다. 공복(公服)의 띠에 매달아 관직의 귀천을 구분했다.

(安裕)의 10세손이고, 행 전주 부윤(行全州府尹) 안지귀(安知歸)의 증손이고, 공조 판서 안침(安琛)의 손녀이고, 병조 좌랑 안처선(安處善)의 딸이며, 상의원 정(尙衣院正) 최윤신(崔潤身)의 외손녀이다. 홍치(弘治) 정사년(1497, 연산군3)에 태어나 3세가 못 되어 양할아버지인 참판 안호(安瑚)의 부인에게서 길러졌는데, 부인이 소중히 여겨 "이 딸은 유순하고 착하니 어찌 평범한 사람의 짝이 되겠는가."라고 하였다. 예법을 지키는 집안으로 출가하고 나서는 부녀의 도리를 매우 잘 행하여 시어머니를 정성과 공경으로 섬기고, 아랫사람에게 차별 없이 은혜를 베풀었다. 옷은 검소함을 중시하여 사치하고 분수에 넘치는 것을 싫어하며, 늘 며느리와 딸에게 "잔치를 맞아 복식을 바꾸는 것은 기생집에서나 하는 일이다. 나는 그런 것을 매우 부끄럽게 여긴다."라고 말하며 경계하였다. 공이 젊어서 생업을 돌보지 않았을 때에는 부인이 밤낮으로 부지런히 노동하여 걱정을 끼치지 않았고, 벼슬살이를 하게 되자 하인에게 "뇌물이 오는 데에는 이유가 있으니, 친구가 보낸 것이라 해도 함부로 받지 말거라."라고 당부하였다. 채무택의 딸에게 날로 후하게 은혜와 사랑을 베풀더니, 재물을 내 주고 배필을 골라 주기까지 하자 삼족(三族)이 너도나도 칭송하였다. 과부로 산 26년 동안 변함없이 가정을 꾸려 집안을 엄격하게 다스렸다.

만력(萬曆) 병자년(1576, 선조9)에 졸하여 7월 25일에 합장하였다. 자식 넷을 두었는데, 첫째 충은(忠誾)은 현감을 지냈다. 군수 조옥현(趙玉峴)의 딸에게 장가들어 아들 치안(致安)을 낳았는데 업유(業儒)이다. 서자(庶子)인 치명(致明)·치욱(致郁)과 딸 둘은 어리다. 치안은 부사(府使) 윤길(尹吉)의 딸에게 장가들어 딸을 낳았는데 어리다. 둘째 충간(忠侃)은 진사시에 입격하고 공조 좌랑을 지냈는데, 재주와 식견이 있었다. 참판 유세린(柳世麟)의 딸에게 장가들어 아들 치홍(致弘)을 낳았는데, 학문을 좋아하였다. 서자 치인(致仁)과 딸 셋은 모두 어리다. 치홍은 안여항(安汝恒)의 딸에게 장가들었다. 셋째 충렴(忠廉)은 진사시에 입격하였으나 일찍 죽었다. 이운(李雲)의 딸에게 장가들어 딸 하나를 낳았는데, 유학(幼學) 유밀(柳謐)에게 시집가서 아들 셋에 딸 둘을 낳았다. 넷째는 딸인데, 진사 이여회(李如晦)에게 출가하였으나 일찍 죽었다.

아, 내가 시강원(侍講院) 관원이었을 때 가장 인정받고 칭찬받아 아직까지도 그를 잊지 못하고 그리워하고 있다. 좌랑은 나의 옛 벗으로, 군자는 만번 죽더라도 그 말이 분명 믿을 만함을 알 수 있다. 다음과 같이 명(銘)을 짓는다.

오직 공이 안정된 것은 惟公靜者
겸손하고 단아해서이고 謙恭端雅
강직하고 꾸미지 않은 것은 侃侃不華
그 취향에 연원이 있어서라네 淵源其趣
좋아하고 미워할 줄 알며 能好能惡
오직 성실할 뿐 다른 것은 없으니 斷斷無他
조심스럽고 미더운 것이 則謹而信
쌓여서 화순함이 되었네 積爲和順
장중[116]의 집안이 張仲之家

**116** 장중(張仲) : 주(周)나라 선왕(宣王) 때 명신인 윤길보(尹吉甫)의 절친한 벗으로 효성스럽고 우애 있던 사람이다.

| | |
|---|---|
| 대절에 임하니 | 暨臨大節 |
| 감히 꺾을 수 없는 것이 | 罔敢或折 |
| 맹분[117]보다 더하였네 | 孟賁其過 |
| 세 번이나 귀양 갈 뻔하다 | 三遭可徙 |
| 간신히 처벌을 면하였으니 | 僅克脫理 |
| 하늘은 어찌하여 | 天意云何 |
| 크게 거두고 작게 베푼단 말인가 | 大斂小施 |
| 사당을 세워서 길이 보답하니 | 永報以祠 |
| 인륜이 사라지지 않게 되었네 | 民彝不磨 |
| 덕이 있는 집안에 훌륭한 배필이 있어 | 有媲德門 |
| 가르침이 더욱 돈독하였네 | 有教彌敦 |
| 후손이 많으므로 | 有後旣多 |
| 공경히 행적을 모아 | 是欽是摭 |
| 비석에 실어서 | 載之貞石 |
| 영원히 어루만지게 하리라 | 千古摩挲 |

**117** 맹분(孟賁) : 전국(戰國) 시대 제(齊)나라의 용사(勇士)이다. 소뿔을 뽑을 정도로 힘이 셌는데, 물속에서는 교룡(蛟龍)을 피하지 않았고 육지에서는 외뿔소와 범 같은 맹수도 피하지 않았으며 한번 노하면 소리가 울려 천지를 진동하였다고 한다.

소재집

제10권

비갈

碑碣

## 유명 조선국 고 숭정대부 의정부좌찬성 겸 판의금부사 지경연사 정공[1] 신도비명 병서

有明朝鮮國故崇政大夫議政府左贊成兼判義禁府事知經筵事鄭公神道碑銘 幷序

정씨(鄭氏)의 선계(先系)는 영남(嶺南)의 동래현(東萊縣)에서 나왔다. 그 상조(上祖)는 고려에서 좌복야(左僕射)를 지낸 휘(諱) 목(穆)이니, 대대로 계승하여 현달한 인물이 있었다. 9대손 휘 구(矩)는 우리 국조(國朝)에 들어와 의정부 찬성사(議政府贊成事)가 되었으니, 시호가 양절(良節)이다. 이분으로부터 증(贈) 호조 판서 휘 선경(善卿)과 증 호조 참판 휘 비(秠)와 증 호조 판서 휘 원운(元耘)으로 전해졌고, 휘 전(荃)에 이르러 예문관 대교(藝文館待敎)를 역임하고 찬성(贊成)에 추증되었으니, 이분이 공의 부친이다. 거창 신씨(居昌愼氏) 신극정(愼克正)은 이조 판서에 추증되었으니, 공의 외조부이다.

공의 휘는 대년(大年)이고 자는 경로(景老)이니, 어려서부터 총명하고 슬기로워 보통 아이들보다 뛰어났다. 11세에 부친을 여의고 대부인에게 가르침을 받았는데, 대부인의 준엄한 책려(責勵)를 조금도 어기지 않았다. 성동(成童)이 되어서는 외숙인 공간공(恭簡公) 신거관

1 정공(鄭公) : 정대년(鄭大年, 1503~1578)을 말한다. 본관은 동래, 자는 경로(景老), 호는 사암(思庵), 시호는 충정(忠貞)이다. 황해도 관찰사, 대사헌, 호조 판서 등을 역임하고, 1572년(선조5) 우의정에 임명되었으나 사양하였다. 왕명을 받들고 권신 윤원형(尹元衡)을 조사하던 중 뇌물로 무마하려는 청을 완강히 거절하였다. 선조 초에 육조의 장을 추천하라는 왕명이 있자 모두가 서슴없이 추천했을 만큼 명망이 있었다.

(愼居寬)[2]에게 배웠는데, 외숙과는 나이 차가 몇 살에 불과했지만 마치 엄한 스승처럼 대하였다. 굳은 의지로 부지런히 공부하여 학업이 나날이 성취되니, 보는 사람들이 반드시 큰 인물이 될 것이라는 것을 알았다.

가정(嘉靖) 신묘년(1531, 중종26)에 사마시(司馬試)에 입격하였다. 임진년(1532)에 정시(庭試) 1등으로 뽑혀 예빈시 주부(禮賓寺主簿)에 제수되었다. 당시는 정현왕후(貞顯王后)[3]의 상중(喪中)임에도 불구하고 특별히 어화(御花)를 하사하였는데, 공은 유가(遊街)하지 않았다. 당시 윤은보(尹殷輔)가 상신으로 있으면서 자신의 사위 권찬(權纘)을 위해 축하 잔치를 크게 벌이고는 문과와 무과에 급제한 사람들을 모두 초청했는데, 공은 홀로 가지 않았다. 3월에 사헌부 감찰(司憲府監察)의 신분으로 서장관(書狀官)에 충원되었는데, 청백(淸白)의 도리로 지조를 지켜서 오점이 없었다. 대부인의 외숙 문절공(文節公) 조원기(趙元紀)도 일찍이 사명(使命)을 받들고 가서 중국 사람들에게 칭송을 받은 적이 있었기에, 중국 사람들은 더욱 그 가풍을 칭상(稱賞)하였다.

계사년(1533)에 도관 산랑(都官散郞)이 되었다. 당시 죄수 가운데

**2** 신거관(愼居寬) : 1498~1564. 본관은 거창(居昌), 자는 율이(栗耳), 호는 독재(獨齋), 시호는 공간(恭簡)이다. 한성 부윤(漢城府尹), 경기 관찰사, 이조 참판 등을 거쳐 호조 판서에 이르렀으나, 1545년(명종1) 을사사화 때 소윤(小尹)인 윤원형 일파에 의해 관직이 삭탈되었다. 1550년 죄가 더해져 평해군(平海郡)에 유배되었다가 이듬해 감형되어 양주(楊州)로 이배(移配)되고, 1553년 풀려나왔다.

**3** 정현왕후(貞顯王后) : 1462~1530. 성종(成宗)의 계비이자 중종(中宗)의 모후(母后)로, 성은 윤씨(尹氏)이고 본관은 파평(坡平)이다. 우의정 영원부원군(鈴原府院君) 윤호(尹壕)의 딸이다. 1473년(성종4) 숙의(淑儀)에 봉해지고, 1479년 연산군(燕山君)의 생모(生母)인 왕비 윤씨가 폐출(廢出)되자 1480년 11월에 왕비로 책봉되었다. 존호(尊號)는 자순화혜(慈順和惠)이고, 휘호(徽號)는 소의흠숙(昭懿欽淑)이다.

인신(印信)을 위조한 죄를 범한 자가 다시 다른 사람을 끌어들인 일이 있었는데, 공이 무고라는 것을 알고 심문하여 실정을 밝혀내 무고당한 자가 죄를 면할 수 있었다. 그 후 그 사람은 길에서 공을 만나면 번번이 절하며 눈물을 흘렸고, 사람들에게 말하기를 "공의 신명(神明)함이 아니었다면 나는 벌써 오래전에 죽었을 것이다." 하였다. 그동안 누차 옥송(獄訟)을 관장하여 온전하게 살려 낸 사람이 매우 많았다. 이어 병조, 형조, 공조, 호조 사조(四曹)에서 돌아가며 복무하였고 세자시강원과 사헌부의 직임을 번갈아 역임하였다.

정유년(1537) 10월에 권신(權臣 김안로(金安老))이 처형되었는데, 당시의 소장(疏狀)과 차자(箚子)가 대부분 공의 손에서 나왔다. 11월에 사헌부 장령(司憲府掌令)으로 승진하였고, 이듬해에 비로소 홍문관 교리와 의정부 검상(議政府檢詳)이 되었으니, 대개 이보다 앞서 여러 번 홍문록(弘文錄)의 천거에 이름이 올랐지만 중간 절차에서 막혔기 때문이다.[4] 시강원 필선(侍講院弼善)으로 천전(遷轉)되었다가 군기시 부정(軍器寺副正), 선공감 정(繕工監正), 사재감 정(司宰監正), 사복시 정(司僕寺正) 등을 역임하였다.

경자년(1540) 사헌부 집의(司憲府執義)에 제수되었다가 특별히 종부시 정(宗簿寺正)으로 옮겼다. 공은 평소 강직하다는 명성이 있었는데, 당시 종실 가운데 자격 없이 당상의 관직에 임명된 일에 대해 쟁집(爭執)하자 이렇게 명한 것이다. 겨울에 홍문관 전한(弘文館典翰)으로 있다가 직제학으로 천전되었다. 신축년(1541, 중종36)에 승정원 동부

4 이보다……때문이다 : 사간원과 사헌부, 홍문관 등 이른바 청직(淸職)에 진출하기 위해서는 홍문록을 통과해야 가능하였기 때문에 그렇게 말한 것이다.

승지에 제수되었다가 도승지로 승진하였다.[5] 임인년(1542)에 대사간에 제수되었는데, 겨울에 진하사(進賀使)에 차정(差定)되어 연경(燕京)으로 갔다. 계묘년(1543)에 공조 참의가 되었다가 얼마 후 홍문관 부제학이 되었고, 다시 승정원의 직임을 맡았다가 형조의 직임을 맡았다. 훈화(勳華)[6]께서 승하하셨을 때는 너무도 슬퍼하여 그치지 않다가 병을 얻었는데 겨우 치료할 수 있었다.

병오년(1546, 명종1)에 남성(南省 예조)을 거쳐 외직으로 나가 서해(西海) 지역을 안찰하다가 내직으로 들어와 예조 참의, 병조 참의, 형조 참의를 지냈다. 경술년(1550)에 공무를 보다가 병이 들었다. 병이 위중해지자 부인을 물러가게 하고 안팎으로 소란스럽게 하지 말라고 하고는[7] 기절하였다가 며칠 만에 회복하였다.

임자년(1552) 특별히 품계가 올라 한성부 우윤(漢城府右尹)에 제수되었다가 부모 봉양을 위해 외직을 청하여 양주 목사(楊州牧使)가 되었는데, 당시 군적(軍籍)을 개정하였으나 고을 사람들이 동요하지 않았고 이듬해에는 심한 가뭄이 들었어도 길에 굶어 죽은 시체가 없었다.

**5** 신축년에……승진하였다 : 송인(宋寅)이 지은 〈의정부좌찬성정공행장(議政府左贊成鄭公行狀)〉에 "신축년 봄에 당상관으로 승진하여 특별히 동부승지에 제수되고 겨울에 순서에 따라 도승지로 승진하였다." 하였다. 《頤庵遺稿 卷4》

**6** 훈화(勳華) : 요(堯) 임금과 순(舜) 임금을 가리키는 말로, 《서경》 〈요전(堯典)〉에서 요 임금을 방훈(放勳)이라 하고 〈순전(舜典)〉에서 순 임금을 중화(重華)라고 한 데서 온 말이다. 여기서는 중종과 인종을 가리킨다.

**7** 부인을……하고는 : 집안사람들을 안정시키고 부인을 물러가게 한 뒤에 조용히 죽음을 기다렸다는 의미이다. 《가례(家禮)》에 "질병이 있으면 정침으로 옮겨 거처한다. 안팎을 안정시켜 숨이 끊어지기를 기다린다. 남자는 부인의 손에서 죽지 않으며, 부인은 남자의 손에서 죽지 않는다."라고 하였다. 《家禮 卷4 喪禮 初終》

계축년(1553) 가을 경기 관찰사가 되었을 때는 양주 백성들이 선정비(善政碑)를 세웠다는 말을 듣고 사람을 보내 비석을 철거하게 하였는데, 뒤에 양주 백성들이 다시 세웠다.

처음에 임금께서 교지를 내려 윤원형(尹元衡)의 첩을 정경부인에 봉(封)하자 공은 당시 승지로 있으면서 분개하여 일부러 그 일을 지체하였는데, 공이 없을 때를 틈타 동료가 그 일을 시행하였다. 황해도 지역의 수령이 배로 윤원형에게 뇌물로 바치면서 공에게서 자신을 보호해 달라고 부탁한 일이 있었다.[8] 그러자 공이 윤원형에게 이르기를 "고과에 '폄(貶)'이 하나도 없으면 반드시 감사가 추고(推考)될 것입니다. 어찌 감히 허물없는 사람을 뽑아 죄를 대신하게 하겠습니까." 하니, 윤원형이 말하기를 "나를 위해 한번 추고되는 것이 무슨 문제가 되겠습니까." 하였다. 그러나 공은 마침내 물리치고 들어주지 않았다. 이때에 이르러 또 만호(萬戶) 한 명을 파출(罷黜)한 일에 대해 윤원형이 그를 도와주라고 간청하였지만 공이 들어주지 않으니, 사람들이 더욱 위태롭게 여겼다.

을묘년(1555)에 소사도(小司徒 호조 참판)를 거쳐 대사헌이 되었다. 당시 이감(李戡)[9]이 하는 짓을 미워하여 그가 갑자기 당상으로 승진한

**8** 황해도……있었다 : 정대년이 황해도 관찰사의 임기를 마치고 돌아와 수령의 하계(夏季) 고과(考課)를 보고할 때, 한 수령이 배에 관미(官米)를 실어 윤원형에게 뇌물로 바치면서 고과에서 '폄'을 면하게 해 달라고 청탁하였다.《頤庵遺稿 卷4 議政府左贊成鄭公行狀》

**9** 이감(李戡) : 본관은 우계(羽溪), 자는 언신(彦信)이다. 참판 이광식(李光軾)의 아들이다. 윤원형, 이량(李樑) 등과 결탁하여 기대승(奇大升), 허엽(許曄) 등 사림을 공격하는 데 가담하였다.

것을 탄핵하려다가 누차 사람들에 의해 저지되었는데, 이감이 윤춘년(尹春年)에게 참소하고 근거 없는 말을 날조하여 도리어 공이 파직되었다. 기미년(1559) 청주 목사(淸州牧使)로 있을 때 그 고을에서 매일 소를 도살하여 공진(供進)한다는 말을 듣고 그 절반을 혁파하며 말하기를 "나의 뜻이 아니다." 하고는 끝내 소고기를 먹지 않았다. 임술년(1562) 철원 부사(鐵原府使)로 있을 때 보개산(寶蓋山)의 산승(山僧)이 백성의 전답을 빼앗아 절간에 귀속한 일이 있었고 이에 대해 심지어 자전(慈殿)의 전지까지 내려졌는데, 공은 그 일이 부당하다고 쟁집(爭執)하며 허락해 주지 않았다.

갑자년(1564)에 모친상을 당했는데, 불훼(不毁)의 나이[10]가 넘었지만 여막 지키는 일을 게을리하지 않았고, 초하루와 보름에는 묘소로 올라가 성묘하여 비가 오나 눈이 오나 그만두지 않았다. 병인년(1566)에 삼년상을 마치고 나서 다시 대사헌이 되었고, 융경(隆慶) 정묘년(1567)에 이조 참판으로 개차(改差)되었다.

무진년(1568, 선조1)에 상께서 "누가 육경(六卿)의 직임을 감당할 만한가?"라고 묻자 모두 공을 으뜸으로 천거하여 특별히 한성 판윤(漢城判尹)에 제수하였는데 호조, 병조, 이조, 예조의 관직을 역임하면서 직임을 제대로 수행하지 못한 적이 없었다.

임신년(1572) 봄에 의정부 우찬성으로 승진하였다. 그해 여름 정승

**10** 불훼(不毁)의 나이 : 애통함을 절제하여 몸이 훼상(毁傷)하지 않도록 해야 할 나이라는 뜻으로, 60세를 말한다. 《예기(禮記)》 〈잡기 하(雜記下)〉에 "60세에는 애훼(哀毁)하지 않고 70세에는 술을 마시고 고기를 먹으니, 이는 모두 복상(服喪)하다가 죽을까 봐 염려해서이다." 하였다.

으로 선발되어 의정부 우의정에 제수되었는데, 간관(諫官)이 탄핵해도 받아들여지지 않자 공로를 과실로 기록했다가 얼마 지나지 않아 스스로 그 조항을 삭거(削去)하였다. 그러나 상께서는 공이 나오지 않으리라는 것을 알고 마지못해 간관의 뜻을 따랐다. 얼마 지나지 않아 공을 이공(貳公 찬성(贊成))에 잉임(仍任)하라고 명하자 간관이 다시 논핵했지만 끝내 윤허하지 않았는데, 공이 더욱 간절하게 면직해 주기를 청하여 지중추부사로 옮겼다. 마침내 물러나 선영(先塋)의 찬우(饌宇)에서 지내다가 한참 뒤에 집 북쪽에다 세 칸 모옥(茅屋)을 짓고 '사암(思庵)'이라 명명한 다음 장차 이곳에서 여생을 마칠 것처럼 하였는데, 가난해도 걱정하지 않고 관함(官銜)만 지닌 채 녹봉을 받지 않은 기간이 3년이나 되었다.

갑술년(1574) 겨울에 의성왕대비(懿聖王大妃)[11]의 병세가 위독해지자 즉시 수레를 준비하라고 재촉하여 길을 나섰는데, 승하하시자 상복을 입고 곡반(哭班)에 참석하였다. 을해년(1575)에 다시 의정부 우찬성에 제수되었다가 가을에 다시 이조 판서가 되었다. 상이 비로소 친히 내전(內殿)에서 주의(注擬)를 살펴보는 일이 많았으나 공이 체직되자 바로 그만두었으니, 그 의지하고 신임하는 것이 이와 같았다. 그 후로도 세 번이나 전형(銓衡)의 명을 받았는데 매번 간곡하게 사직하였으나 윤허하지 않았다.

무인년(1578) 10월 8일 대수롭지 않은 병으로 세상을 떠나니, 상께

**11** 의성왕대비(懿聖王大妃) : 1532~1575. 명종의 비 인순왕후(仁順王后) 청송 심씨(青松沈氏)에게 올린 존호이다. 요절한 순회세자(順懷世子)의 어머니이며, 선조가 즉위하자 잠시 동안 수렴청정(垂簾聽政)을 하기도 하였다.

서 상심하여 철조(輟朝)[12]하였으며 정해진 규정보다 부의를 더 후하게 내려 주었다.

공은 자신에게는 간소하고 가정에서는 엄숙하였으며 관직에 있을 때는 엄격하게 처신하였다. 사람들과 교제할 때에는 온화하였고 일을 처리할 때에는 강직하였으며 효도와 우애에 돈독하여 노년에 이르기까지 게을리하지 않았다. 선친의 휘일(諱日)이 되면 반드시 재계하고 경건한 태도로 그날 밤을 마쳤는데, 일찍이 탄식하기를 "부모의 제사를 어찌 돌아가며 지낼 수가 있겠는가. 더구나 종자(宗子)가 녹봉을 받고 있으니, 차마 바깥에 지방(紙榜)을 배설(排設)할 수 있겠는가." 하였고, 제사 음식을 음복할 때에는 반드시 선대의 비복(婢僕)들에게 먼저 나누어 주었다. 지방관으로 재임할 때에는 무릇 크고 작은 제사를 직접 거행하지 않은 적이 없었고, 어수(御需)를 감진(監進)할 때에는 또한 반드시 관디를 바르게 갖추었다.

집안의 노복(奴僕)이 이웃과 다투다가 상해를 입힌 경우를 보면 곡직을 따지지 않고 먼저 자신의 노복을 벌주었다. 누이가 요절하자 그 아이를 자기 자식처럼 보살폈는데, 선대의 전답과 노복을 분배할 때가 되자 조카의 아내로 하여금 그 일을 주관하게 하고 자신은 관여하지 않았으며 스스로 척박한 땅과 늙은 노복을 자기 몫으로 취하였다. 자제들이 혹 기대하는 내용으로 편지를 보내면 반드시 정색하고 말하기를 "간(諫)하지 않고서 도리어 청하는 것은 곧 부형에게 비난과 비웃음을 끼치는 짓이다." 하였으니, 이후로는 자제들이 더 이상 말하지 못하였

**12** 철조(輟朝) : 임금이 일정 기간 정무(政務)를 정지하는 것을 가리킨다. 소공(小功) 이내의 종친과 정2품 이상의 대신이 죽으면 임금에게 아뢰어 1~3일 동안 철조한다.

다. 얼속(孼屬)이 혹 오랫동안 공을 모시면서 색다른 음식을 공에게 바치는 일이 있으면 물리치고 받지 않았으며, 비록 친구가 음식을 보내와도 명분이 없으면 돌아보지 않았다. 평소 알고 지내던 금구(金溝)의 수령이 쌀 수십 말을 보내오자 사양하며 말하기를 "감히 위로 성은을 저버릴 수가 없습니다." 하였다. 병조 판서로 재임할 때 고을 사람이 변방의 장수를 위해 모피 이불을 보내오니, 공이 이르기를 "내 듣건대 그 부친이 늙었다고 하니, 모피가 아니면 따뜻하지 않을 것이다." 하고 즉시 도로 돌려보냈다. 아들이 개성부 도사(開城府都事)가 되었을 때 노씨(盧氏)[13]와 유빈(柳玭)[14]이 경계한 글을 적어 보내 주고 또 이르기를 "그 지역에는 부상(富商)이 많고 관아에는 청렴하다는 명성이 드무니, 원망과 비난을 받게 되면 유독 부끄럽지 않겠느냐." 하였는데, 마침내 이 말로 여러 아들에게 경계하였다.

대저 공은 유념하여 가산을 경영한 적이 없었으니, 전장(田莊)에는

**13** 노씨(盧氏) : 당(唐)나라 최현위(崔玄暐)의 모친을 말한다. 그녀는 자신의 이종 오빠인 신현어(辛玄馭)의 "자식이 벼슬에 있는데 어떤 사람이 와서 궁핍하여 살 수 없다고 말한다면 이것은 좋은 소식이고, 재물이 풍족하여 가벼운 의복을 입고 살진 말을 탄다는 말을 들으면 이는 나쁜 소식이다."라는 말을 인용하면서 아들에게 경계하기를 "요즈음 벼슬하는 친척들이 돈과 재물을 부모에게 바치면 부모는 기뻐할 줄만 알고, 끝내 이 물건이 어디서 왔는지는 묻지 않는다. 분명히 녹봉 중에 남은 것이라면 참으로 좋은 일이지만, 만일 부정한 방법으로 얻은 것이라면 이는 도적과 무슨 차이가 있겠느냐. 비록 큰 벌이야 없다고 하더라도 어찌 부끄럽지 않으랴." 하였다. 최현위의 이름은 엽(曄)이고, 박릉(博陵) 사람으로 나중에 벼슬이 재상에까지 이르렀다. 《舊唐書 崔玄暐列傳》《小學集註 善行》

**14** 유빈(柳玭) : 당나라 유공작(柳公綽)의 손자이자 유중영(柳仲郢)의 아들로, 자는 직청(直淸)이다. 가풍을 이어 효제(孝悌)와 예법(禮法)을 준수하였다. 《新唐書 柳公綽列傳》《小學 嘉言》

해택(海澤)의 이익[15]이 없었고 집에는 시정잡배들의 발길이 닿지 않았다. 오직 고고하고 고요함을 지켜 정신을 편안히 하고 대체(大體)를 보존하여 사물을 진정할 따름이었으니, 군자가 이에 정공(鄭公)의 행실은 천성에서 나왔음을 알았다.

공의 향년은 76세이다. 염습을 마친 뒤 3월 28일에 장례를 치렀는데, 장지는 광주(廣州) 치소(治所)의 남쪽이고 산은 음촌(陰村) 옹정산(瓮亭山) 미향(未向) 언덕 신좌(申座)의 봉분이다.

부인을 맞이하였는데, 부인의 5세(世)는 효령대군(孝寧大君) 이보(李補), 보성군(寶城君) 이합(李㝓), 물거군(勿巨君) 이철(李徹), 양록부정(楊麓副正) 이수(李粹), 종묘서 영(宗廟署令) 이인홍(李仁弘)이고, 모친은 행 목사(行牧使) 김극회(金克恢)의 따님이다. 부인은 정덕(正德) 정묘년(1507, 중종2)에 태어났는데, 성품이 단아하고 유순하였다. 15세에 공의 집안에 시집와서 아녀자의 도리를 다하였으니, 비록 곤궁하게 살았지만 공으로 하여금 살림살이의 유무에 대해 알게 하지 않았고 또한 영리(贏利)로 공에게 누를 끼치지 않았다. 시어머니를 효성으로 섬기고 자식을 가르침에 방도가 있었으며, 아랫사람들을 부릴 때는 은정(恩情)이 있었고 다른 사람의 급한 사정을 돌보아 주어서 문중과 고을 사람들에게 모두 환심(歡心)을 얻었고, 40년 동안 집안

**15** 해택(海澤)의 이익 : 전장을 증식하는 이익을 말한다. 새로 개간하여 아직 양안(量案)에 오르지 않은 농지를 가경전(加耕田)이라고 하는데, 평지가경전(平地加耕田)과 해택가경전(海澤加耕田)으로 구분된다. 해택가경전은 방조제를 쌓아 농지를 개간하거나 폐언(廢堰)을 농토로 개발하거나 노전(蘆田)에 제언을 축조해 만든 경지(耕地)이다. 평지가경전은 경작을 시작한 해부터 세를 거두어들이고 해택가경전은 1년을 면세한 뒤 2년째에는 세액의 절반, 3년째부터 전액을 징수하였다.

살림을 주관함에 일 처리가 잘못되거나 어긋난 적이 없었다. 가정(嘉靖) 임술년(1562, 명종17) 9월 4일 병으로 세상을 떠났다.

자녀 여덟을 낳았으니, 장남 휴복(休復)은 개성부 도사(開城府都事)가 되었고, 차남 선복(善復)은 생원시에 합격하여 의영고 봉사가 되었고, 삼남 인복(仁復)은 생원시에 합격하여 홍천 현감(洪川縣監)이 되었고, 사남 순복(純復)은 정산 현감(定山縣監)이 되었고, 오남 돈복(敦復)은 무과에 급제하여 안성 군수(安城郡守)가 되었다. 사위는 충의위(忠義衛) 양사연(梁思衍), 돈녕부 봉사 송유의(宋惟毅), 조지서 별제 김각(金覺)이다. 측실 소생의 사위는 현령 김벽(金壁)이다.

장남인 도사는 유학(幼學) 홍은(洪誾)의 딸에게 장가들어 아들 호(灝)를 낳았다. 딸은 둘인데 충의위(忠義衛) 양사행(梁思行), 생원 이정신(李廷臣)에게 시집갔다. 차남인 봉사는 유학 김진(金禛)의 딸에게 장가들어 딸 하나를 낳았는데, 진사 조수륜(趙守倫)에게 시집갔다. 삼남인 홍천 현감은 충의위 이탁(李倬)의 딸에게 장가들었다. 사남인 정산 현감은 군수 이지번(李枝蕃)의 딸에게 장가들어 아들 연(演)과 용(溶)을 낳았다. 딸은 유학 강형(姜絅)에게 시집갔다. 오남인 안성 군수는 군수 민효선(閔孝先)의 딸에게 장가들어 아들 항(沆), 완(浣), 침(沈)을 낳았다. 딸은 어리다. 서자는 락(洛), 엄(渰), 활(活)이다. 둘째 사위인 돈녕부 봉사는 아들 둘을 낳았으니, 송기(宋圻)는 별좌(別坐)이고 송해(宋垓)는 어리다. 막냇사위인 조지서 별제는 아들 김수겸(金守謙), 김중겸(金重謙), 김덕겸(金德謙), 김경겸(金敬謙)을 낳았다. 딸은 어리다.

맏손자 호는 정랑(正郎) 송원(宋瑗)의 딸에게 장가들어 아들 둘을 낳았는데[16] 어리다.

내외의 손자가 모두 35명이다. 명(銘)은 다음과 같다.

나라가 장차 중흥하려고 큰 인물이 태어났으니 國將中興鉅人出
충성과 신의와 정직과 방정함을 바탕으로 삼았네 忠信直方以爲質
많은 선비 중 으뜸 되었지만 명성 넘치지 않았고 迺魁多士名不溢
밝고 빛나게 드러나지 않았지만 더욱 내실 쌓았다네 匪皎匪赫愈積實
이익에 유혹되지 않았으니 어찌 위엄으로 두렵게 할 수 있으랴 罔或利誘奚威怵
넘어지고 다시 다쳤어도 결국 높은 벼슬에 올랐네 有躓復騫躋崇秩
왕께서 이르기를 네가 와서 나를 보필하라 하셨으니 王曰咨汝來予弼
어찌 훌륭한 말을 하겠는가 말하는 자 부끄러워하리라[17] 曷其有言言者怩
절개는 돌과 같아 정길을 보존하였건만[18] 惟介于石保貞吉
주발과 급암처럼 끝까지 보살펴 주지 못하였네[19] 迺勃迺汲眷未畢

16 아들 둘을 낳았는데 : 송인이 지은 〈의정부좌찬성정공행장〉에는 "호(灝)는 아들 셋을 두었는데, 모두 어리다." 하였다. 《頤庵遺稿 卷4》

17 어찌……부끄러워하리라 : 정대년이 덕(德)을 갖추고 있었다는 의미이다. 《논어》 〈헌문(憲問)〉에 "덕이 있는 자는 반드시 훌륭한 말을 하거니와, 훌륭한 말을 하는 자는 반드시 덕이 있지는 못하다."라는 공자의 말이 있는데, 이에 대한 주석에서 "덕이 있는 자는 화순(和順)이 심중(心中)에 쌓여서 아름다운 영화(榮華)가 밖으로 나타나지만, 말을 잘하는 자는 간혹 입으로 말만 잘할 뿐일 수 있다." 하였다.

18 절개는……보존하였건만 : 바위처럼 확고부동한 절개를 지키고 있었다는 의미이다. 《주역》 〈예괘(豫卦) 육이(六二)〉에 "절개가 돌과 같아 하루를 마치지 않고 떠나가니, 정(貞)하고 길(吉)하다."라고 한 데서 온 말이다.

19 주발(周勃)과……못하였네 : 주발과 급암(汲黯)처럼 임금의 전폭적인 신임을 받

하늘은 어찌하여 노성한 신하 한 명을 남겨 두지 않았던가 胡不慭遺老成一

돌아와 그 집안을 보니 마치 하루와 같아라[20] 歸視其家如一日

상복 입은 자녀 아홉 명이 자리에 가득하여[21] 苴麻盈次二加七

두터운 은택이 넓으니 반드시 남은 경사 있으리라[22] 澤厚以廣餘慶必

동남쪽에 신도(神道) 있으니 사적을 기술하지 않을 수 있으랴 東南有道可無述

미혹된 자들에게 은혜 베풀어 하늘의 보살핌을 받게 하노라 以惠迷者見天騭

지는 못했다는 말이다. 주발은 한 고조(漢高祖)의 개국 공신으로, 한 고조가 일찍이 "유씨(劉氏)를 편안하게 할 사람은 반드시 주발이다." 하였는데, 그 뒤에 여후(呂后)의 친정 족속들이 난리를 일으키자 주발은 그들을 모두 베어 없애고 유씨를 보호하였다. 《史記 絳侯周勃列傳》

**20** 돌아와……같아라 : 장례를 마치고 그 집안을 돌아보니 모든 것이 평소와 다름없건만 정대년만 없다는 의미로, 정대년을 추모하는 뜻으로 한 말이다.

**21** 상복……가득하여 : 정대년은 5남 3녀와 측실에서 딸 하나를 두었다.

**22** 두터운……있으리라 : 후손이 번창할 것이라는 의미이다. 《주역》 〈곤괘(坤卦) 문언(文言)〉에 "선을 쌓은 집안에는 반드시 남은 경사가 있을 것이다."라고 한 데서 온 말이다.

# 유명 조선국 고 통훈대부 군자감 정 증 가선대부 예조참판 겸 동지경연의금부춘추관사 예문관제학 박공 묘갈명 병서

有明朝鮮國故通訓大夫軍資正贈嘉善大夫禮曹參判兼同知經筵義禁府春秋館事藝文館提學朴公墓碣銘 幷序

이조 참판 박공(朴公)[23]이 가정(嘉靖) 갑진년(1544, 중종39) 5월 7일에 모친 권씨(權氏)를 양주(楊州) 신혈리(神穴里) 병향(丙向) 언덕에 장사 지내고, 21년 뒤인 1565년(명종20) 2월 28일에 부친을 받들어 합장한 다음, 8년 뒤에 벗 광산(光山) 노수신에게 묘갈명을 청하였다. 나는 문생(門生)이기에 공의 풍범(風範)을 우러러볼 수 있었던 것만으로도 대단한 영광으로 여기고 있었으니, 어찌 기꺼이 이야기하지 않을 수 있겠는가.

살피건대 공은 성화(成化) 정미년(1487, 성종18)에 태어났으니, 영민하고 총명하였다. 12세에 모친상을 당했는데, 성인처럼 애례(哀禮)를 다하였다. 백씨(伯氏)[24]에게 배우고 원충(元冲 김정(金淨)) · 노천

23 박공(朴公) : 박소립(朴素立, 1514~1582)을 말한다. 박세무의 아들이다. 자는 예숙(豫叔)이다. 명종이 후사 없이 죽자 이준경(李浚慶), 이양원(李陽元) 등과 함께 선조를 즉위시키는 데 공을 세워 대사성(大司成)이 되었다. 1571년(선조4) 천추사(千秋使)로 명(明)나라에 다녀왔으며, 뒤에 지중추부사에 이르렀다.

24 백씨(伯氏) : 박세무의 형인 박세영(朴世榮, 1480~1552)을 말한다. 본관은 함양, 자는 경인(景仁), 호는 구당(九堂)이다. 형조 정랑(刑曹正郎), 돈녕부 정(敦寧府正) 등을 지냈다. 의정부 좌찬성(議政府左贊成)에 증직되었다. 기묘년(1519)의 명현들과 교유하였으며, 글씨를 잘 써서 국서(國書), 표계(表契), 비갈(碑碣) 등에 필적이 많이 남아 있다. 《淸江集 卷3 有明朝鮮國通訓大夫……》

(老泉 김식(金湜)) 등 여러 사람과 교유하여 덕과 학문이 진보하고 나서는 기대가 더욱 커져서 아름다운 명성이 더욱 성대하게 되었다.

병자년(1516, 중종11)에 사마시에 합격하였다. 신묘년(1531) 문과에 급제하여 승문원에 선발되어 들어갔고, 이듬해 천거되어 사관(史官)이 되었다. 또 그다음 해에 전적(典籍)으로 승진하였는데, 그해 겨울에 부친상을 당하였다. 병신년(1536)에 예조 좌랑에 서용되었고, 정유년(1537)에 정랑으로 옮겼다가 외직으로 나가 함경도 좌막(佐幕)이 되었다. 무술년(1538)에 발탁되어 헌납(獻納)이 되었고, 얼마 지나지 않아 예조로 돌아왔다. 기해년(1539)에 중추부 경력(中樞府經歷)이 되었는데, 이해 가을에 대간(臺諫)이 마전(麻田)이 어떻게 할 수 없을 정도로 쇠잔하였다고 하여, 그 군수를 파출(罷黜)하고 공을 선발해 파견하였다. 공은 부임하여 파면하고 거용(擧用)하기를 시의(時宜)에 맞게 하고 조세를 가볍게 하고 부세를 균등하게 하자 몇 해가 되기 전에 유민들이 모두 모여들어 전야가 개척되고 부고(府庫)가 채워졌다. 이에 공은 부채 장부를 모두 태워 버리고 떠났다. 갑진년(1544)에 전적과 참교(參校)가 되었고, 이듬해 사복시 부정(司僕寺副正)을 거쳐 안변 부사(安邊府使)가 되었는데, 3년 만에 일 때문에 파직되었다. 무신년(1548, 명종3)에 내자시 정(內資寺正)에 서용되고 내섬시(內贍寺)와 군자감의 관직을 역임하였다. 신축년(1541) 가을부터 풍비(風痺)를 앓았는데, 마침내 이 병이 악화되어 갑자년(1564) 세모(歲暮)에 병으로 세상을 떠났다.

대개 공은 성품이 평온하고 고요하였다. 생업을 돌보지 않았고 시류에 영합하지 않았으며 성격이 진솔하고 소탈하여 겉치레가 없었고 오직 선(善)을 좋아하고 의(義)를 좋아하는 뜻이 독실하였다. 어버이를 효성으로 섬기고 형제와 우애로웠으며 친족 간에 화목하여 사람들의 이간하는 말이 없었다. 후사 없이 과부로 늙은 처숙모가 여러 조카에게 노복(奴僕)을 나누어 줄 때 공은 사양하고 받지 않았다.

괴산(槐山)은 풍속이 음사(淫祀)에 탐닉하여 성황신(城隍神)이라 일컬으며 받들고 두루 고을을 돌아다녔으므로 여염 간에서 그 피해를 입을까 봐 더욱 조심하였는데, 공이 과거에 급제하기 전에 마침 촌사(村舍)에 있으면서 그 깃대와 장식품 들을 가져다 모두 불사르게 하자 공을 두려워하지 않는 사람이 없었으니, 이로부터 그 폐단이 사라졌다. 일찍이 《동몽선습(童蒙先習)》을 지어 자제들을 가르쳤는데, 마침내 세상에 간행되었다. 사필(史筆)을 잡고 있을 때 사실에 의거하여 직서(直書)하였다가 김안로(金安老)에게 중상을 당해 결국 외직으로 배척되고 말았다. 이기(李芑)가 국정을 전단하고 있을 때[25]는 공을 끌어들이려고 "반드시 나에게 와서 《중용》을 배워야 한다."라고 누차 말하였는데, 공은 집으로 돌아가 그 이야기를 하면서 분개하고 탄식하여 마지않다가 문득 외직으로 나가 고을 수령이 되기를 청하였다. 평생 스스로 지조를 잘 지킨 것이 이와 같았다. 소요당(逍遙堂)이라 자호(自號)하고 기문을 지어 뜻을 보이니, 식자들이 '이은(吏隱)'[26]이라 칭송하였다.

휘는 세무(世茂)이고 자는 경번(景蕃)이다. 함양(咸陽) 사람으로, 증(贈) 은청광록대부(銀青光祿大夫) 신청(信淸)의 후손이다. 증조부

**25** 이기(李芑)가……때 : 이기는 윤원형과 손을 잡고 을사사화(乙巳士禍)를 일으켜 조정의 대권을 장악하고 풍성부원군(豐城府院君)에 봉해지고 이어 좌의정이 되고 1549년 영의정에 올랐다.

**26** 이은(吏隱) : 이익과 녹봉에 마음을 두지 않아 벼슬살이를 하면서도 초야의 은자(隱者) 같은 사람을 일컫는 말이다.

휘 의(義)는 문과에 급제하여 사헌부 감찰(司憲府監察)이 되었는데, 부친인 판서 습(習)의 죄에 연좌되어 파직되었다. 조부 휘 신장(信章)은 종사랑(從仕郎)을 역임하고 사복시 정(司僕寺正)에 추증되었다. 부친 휘 중검(仲儉)은 성균관 생원이었는데 승정원 좌승지에 추증되었다. 모친 전의 이씨(全義李氏)는 행 부사(行府使) 이관식(李寬植)의 따님이다. 부인은 안동 권씨(安東權氏)이니, 그 4대는 매헌(梅軒) 선생 권우(權遇), 대사간 권지(權枝), 이조 좌랑 권률(權慄), 부사과(副司果) 권잉(權仍)이다. 외조부는 병조 좌랑 김양완(金良琬)이다. 홍치(弘治) 계축년(1493, 성종24)에 태어나서 가정(嘉靖) 갑진년(1544, 중종39)에 세상을 떠났다. 천성이 유순하고 자상하여 친족들이 추중하였다.

아들 둘을 두었는데, 장남이 바로 참판이다. 이름은 소립(素立)이니, 훌륭한 행실로 당시에 명성이 있었다. 차남은 응립(應立)이니, 진사시에 합격하여 수안 군수(遂安郡守)가 되었다. 측실의 아들은 성립(成立)이다.

장남인 참판은 손숙겸(孫叔謙)의 딸에게 장가들어 아들 지언(知言)을 낳았으니, 생원이다. 딸은 사인(士人) 심종수(沈宗壽)에게 시집갔다. 차남인 수안 군수는 홍윤균(洪潤均)의 딸에게 장가들어 아들 지겸(知謙)을 낳았고, 다시 이숙(李淑)의 딸에게 장가들어 아들 지양(知讓), 지눌(知訥), 지인(知認), 지근(知謹)을 낳았는데 모두 어리다. 명(銘)은 다음과 같다.

| | |
|---|---|
| 박씨는 신라의 종성(宗姓)에서 시작되어 | 有始羅宗 |
| 계파가 나누어진 후 더욱 면면히 이어졌으니 | 旣別愈綿 |
| 침체와 비약을 반복하다가 | 載沈載飛 |

| | |
|---|---|
| 마침내 우리 조선에서 빛을 발하였네 | 遂光我鮮 |
| 성대하다 그 삼대는 | 振振三世 |
| 신령한 기운이 모여 어진 자손 이어졌으니 | 鍾異維賢 |
| 영민한 자질과 큰 덕으로 | 寔英且碩 |
| 오래도록 창성하였네 | 長日以騫 |
| 악극의 선(善)과 신(信)이 넉넉하고[27] | 樂克之優 |
| 장중의 효(孝)와 우(友)가 완전하며[28] | 張仲之全 |
| 양김[29]이 보완하여 | 兩金以輔 |
| 아름다운 명망이 더욱 성대하였네 | 聲望蔚然 |
| 바르면 간사한 자와 등지고 | 正則背邪 |
| 곧으면 반드시 권세에 거슬리나니 | 直必忤權 |
| 흉악한 무리를 멀리하자마자 | 纔遠兇牙 |
| 악독한 주먹을 많이도 맞았네 | 幾飽毒拳 |
| 고을살이를 편안히 여기며 | 安於州郡 |
| 지조가 더욱 굳건하였으니 | 惟守益堅 |

**27** 악극(樂克)의……넉넉하고 : 《맹자》 〈진심 하(盡心下)〉에, 호생불해(浩生不害)가 악정자(樂正子)에 대해 물으니, 맹자가 "선인(善人)이며 신인(信人)이다."라고 답하고 "선인은 사람들이 좋아하고 따를 만한 사람을 말하고 신인은 선함을 자기 몸에 소유한 사람을 말한다.〔可欲之謂善, 有諸己之謂信.〕" 하였다. 극(克)은 악정자의 이름이다.

**28** 장중(張仲)의……완전하며 : 장중은 효성과 우애로 유명한 사람이다. 《시경》 〈소아 유월(六月)〉에 "벗 중에 누가 이 자리에 있나, 효도하고 우애하는 장중이라네." 하였다.

**29** 양김(兩金) : 박세무와 함께 종유(從遊)하며 서로 강마(講磨)하였던 김정(金淨)과 김식(金湜)을 가리킨다.

| | |
|---|---|
| 몸이 졸렬함과 도모하면 | 身與拙謀 |
| 약빠른 자의 웃음거리 된다네 | 爲笑于儇 |
| 집안에서는 성현의 학문을 견지하였는데 | 家持舊貲 |
| 세상 교화는 새로운 사조를 숭상하였으니 | 敎尙新編 |
| 시대의 요구에 어울리지 못해 | 不諧時須 |
| 포부를 펼치지 못하였네 | 蘊而莫宣 |
| 어찌 이런 분께 이런 일이 있었던가 | 何斯有斯 |
| 신명이 때맞추어 고치지 않았기 때문이니 | 神罔時痊 |
| 나에게 있는 것은 사람의 일이거니와 | 在我者人 |
| 사람이 할 수 없는 것은 하늘의 명(命)이라네 | 不人者天 |
| 아아, 하늘이 정한 명은 | 維天定命 |
| 늦지도 않고 앞서지도 않으니 | 匪後匪先 |
| 아들과 손자가 있고 | 有子若孫 |
| 지위와 수명이 있었다네 | 有位與年 |
| 아내가 있어 공과 합장하였고 | 有室同藏 |
| 유업이 있어 자손에게 전수하였으니 | 有業相傳 |
| 하늘의 사사로운 뜻이 아니라 | 非天爾私 |
| 오직 덕이 이어졌기 때문이로세 | 惟德是延 |
| 내 그 실적을 주워 모아 | 我摭其實 |
| 묘소 앞에 비석을 세우고 | 碑于墓前 |
| 이에 영구히 보여 주나니 | 式永于示 |
| 오직 선으로 옮겨 가기를 바라노라 | 惟善之遷 |

## 유명 조선국 통훈대부 상주 목사 증 가선대부 이조참판 겸 동지의금부사 권공 묘갈명 병서

有明朝鮮國通訓大夫尙州牧使贈嘉善大夫吏曹參判兼同知義禁府事權公墓碣銘 幷序

공의 휘(諱)는 박(博)이고 자는 자원(子元)이니, 성은 권씨(權氏)이다. 권씨는 본래 신라의 종성(宗姓)이었는데, 김행(金幸)이 고창군(古昌郡)[30]을 지키다가 견훤(甄萱)이 도성을 함락한 데 분개하여 고려 태조를 정성스럽게 맞이하니, 고려 태조가 "김행은 권도(權道)를 잘 헤아린다."라고 하면서 지금의 성씨를 하사하고 태사(太師)에 제수한 다음, 고창군을 식읍(食邑)으로 삼게 하였다가 군(郡)을 승격시켜 안동부(安東府)로 이름을 고쳤다. 11세손인 정승(政丞) 영가부원군(永嘉府院君) 부(溥)[31]는 문병(文柄)을 잡고 큰 공훈을 수립하였는데, 다섯 아들과

**30** 고창군(古昌郡) : 대본에는 '吉昌郡'으로 되어 있다. 《신증동국여지승람(新增東國輿地勝覽)》 권24 〈경상도(慶尙道) 안동대도호부(安東大都護府)〉에 근거하여 '吉'을 '古'로 바로잡아 번역하였다.

**31** 부(溥) : 안동 권씨의 현조(顯祖)인 권부(權溥, 1262~1346)를 말한다. 초명(初名)은 영(永), 자는 제만(齊萬), 호는 국재(菊齋), 시호는 문정(文正)이다. 안향(安珦)의 문인이며, 문과에 급제하여 첨의 사인(僉議舍人)을 거쳐 판총부사(判摠府事), 영도첨의사사(領都僉議司事)에 이르렀고 부원군(府院君)에 진봉(進封)되고 추성익조동덕보리 공신(推誠翊祚同德輔理功臣)에 책봉되었다. 학술 분야에서도 많은 업적을 남겼는데, 《세대편년절요(世代編年節要)》 편찬에 참여하였고, 태조 이래의 실록 편찬에 참여하였다. 《사서집주(四書集註)》의 간행을 건의하여 성리학의 전파에 공헌했고, 《은대집(銀臺集)》 20권을 주석했으며, 역대 효자 64명의 행적을 기린 《효행록》을 편찬하였다.

세 사위가 모두 봉군(封君)되어 당시 사람들이 '일가구봉군(一家九封君)'[32]이라 칭송하였다. 충선왕(忠宣王)이 부(溥)의 넷째 아들 재(載)를 입양하여 왕후(王煦)라는 성명을 하사하고 계림대군(雞林大君)에 봉하였으니, 벼슬은 첨의 정승(僉議政丞)이고 시호는 정헌(正獻)이다. 이분이 감찰대부(監察大夫) 중귀(重貴)를 낳았다. 중귀의 아들 숙(肅)이 국조(國朝)에 들어와 원래의 성인 권씨를 회복하였는데, 공안부윤(恭安府尹)이 되고 호조 판서에 추증되었으니, 이분이 공의 고조(高祖)이다. 증조부는 판제용감사(判濟用監事)를 역임하고 한성부 좌윤(漢城府左尹)에 추증된 휘(諱) 순(循)이다. 조부는 제용감 판관(濟用監判官)을 역임하고 이조 참의에 추증된 휘 실(實)이다. 부친은 공조 참의를 역임하고 형조 참판에 추증된 휘 령(齡)이다. 모친은 박씨(朴氏)이니, 충주(忠州)의 망족(望族)으로 개천 군수(价川郡守) 박신함(朴信諴)의 따님이다.

공은 어릴 때부터 일을 도모하고 계책을 세우는 것이 다른 사람들보다 탁월하였으니, 형인 도헌(都憲 대사헌(大司憲)) 홍(弘)[33]이 매우 기

**32** 일가구봉군(一家九封君) : 권부가 영가부원군에 봉해진 것을 위시하여 그의 다섯 아들과 세 사위가 모두 봉군되었기 때문에 이렇게 말한 것이다. 아들 권준(權準)은 고창부원군(古昌府院君)에, 권종정(權宗頂)은 광복군(廣福君)에 봉해지고 권고(權皐)는 부친의 영가부원군을 습봉(襲封)하였으며, 권후(權煦)는 계림부원군(鷄林府院君)에, 권겸(權謙)은 복안부원군(福安府院君)에 봉해져서 다섯 형제가 봉군되었다. 사위 이제현(李齊賢)은 계림부원군(鷄林府院君)에, 왕숙(王璹)은 순정대군(順正大君)에, 왕순(王珣)은 회안대군(淮安大君)에 봉군되었다. 《國朝人物考 權遇行狀》《萬姓大同譜 安東權氏》

**33** 홍(弘) : 권박의 형인 권홍(權弘, 1360~1446)을 말한다. 초명은 간(幹)이다. 본관은 안동, 자는 백도(伯道), 호는 쌍당(雙塘)·송설헌(松雪軒)이고, 시호는 문순(文

특하게 여기며 항상 자신은 공에게 미치지 못한다고 하였다. 17세에 모친상을 당하였다. 유업(儒業)을 일삼아서 등제(登第)하지 못하였다. 정덕(正德) 무진년(1508, 중종3)에 음보(蔭補)로 도화서 별제(圖畫署別提)가 되고 다음 해에 부친상을 당하였는데, 상기(喪期)를 마치고 나서 활인서 별제(活人署別提)에 제수되었다. 갑술년(1514)에 양모(養母)의 상을 당했는데, 상기를 마친 후 전설사 별제(典設司別提)에 제수되었다가 사재감 직장(司宰監直長)으로 승진하였다. 당시 옹기 안의 물건을 훔친 자가 있었는데, 공이 옹기의 표면에서 흔적을 찾다가 창고 안에서 흙먼지에 찍힌 손바닥 자국과 발자국을 발견하고 은밀히 그 손가락 마디와 발 크기의 본을 가져다 사람들을 모아 놓고 맞추어 보았다. 한 사람이 문득 안색이 변하였는데, 그 모양이 일치하여 다시 어깨에 물건을 멘 흔적이 있는 것으로 추궁하였더니 곧 자복하였다. 이에 사재감 사람들이 모두 경탄하였다.

가정(嘉靖) 임오년(1522)에 군자감 주부(軍資監主簿)로 승진하였다가 전중(殿中 사헌부)으로 옮겼고, 다음 해에 태인 현감(泰仁縣監)에 조용(調用)되었다. 당시 원근(遠近)에서 소송(訴訟)하는 사람들은 모두 공에게 질정(質正)하기를 원하였는데, 간사한 자들이 감히 술수를 쓰지 못해 승소하지 못해도 감히 원망하지 못했으니, 감사(監司)가 보첩(報牒)[34]을 볼 때마다 감탄하기를 "참으로 번잡한 사무를 처리할

順)이다. 1382년(우왕8) 과거에 급제하여 춘추관 검열, 사헌 규정(司憲糾正) 등을 역임하였으며, 1402년(태종2) 딸이 태종의 빈이 되자 영가군(永嘉君)에 봉해졌다. 1407년 유창(劉敞)과 함께 진헌사(進獻使)로 명(明)나라에 다녀왔다. 문학에 뛰어나고 전서와 예서에 능해 1394년(태조3) 태조의 명을 받고 《법화경(法華經)》을 금으로 필사(筆寫)하는 일에 참여하였다.

만한 솜씨로다." 하였다. 아전들을 매우 엄격하게 단속하고 백성을 자식처럼 보살펴서 명목(名目)에 없는 세금을 폐지하고 산적한 폐해를 제거하였다. 한번은 창유(倉庾)의 부패한 곡식을 모두 신곡(新穀)으로 바꾸었는데, 후임자가 도리어 흠축(欠縮)이 났다고 무고하여 보고하였다. 그러자 사민(士民)들이 다투어 현(縣)으로 달려가서 한목소리로 말하기를 "만일 흠축이 났다면 원컨대 사람마다 그 몸을 백번이라도 바쳐서 수량을 채우겠습니다."[35] 하였는데, 공론(公論)이 한번 전파되자 그 일이 마침내 잠잠해졌다.

무자년(1528)에 광흥창 주부(廣興倉主簿)가 되었다가 겨울에 승진하여 울진 현령(蔚珍縣令)에 제수되었는데, 3년 후에 병으로 사직하고 돌아왔다. 신묘년(1531)에 사도시 주부(司䆃寺主簿)가 되었고, 임진년(1532)에 의영고 영(義盈庫令)이 되었다.

계사년(1533)에 통천 군수(通川郡守)에 제수되었다. 당시 근처 고을에서 촌가(村家)에 도둑이 들어 그 집의 부녀자를 죽인 일이 있었는데, 감사가 노하여 두 명의 관리를 차출하여 보냈어도 체포하지 못하자 공에게 명하였다. 공이 사망자 집안의 아이를 불러 상황을 물어보니, 그 아이가 대답하기를 "밖에서 돌아와 키가 크고 발이 큰 이상한 길손을 보았는데, 한밤에 이런 일이 생겼습니다." 하였다. 공이 이 말을 듣고,

**34** 보첩(報牒) : 하급 관부에서 상급 관부로 올리는 문서로, 첩정(牒呈) 또는 보장(報狀)이라고도 한다.

**35** 만일……채우겠습니다 : 고을 백성들이 공이 처벌받는 것을 애석하게 여겨서 한 말로, 《시경》 〈진풍(秦風) 황조(黃鳥)〉에 "저 푸른 하늘이여, 우리 좋은 사람을 죽이도다. 만약 대속(代贖)할 수 있다면 사람마다 그 몸을 백번이라도 바치리라."라고 한 데서 온 말이다.

체포되어 수감된 죄수와 노비 들을 뜰에 뒤섞어 앉혀 놓고 두루두루 물어보니 아이가 "이 사람입니다."라고 지목하였다. 이에 그자를 추궁하여 자복을 받아 내고 법대로 처벌하니, 도내의 사람들이 명쾌하게 판결하였다고 칭송하였다. 비용을 절약하고 녹봉을 줄여서 모자란 재정을 보충하여 풍족하게 하였고, 별도로 해사(廨舍)를 건립하여 선여(羨餘)[36]를 비축하였으며, 떠날 적에는 빚 문서를 모두 불살라 버렸다. 관아의 기둥에 두 구절의 주련(柱聯)이 걸려 있으니 "원컨대 통천의 백성이 되어, 하루라도 편히 지낼 수 있었으면 좋겠네.〔願爲通川民, 幸得一日安.〕"라는 내용이다.

무술년(1538)에 선공감 첨정(繕工監僉正)을 거쳐 광흥창 수(廣興倉守)로 천전되었는데, 예전의 규례에 매월 거두어들이던 초가(草價)[37]를 공은 일절 수납하지 않았다. 기해년(1539)에 선공감 부정(繕工監副正)으로 승진하였는데, 당시 선공감 관원들은 누구나 장인(匠人)을 부리는 관행이 있었지만 공은 홀로 물리치고 부리지 않았다. 경자년(1540)에 장단 부사(長湍府使)에 제수되었다. 당시 열읍(列邑)에 유가(油價)가 상승하여 왕왕 입구가 넓고 바닥이 좁은 용기를 사용하여 기름의 양을 속였는데 공은 그 용기를 깨 버리도록 명하였으며, 일이 많았기 때문에 사방에서 칭송이 자자하였다. 가을에 재상(災傷)을 잘

**36** 선여(羨餘) : 《주례》〈지관사도(地官司徒)〉에 가구당 1인 이상 도역(徒役)을 시키지 못하게 한 규정을 초과했을 경우 그 초과분을 선(羨)이라고 한 데에서 유래한 말로, 국가에 세금을 바치고 남은 것을 말한다.

**37** 초가(草價) : 직전(職田)을 경작하는 농민은 여름에는 청초(靑草)를, 겨울에는 곡초(穀草)를 관청과 전주(田主)에게 바치는데, 이것을 초가미(草價米)라 하고, 초가 1속(束)은 쌀 1말로 환산하였다.

못 살폈다 하여 파직되었다. 신축년(1541)에 사온서 영(司醞署令)을 거쳐 군기시 첨정(軍器寺僉正)으로 천전되었다가, 다시 광흥창 수가 되고 군자감 부정(軍資監副正)으로 천전되었다.

계묘년(1543)에 공주 목사(公州牧使)에 결원이 생겼는데, 전조(銓曹)에서 공이 구임(久任)이라고 하여 특별히 계청(啓請)해서 제수되었다. 당시 중국 사신과 두 차례의 국휼(國恤)[38] 등 세 가지 큰일을 만나 팔도가 소란스러웠지만 유독 공주 백성들은 그 사실을 알지 못하였다. 문사(文事)에 뜻을 두어 사마회(司馬會)[39]를 개설하여 잘 구비하니, 선비들이 감격하고 분발하지 않는 이가 없었다. 흉년이 들고 도적이 발호했을 때 급하게 다스리는 정사가 참혹하였지만 공은 유독 평번(平反)에 힘써서 목숨을 구해 준 사람이 매우 많았다. 국상(國喪)을 굳게 지키다가 노질(老疾)이 위독해져서 사직하고 떠날 때에는 경내의 백성들이 모두 뛰쳐나와 더 머물러 주기를 청하였지만 만류하지 못하였고, 감사 역시 억지로 더 유임(留任)시키려 하였지만 국휼을 당하여 결국 그렇게 하지 못하였다.

병오년(1546, 명종1)에 도총부 경력(都摠府經歷)에 제수되었다. 윤대(輪對)에서 '향화(向化)가 매우 성행하여 간민(奸民)들이 이에 의탁하는 폐단'[40]을 금하기를 청하였는데, 해당 관사에서 주현(州縣)에 하

**38** 두 차례의 국휼(國恤) : 1544년 11월 15일의 중종 승하와 1545년(인종1) 7월 1일의 인종 승하를 가리킨다.

**39** 사마회(司馬會) : 사마시에 합격한 이들이 서로 동년(同年)이라고 일컬으면서 형제의 의(義)를 맺고 한자리에 모여 존장(尊長)을 모시고 연회를 함께 여는 것을 말한다.

**40** 향화(向化)가……폐단 : 향화인(向化人)과 귀화인(歸化人)에게는 조세(租稅)를 면제하는 복호(復戶)의 특전이 주어졌기 때문에 간사한 백성들이 이에 의탁하여 복호

달하여 시행하라고 명하였다. 가을에 상주 목사(尙州牧使)에 연달아 세 번째 제수되자 논박을 당했는데, 이부(吏部)에서 제수하기를 어렵게 여기니 삼공(三公)에게 의논하여 천거하게 하였다. 상(上)이 인견(引見)하였을 때 위촉하는 하교가 간곡하니, 공은 감격하여 길을 떠났다. 중도에 병이 발작하였지만 탄식하기를 "성상의 하교를 어찌 감히 저버릴 수 있겠는가." 하고, 마침내 병을 무릅쓰고 수레를 타고 부임하여 조금도 쉬지 않고 번다한 공무를 처리하였다.

정미년(1547) 2월 20일에 세상을 떠났는데, 임종(臨終) 때에도 정신이 한결같이 평소와 같았다. 집안사람들이 뒷일을 어떻게 처리할지 물었으나 대답하지 않았다. 공이 태어난 성화(成化) 을미년(1475, 성종6) 7월 2일부터 계산해 보면 향년이 73세이다. 발인(發靷)할 때는 부로(父老)들이 다투어 제구(祭具)를 갖추고 한나절 거리를 따라와 전물(奠物)을 올렸다. 을해년(1575, 선조8)에 공의 막내아들이 감사에 제수되어 참판으로 추증되었다.

공은 기개가 강대(剛大)하고 정직(正直)하였으며, 성품이 청렴하고 간소하고 겸손하고 신중하였다. 매일 새벽에 일어나 세수하고 용모를 가다듬었으며 집안을 다스릴 때는 내외를 엄격히 구분하였으니, 어린 사내종도 중문(中門)을 출입하지 못하였고 요망하고 추잡한 이야기가 입에서 나오고 귀에 들린 적이 없었다. 항상 이르기를 "사군자(士君子)가 어찌 수치스러운 일을 하고도 사람들 앞에서 얼굴을 들 수 있겠는가." 하였다. 벼슬하면서는 고관들에게 인사하러 가지 않고 파직되면

의 특전을 받는 폐단이 있었다는 말이다. 《대전회통(大典通編)》 〈호전 수세(收稅)〉에 "향화인은 3년 동안 조세를 면제한다." 하였다.

조용히 지내며 나오지 않았다. 평소 벼슬에 진출하려는 생각을 마음에 두지 않았고 스스로 "나로서는 더없이 만족스럽다.〔於良足矣〕"[41] 하였다. 구차히 얻기를 구하지 않았고 집안 살림을 경영하지 않았으며, 객(客)을 맞이할 때는 항상 풀로 엮은 거적을 깔았다. 또 번화하게 연회를 열어 즐기기를 좋아하지 않았고 스스로 자랑하는 말을 하지 않았으며 그런 기색도 띠지 않았다. 사람들과 같이 있을 때는 공손하고 예(禮)가 있어서 비록 친구나 집안의 아이라고 할지라도 또한 함께 기거(起居)하며 함부로 '너〔爾汝〕'라고 부르지 않았다. 자제들에게 경계할 때는 말을 삼가는 것을 우선으로 삼았고, 무릇 말을 하고 일을 할 때는 생각이 선(善)하면 움직였다. 정사를 살필 때는 평이함을 숭상하였고 명예를 구하기 위해 작위적인 일을 하지 않았다. 그러므로 재직 중에는 백성들이 무슨 일을 하는지 알지 못했지만, 공이 떠날 때는 울부짖고 눈물 흘리며 사랑하고 사모하여 세월이 오래 흐를수록 더욱 잊지 못하였다. 일찍이 집 곁의 빈 땅에 세 아들의 거처를 나란히 지었는데, 어떤 사람이 그 담장에다 글을 쓰기를 "하나의 골짜기에 집이 솥발처럼 지어졌으니 모두 하나의 몸에서 나누어진 사이일세.[42] 우애가 천성을 온전히 하였으니 집에서 기르는 개까지 감복하였다네." 하였으니, 이 얼마나 아름다운 일인가.

**41** 나로서는 더없이 만족스럽다 : 세상의 권세에 더 이상 미련을 두지 않고 스스로 만족하면서 유유자적한 삶을 즐긴다는 의미이다. 한(漢)나라 창업의 삼걸(三傑) 중 한 사람인 장량(張良)이 고조(高祖)를 도와 천하를 통일하고 유후(留侯)에 봉해지고 나서 한 말이다. 《史記 留侯世家》

**42** 모두……사이일세 : 자식은 모두 어버이의 한몸에서 나누어진 동기간이라는 말이다.

부인은 해주 오씨(海州吳氏)이니, 전생서 봉사(典牲署奉事) 오치정(吳致精)의 딸이고 혜산 첨사(惠山僉使) 증 한성부 우윤(漢城府右尹) 오영종(吳令從)의 손녀이다. 성품이 유순하고 온화하여 군자(君子)를 섬김에 부덕(婦德)에 어긋나는 점이 없었고, 첩과 함께 거처함에 노여워하는 기색이 없었다. 여러 아들과 서자를 똑같이 사랑하고 형제와 친척과 비복(婢僕)에 대해서는 각각 자신의 분수를 다하였다. 성화(成化) 경자년(1480, 성종11) 1월 11일에 태어나 가정(嘉靖) 임인년(1542, 중종37) 8월 25일에 세상을 떠났다. 10월 26일에 양주(楊州) 치소(治所)의 북쪽 천천리(泉川里) 간향(艮向) 언덕에 장사 지냈는데, 이해[43] 12월이 되어 공의 상(喪)을 부인의 무덤 왼쪽에 합장하였다.

딸 하나와 아들 셋을 두었다.

사위 송인수(宋麟壽) 공은 대사헌이니, 학자들이 규암(圭菴) 선생이라 불렀다. 아들 송응경(宋應慶)을 낳았는데, 행 부사(行府使) 이진(李震)의 딸에게 장가들어 딸 둘을 낳았으니, 사인(士人) 김문일(金文一)과 헌납(獻納) 이정형(李廷馨)에게 시집갔다. 딸은 유학(幼學) 권이(權頤)에게 시집가서 아들 권화(權和)를 낳았으니 벼슬은 사복시 판관(司僕寺判官)이다.

장남 덕유(德裕)는 생원시에 합격하여 종묘서 영(宗廟署令)이 되었는데, 우찬성(右贊成) 창녕군(昌寧君) 조계상(曺繼商)의 딸에게 장가들어 아들 극인(克仁)을 낳았다. 극인은 통례(通禮) 한원(韓垣)의 딸에게 장가들어 아들 성기(成己)를 낳았으니 벼슬은 참봉이다. 둘째 극의(克義)는 문과에 급제하여 호조 좌랑이 되었는데, 부사(府使) 민

**43** 이해 : 공이 세상을 떠난 정미년(1547, 명종2)을 말한다.

원종(閔元宗)의 딸에게 장가들었으나 요절하였다. 셋째 극례(克禮)는 문과에 급제하여 지금 충청 감사가 되었는데, 참의(參議) 서고(徐固)의 딸에게 장가들어 3남 1녀를 낳았으니, 아들은 수기(守己), 정기(正己), 득기(得己)이고 딸은 유학 성윤(成尹)에게 시집갔다. 넷째 극지(克智)는 문과에 급제하여 지금 홍문관 교리(弘文館校理)가 되었는데, 병사(兵使) 이이수(李頤壽)의 딸에게 장가들어 딸 둘을 낳았는데 아직 어리다. 다섯째 극관(克寬)은 진사 윤천석(尹天錫)의 딸에게 장가들어 1남 2녀를 낳았는데 아직 어리다. 그다음 딸은 진사 윤탕경(尹湯卿)에게 시집갔다.

차남 덕수(德秀)는 생원시에 합격하여 참봉이 되었는데, 현감 송세평(宋世平)의 딸에게 장가들었다.

삼남 덕여(德輿)는 생원시에 합격하고 문과에 급제하여 지금 호조 참의가 되었는데, 대사헌 송인수와 지향하는 바가 같았으므로 칭망(稱望)이 있다. 전부인인 현감 이준(李浚)의 딸에게 장가들어 딸 둘을 낳았으니, 사인(士人) 심원명(沈源溟)과 종실(宗室) 함녕군(咸寧君)에게 시집갔다. 후부인인 경력(經歷) 신광국(申匡國)의 딸에게 장가들었다. 아들 극중(克中)은 판관(判官) 남관(南琯)의 딸에게 장가들어 1남 1녀를 낳았는데 아직 어리다. 딸은 사인 이정직(李廷直)에게 시집가서 아들 하나를 낳았다.

측실의 자녀는 다음과 같다.

장남 덕림(德林)은 군수(郡守) 윤근(尹謹)의 손녀에게 장가들어 딸 하나를 낳았다. 차남 덕연(德淵)은 전의감 참봉(典醫監參奉)이니, 부장(部將) 김모(金瑁)의 딸에게 장가들어 4남 1녀를 낳았다. 다음은 딸이니, 만호(萬戶) 심안주(沈安舟)의 첩이 되어 딸 둘을 낳았다.

아, 이른바 “가학(家學)의 은택이 유구한 세월 동안 다하지 않았다.”라는 말과 “청렴함과 깨끗함으로 가풍을 전하고 충성과 효도를 마음으로 삼았다.”라는 말을 어찌 믿지 않을 수 있겠는가. 공의 삼남인 참의공(參議公) 덕여가 함께 종유(從遊)하는 사이인 나에게 말하기를 “그대가 묘갈명을 지어 주시기 바랍니다.” 하여, 이에 감히 사양하지 못하였다. 명(銘)은 다음과 같다.

신라에서 나누어지고 고려에서 드러났다가[44] 羅分麗顯
조선에 이르러 더욱 천양되었으니 逮鮮愈闡
경사가 쌓여 넘쳐흐르고 慶積以衍
신령하고 빼어난 기운 모였기 때문일세 神秀是鍾
반착의 어려운 일 잘 다스렸으니 盤錯其攻
여섯 고을에서 그 치적을 보고하였고[45] 六城告庸
덕스러운 배필은 정숙한 분이었으니 德配幽貞
옥처럼 난초처럼 훌륭한 자손을 두었네 玉潤蘭榮
두 손자[46]가 명성이 나란하여 二孫齊名

**44** 신라에서……드러났다가 : 안동 권씨가 본래 신라의 종성(宗姓)에서 분파된 점과 11대손 권부의 넷째 아들 권재(權載)가 충선왕에게 입양되어 왕후(王煦)라는 성명을 하사받고 계림대군에 봉해진 것을 말한다.

**45** 여섯……보고하였고 : 권박은 1523년(중종18) 태인 현감(泰仁縣監)에, 1528년 울진 현령(蔚珍縣令)에, 1533년 통천 군수(通川郡守)에, 1540년 장단 부사(長湍府使)에, 1543년 공주 목사(公州牧使)에, 1546년(명종1) 상주 목사(尙州牧使)에 제수되어 치적(治績)이 있었다.

**46** 두 손자 : 권덕유의 둘째 아들 권극의(權克義)는 문과에 급제하여 호조 좌랑이

| | |
|---|---|
| 한 시대의 의표(儀表)가 되었으니 | 乃儀于時 |
| 시로 그 찬란한 영광 드러내어 | 載光于詩 |
| 후세에 영원히 드리우노라 | 以永于垂 |

되었지만 요절하였고, 셋째 아들 권극례(權克禮)는 문과에 급제하여 충청 감사가 되었으며, 넷째 아들 권극지(權克智)는 문과에 급제하여 홍문관 교리가 되었으니, 권극례와 권극지를 가리키는 말로 보인다.

# 유명 조선국 가선대부 사헌부대사헌 겸 동지경연성균관사 증 대광보국숭록대부 의정부영의정 겸 영경연홍문관예문관춘추관관상감사 문정공 정암 조 선생[47] 신도비명 병서

有明朝鮮國嘉善大夫司憲府大司憲兼同知經筵成均館事贈大匡輔國崇祿大夫議政府領議政兼領經筵弘文館藝文館春秋館觀象監事文正公靜菴趙先生神道碑銘 幷序

융경(隆慶) 무진년(1568) 금상(今上 선조) 1년에 정암(靜菴) 선생을 영의정에 추증하고 이듬해 '도덕박문(道德博聞)'과 '이정복지(以正服之)'의 뜻[48]으로 역명(易名)[49]하여 '문정(文正)'이라 하였는데, 그렇게 하고 나서 그 언행을 기록하고 서원(書院)과 사우(祠宇)를 건립하게 해 달라는 청을 들어주라고 다시 명하였다. 이는 대개 천심(天心)을 드러내고 사람이 지켜야 할 도리를 보존하여 찬란하게 사람들의 이목에 비치도록 한 것이니, 이에 한 나라의 선비들이 안정되었다.

그 후 11년 만에 사대부와 선비 들이 모두 그 묘도(墓道)에 비석이

**47** 정암(靜菴) 조 선생(趙先生) : 조광조(趙光祖)를 말한다. 정암은 그의 호이다.

**48** 도덕박문(道德博聞)과 이정복지(以正服之)의 뜻 : 문정이라는 시호를 말한다. 시법(諡法)에 "도덕이 높고 견문이 넓은 것을 문(文)이라 한다." 하고 "올바른 도리로 사람을 복종시키는 것을 정(正)이라 한다." 하였다. 조선 시대의 시법에서 사용하는 글자는 모두 301자로 그 범위 내에서 시호를 고르게 되어 있었다. 세종(世宗) 때《사기(史記)》의 시법에 실려 있는 194자에다《의례(儀禮)》,《경전통해속(經傳通解續)》및《문헌통고(文獻通考)》등 여러 서적을 참조하여 107자를 추가해서 시호로 사용할 수 있게 정하였다.《世宗實錄 20年 6月 17日》

**49** 역명(易名) : 죽은 뒤에 이름을 바꾼다는 말로, 시호를 내린다는 의미이다.

없는 것을 안타까워하여 함께 찾아와서 나에게 비명(碑銘)을 부탁하였다. 이는 실로 효릉(孝陵 인종(仁宗))께서 "제생(諸生)의 바른 학문은 선왕(先王)께서 가르치신 은택에 근본한다."라고 칭상(稱賞)하신 뜻이니, 누가 이 일이 참으로 옳다고 하지 않겠는가. 나 같은 후생 말학은 식견이 얕고 글 솜씨가 부족하여 선생의 훌륭한 인품과 밝은 학문을 제대로 표현해 낼 수 없지만, 무릇 서너 차례 왕래하는 동안 마침내 사양할 수 없었다.

삼가 살피건대 조씨(趙氏)의 본관은 한양(漢陽)이다. 휘(諱) 지수(之壽)는 고려 때 첨의중서사(僉議中書事)가 되었는데, 이분이 휘 휘(暉)를 낳았으니 쌍성 총관(雙城摠管)이다. 총관이 휘 양기(良琪)를 낳았으니 쌍성 총관을 습직(襲職)하였다. 13세에 김방경(金方慶)의 부장(副將)이 되어 원(元)나라 장수를 따라 일본 토벌에 공을 세웠는데, 황제가 조서(詔書)를 내려 금포(錦袍)와 옥대(玉帶)를 하사하였다. 아들은 용성부원군(龍城府院君) 휘 돈(暾)이고, 손자는 좌정승(左政丞) 한산백(漢山伯) 용원부원군(龍源府院君) 양렬공(襄烈公) 휘 인벽(仁璧)이니 힘을 다해 등주(登洲)의 12개 성(城)을 회복하고 또 서쪽 변방의 침탈(侵奪)당한 강토를 수복하였다. 1대(代)가 지나 인벽의 아들 휘 온(溫)은 본조(本朝)의 개국 공신(開國功臣), 정사 공신(定社功臣), 좌명 공신(佐命功臣)에 책록(策錄)되어 한천부원군(漢川府院君)에 봉해졌으니 시호는 양절(良節)이다. 휘 육(育)은 의영고 사(義盈庫使)를 역임하고 이조 참판에 추증되었다. 휘 충손(衷孫)은 성균관 사예(成均館司藝)를 역임하고 예조 판서에 추증되었다. 휘 원강(元綱)에 이르러 사헌부 감찰을 역임하고 이조 참판에 추증되었는데, 여흥 민씨(驪興閔氏) 현감 민의(閔誼)의 가문에 장가들어 성화(成化) 임인년

(1482, 성종13) 8월 10일 선생을 낳았다.

선생은 침착하고 청수(淸秀)하며 단정하고 고결하여 아이들과 장난하며 놀 때나 일상의 행동거지가 성인(成人)의 위의(威儀) 법도(法度)와 같았으니, 다른 사람의 어긋난 행동을 볼 때면 문득 넌지시 타일러서 그치게 하였다. 장성해서는 스스로 독서할 줄 알았고 강개(慷慨)하여 큰 뜻이 있었으니, 부모에게 효도하고 형제간에 우애하고 아랫사람을 사랑하고 친구 간에 믿음이 있는 것이 모두 천성에서 비롯되었다.

홍치(弘治) 을묘년(1495, 연산군1) 겨울에 부친 참판공이 어천 찰방(魚川察訪)이 되고 무오년(1498) 가을에 한훤(寒暄) 선생(김굉필(金宏弼))이 희천(熙川)으로 귀양 갔는데,[50] 선생은 이미 추정(趨庭)하고 나서 마침내 한훤 선생에게 가서 종유(從遊)하여 학문을 하는 대방(大方)에 대해 들을 수 있었다. 한참 뒤 돌아올 때 한훤 선생이 멀리까지 바라보며 전송하면서 이르기를 "오도(吾道)가 동쪽으로 옮겨 왔도다." 하였는데, 이때부터 독실하게 믿고 민첩하게 탐구하여 세속의 습기(習氣)를 씻은 듯이 탈피하였다.

경신년(1500) 여름에 부친상을 당하여 선영(先塋) 아래에 여막(廬幕)을 짓고 거처하였는데, 다닐 때는 반드시 선영을 돌아보았고 앉을 때는 반드시 무덤을 마주하였다. 당시 문공(文公 주자(朱子))의 《가례(家禮)》[51]가 유행하지 않았지만 선생은 홀로 한결같이 이 책을 준용(遵用)

**50** 무오년……갔는데 : 김굉필은 1498년 무오사화가 일어나자 김종직의 문도로서 붕당을 만들었다는 죄목으로 장(杖) 80대와 원방부처(遠方付處)의 형을 받고 평안도 희천에 유배되었다.

**51** 문공(文公)의 가례(家禮) : 송(宋)나라 주희(朱熹)가 지은 《가례》를 말한다. 〈통례〉, 〈관례〉, 〈혼례〉, 〈상례〉, 〈제례〉 5권에 〈부록〉 1권으로 구성되어 있는데, 주희의

하였고, 복제(服制)가 끝났을 때는 그 곁에 띳집 몇 칸을 지어 영원히 효심을 지니는 장소로 삼았다. 대부인(大夫人)을 섬기며 여력이 있으면 학문을 해서 잠시라도 곁을 떠난 적이 없었다. 그러나 자못 비방하고 저해하는 자가 있어서 선생을 지목하여 "미친 자이다." 혹은 "화근이 된다."라고까지 하였으므로 벗들이 모두 선생과 교유하지 않았지만, 조금도 동요되지 않았다. 병인년(1506, 중종1)에 비로소 그 도(道)를 창도(唱導)하여 사류(士類)들을 도야(陶冶)하여 성취하게 하였는데, 방 안에 도서(圖書)를 가득 쌓아 두고 읽을 뿐 과거 공부에 대해서는 애초에 마음을 쓰지 않았다.

정덕(正德) 경오년(1510) 봄 사마시에 응시했는데, 고시관(考試官)이 선생의 답안을 보고 놀라 감탄하며 장원으로 정하였다. 여름에 천마산(天磨山)과 성거산(聖居山)에 올랐는데, 마음에 드는 곳을 만나면 천천히 거닐며 시를 읊어서 호젓이 속진을 벗어난 뜻이 있었다. 간혹 사찰에 머물 때는 오롯이 앉아 있는 모습이 마치 소상(塑像) 같았는데, 각고의 노력으로 공부하고 담박한 음식을 먹으며 승려와 함께 지냈고 반드시 자시(子時)가 되어야 잠자리에 들었다.

신미년(1511) 겨울에 모친상을 당하였다. 을해년(1515) 봄에 지평(砥平)의 용문사(龍門寺)에 머물며 독서하였다. 그해 여름에 성균관의 천거로 특별히 조지서 사지(造紙署司紙)에 제수되자, 탄식하기를 "지금의 시대는 옛날의 시대가 아니다. 차라리 과거(科擧)를 통해 도(道)

시호인 문공을 따서 《문공가례》라 하기도 하고 《주자가례(朱子家禮)》라고도 한다. 이 책은 문자 그대로 관료와 서민의 가정적 규범에 관계된 예(禮)의 실천적 세칙을 정하였는데, 원(元)·명(明) 시대는 물론, 우리나라에서도 많이 준용하였다.

를 행할지언정, 헛된 명예가 드러나는 것을 나는 부끄럽게 여긴다." 하였다.

8월에 상이 성균관에 거둥하여 알성(謁聖)하고 책문(策文)으로 선비를 시취(試取)할 때[52] 제2명(第二名)으로 급제하여 성균관 전적(成均館典籍)에 제수되고, 사헌부 감찰(司憲府監察)로 천전되었다가 11월에 사간원 정언(司諫院正言)에 발탁되었다. 이해 봄에 장경왕후(章敬王后)[53]가 승하하시고 가을에 담양 부사(潭陽府使) 박상(朴祥)과 순창 군수(淳昌郡守) 김정(金淨)이 함께 상소하여 신씨(愼氏)[54]의 복위를 청하니, 대간(臺諫)이 국문(鞫問)하기를 청하여 이치로 볼 때 귀신형(鬼薪刑)[55]에 처해야 한다는 논의가 있기까지 하였다. 이때에 이르러

**52** 상이……때 : 알성시(謁聖試)를 말한다. 알성이란 임금이 성균관 문묘의 공자 신위(神位)에 참배하는 것을 말한다.

**53** 장경왕후(章敬王后) : 중종(中宗)의 계비이자 인종의 어머니이다. 성은 윤씨(尹氏)로 본관은 파평(坡平)이고, 파원부원군(坡原府院君) 윤여필(尹汝弼)의 딸이다. 1506년(중종1)에 숙의(淑儀)에 봉해졌고, 단경왕후(端敬王后) 신씨(愼氏)가 폐위되자 이듬해 왕비로 책봉되었다. 1515년 25세로 승하하였다. 초상 때 '숙신명혜(淑愼明惠)'라는 휘호를 올렸고, 1547년(명종2) 종묘에 부묘하면서 '선소의숙(宣昭懿淑)'이라는 휘호를 가상하였다. 《燃藜室記述 卷7 中宗》

**54** 신씨(愼氏) : 중종의 첫 번째 비인 단경왕후 신씨로, 본관은 거창(居昌)이며, 연산군 때 좌의정을 지낸 신수근(愼守勤)의 딸이다. 1499년(연산군5)에 성종의 둘째 아들 진성대군(晉城大君)과 혼인하여 부부인(府夫人)에 봉해졌으며, 1506년 진성대군이 중종으로 추대됨에 따라 왕후에 올랐다. 일찍이 신수근이 연산군의 처남으로서 반정에 반대하다가 죽임을 당하였는데 신수근을 죽인 박원종(朴元宗), 성희안(成希顔) 등 반정 공신들이 신씨가 왕후에 오르자 불안을 느끼고는 압력을 가하여 7일 만에 폐위되도록 만들었다. 이후 여러 차례 복위 논의가 있었으나 받아들여지지 않다가 1739년(영조15)에야 복위되었다.

선생이 먼저 나서서 이르기를 "대간의 직분은 언로(言路)를 주관하는 것인데 먼저 스스로 언로를 막아 끊는 것은 용납할 수 없습니다."라고 하면서 대간을 파직할 것을 청하였는데, 임금이 대간을 체직하라고 명하였다. 얼마 뒤에 선생 역시 체직되어 전적(典籍)이 되었다.

병자년(1516) 봄에 호조 좌랑, 예조 좌랑, 공조 좌랑을 역임하고 얼마 후 선발되어 홍문관 부수찬(弘文館副修撰)이 되었다. 입대(入對)했을 때 아뢰기를 "이윤(伊尹)이 말하기를 '한 사람의 가장이라도 살 곳을 얻지 못하면 시장에서 종아리를 맞는 것처럼 마음이 부끄러울 것이다.' 하였습니다.[56] 임금과 신하는 백성을 위하여 설치한 자리입니다. 진실로 이런 의리를 알아서 낮이나 밤이나 백성을 마음으로 삼으신다면, 치국평천하(治國平天下)는 기약할 수 있을 것입니다." 하였다. 또 아뢰기를 "하늘의 노여움에는 두 가지가 있으니, 재앙을 만들고도 깨닫지 못하면 반드시 재해(災害)를 보이며 꾸짖어 알려 주고, 형세를 타고도 진보하지 못하면 또한 재해를 보이며 경계하여 살피고 더욱 면려하게 합니다. 오직 천명은 일정하지 않으니, 매우 두려워할 만합니다." 하였다.

정축년(1517) 봄에 사가독서하고 교리(校理)로 승진하였다. 당시

**55** 귀신형(鬼薪刑) : 관부의 잡역에 동원되는 도형(徒刑)이다. 원래는 진한(秦漢) 시대에 시행하던 형벌로, 죄인의 가족 중 남자를 동원하여 3년 동안 종묘(宗廟)의 땔나무를 공급하게 한 데서 생긴 이름이다. 《史記 秦始皇紀》

**56** 이윤(伊尹)이……하였습니다 : 은(殷)나라 탕왕(湯王)의 재상인 이윤이 "내가 그 군주를 요순처럼 만들지 못하면 시장에서 종아리를 맞는 것처럼 마음이 부끄러울 것이요, 한 사람의 가장이라도 살 곳을 얻지 못하면 이것은 또한 나의 죄라고 할 것이다."라고 하였는데, 이 말을 변용한 것이다. 《書經 說命下》

아뢰기를 "풍속이 그럭저럭 세월만 보내기를 좋아하고 사람들은 여기에 오염되는 것을 편안히 여기니, 마땅히 때에 따라 잘 헤아리시어 고칠 수 있는 것은 반드시 고치도록 하소서. 그리하여 서로 간에 보아서 느끼고 넉넉히 완미하여 인도하게 해야 할 것입니다." 하였다. 가을에 응교(應敎)로 승진하고 전한(典翰)으로 승진하니, 면직(免職)을 청하기를 "소신(小臣)은 학문에 뜻을 두고도 아직 성취하지 못하고 있으니, 부디 벽지(僻地)의 고을에 5, 6년간 조용(調用)해서 겸하여 학문에 힘쓸 수 있도록 해 주시기 바랍니다. 그렇게 한 뒤에 다행히 다시 거두어 등용해 주신다면 바야흐로 두 가지가 다 온전해질 수 있을 것입니다." 하였는데, 윤허하지 않았다. 겨울에 직제학(直提學)으로 승진하였다.

무인년(1518) 봄에 부제학(副題學)으로 승진하였다. 당시 말을 타다가 낙상하여 이문(移文)으로 보고하자 문병하는 어의(御醫)가 끊임없이 왕래하였다.[57] 이 무렵 선생이 아뢰기를 "김종직(金宗直)은 유자(儒者)입니다. 비록 그 당시에 대유(大儒)로서 크게 베풀지는 못했지만 후에 풍도(風度)를 듣고 흥기(興起)한 사람이 많았으니, 이것은 그의 공(功)입니다. 선(善)한 사람이 국가의 원기(元氣)가 되어야 하는데, 이승건(李承健)[58]이 화(禍)를 조작하면서부터 날로 원기가 소진

**57** 말을……왕래하였다 : 1519년(중종14) 3월 15일 승정원에 전교를 내리기를 "듣건대 조광조가 말에서 떨어져 입을 다쳤다는데, 이 사람은 시종(侍從)의 직임에 있었으며 또 재상(宰相)이었다. 의원(醫員)을 보내어 병을 위문하고 약이(藥餌)를 내리도록 하라." 하였다. 《中宗實錄 14年 3月 15日》

**58** 이승건(李承健) : 1452~1502. 본관은 우봉(牛峯), 자는 자강(自强)이다. 1474년(성종5) 생원시에 합격하고 1480년 문과에 급제한 후 승문원 권지, 주서 등을 지냈다.

되어 지금은 이른 봄의 연약한 풀이 적은 서리에도 시드는 것처럼 그 기운이 미약해지고 말았습니다. 어찌 열 가지 선한 점은 버려두고 한 가지 과실을 제기할 수 있겠습니까. 종사(宗社)의 안위는 모두 이로부터 시작되는 것입니다." 하였다.

여름에 천전되어 승정원 동부승지(承政院同副承旨)가 되었다. 당시 아뢰기를 "배우는 자가 한가로이 거처하면 공부하기가 또한 어렵고, 잠깐 나와서 벼슬하면 일에 임하여 어긋나는 점이 많은 법입니다. 더구나 인주(人主)는 구중궁궐 안에서 복잡다단한 정사를 처리하므로 마음이 흔들리고 뜻을 빼앗기기가 쉬우니, 이것이 바로 두려워하고 조심해야 할 점입니다." 하였다. 그러자 조정의 의론에서 "논사(論思)[59]하여 임금을 보좌하고 덕의(德義)를 증진하는 직임은 이 사람이 아니면 안 된다." 하였는데, 며칠이 지나지 않아 다시 전직(前職)인 홍문관 부제학에 제수되었다. 당시 대과(大科)[60]를 설치하고자 할 때, 선생이 아뢰기를 "주상께서 치세(治世)에 뜻을 두고 있는데도 효과가 드러나지 않는 것은 인재를 얻지 못했기 때문입니다. 진실로 이 제도를 시행하신다면 인재를 얻지 못할까 봐 근심하지 않아도 될 것입니다." 하였는데, 뒤에 과연 선비를 제대로 얻었다고 칭송하였다.

가을에 삼사(三司)가 여러 달 동안 소격서(昭格署)[61]를 혁파할 것을

이후 중시 문과에 갑과로 급제하여 사가독서(賜暇讀書)한 뒤 요직을 두루 역임하였다.

**59** 논사(論思) : 국가의 정사에 대해 의논하고 생각한다는 의미로, 임금이 근신(近臣)들과 함께 경연(經筵)에서 학문을 토론하는 것을 가리킨다.

**60** 대과(大科) : 1518년(중종13)에 조광조 등이 주청하여 1519년에 실시된 현량과(賢良科)를 말한다.

**61** 소격서(昭格署) : 하늘 · 땅 · 별에 지내는 도교의 초제를 맡아보는 관아로, 소격사

청하였는데, 선생이 직접 상소하였다. 그 대략에 "도교(道敎)를 신봉(信奉)하는 것이 비록 여염(閭閻)의 백성들 사이에 성행하더라도 임금된 사람은 진실로 예(禮)를 밝히고 의리를 보여서 바른 방향으로 나아가게 해야 합니다. 그런데 도리어 관사(官司)를 설치하고 초제(醮祭)[62]를 계승하여 마치 당연히 제향(祭享)해야 하는 신(神)처럼 공경하면서 유음(幽陰) 간에 빈번하게 축수(祝壽)하고 기도하여 음귀(陰鬼)가 간악한 조화를 빚어내게 하고 있으니, 이는 곧 임금의 계책에 법령(法令)이 없는 것입니다. 하민(下民)들이 무엇을 본받겠습니까. 어찌 과감한 결단을 아껴서 여러 사람이 의혹스럽고 답답한 마음을 갖게 하십니까." 하였다. 이어 동료들에게 말하기를 "오늘 청하지 못하면 물러나지 않겠다." 하였는데, 날이 저물었을 때 대간(臺諫)들은 모두 물러났지만 옥당(玉堂)에서 굳게 쟁집(爭執)하여 마침내 윤허를 받았다.

또 회령(會寧)의 번호(藩胡)인 속고내(速古乃)가 깊은 산중의 야인들과 몰래 결탁하여 갑산부(甲山府) 경계를 노략질한 일 때문에 방어사(防禦使)를 파견하여 가만히 틈을 엿보다가 수괴(首魁)를 사로잡을 것을 의논하였는데, 상께서 임헌(臨軒)[63]하시고 장상(將相)들이 주위

(昭格司)라고도 하였다. 조선 태조 대에 설치하고 1518년 조광조의 상소에 의해 폐지되었다가 1519년에 다시 설치했으나, 임진왜란 이후 다시 폐지되었다.

**62** 초제(醮祭) : 삼청성신(三淸星辰)에게 지내는 제사를 말한다. 도교의 모든 신을 구상화(具象化)하여 삼청전(三淸殿)과 태일전(太一殿)에 모시고 소격서에서 그 제사를 주관하였다.

**63** 임헌(臨軒) : 임금이 정전(正殿)에 앉아 있지 않고 친히 전각 앞의 섬돌 위로 나와서 신하를 대하는 것을 말한다. 전각의 앞 당(堂)과 섬돌 사이에 있는 난간이 마치 수레와 같기 때문에 이렇게 일컬은 것이다.

에 시립(侍立)하였다. 선생이 밖에서 도착하여 아뢰기를 "오랑캐를 막아 백성을 안정시키는 일은 은혜와 위엄을 펴는 것이 중요합니다. 옛날 만포 첨사(滿浦僉使) 허혼(許混)이 사냥하는 오랑캐를 습격하여 사로잡았을 때 성종(成宗)께서 특별히 허혼을 주벌한 일[64]이 있었습니다. 그런데 지금 미약한 오랑캐 무리에게 격분해서 대장에게 도적의 꾀를 행하라고 명하여 국가의 체모(體貌)를 크게 손상하려 하시니, 신은 실로 부끄럽게 생각합니다." 하니, 상께서 급히 명을 내려 다시 의논하게 하였다. 그러자 좌우의 사람들이 다투어 말하기를 "병가(兵家)에는 기법(奇法)과 정법(正法)이 있으니,[65] 혹자의 말 때문에 다 이루어진 계획을 그만둘 수는 없습니다." 하였다. 그러나 상께서는 중의(衆議)를 물리치고 방어사의 파견을 중지하게 하였다.

이달에 특별히 작질(爵秩)이 오르고 얼마 후 동지성균관사(同知成均館事)를 겸임하게 되었는데, 삼가 힘껏 사양하였으나 주상의 은총이 더욱 융숭하였다. 겨울에 상께서 불시에 경연(經筵)을 베풀어 조사(操舍)와 성광(聖狂)[66]에 대해 말씀하시니, 선생이 대답하기를 "마음이

**64** 옛날……일 : 만포 절제사(滿浦節制使) 허혼이 군인(軍人) 차유(車宥) 등으로 하여금 서쪽 변경에서 사냥하던 올량합(兀良哈) 6인을 잡아 죽이게 하였는데, 오랑캐가 침입할 수 있는 단서를 열었다는 이유로 허혼을 처형하였다. 《成宗實錄 21年 12月 8日, 22年 5月 14日 · 7月 12日》

**65** 병가(兵家)에는……있으니 : 기법과 정법은 고대 병법의 작전(作戰) 방식으로, 매복하여 적군을 엄습(掩襲)하는 등의 일을 기법이라 하고, 서로 간에 진(陣)을 치고 싸우는 것을 정법이라 한다.

**66** 조사(操舍)와 성광(聖狂) : 조사는 선심(善心)을 보존함과 놓아 버림을 말한 것으로, 놓는다는 것은 곧 외물(外物)에 유혹되어 선심을 잃게 되는 것을 말한다. '성(聖)'은 사리(事理)를 밝게 통한 것을, '광(狂)'은 사리를 모르고 함부로 하는 것을 말한다.

감응하면 일이 주재(主宰)가 되니, 어지럽지 않을 듯합니다. 보통 사람은 외물을 접하지 않았을 때 더욱 어지러움을 느낍니다. 따라서 잡으면 보존된다는 말은 한곳에 마음을 붙인다는 말이 아니니, 또한 반드시 늘 선(善)한 생각을 보존할 필요는 없습니다. 단지 정제(整齊)[67]하고 허일(虛一)[68]하게 해서 항상 또렷하게 깨어 있게 해야 한다는 의미일 뿐입니다." 하였다.

하루는 상께서 선생에게 경계가 되는 글을 제술(製述)하라고 명하시어 〈계심잠(戒心箴)〉[69]을 지어 바쳤는데, 그 서문에 이르기를 "군주의 마음은 하늘의 큰 도(道)를 체득(體得)해야 하니, 만물의 이치와 천지

《서경》〈다방(多方)〉에 "성인이라도 생각하지 않으면 미친 사람이 되고, 미친 사람이라도 생각하기만 하면 성인이 될 수 있다."라고 한 데서 온 말이다.

**67** 정제(整齊) : 몸가짐을 단정하고 엄숙히 한다는 의미의 정제엄숙(整齊嚴肅)을 말한다. 이천(伊川) 정이(程頤)가 유가의 수양법인 경(敬)에 대해 설명하면서 '정제엄숙'과 등을 강조하여 "정제하고 엄숙하면 마음이 절로 한결같아지니, 한결같아지면 그르거나 나쁜 생각이 범하지 않을 것이다."라고 한 데서 온 말이다. 《近思錄 存養》《心經附註 卷1 敬以直內章》

**68** 허일(虛一) : 마음을 텅 비워 전일하게 함을 말한다. 순자(荀子)가 "마음을 텅 비워 전일하게 하여 고요해지는 것을 청명이라 한다. 마음은 형체의 군주이고 신명의 주인인지라, 명령을 내기만 하고 받는 데는 없는 것이다.〔虛一而靜, 謂之淸明. 心者, 形之君也, 而神之主也, 出令而無所受令.〕"라고 한 데서 온 말이다. 《心經附註 卷3 鈞是人也章》

**69** 계심잠(戒心箴) : 1516년(중종11) 겨울 중종이 홍문관에 명하여 지어 올리게 하고 좌찬성 김전(金詮)과 판서 남곤에게 고과(考課)하게 하였는데, 당시 수찬으로 있던 조광조가 장원을 차지하니 털요 한 채를 하사하였다. 당시 조광조는 35세로 벼슬에 나아간 지 2년째 되던 때였다. 《中宗實錄 11年 11月 29日》《정암집》 권2에 수록되어 있다. 이 글에서 조광조가 〈계심잠〉을 지은 일이 무인년(1518) 조에 수록되어 있는 것은 소재의 착각인 듯하다.

의 기운이 모두 내 마음이 운용하는 가운데 포함되어 있습니다. 하루의 기후와 한 물건의 성질이라도 내 마음의 법도에 순응하지 않아서 저촉되거나 왜곡되게 할 수 있겠습니까. 그러나 사람의 마음에 욕심이 있으면 마음의 영묘(靈妙)한 작용이 침체되고 사사로운 감정에 구속되어 흘러 통하지 못하게 되니, 천리(天理)가 어두워짐에 기(氣) 또한 막히고 침체되어 떳떳한 윤리가 무너지고 만물이 제대로 성장하지 못하게 됩니다. 더구나 군주는 성색취미(聲色臭味)[70]의 유혹이 날로 앞에 모여들고 위세가 높고 높아서 또한 교만해지기 쉬우니, 더 말할 것이 있겠습니까." 하였다.

사헌부대사헌 겸 동지경연사로 천전되었는데, 성균관의 겸임을 사직할 것을 청하니, 윤허하였다. 다시 원자보양관(元子保養官)에 충원되자 사직하기를 "보양하는 직임은 모름지기 노성(老成)하고 후덕한 이에게 구해야 하니, 신은 결코 이 이름을 감당할 수 없습니다." 하였는데, 윤허하지 않았다.

기묘년(1519, 중종14) 봄에 김우증(金友曾)이 사림을 무함하고 비난하다가 발각되어 정신(廷訊)[71]을 거행하였는데, 양사(兩司)에서 선

**70** 성색취미(聲色臭味) : 소리, 빛깔, 냄새, 맛 등 사람의 감각기관인 귀, 눈, 코, 입의 기운에서 생겨나는 욕구를 말한다. 《심경부주(心經附註)》에 "하나의 생각이 어디에서 일어나는가를 살펴 그것이 성색취미를 위해 일어난 것임을 알면 있는 힘을 다 들여 다스려 자라나지 않도록 해야 한다."라고 하여, 인의예지(仁義禮智)의 도심(道心)을 확충하기 위해서는 참고 극복해야 할 대상으로 보았다.

**71** 정신(廷訊) : 정국(庭鞫)과 같은 말로, 역모(逆謀) 사건이나 강상(綱常)과 관련된 중대 사안이 발생했을 때 궐 안에 국청(鞫廳)을 설치하여 임금의 위임을 받은 대신(大臣)이 죄인을 신문하는 것을 말한다.

생이 끝까지 힐문(詰問)하려 하지 않았다는 이유로 논박하여 동지중추부사(同知中樞府事)로 체차되었다가 얼마 안 되어 다시 부제학이 되었다. 여름에 동지성균관사를 겸임하다가 의정부의 계사(啓事)로 인하여 다시 대사헌이 되었다.

10월에 양사가 정국 공신(靖國功臣)[72]에 자격 없이 녹훈(錄勳)된 자들을 공신록에서 삭제해야 한다고 청하였는데, 선생이 또한 극론(極論)하기를 "성희안(成希顔)이 유자광(柳子光)에게 위임하였기 때문에 극형의 죄에 해당하는 자들이 상등(上等)에 녹훈된 경우가 많습니다. 이익의 근원이 한번 열리면 국가의 고질이 되어 이익만을 추구하고 의리는 안중에 두지 않을 것이니, 그렇게 되면 반드시 차마 말할 수 없는 일이 발생할 것입니다." 하였는데, 11월 11일에 윤허를 받았다. 이어 공훈으로 인해 함부로 가자(加資)한 품계를 박탈해야 한다고 청하였으나, 받아들여지지 않았다.

15일에 군신(群臣)이 녹권(錄券)을 가지고 탑전(榻前)에 이르러 개정(改正)하였다. 이날 밤 2경(更)에 심정(沈貞), 남곤(南袞), 홍경주(洪景舟) 등이 신무문(神武門)[73]으로 들어와 고변(告變)하기를 "조

**72** 정국 공신(靖國功臣) : 1506년 9월 중종반정에 성공한 후 논공행상(論功行賞)하는 과정에서 공신으로 녹훈된 사람들에게 내린 훈호(勳號)로, 1등 공신 8인, 2등 공신 13인, 3등 공신 31인, 4등 공신 65인으로 모두 117인이었다. 이후 1519년 조광조 등 신진 사류들이 유례없는 남훈(濫勳)이라고 상소하여 76명의 훈호를 삭제하였는데, 이 일이 그해 11월 훈구파가 주동이 된 기묘사화의 불씨가 되었다.

**73** 신무문(神武門) : 경복궁(景福宮)의 북문(北門)이다. 평상시에는 출입하지 않고, 임금이 과거장(科擧場)에 나갈 때만 열었다. 기묘년(1519, 중종14) 11월 15일 밤에 중종은 밀교(密敎)를 내려 신무문을 열고 은밀히 정승들을 들어오게 하였는데, 평상시의 궐문 개폐(開閉)는 승지에게 알려야 하기 때문에 열쇠를 승정원에서 출납하였지만

(趙) 아무개가 그 당여(黨與)와 함께 반역을 도모하였습니다." 하고, 다시 연추문(延秋門 경복궁의 서문(西門))을 통해 들어간 다음 많은 관원을 모두 체포하여 대정(大庭)에 결박하였다.[74] 사태가 장차 예측할 수 없게 되자, 영의정 정광필(鄭光弼)이 청대(請對)하여 눈물을 흘리며 호소하여 주상의 옷깃을 붙들기까지 한 덕에 의금부에 내려 추고(推考)한 다음 모두 귀양 보내는 처분을 내리게 되었고, 상숙(庠塾)의 서생들[75]은 슬피 울면서 거리마다 눈물을 뿌렸다. 선생은 능성(綾城)으로 귀양 가서 담장을 허물어뜨리고 북쪽을 바라보며 대궐을 그리워하는 생각을 달랬다.

12월 20일에 후명(後命)[76]이 이르자 목욕하고 옷을 갈아입고 사자(使者)에게 죄명을 물었는데, 대답이 없었다. 이에 친한 벗들에게 전하는 편지를 적었는데, 그 글에 이르기를 "반드시 나를 선인(先人)의 무덤 곁에 장사 지내라." 하고, 또 이르기를 "아버지를 사랑하는 것처럼 임금을 사랑하였으니, 밝은 태양은 나의 충정(衷情)을 잘 알고 있으리라." 하였다. 마침내 세상을 떠났으니 향년 38세였다.

휘(諱)는 광조(光祖)이고 자는 효직(孝直)이다. 이듬해에 용인현(龍仁縣) 심곡리(深谷里)에 장사 지냈다. 가정(嘉靖) 정사년(1557, 명

신무문 열쇠만은 사약방(司鑰房)에 있었기 때문이다.《燃藜室記述 卷7 己卯士禍》

**74** 이날……결박하였다 : 기묘사화의 발발을 말한 것이다.

**75** 상숙(庠塾)의 서생들 : 각 지방의 서생들을 가리킨다. 상숙은 고을과 마을에 설치한 학교로, 제왕의 벽옹(辟雍), 제후의 반궁(泮宮) 등 태학(太學)과 상대되는 말이다. 《예기(禮記)》〈학기(學記)〉에 "옛날 교육하던 곳으로는 마을에는 숙(塾)이 있고, 고을에는 상(庠)이 있고, 지방에는 서(序)가 있고, 나라에는 학(學)이 있었다." 하였다.

**76** 후명(後命) : 귀양살이하고 있는 죄인에게 사약(賜藥)을 내리는 명을 의미한다.

종12) 11월 24일 부인의 장례를 치르기 위하여 서쪽으로 수십 보(步)쯤 되는 곳에 천장하였다.

부인은 첨사(僉使) 이윤형(二允泂)의 딸이니, 정숙하고 정성스럽고 공손하고 신중하여 남편의 가르침을 잘 지켰다. 아들 정(定)은 현감 권흡(權恰)의 딸에게 장가들었는데 요절하였다. 용(容)은 문천 군수(文川郡守)이니, 대호군(大護軍) 이경(李鏡)의 딸에게 장가들었다. 사위 두 명을 두었는데, 좌랑(佐郎) 허감(許鑑)은 아들 허윤(許昀)을 낳았고, 진사 홍원(洪遠)은 딸 둘을 낳았는데 어리다. 당제(堂弟) 희안(希顔)의 아들 순남(舜男)을 후사로 삼았다.

오호라, 우리 동방은 호걸의 선비들이 뒤를 이어 계속 나왔지만, 공명(功名)과 절의(節義)에 구속되고 훈고(訓詁)와 사장(詞章)에 빠져서 혹 명색이 이학(理學)을 공부하는 선비도 극도로 치우치지 않으면 또한 공허하고 요원한 이념들을 섭렵할 뿐이었다. 그러다가 문경공(文敬公 김굉필(金宏弼))이 나와 선각자(先覺者)[77]로 도학(道學)을 창도하고 선생이 실제로 계승하여 확충하였으니, 그 학문은 성신(省身)과 극기(克己)를 우선으로 삼고 지경(持敬)과 주정(主靜)을 요체로 삼았다. 그래서 깊이 연구하여 각고의 노력을 기울이고 정미하게 생각하여 애써 실천한 뒤에 능히 도(道)를 체득하고 덕(德)을 이루어 성인의 성실함〔聖人之誠〕[78]을 얻었다. 의관과 용모 및 보고 듣고 말하고

**77** 선각자(先覺者) : 이치의 소이연(所以然)을 먼저 깨달은 사람을 말한다. 《맹자》 〈만장 상(萬章上)〉에 "하늘이 이 백성을 내심은 먼저 안 사람으로 하여금 늦게 아는 사람을 깨우치며, 선각자로 하여금 뒤늦게 깨닫는 자를 깨우치게 하신 것이다. 나는 하늘이 낸 백성 중에 선각자이니, 내 장차 이 도(道)로써 이 백성들을 깨우쳐야 할 것이니, 내가 이들을 깨우치지 않고 그 누가 하겠는가."라고 한 데서 온 말이다.

행동하는 것 같은 경우 오직 선현의 법도를 모범으로 삼았고, 《소학(小學)》과 《근사록(近思錄)》을 존숭(尊崇)하여 여러 경전에 적용하였으며, 만년에는 《주역》 공부를 좋아하여 잠시도 그만두지 않았다.

집에 들어와서는 부모의 수고로운 일을 대신하고 부모의 얼굴빛을 받들어 순종(順從)하여 곡진하게 도리를 다하지 않음이 없었다. 상사(喪事)에는 슬픔을 극진히 하고 제사에는 공경을 극진히 하여 한결같이 예(禮)에 따라 행하고 구차히 하지 않았다. 내외의 구분이 분명하였고 인(仁)과 신(信)을 행하였다. 밖에 나가서는 후학들을 맞아 이끌어 줄 때 그 재능과 품성에 따라 인도하였고, 품평할 때는 그 기국과 식견을 취하였으며, 이단(異端)을 배격할 때는 상도(常道)를 회복하기 위해 힘썼다. 남들은 그 화락(和樂)하고 평이(平易)한 모습만 볼 수 있었지만 스스로는 청빈과 검약을 준봉(遵奉)하였다. 일찍이 부인에게 말하기를 "내 마음은 왕실에 있으니 이제부터 집안일은 돌볼 겨를이 없을 듯하오." 하였다.

이 당시 상께서 유술(儒術)을 숭상하고 옛 도의(道義)를 사모하며 선생을 의지하여 정치를 하였으니, 선생은 경세제민(經世濟民)의 포부를 품고 밝은 시대를 만난 것에 감격하여 요순(堯舜)의 도리를 자신의 임무로 삼아서 "군주의 마음은 정사(政事)가 나오는 근본이니, 근본이 바르게 된 뒤에야 정사가 수립되고 교화가 성취될 것입니다." 하였다.

**78** 성인의 성실함 : 《중용장구》 제20장에 "성실함은 하늘의 도요, 성실히 하려는 것은 사람의 도이다. 성실한 자는 힘쓰지 않고도 도에 맞으며 생각하지 않고도 알아서 가만히 도에 맞으니 성인이요, 성실히 하려는 자는 선(善)을 택하여 굳게 지키는 자이다."라고 한 데서 온 말이다.

매번 강론(講論)이 있을 때면 전날 저녁에 마치 상께서 곁에 있는 것처럼 강(講)할 내용을 정서(正書)하여 익숙히 읽었고, 새벽이 되면 관복으로 갈아입고 나아가 엄숙하게 마주하여 반드시 상의 마음에 감동이 있기를 기대하였다. 치도(治道)를 개진(開陳)하거나 사의(事宜)를 분별하여 아뢸 때는 성(性)과 정(情), 선(善)과 악(惡), 의(義)와 이(利)의 분변 및 천리(天理)와 인욕(人慾), 왕도(王道)와 패도(覇道), 선인(善人)과 악인(惡人)의 구분에서부터 학문 숭상과 변경 방비의 허실(虛實), 제사(祭祀)와 흥계(興繼)[79]의 득실(得失)에 이르기까지 모두 소회(所懷)를 남김없이 진술하여 날이 저물 때까지 지칠 줄 모르고 이야기하였으니, 상께서도 반드시 전심(專心)으로 귀담아 들으시어 칭찬한 바가 많았다. 심지어 백관들은 선생의 높은 성취에 놀라고 백성들은 선생을 공경해서 모두 그 덕업(德業)에 흠뻑 취하여 선왕의 법도가 차례차례 거행되기를 기대하기까지 하였다.

그런데 어찌하여 제공(諸公)의 마음은 속히 일을 이루려는 욕심에 가까워지고 연소한 이들은 덩달아 고무되어, 한산(閑散)한 처지에 있던 훈구 대신(勳舊大臣)들이 원망이 골수에 사무쳐서 밤낮으로 기회만 엿보게 하였단 말인가. 이에 선생은 실로 일찍 그 기미를 보고 떠나려는 뜻을 정한 지가 오래였다. 항상 신상(申鏛), 이자(李耔), 권벌(權橃)과 함께 양쪽 사이[80]를 조정하여 파국에 이르지 않게 하고자 하였지만, 한때 "가부를 결정하지 못하고 머뭇거린다."라고 하면서 심지어

79 흥계(興繼) : 흥멸국계절세(興滅國繼絶世)를 줄인 말로, 멸망한 나라를 일으켜 주고 끊어진 세대를 계승해 준다는 의미이다.

80 양쪽 사이 : 신진 사림과 훈구 대신의 사이를 말한다.

탄핵하려는 사람이 있기까지 하였으니, 아아, 또한 괴이한 일이다. 다만 반정(反正)으로 중종(中宗)을 추대하고 그 일로 공명을 이룬 한때의 높은 훈신(勳臣)들에 대해서는 도리어 지나간 일을 되짚어 논하되 대정(大貞)의 경계[81]를 염두에 두지 않았으니, 아마도 선생은 자신이 떠날 수 없고 저들을 막지 않으면 우리의 도가 시행될 수 없다는 것을 스스로 알아서, 마침내 있는 힘을 다해 주저 없이 격파했던 것이리라. 아니면 담론하는 자들의 말처럼, 갑자기 등용되었기에 사람들을 융화하여 투철하게 축적할 수 없었고 일찍 세상을 떠났기에 교화를 베풀고 입언(立言)을 할 수 없었던가. 아아, 슬퍼할 만하고 근심할 만하다. 어찌 오도의 원통함을 면할 수 있겠는가.

오직 우리 중종께서 성대하게 은혜를 베풀어 유지(遺旨)를 내리시고 인조(仁祖)께서 인하여 그 관작(官爵)을 회복하게 하시고 명종(明宗)께서 또 보살펴 소유하게 하시어, 오늘날의 아름다운 일이 있을 수 있게 되었고 또 장차 공자의 묘정에 배향하게 되었다. 위학(僞學)을 금하지 않아도 정맥(正脈)이 의탁할 곳이 있고 백성을 계몽하여 사랑하고 미워할 바를 알게 해서 조금씩 하고자 하는 뜻을 분발할 수 있게 한 것은 누가 그렇게 만들었겠는가. 그러나 네 분 성상께서 시종 돌보아 주신 은혜가 아니라면 또한 누가 이렇게 할 수 있었겠는가.

대저 대현(大賢)의 덕(德)은 처음부터 성인(聖人)의 전체를 갖추고

**81** 대정(大貞)의 경계 : 잘못된 것을 바로잡음에 있어서 급진적으로 크게 개혁하면 실패할 수 있다는 경계를 가리킨다. 《주역》 〈둔괘(屯卦) 구오(九五)〉의 효사에 "은택을 베풀기가 어려우니, 조금씩 바로잡으면 길하고 크게 바로잡으면 흉하리라.〔屯其膏, 小貞吉, 大貞凶.〕"라고 한 데서 온 말이다.

있고[82] 논술하는 글은 부득이하여 짓는 것이다. 따라서 가령 덕을 향상시킨 것이 더욱 밝고 글을 지은 것이 더욱 많다면 후학들이 다시 의심을 품거나 유감을 느끼지 않을 것이다. 그러나 진실로 자신이 조정에 서지 않아서 실행하여 도(道)를 행할 만한 조짐이 적다면 후세의 군신(君臣)들이 어디서 전범(典範)을 취하여 사정(邪正)을 살피고 흥망의 원인을 상고(詳考)하여 이 도(道)가 당금(當今)에 행할 만하다는 것을 알 수 있겠는가. 어쩌면 하늘의 뜻인지도 모르겠다. 명(銘)은 다음과 같다.

| | |
|---|---|
| 하늘이 계왕개래[83]의 공(功)에 독실하여 | 天篤繼開 |
| 질박한 풍속 회복하고 괴벽서[84]를 수습하게 하였나니 | 反樸收坏 |
| 조선 땅에서 빼어난 기운을 모아 | 鍾異于鮮 |
| 천하의 순정(純正)한 광채 빛나게 하였네[85] | 粹然離障 |

**82** 성인(聖人)의……있고 : 성인의 자품(資品)은 하늘에서 타고난다는 의미로, 공손추(公孫丑)가 "자하 · 자유 · 자장은 모두 성인의 일부만을 가지고 있었고, 염우 · 민자 · 안연은 성인의 전체를 갖추고 있었으나 미약하였다.〔子夏子游子張, 皆有聖人之一體, 冉牛閔子顔淵, 則具體而微.〕"라고 한 데서 온 말이다. 《孟子 公孫丑上》

**83** 계왕개래(繼往開來) : 계왕성개래학(繼往聖開來學)의 준말로, 옛 성현의 사업을 계승하여 후세의 학자들에게 길을 열어 주는 학문의 공(功)을 말한다. 주희가 〈중용장구서(中庸章句序)〉에서 공자의 덕을 찬양하면서 한 말이다.

**84** 괴벽서(壞壁書) : 공벽(孔壁)에서 나온 경전(經傳)을 말한다. 진 시황(秦始皇)의 분서갱유(焚書坑儒) 이후 시서(詩書)와 예악(禮樂) 등 육예(六藝)의 서적 및 전승이 끊어졌다가 한 무제(漢武帝) 말년에 노 공왕(魯恭王)이 궁실을 넓히기 위해 공자의 구택(舊宅)을 허물다가 벽 속에서 《상서(尙書)》, 《예기》, 《논어》, 《효경(孝經)》 등 수십 편의 고문(古文) 경전을 발견했다고 한다. 《漢書 藝文志10》

진실무망의 성(誠)[86]을 보존하고　存以無妄
불편부당의 공평함을 보존하였으니　保厥不偏
그 마음 생기가 있어　惟心之活
천하 경륜의 뜻을 품었네　八荒在闥
주상께서 한번 교화를 펼쳐 보이자　一視陶甄
백성이 조금 쉴 수 있게 되었으니　時汔小休
장차 대유[87]가 시행되려 함에　將升大猷
가장 먼저 큰 초빙에 응하였네　首膺廣延
모습은 눈과 해처럼 밝고　明于雪日
성품은 금슬처럼 조화로워　調以琴瑟
바라보면 신선과 같았으니　望之神仙
경전을 잡고 계발하였네　執經以沃
법률을 지켜 독려하고　持憲以督
단단하게[88] 경연에서 시종하였으며　斷斷拱筵
옛것에 근거하여 새것을 도모하고　據舊圖新

**85** 천하의……하였네 : 만물을 비추어 각각 그 특성을 발휘하게 하였다는 의미이다. '이장(離障)'은 '이장(離章)'과 같은 말로, 태양의 광채가 사방에 비치는 모양을 형용한 것이다.

**86** 진실무망(眞實無妄)의 성(誠) : 진실하고 어긋남이 없는 천지조화의 원리를 말하는데, 여기서는 조광조의 품성을 가리킨다.

**87** 대유(大猷) : 대도(大道)를 말한다. 《서경》 〈주관(周官)〉에 "옛날 대유가 행해지던 세상에는 혼란하지 않을 때 잘 다스리고 위태하지 않을 때 나라를 보전하였다.〔若昔大猷, 制治于未亂, 保邦于未危.〕" 하였는데, 채침(蔡沈)의 집전(集傳)에서 대유를 대도로 해석하였다.

**88** 단단(斷斷)하게 : 마음이 정성스럽고 전일(專一)한 모양을 형용한 말이다.

| | |
|---|---|
| 왕도로 인도하여 백성을 안정시켰네 | 行王定民 |
| 풍동[89]의 교화를 선양하였으니 | 風動化宣 |
| 진실로 총명하고 사리에 통달하였네 | 亶聰旣達 |
| 우거진 띠[90]를 걷어 내면 | 惟茅斯拔 |
| 나의 마음 병들지 않으려니와 | 則莫我瘨 |
| 간사한 소인들이 악독한 음모를 품고 | 有含其沙 |
| 떼를 지어 거듭 참소하였네 | 荐磨群牙 |
| 갱회[91]가 다시 타오르자 | 坑灰復燃 |
| 대신들이 주상의 용색을 살피고 | 迺瞻容色 |
| 혹은 신료들의 눈치를 엿보아 | 或伺鼻息 |
| 이간하고 무너뜨리고자 하였지만 | 曷貳曷騫 |
| 선생은 순리에 따라 살고 죽음을 편안히 여겨 | 存順沒安 |
| 일편단심 절조를 지켰네 | 一念如丹 |
| 밝고 빛나는 마음 견지하여 | 昭漢炳泉 |
| 때에 따라 진퇴를 결정하고 | 有來有歸 |

**89** 풍동(風動) : 바람이 일듯 고무한다는 말로, 백성들이 문교(文敎)에 감동하여 순화(醇化)되는 것을 말한다.

**90** 우거진 띠 : 의리(義理)의 마음을 막아 버리는 사사로운 욕심을 가리킨다. 맹자가 고자(高子)에게 이르기를 "산중 오솔길이 사람이 잠깐 이용하면 길이 되고, 한참만 이용하지 않으면 띠가 나서 길을 막아 버리나니, 지금 그대는 띠가 우거져 마음을 막아 버렸도다."라고 한 데서 온 말이다. 《孟子 盡心下》

**91** 갱회(坑灰) : 진 시황이 선비들을 다 생매장하고 경적을 모두 불태웠던 이른바 분서갱유를 이르는 말로, 기묘사화가 발발하기 전에 신진 사류들의 지나치게 과격한 개혁 정치에 중종이 회의를 품고 있던 것을 비유적으로 표현한 말이다.

잊지도 않고 어기지도 않았으니　不忘不違
뒤에 있는 듯하다가도 홀연 앞에 있었네[92]　在後在前
역대로 성군들께서 은혜를 베풀고　列聖攸惠
여러 선비가 보위하여　諸儒是衛
지금까지 전해질 수 있었으니　尙克有傳
몇 해 동안의 그 공적 위대했기 때문일세　功深數歲
그 은택 백세토록 흘러 전하리니　澤流百世
더욱 온전한 덕을 볼 수 있다네　益見其全
내가 몽매한 이들에게 고하노니　我告伊昧
두려워하지도 말고 의심하지도 말라　無懼無悔
반드시 인현을 믿어야 하거니와[93]　必信仁賢
아아, 슬프도다　嗚呼噫噫
성공과 실패는　厥有成敗
결국 천명으로 돌려야 할 뿐이로세　竟歸之天

**92** 뒤에……있었네 : 조광조의 학덕(學德)을 형용한 표현으로, 안연(顔淵)이 공자의 도(道)가 무궁무진하고 또 방향과 형체가 없음을 알고 탄식한 데서 온 말이다. 《論語 子罕》

**93** 인현(仁賢)을 믿어야 하거니와 : 어질고 현명한 사람이 없으면 마치 나라에 사람이 없는 것과 같다는 말로, 임금이 신하의 충언을 듣지 않으면 조정에 옳은 신하가 없어지고 나라에 도가 사라진다는 의미이다. 《맹자》〈진심 하(盡心下)〉에 "인현을 믿지 않으면 나라가 텅 비고, 예의(禮義)가 없으면 상하가 혼란하고, 정사(政事)가 없으면 재용이 넉넉하지 못하다."라고 한 데서 온 말이다.

# 유명 조선국 남원 방군 묘갈명 병서

有明朝鮮國南原房君墓碣銘 并序

방씨(房氏)의 선계(先系)는 중국에서 나왔다. 양국공(梁國公)으로부터 7대가 지나 휘(諱) 계홍(季弘)[94]이 있었으니,[95] 고구려(高句麗)에서 주청(奏請)하여 동국(東國)에 와서 남양(南陽)을 관향(貫鄕)으로 하사받고[96] 관직이 삼한벽상공신(三韓壁上功臣) 삼중대광보국(三重大匡輔國)에 이르렀다. 이분으로부터 7대에 이르기까지[97] 광영이 거듭되어

**94** 계홍(季弘) : 대본에는 '李弘'으로 되어 있다. 《남양방씨대동보(南陽房氏大同譜)》 및 《성담집(性潭集)》 권29 〈행은방공행장(杏隱房公行狀)〉에 근거하여 '李'를 '季'로 바로잡아 번역하였다.

**95** 양국공(梁國公)으로부터……있었으니 : 《남양방씨대동보》에 실린 〈방공휘계홍신도비명(房公諱季弘神道碑銘)〉에 의하면 "계홍은 당(唐)나라 태사(太師) 방현령(房玄齡)의 10대손이고 동국으로 온 방문(房門)의 비조(鼻祖)인 학사공(學士公) 방준(房俊)의 9대손이다." 하였다. 양국공은 방현령이다. 황명으로 《진서(晉書)》를 중찬하였으며, 태종의 소릉(昭陵)에 배장(陪葬)되었다.

**96** 고구려(高句麗)에서……하사받고 : 《남양방씨대동보》에 실린 〈정산현감부군행장(定山縣監府君行狀)〉에 의하면 "당나라 문소공(文昭公) 휘 현령의 둘째 아들 준(俊)이 정관 계묘년(643)에 학사(學士)로 선발되어 동국에 왔으니, 자손들이 이로부터 세거(世居)하게 되었다. 국도(國都)가 옮겨지면서 문헌이 유실되고 세계(世系)가 실전(失傳)되어 고려의 개국 공신(開國功臣) 삼중대광보국 휘 계홍이 보조(譜祖)가 되었다." 하였으니, 방계홍이 고구려에 건너온 것이 아니라 그 윗대인 방준(房俊)이 팔학사(八學士)에 선발되어 고구려로 건너온 것이다.

**97** 이분으로부터 7대에 이르기까지 : 《남양방씨대동보》에 실린 〈방공휘계홍신도비명〉에 의하면 "보국공(輔國公)으로부터 연면(連綿)하게 중추공경(中樞公卿)이 이어졌으니, 2세(世)는 문하시랑 중서문하평장사(門下侍郎中書門下平章事) 휘 의강(儀康)

벼슬이 끊임없이 이어졌는데, 군(君)의 고조 휘 사량(士良)에 이르러 통훈대부(通訓大夫) 판전의감사 보문각 직제학(判典醫監事寶文閣直提學)이 되었다. 증조 휘 구성(九成)은 봉렬대부(奉列大夫) 행 정산 현감(行定山縣監)을 역임하였는데, 용성(龍城)의 주포촌(周浦村)으로 이사하여 마침내 세거지(世居地)로 삼았다. 조부 휘 순문(恂文)[98]은 봉직랑(奉直郎) 경기 수운판관(京畿水運判官)이고, 부친 휘 귀화(貴和)는 사마천(司馬薦)에 선발되어 통훈대부 행 호조 좌랑(行戶曹佐郎)에 제수되었다. 외조부는 임피 현령(臨陂縣令)으로 성휘(姓諱)는 이봉손(李奉孫)이다.

군은 성화(成化) 임인년(1482, 성종13)에 태어나 가정(嘉靖) 기축년(1529, 중종24) 9월에 집에서 세상을 떠났다. 전배(前配)는 도승지에 추증된 유준(柳濬)의 딸로, 후사(後嗣)가 없다. 후배(後配)는 유사(儒士) 김사영(金士英)의 딸로 경인년(1530) 1월에 세상을 떠났으니, 향년 35세이다. 송곡(松谷) 묘향(卯向) 언덕에 합장하였다.

군의 휘는 한걸(漢傑), 자(字)는 사언(士彦)이다. 성품이 강직하여

이고, 3세는 추밀원부사 겸 예부상서(樞密院副使兼禮部尙書) 휘 진유(珍儒)이고, 4세는 공부 시랑 행 소부승 추봉공부상서(工部侍郎行小府丞追封工部尙書) 휘 계(桂)이고, 5세는 감찰 어사(監察御史) 휘 지백(之伯)이고, 6세는 장남은 문하찬성사 상호군(門下贊成事上護軍) 휘 태보(台輔)이고 차남은 문하찬성사 상호군 휘 태경(台慶)이며, 7세는 삼중대광(三重大匡) 문하찬성 겸 판예의사 상호군(門下贊成兼判禮儀事上護軍) 휘 송연(松衍)이고, 8세는 문하평리 상호군(門下評理上護軍) 휘 주(柱)이고, 9세는 보문각 직제학(寶文閣直提學) 휘 사량(士良)이다." 하였으니, 방한걸(房漢傑)의 고조인 방사량(房士良)은 방계홍의 9대손이다.

**98** 순문(恂文) : 대본에는 '詢文'으로 되어 있다. 《남양방씨대동보》에 근거하여 '詢'을 '恂'으로 바로잡아 번역하였다.

선(善)과 악(惡) 보기를 색을 좋아하고 악취(惡臭)를 싫어하는 것처럼 여겼다.[99] 항상 스스로 엄정(嚴政)함을 지키고 숨김없이 직언(直言)하였으며, 만일 옳은 일이 아니라는 것을 알았으면 작은 일이라도 혹 행하는 경우가 없었다. 함께 종유(從遊)하는 사람들이 형식적으로 예의를 갖추는 표정과 어투를 본 적이 없었고, 부귀한 사람과 빈천한 사람을 두루 사귀었으며, 비록 집안 친척과 벗들 가운데 요로(要路)에 있는 사람이 많았지만 또한 가진 것이 적다고 하여 개의(介意)한 적이 없었다. 오직 족당(族黨)과 이웃에 곤궁하고 급박한 처지에 놓인 사람이 있으면 반드시 재물을 아낌없이 내 주어 구휼하되 후일의 일은 계산하지 않았고, 매번 농사일에 관심을 기울여 마치 그렇게 여생을 마치려는 것처럼 보였다. 이 때문에 선한 사람은 그를 좋아하고 선하지 않은 사람들은 또한 경외(敬畏)하였다.

기묘년(1519)에 여씨향약(呂氏鄕約)[100]을 시행하였다. 당시 고을 선

**99** 선(善)과……여겼다 : 선을 행하고 악을 제거해야 한다는 것을 알았으면 실제로 힘을 써서 스스로 속이지 않아야 한다는 말이다. 《대학장구》 전(傳) 6장의 주(註)에 "스스로 닦고자 하는 자는 선을 하고 악을 제거해야 함을 알았으면 마땅히 실제로 그 힘을 써서 스스로 속이지 말아서 가령 악을 미워함은 악취를 싫어하는 것같이 하고 선을 좋아함은 색을 좋아하는 것같이 하여, 모두 힘써 결단하여 버리고, 구하여 반드시 얻어서 스스로 자기에게 만족하게 할 것이요, 한갓 구차히 외면을 따라 남을 위해서는 안 된다." 하였다.

**100** 여씨향약(呂氏鄕約) : 북송(北宋) 때 남전현(藍田縣)의 여대충(呂大忠), 여대방(呂大防), 여대균(呂大鈞), 여대림(呂大臨) 등 네 형제가 고을 사람들을 교화하고 선도하기 위해 만든 자치 규약이다. 주된 강목은 '좋은 일은 서로 권장한다.〔德業相勸〕', '잘못은 서로 고쳐 준다.〔過失相規〕', '사람을 사귈 때는 서로 예의를 지킨다.〔禮俗相交〕', '어려움을 당하면 서로 돕는다.〔患難相恤〕' 등 네 조목이다.

비들이 흥성(興盛)하여 비로소 옛 제도를 시행하였는데, 여러 사람이 군을 추대하여 부약정(副約正)으로 삼았다. 그러나 오래지 않아 혁파되어 그 교화가 더 이상 세상에 드러나지 못하게 되었으니, 어찌 유독 군을 위해서만 애석하겠는가.

부인 김씨(金氏)는 군을 섬김에 부덕(婦德)에 어긋나는 일을 한 적이 없었는데, 군이 세상을 떠났을 때 자신도 따라 죽기를 맹세하여 속히 비복들에게 관(棺)을 준비하라고 명하였다. 그러나 이미 사람들의 문견과 기억 속에 징험할 만한 것이 없어서 정표(旌表)의 은전을 거행하지 못하였고 아울러 군의 행적까지도 대부분 일실(逸失)되고 말았으니, 더욱 애석하다.

그러나 남겨진 어린아이들이 무사히 장성하여 마침내 자립하였고, 능히 자손을 두어 더욱 왕성하게 가운(家運)을 잇고 있으니, 어찌 하늘이 선행을 쌓은 집안은 반드시 묵묵히 도와주고 가만히 보살피지 않겠는가.[101]

슬하에 네 명의 자녀를 두었다. 장남은 응남(應男)이니, 아들 덕이(德頤), 덕원(德驪), 덕인(德駰)을 낳았고 딸은 장안세(張安世)에게 시집갔다. 차남은 응현(應賢)이니, 아들 덕화(德驊)를 낳았다. 막내는 응명(應明)이니, 아들 덕참(德驂), 덕유(德騟)를 낳았고 딸은 박사인(朴思忍)에게 시집갔다. 사위는 조사종(趙嗣宗)이니, 아들 조덕령(趙德齡)을 낳았다.

**101** 어찌……않겠는가 : 조상의 음덕으로 후손이 번창하였다는 의미이다. 《주역》〈곤괘(坤卦) 문언(文言)〉에 "선을 쌓은 집안에는 반드시 남은 경사가 있다."라고 한 데서 온 말이다.

아, 내가 묘갈명을 부탁받았을 때 중씨(仲氏)[102]가 또 나를 집우(執友)[103] 가운데 문장력이 있는 사람이라고 여겨 수백 리 길을 멀다 하지 않고 두 번이나 찾아와 비명을 청하였다. 나는 처음에 이상한 일이라고 생각하다가 중간에는 탄복하여 마침내 사양할 수가 없었다. 이에 드디어 행장에서 뽑아 서문을 지은 다음 명(銘)을 붙인다. 명은 다음과 같다.

| | |
|---|---|
| 진실하다 방군이여 | 允矣房君 |
| 지사의 무리이니 | 志士之群 |
| 일찍부터 그 뿌리에 물을 대어 | 夙漑其根 |
| 혹 그 향기가 전파되었다오 | 或播其芬 |
| 사술[104]을 맡아 | 俾典四術 |
| 전일하게 인도하였으니 | 以導以一 |
| 거의 큰일을 할 수 있었으련만 | 庶有以爲 |

**102** 중씨(仲氏) : 방한걸의 차남 방응현(房應賢, 1523~1589)을 말한다. 본관은 남양(南陽), 자는 준부(俊夫), 호는 사계(沙溪)이다. 조식(曺植)과 이항(李恒)에게서 수학하였고, 효성과 행의(行誼)가 매우 뛰어났다.《月沙集 卷46 沙溪房君墓碣銘》소재는 방응현을 '족종(族從)'이라 칭하며 그와의 친분을 표현하였는데, 소재가 진도(珍島)에 유배되어 있을 때 방응현은 특히 여러 차례 방문하였고 상주(尙州)에 있을 때도 다시 방문하였다고 하였다.《穌齋集 卷2 族從房應賢遠訪夜話時閔徐二生在坐》

**103** 집우(執友) : 뜻을 같이하는 벗을 말한다.《예기(禮記)》〈곡례 상(曲禮上)〉의 주(註)에 "집우는 뜻을 같이하는 사람이다. 같은 스승을 섬기는 벗은 가지고 있는 뜻이 같다. 그러므로 집우라고 한다." 하였다.《禮記大全 曲禮上》

**104** 사술(四術) : 흔히 시(詩), 서(書), 예(禮), 악(樂) 네 가지 경술(經術)을 가리키는 말인데, 여기서는 방한걸이 부약정으로서 맡아 시행했던 여씨향약의 덕업상권, 과실상규, 예속상교, 환난상휼 등 네 가지 조목을 가리키는 듯하다.

| | |
|---|---|
| 결국 저지될 수밖에 없었다네 | 而必有尼 |
| 지위 없어도 처지에 따라 시정을 논하였건만 | 無位譏時 |
| 장수를 누리지 못했으니 누구를 원망할까 | 不壽尤誰 |
| 외롭고 외로운 젊은 부인은 | 嬛嬛少婦 |
| 목숨을 끊을 것처럼 슬퍼하였네[105] | 有若不慈 |
| 삶에는 길흉이 있거니와 | 生有吉凶 |
| 죽은 사람 누구를 따를 것인가 | 死者孰從 |
| 세상을 떠난 뒤 남편과 합장하였으니 | 去而偕窆 |
| 두 분의 무덤 우뚝하도다 | 有屹雙封 |
| 주포 마을은 광활하고 | 周之浦寬 |
| 송곡 언덕은 그윽하네 | 松之谷盤 |
| 안장한 그곳 참으로 성(盛)하니 | 寔繁有藏 |
| 백세토록 그 봉분 보존되리로다 | 百世其完 |

**105** 목숨을……슬퍼하였네 : 방한걸이 세상을 떠나자 부인 김씨가 남편을 따라 죽으려고 맹세한 사실을 가리킨다.

## 유명 조선국 가선대부 경상도 관찰사 허공 신도비명 병서
## 有明朝鮮國嘉善大夫慶尙道觀察使許公神道碑銘 幷序

내가 해국(海國)[106]에서 나와 돌아와 보니 동년배들은 대부분 세상을 떠나고 우리 허공(許公)만이 처음의 뜻을 바꾸지 않고 있었는데, 겨우 13년 만에 갑자기 세상을 떠나 나로 하여금 길이 끝없는 슬픔을 품게 하였다. 지금 그의 두 아들이 행장을 가지고 와서 나에게 비명(碑銘)을 부탁하니, 아아, 공의 행적은 비명을 짓는 법도에 부응하고[107] 또한 의리로 볼 때 사양할 수야 없지만, 돌아보건대 내가 차마 말할 수 있겠는가.

삼가 살피건대 허씨(許氏)는 김수로왕(金首露王)의 비(妃)의 성(姓)에서 나왔다. 비조(鼻祖)의 휘(諱)는 선문(宣文)이니, 고려 태조(太祖)를 도와 삼한(三韓)을 안정하고 공암(孔巖)을 식읍(食邑)으로 하사받아 마침내 대대로 양천(陽川) 사람이 되었다. 그 후 8대가 지나도록 벼슬이 끊이지 않고 이어지다가 공(珙)에 이르러 지위가 시중(侍

**106** 해국(海國) : 소재의 유배지인 진도(珍島)를 가리킨다. 소재는 1545년(명종 즉위년) 을사사화(乙巳士禍)에 연루되어 이조 좌랑에서 파직되고, 1547년 양재역 벽서사건(良才驛壁書事件) 때 죄가 가중되어 순천(順天)으로 유배되었다가 그해 윤9월에 다시 진도로 이배(移配)되었다. 《穌齋集 穌齋先生年譜》 소재는 19년 동안 유배를 산 진도를 동방(東方)의 바다라는 뜻에서 청해(靑海)라 표현하는가 하면, 남해(南海)의 더운 섬이란 의미로 염주(炎洲)라 하기도 하고, 장기(瘴氣) 어린 성(城)이란 뜻으로 장성(瘴城)이라 표현하기도 하였다.

**107** 비명을……부응하고 : 비명을 지을 만한 어진 행실이 있었다는 의미이다.

中)에 이르렀는데 명상(名相)이 되었다. 이분으로부터 관(冠), 백(伯), 경(絅), 금(錦)으로 전해져서 모두 경재(卿宰)가 되었는데, 문장(文章)과 덕업(德業)에서는 금(錦)이 더욱 드러났다. 이분의 아들 기(愭)는 벼슬이 판봉상시사(判奉常寺事)에 이르고 이조 판서에 증직되었으니, 이분이 공의 고조 절충장군(折衝將軍) 충무위 호군(忠武衛護軍) 증 병조 참판 휘 추(樞)를 낳았다. 증조는 성균관 전적(成均館典籍) 증 승정원 도승지 휘 창(菖)이다. 조부는 금화사 별제(禁火司別提) 증 이조 참판 휘 담(聃)이고, 부친은 군자감 부봉사(軍資監副奉事) 증 이조 참판 휘 한(澣)이다. 외조부는 창녕 성씨(昌寧成氏) 돈녕부 판관(敦寧府判官) 성희(成熹)이다.

정덕(正德) 정축년(1517, 중종12) 12월 29일이 공의 초도(初度)[108]이다. 휘는 엽(曄)이고 자는 태휘(太輝)이니, 초당(草堂)은 그의 별호(別號)이다. 가정(嘉靖) 임진년(1532)에 참판공의 상을 당하여 상기(喪期)를 마칠 때까지 시묘를 살았다. 경자년(1540)에 진사시에 선발되고 병오년(1546, 명종1)에 갑과(甲科)에 급제하였으며 계축년(1553)에 대각(臺閣)에 올랐다. 당시 윤춘년(尹春年)[109]이 왕대비의 재종제(再從弟)로서 요직에 있으며 권세를 부렸는데, 공에게는 중내형(重內兄)이 된다. 그가 일찍이 이감(李戡)[110]을 추천해 달라는 부탁을

108 초도(初度) : 처음 태어난 날로, 곧 생일을 이른다. 굴원(屈原)의 〈이소(離騷)〉에 "황고께서 나의 출생한 때를 관찰하여 헤아리사, 비로소 내게 아름다운 이름을 내리셨다.〔皇覽揆余于初度兮, 肇錫余以嘉名.〕"라고 한 데서 온 말이다.

109 윤춘년(尹春年) : 1514~1567. 본관은 파평(坡平), 자는 언구(彦久), 호는 학음(學音)・창주(滄洲)이다. 소윤 윤원형(尹元衡)과 대윤 윤임(尹任)에게 번갈아 붙어 출세하였으며, 청백리로 뽑히기도 하였다.

받고 전조(銓曹)와 정부(政府)에 매우 힘껏 청탁한 적이 있었는데 끝내 뜻을 이루지 못하자, 이감이 공에게 앙심을 품고 함께 탄핵할 자료를 수집하였으나 별다른 소득이 없었다. 마침 공의 선려(先廬)에 화재가 발생하여 공이 대부인의 마음을 위로하고 또 제사 받들 집이 없는 것을 염려해 가산을 다 털어 집을 지은 적이 있었는데, 이때에 이르러 윤춘년은 함께 대각(臺閣)에 있으면서[111] 공을 탐관오리로 둔갑시키고는 곁의 사람들을 부추겨 탄핵하여 파직하게 하였다.[112]

정사년(1557, 명종12)에 모친상의 상기를 마쳤다. 당시 사람들이 김여부(金汝孚)[113]와 김홍도(金弘度)[114]가 붕당(朋黨)을 만들어 서로

**110** 이감(李戡) : 본관은 우계(羽溪), 자는 언신(彦信)이다. 383쪽 주9 참조.

**111** 함께 대각(臺閣)에 있으면서 : 당시 윤춘년은 사헌부 대사헌으로, 허엽은 사헌부 장령으로 있었다.

**112** 공을……하였다 : 이감은 허엽이 이조 좌랑으로 있을 때 자신을 천거해 주지 않은데 대해 앙심을 품고 있다가, 마침 허엽의 종가가 불에 타서 다시 지은 일을 가지고 사실을 날조하여 그를 몰아붙였다. 대사헌 윤춘년이 이감의 말을 믿고 허엽에 대해 논박하여, 마침내 1553년 9월 18일 양사(兩司)에서 "허엽이 자기 집을 지으려고 평소 알지도 못하던 황해도 만호를 불러다가 재목을 수송해 오도록 요구하였습니다."라고 하면서 파직을 청하였고, 명종이 파직하라는 전교를 내렸다. 《明宗實錄 8年 9月 18日》

**113** 김여부(金汝孚) : 본관은 의성(義城), 자는 기복(基福), 아버지는 김안국(金安國)이다. 1549년 식년 문과에 급제하여 홍문관에 들어갔으며 관직이 전한(典翰)에 이르렀다. 평소 김홍도와 사이가 좋지 못하여 서로 당을 만들어 다투었는데, 그의 당인 대사간 김백균(金百鈞), 사간 조덕원(趙德源)과 함께 탄핵하여 김홍도를 갑산(甲山) 귀양 보냈다. 뒤에 영의정 심연원(沈連源)의 탄핵을 받고 이어 양사의 탄핵을 받아 조정에서 축출되었다.

**114** 김홍도(金弘度) : 1524~1557. 본관은 안동(安東), 자는 중원(重遠), 호는 남봉(南峯)·내봉(萊峯)이다. 1548년 별시 문과에 장원하고 경연관이 되었으며, 사가독서(賜暇讀書) 중에도 정치 폐단을 강력히 간(諫)하였다. 전한으로 재직 중에 탄핵당하여

간계를 부려 모함한다고 의심하였으므로 공이 김여부를 꾸짖었는데, 김여부가 노하여 김홍도는 유배되고[115] 공은 외직(外職)을 청하여 은천(銀川)[116]의 군수(郡守)로 나갔다. 김여부는 얼마 후 축출되었다. 기미년(1559)에 서해(西海)에서 도적이 봉기하자[117] 조정의 의론이 모름지기 무신 수령이라야 난을 진압할 수 있다고 해서, 공은 소환되어 중승(中丞 사헌부 집의)이 되었다. 그러나 대사헌과 의론이 합치하지 않아서 대사헌은 체차되고, 공은 파직되었다가 바로 서용되었다. 경신년(1560)에 공조 참의로 승진하였다.

임술년(1562) 가을에 근시(近侍)의 직임으로 들어갔다. 야대(夜對)에서 아뢰기를,[118]

"국가는 인재에 힘입어 유지되는데, 인재가 나오지 않는 것은 인심이 바르지 않기 때문이고 인심이 바르지 않은 것은 실로 성인(聖人)의

갑산으로 유배되었다가 죽었다. 영의정에 추증되었다.

**115** 김여부가……유배되고 : 《명종실록》 12년 10월 28일 기사에 "김여부는 김홍도와 오래된 혐의가 있었는데, 사간이 되자 남몰래 지평 이명(李銘)을 사주하여 홍도를 탄핵하기를 '글을 잘 짓는 재주만 믿고 당시 재상들의 과실을 차례차례 헐뜯고 동료들의 허물을 비웃으면서 김규 등과 결탁하여 당우(黨友)가 되었다.'라고 하여, 일시에 귀양 보냈다." 하였다.

**116** 은천(銀川) : 황해도 배천(白川)의 다른 이름이다. 은(銀)이 백색이므로 이렇게 칭한 것이다.

**117** 서해(西海)에서 도적이 봉기하자 : 1559년에 황해도에서 봉기한 임꺽정(林巨正)의 난을 가리킨다.

**118** 야대(夜對)에서 아뢰기를 : 허엽은 1562년 9월 5일 승정원 동부승지에 제수되고, 21일에 경연 참찬관(經筵參贊官)으로 야대에서 검토관(檢討官) 윤근수(尹根壽)와 함께 조광조, 허자, 구수담의 억울함을 아뢰었다. 《明宗實錄 17年 9月 5日, 21日》

도(道)가 밝혀지지 않은 데에 원인이 있습니다. 신이 근래[119] 성균관 대사성을 맡았을 때[120] 감히 신뢰하는 자가 없었던 것[121]은 참으로 그 유래가 있기 때문입니다. 중종께서 치세(治世)를 이루려는 의지가 굳건하였을 때 조광조(趙光祖)가 특별히 남다른 은혜를 입고 감격하여 그 은혜에 보답하기를 도모하였으니, 거의 임금을 요순(堯舜) 같은 성군(聖君)으로 만들고 백성을 요순 시대의 백성처럼 만들 만하였습니다. 그러나 불행히도 참소하는 사람들의 시기를 받아 갑자기 큰 화를 당하고 말았으니, 이때부터 인심이 크게 무너져서 구제할 수 없게 되었습니다. 서둘러 신원(伸冤)하라는 명을 내려 풍습이 바로 변하게 하신다면 인심이 바르게 되고 국가가 편안해질 것입니다."

하니, 상이 이르기를,

"선조(先朝) 때 있었던 일이니 어찌 감히 경솔하게 논의하겠는가."

하였다. 이에 공이 다시 반복하여 극력 개진하고, 또 아뢰기를,

"예컨대 근세에 허자(許磁)는 인선(人選)을 주관하면서 관절(關節)

**119** 근래 : 대본에는 '此'로 되어 있다. 고려대 중앙도서관 소장본 《소재집》 권10 〈유명 조선국 가선대부 경상도 관찰사 허공 신도비명〉(D1- A314A), 국립중앙도서관소장본 《소재집》 권10 〈유명 조선국 가선대부 경상도 관찰사 허공 신도비명〉(일산古3648-文15-7) 및 문맥에 근거하여 '比'로 바로잡아 번역하였다.

**120** 성균관……때 : 허엽은 1560년 10월 30일 성균관 대사성에 제수되었는데, 1562년 5월 15일 입시 기사에 관직이 대사성으로 기재되어 있는 것으로 보아 당시까지 대사성의 직임을 수행한 것으로 보인다. 《明宗實錄 15年 10月 30日, 17年 5月 15日》

**121** 감히……것 : 성균관의 유생들이 경서를 배우려 하지 않는 것을 보고 그들에 대한 신뢰가 떨어졌다는 말로, 허엽이 야대에서 아뢴 말 가운데 "신이 전에 대사성으로 있을 때 유생들에게 《중용》, 《대학》을 가르치고자 하였으나 유생들은 전혀 배우려 하지 않았으니, 학문의 도가 폐해진 지 오래입니다."라고 하였다. 《明宗實錄 17年 9月 21日》

하는 사람을 등용하지 않다가 비방이 쌓여 먼 곳으로 폄출되었고,[122] 구수담(具壽聃)은 일신의 안위를 돌보지 않고 바른말을 하다가 사사(賜死)되기에 이르렀습니다.[123] 대저 사형을 결정할 때에는 반드시 복주(覆奏)[124]를 하는 법인데, 유독 대신(大臣)에 대해서는 그렇지 않았으니, 신은 그 까닭을 알지 못하겠습니다."

하였다. 또 아뢰기를,

"사람이 뇌물을 받았다가 한번 내사(內司)에 투옥되면 하늘을 우러러 크게 탄식할 뿐 변명할 길이 없으니, 이것 역시 관심을 가지지 않을 수 없습니다."

하였다. 이에 뭇 소인들이 앞다투어 노한 목소리로 공박하여 면직되

**122** 허자(許磁)는……폄출되었고 : 허엽이 야대에서 "전일에 허자가 이조 판서로 있을 때 신이 좌랑이었는데, 그때 마침 수령이 되어서 백성을 해치지 않은 자들은 모두 거용하라는 전교가 있었습니다. 이에 허자는 사사로운 청탁을 들어주지 않고 오로지 공천만 하였기 때문에 많은 비방을 받았습니다."라고 하였다. 《明宗實錄 17年 9月 21日》 허자는 자는 남중(南仲)이고, 호는 동애(東崖)이다. 윤원형, 이기(李芑) 등과 함께 을사사화를 일으켜 윤임 일파를 제거했다. 1549년(명종4)에는 이조 판서로서 윤임 일파를 신원하자고 주장한 사람을 도와주었다는 죄로 탄핵받아 유배지에서 죽었다. 관절은 인체에서 뼈마디를 연결하는 중요한 부위를 가리키는 말로, 요로(要路)에 있는 이에게 뇌물을 바치고 청탁하는 것을 의미한다.

**123** 구수담(具壽聃)은……이르렀습니다 : 구수담은 1533년 부수찬으로 있을 때 기묘사화로 희생된 사림파를 서용할 것을 주장하다가 유배되었고, 1548년 대사헌이 되어 권신 이기를 탄핵하다가 유배되었으며, 유관(柳灌)을 변호한 적이 있다는 이유로 1550년에 사사되었다.

**124** 복주(覆奏) : 계복(啓覆)을 가리키는 말로, 사형에 처할 죄인을 신중히 다루기 위해 서울에서 세 차례에 걸쳐 다시 심리하는 것을 말한다. 세 차례의 계복을 통해 사형이 확정된 사람에 대해서는 12월에 사형을 집행하였다.

었다.

계해년(1563, 명종18) 6월에 서용되어 삼척 부사(三陟府使)에 제수되었다. 8월에 이량(李樑)[125]이 이감으로 하여금 선류(善類)들을 일망타진하게 하였는데, 공에게도 화가 미쳐서 공은 부임한 지 13일 만에 파직되었다.[126] 이윽고 이량이 유배되고 선류들이 모두 다시 서용되었으나, 윤원형 등이 공이 야대에서 한 말이 옳지 않다고 하면서 현직(顯職)에 서용하지 말라고 청하였다.

융경 정묘년(1567, 선조 즉위년)에 다시 도승지가 되었다. 상께 아뢰기를,

"윤원형과 이기(李芑)가 선왕(先王)과 선후(先后)를 기망(欺罔)하고 명망 있는 선비들을 모두 잡아다 반역의 죄명을 더하였으니, 혹 풀려난 사람이 있기는 하지만 모두 한 구덩이로 몰아넣고 말았습니다. 지금 만일 그들의 죄를 바로잡아 그 원통함을 풀어 준다면 화합을 이룰 수 있고 재앙이 사라지게 할 수 있을 것입니다."

하였다. 또 아뢰기를,

"선정신(先正臣) 이언적(李彦迪)이 지은 글을 거두어 모아 완미(玩味)해 보니 또한 스승이 될 만하였습니다. 지금 이황(李滉)이 병으로 관직을 사양하고 집에 있기는 하지만 성상께서 공경을 다하고

**125** 이량(李樑) : 1519~1563. 자는 공거(公擧), 본관은 전주(全州)로, 효령대군(孝寧大君)의 5세손이다. 명종의 총애를 믿고 전횡을 일삼으며 비리를 저질렀다. 1563년에 사림을 숙청하려 계획하였으나 심의겸(沈義謙)에 의해 사전에 발각되어 기대항(奇大恒)에게 탄핵받고 강계(江界)에 유배된 뒤 죽었다.

**126** 부임한……파직되었다 : 허엽의 행장에는 "부임한 지 3개월 만에 파직되었다.〔上府三月而罷〕"라고 되어 있다. 《草堂集 附錄 行狀》

예를 극진히 하면 필시 감히 오지 않을 수 없을 것입니다. 명종께서 불렀던 이항(李恒)과 조식(曺植)도 노쇠하지만 성의를 가지고 부른다면 역시 나올 것입니다. 옛날에 정자(程子)와 주자(朱子)가 태어났지만 송(宋)나라에 등용되지 못하였으니, 이는 천고의 유감입니다. 남송(南宋)의 이종(理宗)[127]은 그 도(道)를 숭상할 줄은 알았지만 참으로 위대한지는 알지 못했으니, 또한 무슨 유익함이 있었겠습니까."

하였다. 이에 상이 이황에게 소명(召命)을 내렸는데, 두 차례 소명을 내리기에 이르러 조정으로 나아왔다. 또 아뢰기를,

"선조(先朝)에 서얼 이중호(李仲虎)와 장륜(張崙)[128]이 있었는데, 학문과 행실로 세상에 이름이 나서 배우는 사람들이 많이 추종하였습니다. 지금 박형(朴泂)[129]은 《소학》을 가르침으로 삼아 그 문도가

127 이종(理宗) : 1205~1264. 송나라 제14대 황제이자 남송의 제5대 황제로, 이름은 조윤(趙昀)이다. 주자학(朱子學)에 심취하여 진덕수(眞德秀) 등 유학자를 등용하여 개혁을 도모하였지만, 지나치게 이상화된 개혁은 결국 실패로 끝나고 말았다. 주자학을 중시하여 '이종'이라는 묘호를 얻었다.

128 이중호(李仲虎)와 장륜(張崙) : 두 사람 모두 서얼 출신의 저명한 학자이다. 이중호의 본관은 광주(光州), 자는 풍후(風后)이며, 호는 이소재(履素齋)이다. 효령대군의 후손으로, 김굉필(金宏弼)의 문인(門人)인 유우(柳藕)에게 배웠다. 일찍이 과거 공부를 폐하고 도학에 전력하여 제자들에게 《소학》과 《근사록》 등을 우선으로 가르쳤으며, 서경덕(徐敬德)과 예설을 강론하였다. 특히 성리학에 조예가 깊어 〈심성도설(心性圖說)〉, 《성리명감(性理明鑑)》 등의 저술을 남겼다. 장륜은 역학 훈도(譯學訓導)를 지냈으며 그를 따르는 학도가 100여 명이나 되었다고 한다.

129 박형(朴泂) : ?~1604. 본관은 반남, 자는 형지(泂之), 호는 정산(鼎山)으로 나주(羅州) 출신이다. 성품이 온후하고 도량과 식견이 뛰어났으며, 이중호에게 수학한 뒤 서울로 올라와 《소학》을 가르쳤는데, 문의(文義)가 정밀하여 명종과 선조 때의 조신

항상 수백 명에 이릅니다. 천거되어 동몽훈도(童蒙訓導)에 보임되었는데, 고시(考試)에 나오지 않았다는 이유로 전(殿)을 받았습니다만[130] 그럼에도 오히려 심력을 다하여 가르침을 게을리하지 않고 있으니, 청컨대 이중호와 장륜의 전례에 따라 녹질(祿秩)을 주소서."

하였는데, 상께서 그대로 따랐다.

무진년(1568, 선조1)에 책봉 태자 진하사(冊封太子進賀使)의 부사(副使)로 충원되어 북경에 갔다가 《독서록(讀書錄)》[131]을 구해 와서 상께 올리니, 인쇄하여 반포하라고 명하였다. 기사년(1569)에 홍문관 부제학이 되었다. 아뢰기를,

"근습(近習 근신(近臣))이라는 명칭은 말세에 나오는 말인데, 근래 국가의 재앙은 대부분 외척(外戚)과 후궁(後宮)으로 말미암아 첩경(捷徑)이 되고 있으니, 이것이 가장 근심스럽습니다."

하였다. 또 아뢰기를,

"신하는 임금을 사랑하여 일이 발생하기 전에 미리 경계하는데 정도(正道)를 어지럽히고 해치는 자들은 도리어 잘못이라고 말을 하니, 이 역시 마땅히 살펴 유념해야 합니다."

하였다. 또 아뢰기를,

(朝臣)들 가운데 그의 가르침을 받은 사람이 많았다고 한다.

**130** 전(殿)을 받았습니다만 : 관원의 근무 성적을 평가하는 고과(考課)에서 하등(下等)의 점수를 받았다는 말이다.

**131** 독서록(讀書錄) : 《설문청독서록(薛文淸讀書錄)》을 말한다. 설문청(薛文淸)은 명(明)나라의 학자 설선(薛瑄)으로, 자는 덕온(德溫), 호는 경헌(敬軒)이며, 문청(文淸)은 시호이다. 그의 학술은 한결같이 정자와 주자에 근본을 두어 본성의 회복을 요지로 삼으면서 함양(涵養)을 위주로 하였다.

"양이(兩李 이황과 이항)와 조식에 대해서는 한(漢)나라 조정의 고사(故事)에 의거하여 해마다 요미(料米)를 지급하고 장리(長吏)가 계절에 따라 존문(存問)하며 봄가을로 양고기와 술을 보내고, 관찰사가 제생(諸生)에게 유시하여 이들에게 찾아가 효제(孝悌)와 충신(忠信)의 도리를 배우게 한다면, 원근의 사람들이 모두 성상의 의도를 알아서 인심(人心)이 선량해지고 풍화(風化)가 이루어질 것입니다."

하였다. 또 아뢰기를,

"김개(金鎧)가 정광필(鄭光弼)과 이행(李荇)을 가리켜 비슷한 사람이라고 말하였으니, 시비(是非)를 현혹하고 어지럽힌 점이 지극합니다.[132] 두 사람은 심정(沈貞)과 김안로(金安老)에 의해 한편으로는 시기를 받고 한편으로는 영합되어 거의 나라를 망칠 뻔하였습니다. 중종께서 점차 깨달으신 덕분에 나라가 망하지는 않았지만, 깊이 살펴서 통렬히 물리쳐야 할 것입니다."

하였다. 또 아뢰기를,

"예조에서는 향약(鄕約)을 시행하면 먼 곳의 백성이 오가는 어려움이 있다고 하였습니다만, 무릇 조령(詔令)이 내려지면 선포하는 데 따라 용동(聳動)하는 법이니, 어찌 심산궁곡(深山窮谷)을 핑계로 계도하는 정책을 폐할 수 있겠습니까."

하였다. 그러나 상이 수용하지 않아 향약이 마침내 시행되지 못하였다.

**132** 김개(金鎧)가……지극합니다 : 1569년(선조2) 4월 19일의 석강(夕講)에서 기대승(奇大升)이, 지난날 김개가 말한 것을 용서하고 이해해야 한다고 했던 대간과 홍문관 관원들의 말이 옳다고 아뢰었는데, 그 주(註)에서 "김개가 이행을 정광필에게 비길 수 있다고 하였으므로 삼사(三司)의 관원들이 경연 석상에서 시비를 문란하게 한 그의 죄를 강력히 아뢰었다." 하였다. 《宣祖實錄 2年 4月 19日》

공이 전형(銓衡)에 참여한 3년 동안 근례(近例)를 배제하여 없애고 강직하여 아첨하지 않자, 낭관(郞官)들이 근심하여 좨주(祭酒)에 의망하려고 계획하였으나 뜻을 이루지 못하였다. 대사간에 제수되었을 때 공은 전응기(田應麒)가 원죄(冤罪)를 썼다고 주장하다가 동료들의 의견이 갈라지는 것을 보고 질병을 이유로 사직하였다. 뒤에 관찰사에 제수되었을 때 의리상 차마 국문(鞫問)하지 못하여 소장(疏狀)을 올려 사직하고 또 병을 이유로 사직하니, 이때부터 감오(感悟)한 사람이 많아져서 전응기에 대한 사론(死論)이 마침내 감면되었다. 처음에 온 나라가 을사년(1545, 명종 즉위년)의 위훈(僞勳)[133]을 삭탈하기를 청할 때 공은 다른 한 사람을 탄핵하려 의논하였는데, 이 때문에 1년 가까이 서반직(西班職)[134]에 있게 되었다.

만력(萬曆) 계유년(1573, 선조6)에 다시 성균관 대사성이 되었다. 아뢰기를,

"《주례(周禮)》에 궁중(宮中)의 동정(動靜)은 총재(冢宰)가 참여하여 알지 못하는 것이 없다고 하였습니다. 그런데 지난번 종척(宗戚)을 인견(引見)하셨을 때 승정원에서 알지 못하였으니, 이것이 옳은 일이겠습니까."

하니, 상이 노기를 띠고 말하였다. 뒤에 연방(延訪)[135]에서 다시 상에게

**133** 을사년의 위훈(僞勳) : 위훈은 거짓 공신이란 뜻으로, 1545년 8월에 일어난 을사사화를 주도한 인물들에게 책봉된 공신호(功臣號)를 말한다. 이들은 뒤에 위훈으로 간주되어 관직과 녹권(錄券)이 완전히 삭훈(削勳)되었다.

**134** 서반직(西班職) : 원래 문관(文官)인 동반직(東班職)과 상대되는 말로 무관(武官)을 지칭하나, 여기서는 현직을 떠난 문무관을 예우하기 위하여 내려 주는 군직(軍職)이나 중추부(中樞府)의 관직을 가리킨다.

간(諫)하기를,

"강직한 사람을 싫어하고 유순한 사람을 좋아하십니다."

하였는데, 말이 매우 절실하고 지극하였다. 이에 상이 이르기를,

"무슨 일을 말하는가?"

하면서 옥음(玉音)이 매우 엄중해지니, 좌우의 사람들은 깜짝 놀라 얼굴빛이 변하였으나 공은 조목조목 나열하여 아뢰기를 그치지 않았다.

공은 아홉 번 성균관 대사성이 되었는데, 항상 개연(慨然)한 마음으로 인재 양성을 자신의 임무로 여겼다. 선(善)을 부지(扶持)하고 과실을 막았으며, 폐지되고 실추된 예(禮)를 다시 일으키고 풍교(風教)와 처벌을 엄격히 하였다. 《대학》, 《중용》, 《근사록(近思錄)》을 통독하게 하고 《예기(禮記)》 〈유행편(儒行篇)〉을 옮겨 적어 동재(東齋)와 서재(西齋)의 벽에 붙여 놓았다. 또 사학(四學)에 두루 벼슬하여 모두 국학(國學)과 같이 다스리니, 놀라고 괴이하게 생각하던 사람들이 이에 진정되어 긍지를 가지고 분발하는 자가 많았다. 평소 선정(先正)의 서원에 유념하여 경영하고 보호하기를 마치 집안일처럼 할 뿐만이 아니었다.

을해년(1575, 선조8)에 다시 사간원 대사간이 되었다. 당시 주인을 시해한 종이 있어서 의금부에 내려 국문하게 하였는데, 공이 위관(委官)을 추고(推考)해야 한다고 청하자 정언(正言) 조원(趙瑗)이 아뢰기

**135** 연방(延訪) : 임금이 신하들을 불러 정무에 대해 자문(諮問)하는 일을 말한다. 연방에 참여하는 신하의 직위와 인원은 사안에 따라 달랐으며, 주로 경연(經筵)과 연동하여 행하였다. 《睿宗實錄 卽位年 12月 10日》《燕山君日記 1年 11月 5日》《中宗實錄 7年 6月 29日, 11年 10月 22日》

를 "군주가 대신(大臣)을 경시하는 조짐을 열게 될 것입니다." 하였다. 이에 부화뇌동하는 자들이 많아져서 시비가 서로 엇갈려 나왔으므로 대사헌과 공이 모두 체차되었다.[136]

기묘년(1579) 5월 경상도 관찰사 자리가 비어서 상이 삼공(三公)에게 명하여 의논하게 하였는데, 다섯 사람을 천거하니 상이 공을 발탁하였다. 공이 오랫동안 벼슬에 나가지 못했기 때문에 비답(批答)이 나오자 중외(中外)의 사람들이 서로 축하하였다. 공은 교화(敎化)를 급선무로 여겼는데, 김사재(金思齋 김정국(金正國))가 편찬한 《경민편(警民編)》[137]에 '군상(君上)' 한 조항이 빠졌기 때문에 이를 보충한 다음 인쇄하여 여항(閭巷)에 수천 본(本)을 반포하였다. 또 큰 고을로 하여금 《삼강행실도(三綱行實圖)》와 《이륜행실도(二倫行實圖)》를 조판하여 인쇄하게 하였으며, 가는 곳마다 문묘(文廟)에 알현(謁見)하고 제생(諸生)에게 늠료(廩料)를 지급한 뒤에 반드시 학문하는 방법을 써서 보였다. 사송(詞訟)은 명백하게 판결하고 연수(淵藪)[138]를 찾아 척결하

**136** 당시……체차되었다 : 재령(載寧) 지방에 종이 주인을 죽인 일이 있었는데, 검시(檢屍)를 제대로 하지 못해 죽음에 이른 이유를 밝히지 못하자 이 종을 의금부에 내려 국문하게 하였다. 그러나 박순(朴淳)이 위관이 되어 오랫동안 옥사를 판결하지 못하다가 증거 불충분을 이유로 이 종을 석방하자 사간원에서 위관을 논핵하였고 사헌부에서도 이를 논핵하였는데, 정언 조원이 대신을 경솔하게 논핵했다고 말하는 바람에 양사(兩司)가 모두 피혐(避嫌)하여 사직하게 되었다. 《宣祖修正實錄 8年 7月 1日, 8月 1日》

**137** 경민편(警民編) : 김정국이 백성을 교화하고 경계하기 위해 편찬하고 간행한 책이다. 1519년에 처음 간행되었고 1658년(효종9) 이후원(李厚源)에 의해 중간(重刊)되었다. 부모, 부부, 형제자매, 족친, 노주(奴主), 인리(隣里), 투구(鬪毆), 근업(勤業), 저적(儲積), 사위(詐僞), 범간(犯奸), 도적(盜賊), 살인(殺人) 등에 관한 13개 조목으로 되어 있다.

였으며 또 구습(舊習)을 아울러 제거하고자 하였는데, 유언비어가 크게 일어났으나 개의치 않았다. 9월에 풍한(風寒) 증상 때문에 사직소를 올렸는데 윤허하지 않으시니, 감격하여 더욱 면려하였다. 이듬해 봄 재차 사직소를 올리고 체차되어 돌아올 때 일선현(一善縣 선산(善山))에 이르러 병이 마침내 심해졌는데, 2월 4일 상주(尙州)의 공관(公館)에서 세상을 떠났다. 그해 아무 달 아무 날을 잡아 아무 고을 아무 언덕에 안장하였다.

공이 세상을 떠나자 공을 아는 사람이든 모르는 사람이든 탄식하며 아쉬워하지 않는 이가 없었고 영결하는 사람이 수백 명에 이르렀으며, 국학(國學) 및 도봉서원(道峯書院)과 심곡서원(深谷書院)의 원생(院生)이 모두 와서 치제(致祭)하였으니, 공이 도학(道學)을 보위(保衛)한 공(功)과 덕(德)을 흠모한 풍모는 속일 수 없다 하겠다.

공은 기우(氣宇)가 조숙하여 7, 8세에 효우(孝友)가 남달랐으며 스승에게 나아가서는 번거로이 권면하고 독려하지 않아도 우뚝이 날로 진취(進就)하였다. 일찍이 《송사(宋史)》를 읽다가 진문룡(陳文龍)이 오랑캐에게 사로잡혀 자신의 배를 가리키며 "이것이 모두 절의(節義)와 문장이니, 어찌 나를 핍박할 수 있겠는가."라고 한 부분에 이르러 책을 덮고 탄식하기를 "선비는 마땅히 이와 같아야 한다." 하고는, 마침내 그 구절에 표시하여 정곡(正鵠)으로 삼은 다음 더욱 스스로 분발하고 격려하였다. 하루는 갑자기 한숨을 쉬며 탄식하기를 "정자(程子)와

**138** 연수(淵藪) : 못에 물고기가 모여들고 숲에 새와 짐승이 모여드는 것처럼 여러 사물이나 사람이 모이는 곳을 비유적으로 이르는 말로, 가렴주구들이 모이는 곳을 가리킨다.

주자(朱子)가 나오기 전에 학문이 어둡지 않은 것은 아니었지만 그래도 사람들의 조예를 논해 보면 볼만한 것이 많았다. 그런데 정자와 주자 이후에는 학문이 밝혀지지 않은 것은 아니지만 사람들이 수립한 바가 도리어 한당(漢唐)보다 못하니, 이는 아마도 자득(自得)과 문견(聞見)에 차이가 있었기 때문일 것이다." 하였다. 이로 인하여 나식(羅湜)[139] 공에게 질문하니 회재(晦齋) 이 선생(李先生 이언적)이 인종에게 권면하여 강(講)했던 《심경부주(心經附註)》를 펴 보이므로, 그 부분을 찾아 읽어 보니 홀연히 찾아갈 만한 지름길이 보이는 듯하였다. 또 진천(鎭川) 이여(李畬)[140] 선생이 수학(數學)에 정통(精通)하고 더욱이 《주역》에 조예가 깊었으므로 다시 나아가 수업을 받았다. 뒤에 화담(花潭)에서 문강공(文康公 서경덕(徐敬德))을 사사(師事)하였는데, 병이 위중해지자 〈원이기(原理氣)〉 등 여섯 편[141]을 구점(口占)[142]

**139** 나식(羅湜) : 1498~1546. 본관은 안정(安定), 자는 정원(正源), 호는 장음정(長吟亭)이다. 허엽이 젊었을 때 나식에게 《소학》과 《근사록》을 배웠다. 1545년(명종 즉위년) 을사사화 때 윤임의 일파로서 이휘(李煇)의 사건에 연루되어 파직되고 흥양(興陽)으로 유배되었다가 이듬해 강계(江界)로 이배된 뒤 사사되었는데, 1568년(선조1) 영의정 이준경(李浚慶)의 상소로 신원되었다. 저서로는 《장음정집(長吟亭集)》 3권이 있다.

**140** 이여(李畬) : 1503~1542. 본관은 한산(韓山), 자는 유추(有秋), 호는 송애(松厓)이다. 이색(李穡)의 후손으로, 김안국에게 나아가 학문을 닦았다. 1531년 식년 문과에 병과로 급제하였다. 재직 중에도 학문 연구에 힘써 역학(易學)에 정통하였다.

**141** 원이기(原理氣)……편 : 《화담집(花潭集)》 권2에 실린 〈원이기〉, 〈이기설(理氣說)〉, 〈태허설(太虛說)〉, 〈귀신사생론(鬼神死生論)〉 등 화담 서경덕의 이기철학(理氣哲學)과 학문 이론이 담긴 일련의 저술들을 가리키는 것으로 보인다.

**142** 구점(口占) : 초고(草稿)를 작성하지 않고 즉석에서 입으로 불러 전사(轉寫)하게 하는 것을 이른다.

하여 공에게 남겨 주었으니, 공은 매번 문강공에게서 수업을 마치지 못한 것을 통한으로 여겼다. 공은 처음에는 문사(文詞)에 능하였는데 이때부터 모두 버리고 어진 이를 존중하고 선비를 아끼기를 배고픈 사람이 음식을 찾고 목마른 사람이 물을 찾는 것처럼 할 뿐만이 아니었다. 종성 부사(鍾城府使)와 함께 같은 문하에서 수학하고 이웃에 살면서 하루도 빠짐없이 서로 강론하여 비평하니, 따르는 선비들이 반드시 학문하는 방향이 어떠해야 하는지 물었다. 그러나 정치의 득실과 인물의 장단점에 대해서는 일찍이 말을 한 적이 없었다.

새벽에 일어나 종가(宗家)를 향해 두 번 절하고 물러나 금서(琴書)로 가득한 방에서 외물(外物)의 유혹을 모두 물리친 채 고금의 격언(格言)을 벽에 걸어 두고 바라보며 성찰하였는데, 몸이 피곤하면 눈을 감고 잠명(箴銘) 몇 편을 암송하다가 밤중이 되어서야 잠자리에 드는 것을 일상으로 삼았다. 산수(山水)를 매우 좋아하여 화창한 시절 좋은 경치를 만나면 친구들을 데리고 교외로 나가서 흥이 다한 뒤에야 돌아왔다. 사람과 사귈 때는 경계를 두지 않아서 자리에 늘 손님이 가득하였는데, 나물 반찬에 거친 밥이라도 반드시 대접하였다.

어릴 적에 바둑을 매우 즐겼는데, 어른이 이에 대해 언급하니 얼굴을 붉히고 땀을 흘리며 부끄러워하고는 종신토록 다시는 바둑돌을 잡지 않았다. 일찍 부친을 여의고 나서는 지극한 정성으로 모친을 봉양하였고 외조부인 판관공(判官公)을 부모처럼 섬겼는데, 세상 사람들이 이간하는 말을 하지 않았다. 녹봉을 받으면 문득 아우와 조카에게 나누어 주었고, 혼취(婚娶)와 상장(喪葬)이 있으면 힘을 다해 돕고 보호하여 자신의 옷을 벗어 입혀 주기까지 하였다. 유희춘(柳希春) 공이 종성(鍾城)에 유배되었을 때 여러 차례 계속 방한구(防寒具)를 보내 주니,

항상 자제들에게 말하기를 "늘 인휼(仁恤)의 마음을 간직하고 있으면 반드시 다른 사람에게 베풀 때가 있을 것이다." 하였다.

대개 공은 풍도(風度)가 엄정하고 심원(深遠)하였다. 만년에는 다시 화락(和樂)하고 평이(平易)하여 기쁨과 노여움을 밖으로 드러내지 않았으니, 혹시라도 나쁜 말로 비복(婢僕)을 꾸짖은 적이 없었다. 명종과 선조 두 조정에 벼슬하면서는 속이지 않는 것을 위주로 하였고, 나고 들 때 수고로움을 다하여 대체(大體)를 지키는 데 힘쓰고 작은 일에 얽매이지 않았다. 세 고을의 지방관으로 부임해서는 처자(妻子)가 감히 사사로운 청탁을 하지 못하였고, 30년 동안 높은 지위에 있었지만 문정(門庭)이 포의(布衣) 시절과 똑같았다. 아, 은덕(恩德)을 베풀고 선(善)을 행하여 이미 쌓여 풍부하게 되었으니, 이치로 볼 때 마땅히 큰 복을 누려 대질(大耋)[143]에 올랐어야 한다. 그러나 명성과 지위가 이미 걸맞지 않은 데다 또 그 수명마저 인색하였으니, 하늘의 보시(報施)가 어찌 이리도 어긋나고 말았던가. 오호라, 슬프도다.

공의 이력은 장흥고 직장(長興庫直長), 예조·공조·병조·이조의 좌랑(佐郎), 이조 정랑, 공조·예조·병조·이조·형조의 참의(參議)와 참지(參知), 사헌부의 장령(掌令)·집의(執義), 사간원의 정언(正言)·대사간, 홍문관(弘文館)의 부수찬(副修撰)·수찬(修撰)·교리(校理)·부교리(副校理)·부제학(副提學), 세자시강원 필선(世子侍講院弼善), 의정부의 검상(檢詳)·사인(舍人), 독서당(讀書堂) 사가독서(賜暇讀書), 제용감 부정(濟用監副正), 군자감(軍資監)·내자시(內資

**143** 대질(大耋) : 해가 기울듯 인생이 얼마 남지 않은 노년기를 이르는 말로, 흔히 80세를 이른다.

寺)·사도시(司導寺)·군기시(軍器寺)·내섬시(內贍寺)의 정(正), 성균관의 전적(典籍)·직강(直講)·사예(司藝)·대사성, 승문원 판교(承文院判校), 승정원의 동부승지·우부승지·좌부승지·우승지, 배천 군수(白川郡守), 삼척 부사(三陟府使), 경주 부윤(慶州府尹), 경상도 관찰사이다.

공의 부인은 청주 한씨(淸州韓氏)이니, 서평군(西平君) 한숙창(韓叔昌)의 딸이고, 광록시 소경(光祿寺少卿)에 선수(宣授)[144]된 좌의정 양절공(襄節公 한확(韓確))의 후손이다. 자질이 현명하고 사리에 통하여 예(禮)에 맞게 공을 섬기고 효우에 독실하였다. 일찍이 형제들과 재산을 나눌 때 가지고 싶어 하는 기색이 있는 것을 보면 인색하게 굴지 않고 내주었으니, 시어머니가 성품이 엄격하였는데도 "나의 훌륭한 며느리이다."라고 하며 자주 칭찬하였다. 시어머니가 세상을 떠나고 나서도 시어머니에 대한 말이 나오면 반드시 눈물을 흘렸다.

후부인(後夫人)은 강릉 김씨(江陵金氏)이니, 예조 참판 김광철(金光轍)의 딸이고, 신라의 종성(宗姓) 명원군왕(溟源郡王) 김주원(金周元)의 후손이다.

공은 자녀 여섯을 두었다. 전부인 소생의 아들 성(筬)은 생원시에 합격하여 내시부 교관(內侍府敎官)이 되었다. 사위 박순원(朴順元)은 전함사 별제(典艦司別提)이고, 우성전(禹聖傳)은 진사시에 합격하고 문과에 급제하여 예빈시 정(禮賓寺正)이 되었다.

후부인 소생의 아들 봉(篈)은 생원시에 합격하고 문과에 급제하여 의정부 사인(議政府舍人)이 되었는데, 형과 함께 모두 학문을 좋아하

144 선수(宣授) : 황제가 조서를 내려 제수한 것을 말한다.

고 문장에 능하여 가업을 잘 계승하였다. 균(筠)은 어리다. 사위 김성립(金成立)은 유학(幼學)이다.

교관은 유수(留守) 이헌국(李憲國)의 딸에게 장가들었는데 후사가 없고, 계실(繼室)은 병사(兵使) 남언순(南彥純)의 딸로 2남 3녀를 낳았다. 사인은 전 군수 이우빈(李禹賓)의 딸에게 장가들어 1남 1녀를 낳았다. 별제는 1남을 낳았고, 김성립은 1녀를 낳았다. 명(銘)은 다음과 같다.

| | |
|---|---|
| 선비가 혹 인에 뜻을 두지만 | 士或志仁 |
| 또한 학문을 즐기는 경우는 드무니 | 亦鮮嗜學 |
| 인에 뜻을 두고 학문을 즐기면 | 于志于嗜 |
| 자신도 모르게 덕(德)이 닦이리라[145] | 厥修罔覺 |
| 노나라에 군자가 없었다면 | 魯無君子 |
| 공이 어디서 이러한 덕을 취했으랴[146] | 公焉取斯 |
| 잘 유지하여 변하지 않았으니 | 克持弗渝 |
| 충성과 신의를 기반으로 하였네 | 忠信以基 |
| 조정에서 경륜을 발휘하고 | 載揚王庭 |

**145** 자신도……닦이리라 : 《서경》 〈열명 하(說命下)〉에 "가르침은 배움의 반이니, 생각의 끝과 시작을 학문에 몰입하면 그 덕이 닦임을 자신도 깨닫지 못할 것이다.〔惟斅學半, 念終始典于學, 厥德修罔覺.〕"라고 한 데서 온 말이다.

**146** 노(魯)나라에……취했으랴 : 어진 이를 존경하고 훌륭한 벗을 사귀어 덕을 이룬 사람이라는 의미이다. 공자가 제자인 자천(子賤)을 칭찬하면서 "군자답구나, 이 사람이여. 노나라에 군자가 없었다면 이 사람이 어디에서 이러한 덕을 취했겠는가."라고 한 데서 온 말이다. 《論語 公冶長》

| | |
|---|---|
| 근신의 반열에 발탁되어 | 騫于邇列 |
| 전형과 경연에 참여하고 | 銓衡帷幄 |
| 왕의 이목과 후설이 되었네 | 耳目喉舌 |
| 역린을 범하되 강직하고 간절하게 하여[147] | 犯逆堅懇 |
| 성충이 내심 돌아서게 하였는데 | 聖衷內回 |
| 변호하여 막으려 했던 일들이 끝내 좌절된 것은 | 辨遏挫敲 |
| 사람들의 시기심이 쌓였기 때문이라네 | 衆口積猜 |
| 여러 차례 배척되었으나 | 屢遭斥犇 |
| 스스로 돌이켜보매 더욱 정직했으니[148] | 反而益縮 |
| 아홉 번 성균관 대사성이 되매 | 九典胄敎 |
| 처음에 놀라던 이들이 마침내 심복하였네 | 始駭乃服 |
| 임금께서 영남 지역을 진념하여 | 王軫嶺表 |
| 가서 어루만져 다스리라 하시니 | 其往撫循 |
| 공은 그 덕의를 잘 받들어 | 公承德意 |
| 각고의 노력으로 구습을 일신하였네 | 刻厲作新 |
| 오직 모재와 회재의 도(道)를 | 惟慕惟晦 |
| 모범으로 삼아 준수하였는데[149] | 是範是守 |

**147** 역린(逆鱗)을……하여 : 강직하고 간절하게 간쟁하여 비록 임금이 노하더라도 그만두지 않았다는 말이다. 역린은 용의 턱 밑에 있는 비늘을 거스른다는 뜻으로 직간을 하다가 임금의 노여움을 사는 경우를 가리킨다.

**148** 스스로……정직했으니 : 스스로 떳떳하여 외물의 유혹에 마음이 흔들리지 않았다는 의미이다. 맹자가 인용한 증자(曾子)의 말에 나온다.《孟子 公孫丑上》

**149** 오직……준수하였는데 : 모재(慕齋) 김안국(金安國)과 회재(晦齋) 이언적(李彦迪)의 학문과 덕행을 본받아 실행하고자 하였다는 말이다. 두 사람 모두 경상도 관찰사

곤궁한 백성들은 서로 즐거워하고　顚連胥悅
경박한 사람들은 다투어 비난하였네　浮躁競詬
병들어도 직임을 그만두지 않고　惟疾弗輟
성실히 하여 그치지 않았으니　惟誠弗窮
스스로 애석한 점이야 없겠지만　惟弗自惜
이제 세상을 떠났으니 공을 어이하리오　奈何乎公
누가 배우지 않았다고 하겠는가[150]　孰曰未學
누가 그 인만 하리오[151]　孰如其仁
이는 공을 부족하게 여기는 것이 아니라　非公之慊
내가 공을 그 경지에 비기는 것일세[152]　我儗其倫

를 지냈는데, 성리학(性理學)을 학문적 기반으로 삼아 삼대(三代)의 치세(治世)를 실현하고자 하였다.

**150** 누가……하겠는가 : 허엽의 훌륭한 행실을 비유한 표현으로, 자하(子夏)가 "어진 이를 어질게 여기되 색을 좋아하는 마음과 바꾸어 하며, 부모를 섬기되 그 힘을 다하며, 군주를 섬기되 그 몸을 바치며, 붕우와 더불어 사귀되 성실하게 말하면 비록 배우지 않았다고 하더라도 나는 반드시 그를 배웠다고 이르겠다."라고 한 데서 온 말이다. 《論語 學而》

**151** 누가……하리오 : 이분만큼 인(仁)한 사람이 없다는 의미로, 허엽이 지닌 훌륭한 자품을 표현한 말이다.

**152** 내가……것일세 : 허엽의 행실과 인을 옛 성현의 경지에 견주어 말하였다는 의미이다.

# 유명 조선국 대광보국숭록대부 의정부영의정 겸 영경연홍문관예문관춘추관관상감사 이공 신도비명 병서

有明朝鮮國大匡輔國崇祿大夫議政府領議政兼領經筵弘文館藝文館春秋館觀象監事李公神道碑銘 幷序

네 조정의 원로(元老)인 대광보국숭록대부 의정부영의정 겸 영경연홍문관예문관춘추관관상감사 이공의 무덤이 양근(楊根)의 치소(治所) 서쪽 명재리(鳴岾里) 건향(乾向) 언덕에 있으니, 만력(萬曆) 9년 신사년(1581, 선조14) 3월에 좌의정 광산(光山) 노수신은 그 동남쪽에 비석을 새겨 다음과 같이 말한다.

공의 휘는 준경(浚慶), 자는 원길(原吉), 호는 동고(東皐)이고, 본관은 광주(廣州)이니, 홍문관 부수찬(弘文館副修撰)을 지내고 영의정에 추증된 휘 수정(守貞)의 아들이고, 판중추부사(判中樞府事) 광양군(廣陽君) 휘 세좌(世佐)의 손자이며, 형조 판서 좌익 공신(佐翼功臣) 광성군(廣城君) 문경공(文景公) 휘 극감(克堪)의 증손이고, 우의정 충희공(忠僖公) 휘 인손(仁孫)의 현손이다.

시조는 휘 집(集)[153]이니, 문학(文學)과 지절(志節)로 세상에 이름

**153** 집(集) : 이집(李集, 1327~1387)으로, 본관은 광주, 초명은 원령(元齡), 자는 호연(浩然), 호는 둔촌이다. 충목왕(忠穆王) 때 과거에 급제하였으며, 1368년(공민왕17) 신돈의 미움을 사 생명의 위협을 받자 광주목(廣州牧)의 향리(鄕吏)로 있던 부친 이당(李唐)을 등에 업고 영천(永川)으로 도피하여 숨었다가 신돈이 주살된 뒤에 개경으로 돌아와 이름과 자를 바꾸었다. 판전교시사에 임명되었으나 곧 사직하고 여주(驪州) 천녕현(川寧縣)에 은거하여 시를 지으며 일생을 마쳤다. 임심문(任深文)을 비롯한

이 알려졌고 목은(牧隱 이색(李穡))·포은(圃隱 정몽주(鄭夢周))·도은(陶隱 이숭인(李崇仁)) 삼은(三隱)과 벗이 되었으며 과거에 급제하여 판전교시사(判典校寺事)가 되었다. 신돈(辛旽)에게 저촉되어 부친을 등에 업고 영남 지역으로 도피하였다가 한참 뒤에 돌아왔으니, 호가 둔촌(遁村)이다. 이분이 휘 지직(之直)을 낳았으니, 형조 우참의(刑曹右參議)와 보문각 직제학(寶文閣直提學)을 역임하고 청렴하다는 명성이 있어 이씨(李氏) 가문이 마침내 크게 드러났다. 충희공의 다섯 아들은 모두 문과에 급제한 뒤 고관이 되어 벼슬이 혁혁(奕赫)하였는데, 광양군과 수찬(修撰 이수정) 대에 이르러 벼슬이 지극하게 되었다. 갑자사화(1504, 연산군10) 때 온 집안이 화를 당하여 공은 6세에 외지로 축출되었다가 정덕(正德) 병인년(1506, 중종1) 중종께서 개옥(改玉)[154]했을 때 비로소 서울에 돌아왔다.

대부인 신씨(申氏)는 평산(平山)의 저명한 성씨이니, 고려 태사(太師) 신숭겸(申崇謙)[155]의 후손이다. 부친은 상서원 판관(尙瑞院判官) 신승연(申承演)이니, 공을 보고 매우 기특하게 여겨 부탁하며 말하기

60명에 달하는 인물들과 시로 교유하였으며, 특히 이색, 정몽주, 이숭인과 친분이 두터웠다.

**154** 개옥(改玉) : 패옥(佩玉)을 바꾸어 찬다는 말로, 반정(反正)을 통해 즉위하여 법과 제도를 새로 정비한다는 의미이다.

**155** 신숭겸(申崇謙) : ?~927. 초명은 능산(能山), 시호는 장절(壯節)로, 평산 신씨의 시조이다. 고려 초기의 무신으로, 918년(태조1)에 혁명을 일으켜 궁예(弓裔)를 몰아내고 왕건(王建)을 추대하여 고려 건국에 큰 공을 세웠다. 927년 공산(公山)에서 견훤(甄萱)의 군대에게 왕건이 포위되자 힘써 싸워 구출하고 전사하였다. 태사로 추증되었으며, 고려 태묘(太廟)에 배향되었다.

를 "이 아이는 기국(器局)이 예사롭지 않으니, 마침내 큰 성취를 이룰 것이다." 하였다. 대부인은 어머니로서의 도리가 높고 자애로웠으며 가르치고 신칙하는 덕의(德義)를 삼가 갖추었으니, 《효경(孝經)》과 《대학》을 모두 구두로 전수해 주었다. 항상 이르기를 "과부의 자식은 사람들이 더불어 사귀지 않는다고 하니, 반드시 열 배 더 학문에 힘써서 구복(舊服)[156]을 실추하는 일이 없도록 하여라." 하였는데, 공은 그 말씀을 공경히 받들어 마음을 벗어나는 일이 없었다.

나이 17, 8세에 품행이 이루어지고 문예에 통달하여 학궁(學宮)에 유학(遊學)하였는데, 뜻이 과거 공부에 있지 않았고 오로지 위기(爲己)의 학문[157]에 힘써서 행동이 모두 법도에 맞았다. 가정(嘉靖) 임오년(1522, 중종17)에 성균관에 들어갔고, 재주와 학문이 널리 알려졌다. 백공(伯公)[158]과 함께 대부인을 섬길 때는 공손히 뜻을 받들어 잘 봉양하였으며 병환이 있으면 직접 탕약을 달이고 먼저 맛을 본 뒤에 올렸다. 갑신년(1524) 봄에는 집상(執喪)하다가 슬픔으로 몸이 상하여

**156** 구복(舊服) : 옛날부터 복행(服行)하던 일이라는 의미로, 선대부터 내려오는 가업(家業)을 가리킨다.

**157** 위기(爲己)의 학문 : 자신의 덕성을 함양하기 위해 하는 공부를 말한다. 《논어》 〈헌문(憲問)〉에 "옛날 학자들은 자신을 위해 공부하였는데, 지금 학자들은 남을 위해 공부한다.〔古之學者爲己, 今之學者爲人.〕"라고 한 데서 온 말이다.

**158** 백공(伯公) : 이준경의 형인 이윤경(李潤慶, 1498～1562)을 말한다. 본관은 광주, 자는 중길(重吉), 호는 숭덕재(崇德齋), 시호는 정헌(正獻)이다. 윤임(尹任)을 제거하는 데 가담하여 추성위사보익 공신(推誠衛社保翼功臣) 3등에 책록되고 광산군(廣山君)에 봉해졌다. 1555년(명종10) 을묘왜변이 일어나자 전주 부윤(全州府尹)으로서 영암성(靈巖城)에서 왜구의 침입을 방어하였고, 그 공으로 전라도 관찰사로 승진하였다.

거의 죽을 뻔하였다. 뒤에 재상 심언경(沈彦慶)[159]이 공과 백공의 명성을 듣고 고기를 보내왔는데, 공은 그가 집에 없을 때를 엿보아 가서 사례하고 돌아왔다.[160]

신묘년(1531)에 과거에 급제하여 괴원(槐阮 승문원)에 소속되었다가 이어 사관(史官)에 보임되었다. 임진년(1532)에 옥당(玉堂 홍문관)에 들어갔는데, 당시 생원 이종익(李宗翼)이 상소하여 김종직(金宗直)의 학문을 비방하고 시사(時事)를 힐척(詰斥)하자 집정(執政)들이 크게 노하여 국문(鞫問)을 청하였다. 상이 2품(品) 및 삼사(三司)의 관원을 소대(召對)하여 의논할 때 모두 마땅히 죽여야 한다고 하였으나, 공이 홀로 "이 사람은 논의(論議)가 괴벽(乖僻)하여 참으로 죄줄 만합니다만, 상소하여 말한 것 때문에 죄를 얻는 것은 아름다운 일이 아닌 듯합니다."라고 아뢰니, 김안로(金安老)와 허항(許沆) 등이 매우 미워하였다. 계사년(1533)에 재차 주서(注書)가 되고 다시 순서에 따라 승진하여 저작(著作), 박사(博士), 부수찬(副修撰)이 되었는데, 그사이 구수담(具壽聃)과 함께 야대(夜對)에 나아가 아뢰기를 "안처겸(安處謙)을 죄줄 때[161] 실정 없이 귀양 간 사람이 많았으니, 마땅히 석방하

159 심언경(沈彦慶) : 1479~1556. 본관은 삼척(三陟)이며 자는 사길(士吉), 호는 동해낭옹(東海浪翁)이다. 삼척 심씨 8세손으로 심준(沈濬)의 아들이며 심언광(沈彦光)의 형이다. 사헌부 대사헌(大司憲), 예조 참판 등을 역임하였다.

160 고기를……돌아왔다 : 노(魯)나라 계손씨(季孫氏)의 가신(家臣)인 양화(陽貨)는 공자가 자기 집에 찾아와 주기를 바랐으나 오지 않자, 예에 "대부(大夫)가 사(士)에게 물건을 내렸을 경우 직접 받지 못했으면 반드시 대부의 집에 찾아가서 절하고 사례해야 한다."라는 내용을 근거로 삼아 공자가 집에 없는 틈을 엿보아 공자에게 찐 돼지를 보냈는데, 이에 공자도 양화가 없는 틈을 엿보아 그 집에 가서 사례하였다고 한다. 《論語 陽貨》 이준경도 이를 따라하여 심언경에게 거부 의사를 보인 것이다.

여 천변(天變)에 대응해야 할 것입니다." 하였다. 당시는 실로 기묘사화에 관련된 사람을 배척하던 때였는데, 공이 탄수(灘叟) 선생[162]의 종제(從弟)라는 이유로 지적하여 죄를 만들어 면직하였다. 이후로도 계속 또한 화를 당하자, 공은 두문불출하며 독서하되 날마다 과정을 두고 공부하였다.

정유년(1537, 중종32) 삼간(三奸)[163]이 복주(伏誅)되자 이에 서용되어 민부(民部 호조), 천조(天曹 이조), 시강원 문학(侍講院文學), 춘관(春官 예조), 시강원 필선(侍講院弼善), 사헌부 장령(司憲府掌令), 홍문관 부교리(弘文館副校理), 군기시 첨정(軍器寺僉正), 홍문관의 부응교(副應敎)·응교(應敎), 시강원 보덕(侍講院輔德) 등을 역임하였다. 세자의 학문이 나날이 진보하였기 때문에 중종께서 널리 요속(僚屬)을 영입하였는데, 공이 권강(勸講)을 잘한다는 것을 알고 선발하여 시강원에 배치한 뒤에 오래도록 천전(遷轉)하지 않았다. 신축년(1541)에 홍문관 직제학(弘文館直提學)으로 승진하고 오래지 않아서 홍문관 부제학에 올랐다가, 승지로 천전하였다. 계묘년(1543)에 정시(庭試)에 수석으로 선발되어 가선대부(嘉善大夫)로 품계가 올랐다. 얼마 후 한성부 우윤(漢城府右尹)에서 성균관 좨주(成均館祭酒)[164]에 제수되어

**161** 안처겸(安處謙)을 죄줄 때 : 1521년에 일어난 신사무옥(辛巳誣獄)을 가리킨다.

**162** 탄수(灘叟) 선생 : 소재의 스승이자 장인인 이연경(李延慶, 1484~1548)을 말한다. 361쪽 주104 참조.

**163** 삼간(三奸) : 정유년(1537)에 사사된 김안로, 허항, 채무택(蔡無擇) 세 사람을 가리키는 말이다. 이들은 권력을 전횡하여 여러 번 옥사를 일으켰으며, 문정왕후(文定王后)의 폐위를 기도하다가 발각되어 그해 10월에 처형되었다. '정유삼흉(丁酉三兇)'이라 한다.

시종일관 강교(講敎)를 게을리하지 않았는데, 당시 유생들의 버릇이 가볍고 조급한 것을 보고는 늘 진정(鎭靜)하게 하였다.

갑진년(1544)에 조정의 의론이 중국에 대해 난처한 일이 있다고 하여, 공을 인선(遴選)하여 고부 부사(告訃副使)에 충원하였다. 돌아와서 소사구(小司寇 형조 참판)에 제수되었다. 인종(仁宗) 초에 공이 사람들에게 말하기를 "속히 태제(太弟)[165]를 책봉하여 인심을 안정시켜야 한다." 하였다. 당시 윤원로(尹元老)[166]가 조정을 이간하려는 뜻이 있었으므로 식견 있는 사람들이 걱정하였다. 하루는 여러 재상이 조당(朝堂)에 모여 그에 대한 치죄(治罪)를 의논하였는데, 공이 한(漢)나라 박소(薄昭)의 일[167]을 인용하여 밝히니 그 일이 마침내 중지되었다. 이기(李芑)와 임백령(林百齡)이 공을 시기하여 외직으로 나가 평안도

**164** 성균관 좨주(成均館祭酒) : 이준경 행장에는 성균관 대사성으로 옮겼다고 하였다. 《東皐遺稿 附錄 行狀》

**165** 태제(太弟) : 훗날의 명종을 가리킨다. 인종에게 후사가 없었으므로 이렇게 말한 것이다.

**166** 윤원로(尹元老) : ?~1547. 중종의 계비 문정왕후의 오빠이자 윤원형(尹元衡)의 형이다. 왕실의 외척으로서 대윤(大尹)의 영수인 윤임(尹任)과 세력을 다투었는데, 명종 즉위 후 동생 윤원형과 함께 인종 재위 기간에 득세하던 윤임 일파를 제거하기 위해 을사사화를 일으켰다.

**167** 한(漢)나라 박소(薄昭)의 일 : 한나라 문제(文帝)가 자신의 외숙인 박소를 차마 죽이지 못하고 자살하게 했던 일을 말한다. 박소는 문제의 어머니인 박희(薄姬)의 남동생으로 지후(軹侯)에 봉해졌는데, 자신의 누이인 태후(太后)를 믿고서 황제의 사신을 살해하는 등 방자하게 행동하였다. 이에 문제는 외숙을 차마 베어 죽일 수 없고 그렇다고 법을 폐하고 살려 둘 수도 없어 스스로 인책하고 자결하게 하였는데, 박소가 알아차리지 못하므로 공경(公卿)과 백관(百官) 들로 하여금 그의 집에 가서 조문하고 곡하게 하니, 박소가 하는 수 없이 자살하였다. 《資治通鑑綱目 卷3下 文帝10年》

관찰사가 되었는데, 예법으로 다스려 청렴결백하고 엄정하며 출척(黜陟)이 공정하고 명백하니, 온 도가 모두 경외(敬畏)하고 심복(心服)하였다. 임기가 다했을 때 큰 홍수가 나니 상소하여 파직을 청하고 허물을 자신에게 돌렸는데, 상이 관대한 뜻으로 비답을 내리고 특별히 1년을 더 잉임(仍任)하게 하였다. 해가 마침내 흉년이 들자 자신은 더욱 검소하게 생활하고 관아의 지공(支供)을 축소하여 한결같은 정성으로 진휼하니, 백성들이 이에 힘입어 소생하였다.

무신년(1548, 명종3)에 승질(陞秩)하여 병조 판서가 되었고 사헌부 대사헌과 한성부 판윤을 두루 역임하였으니, 무릇 3년간 중추부(中樞府)에 다섯 번이나 있었다. 경술년(1550) 5월 보은현(報恩縣)에 유배되었는데, 대개 이기와 진복창(陳復昌)이 없는 일을 날조하여 축출한 것이었으니 조야(朝野)가 모두 놀랍고 애석하게 여겼다. 신해년(1551)에 사면되어 우거(寓居)하던 촌사(村舍)로 돌아왔고, 그해 겨울에 지중추부사(知中樞府事)와 도총관(都摠管)에 서용되었다.

임자년(1552)에 형조 판서가 되었는데, 매일 직무에 종사하는 동안 사송(詞訟)을 명백하게 판결하니 관아의 감옥이 텅 비게 되었다. 당시 북쪽 변경의 수신(帥臣)이 진(鎭)을 설치하기 위해 국경을 넘어서 변경의 오랑캐들이 원망하고 분노했던 일이 있었는데,[168] 조정에서는 공

**168** 당시……있었는데 : 당시 경흥(慶興) 땅이 수해(水害)를 입어 농지가 유실되자 북도 병사(北道兵使) 김순고(金舜皐)와 경흥 부사(慶興府使) 김수문(金秀文)이 새로 밭을 개간하기 위해 경흥부(慶興府) 북쪽의 이응거도(伊應巨島)에 진을 설치할 계획을 세운 다음 그 지역 야인들의 거주지에 마음대로 축성하여 오랑캐의 침입을 야기한 일이 있었다.《明宗實錄 6年 12月 22日, 7年 8月 16日・10月 1日》《退溪集 卷6 教咸鏡道巡邊使李浚慶書》

을 함경도 순변사(咸鏡道巡邊使)로 천거하였다. 공은 현지에 이르러 형세를 자세히 살펴보고 "거의 일을 그르칠 뻔하였다." 하고는, 야인(野人)들을 불러 위로하고 술과 음식을 보내 대접하니 변경 오랑캐들의 마음이 안정되었다. 돌아와서 사헌부 대사헌이 되었는데, 무릇 네 번 풍헌(風憲 사헌부)을 주관하면서 과격함을 숭상하지 않고 공평 타당한 원칙을 잘 지켰다. 겨울에 상께서 청렴하고 근실한 관리를 선발하여 궐정(闕庭)에서 연회를 벌여 치하하라고 명하였는데, 공이 제일 먼저 선발되었으나 병을 핑계로 나아가지 않았다. 계축년(1553)에 다시 병조 판서가 되고 갑인년(1554)에 이조 판서로 개차되었는데, 오래도록 전권(銓權)을 독점하는 것을 두렵게 여겨 병을 핑계로 사직하였다.

을묘년(1555)에 공조 판서가 되었다가 형조 판서로 개차되었다. 5월에 왜(倭)가 호남을 노략질하여 성(城)을 도륙(屠戮)하고 장수들을 죽였는데, 보고가 이르자 서울이 크게 놀라 동요하였다. 이에 조정에서 좌도와 우도에 방어사(防禦使)를 나누어 파견하고 공을 천거하여 전라도 도순찰사(全羅道都巡察使)로 삼았는데, 공은 곧 군사를 조련하여 가려 뽑은 뒤에 이들을 배치하여 장수들을 지휘하였다. 그러나 당시는 백성들이 전쟁을 알지 못하여 지레 겁을 먹고 놀라 흩어졌기 때문에 적을 무찔러 평정한 공적이 없었다. 이에 공은 소장을 올려 스스로 자신의 공을 폄하(貶下)하고 석고대죄를 하였는데, 이로부터 왜적이 스스로 패하여 달아나고 백성들이 안정되었다. 상께서 장수와 병사들을 위로하고 공에게 옷의 안감과 겉감을 하사하니, 공은 이것을 모두 장좌(將佐)들에게 나누어 주었다. 얼마 후 기부(起部 공조(工曹))로 옮겼다가 우찬성(右贊成)에 발탁되고 특명으로 서조(西曹 병조(兵曹))의 직무를 겸임하게 되었다. 공은 세 차례 병권을 관장하여 아침저녁으로 성심을 다하였는데, 인재를 선발하고 병사를 조련함에 반드시 공평하게 하고 군율로 다스렸으니 이에 군정(軍政)이 잘 거행되었다. 얼마 후 동궁 보양관(東宮輔養官)에 제수되자 사직하기를 "신은 온윤(溫潤)한 용색(容色)이 적고 훈도(熏陶)하는 방도가 부족하니, 감히 원량(元良)을 가까이 모시면서 인도하여 성취하게 하는 일은 결단코 할 수 없습니다." 하였으나, 상께서 윤허하지 않았다.

무오년(1558)에 좌찬성(左贊成)으로 승진하였다가 우의정에 선발되었다. 경신년(1560)에 좌의정에 오르고 세자부(世子傅)의 직책이 더해졌다. 겨울에 병으로 사직을 청하니 특별히 어서(御書)를 내려 유시하였다. 계해년(1563)에 다릿병으로 사직을 청하였으나, 윤허하지 않았다. 갑자년(1564)에 내사(內使)를 사칭하며 교지를 날조한 자가 있었는데, 간관(諫官)이 말하기를 "강정(剛正)한 대신(大臣)이 속임수에 당하고도 깨닫지 못하였습니다." 하고, 파직하기를 청하여 체직되었다.

을축년(1565) 가을에 윤원형(尹元衡)이 죄가 드러나 체직되고 공이 영의정에 제수되었는데, 앞서 사직을 청했던 병으로 다시 사직을 청하니 특별히 급부(給扶)[169]를 명하였다. 직임을 맡은 뒤에 바로 상소하여 윤원형의 죄를 바로잡아 여론을 안정시키기를 청하고, 이어 백관(百官)을 인솔하여 3일 동안 정청(庭請)하니, 상께서 윤허하였다. 9월에 상께서 병이 들어 조정 안팎이 불안한 마음을 품고 두려워하니, 공은 제위(諸衛)를 엄중하게 신칙하고, 또 회의를 거친 다음 중전(中殿)에 계품(啓稟)하였다. 상께서 환후에 조금 차도가 있을 때 대신을 불러

**169** 급부(給扶) : 나이 많은 대신(大臣)이 어전(御前)에 나아가 알현하여 절을 하고 무릎을 꿇을 때 모두 곁에서 부축하여 도와주도록 허락하는 은전(恩典)을 말한다.

침전(寢殿)으로 들어오게 하니, 공은 사관(史官)을 불러 "동궁(東宮)이 오래도록 비어 있으니, 성상께서는 이것을 생각하고 계시는지요?"라는 글씨를 크게 쓰게 하여 진언하였고, 그 후 다시 《대학연의(大學衍義)》에서 세자 책봉에 관한 내용을 뽑아내어 편전(便殿)에서 인견(引見)할 때에 올렸다.

병인년(1566, 명종21) 봄에 새로 수립한 법령을 혁파하고 승종(僧宗)[170]을 내치는 등의 일을 청하였는데, 상께서 모두 그대로 따랐다. 겨울에 재해로 인하여 구언(求言)하였는데, 봉사(封事)를 올려 군덕(君德)과 국본(國本) 등에 대해 극론(極論)하니, 상께서 가상히 여기고 장려하였다. 정묘년(1567)에 다시 사직을 청하였는데, 윤허하지 않았다. 6월에 상의 병환이 크게 위중해져서 한밤중에 선소(宣召)[171]하였는데, 공이 어상(御床)에 오르자 상께서 공의 손을 잡고 눈물을 흘리니 공 또한 눈물을 흘렸다. 그러고 나서 중전(中殿)에게 청하여 국가의 대계(大計)[172]를 정하고, 상께서 승하하였을 때 공은 즉시 시위(侍衛)하는 제관(諸官)으로 하여금 세자의 의물(儀物)을 갖추게 하고 선조

**170** 승종(僧宗) : 명종 때의 승려인 보우(普雨)를 가리킨다. 호는 허응당(虛應堂), 나암(懶菴)이다. 1548년(명종3) 문정왕후(文定王后)의 두터운 신임을 얻어 봉은사(奉恩寺) 주지가 되었고, 그 후 선종과 교종 두 종파를 부활시켰으며, 선종 판사(禪宗判事)가 되어 도첩제(度牒制)에 의한 승과(僧科)를 설치하였다. 문정왕후가 죽자 잇따른 배불(排佛) 상소와 유림의 기세에 밀려 승직을 삭탈당하고 제주도(濟州島)에 귀양 가서 참형되었다.

**171** 선소(宣召) : 임금이 명령을 내려 대신(大臣)이나 장수(將帥)를 불러들이던 일을 말한다. 이때 검은 매화나무로 만든 오매패(烏梅牌)를 신부(信符)로 사용하였다.

**172** 국가의 대계(大計) : 세자의 책봉을 가리킨다.

(宣祖)를 잠저(潛邸)로 맞이하여 익실(翼室)에서 택휼(宅恤)하게 하였다.[173] 당시 요행을 바라는 무리들이 분집(坌集)하여 종가(從駕)하였는데, 어떤 사람이 책공(策功)에 대해 말하자 공이 말하기를 "일은 대내에서 결정하는 것이니 신하가 어찌 관여할 수 있단 말인가." 하니, 사람들이 감히 더 이상 말하지 못하였다. 당시 융경황제(隆慶皇帝)[174]가 등극하여 조칙(詔勅)을 받든 사신이 국경에 들어와 있었으므로 길사(吉事)와 흉사(凶事)에 대한 예(禮)를 아울러 거행해야 하고 또 새 임금이 아직 책명(策命)을 받지 못했기 때문에 억눌러야 할 난처한 일이 많았는데, 공이 참작하여 힘껏 변론한 덕분에 일이 대부분 마땅하게 처리되었다. 그 후 허 태사(許太史)[175]가 국인(國人)을 만나면 반드

**173** 선조(宣祖)를……하였다 : 선조를 세자로 맞이하여 명종의 상사를 주관하게 하였다는 말이다. 익실은 노침(路寢)의 좌우에 있는 방으로 침전(寢殿)의 옆방을 말하며, 택휼은 상차(喪次)를 가리키는 말로 거상(居喪)을 주관하게 하였다는 의미이다. 주 성왕(周成王)이 세상을 떠났을 때 "태보(太保)인 소공 석(召公奭)이 중환(仲桓)과 남궁모(南宮毛)에게 명하여 제후(齊侯)인 여급(呂伋)으로 하여금 두 개의 창과 방패와 호분(虎賁) 100명으로 하여금 아들 쇠(釗)를 남문의 밖에서 맞이하여, 익실로 들어와 휼택(恤宅)의 종주가 되게 하였다."라고 한 데서 온 말이다. 《書經 顧命》

**174** 융경황제(隆慶皇帝) : 명(明)나라 목종(穆宗)으로, 융경은 연호이다. 재위 기간은 1567～1572년이다.

**175** 허 태사(許太史) : 당시 목종의 즉위 조서를 반포하기 위하여 우리나라에 온 정사(正使) 허국(許國, 1527～1596)을 말한다. 위시량(魏時亮)이 부사(副使)로 함께 왔다. 허국은 휘주부(徽州府) 흡현(翕縣) 사람으로 자가 유정(維楨)인데, 한림원 검토(翰林院檢討)와 예부상서 겸 동각태학사(禮部尙書兼東閣太學士) 등의 벼슬을 지냈으며, 시호는 문목(文穆)이고 저서에 《허문목집》이 있다. 위시량은 남창(南昌) 사람으로, 자가 공보(工甫), 호가 경오(敬吾)이고 중서 사인(中書舍人) 등의 벼슬을 지냈다. 시호는 장정(莊靖)이며, 저서에 《대유학수(大儒學粹)》가 있다.

시 영의정의 안부를 물었다. 가을에 계청(啓請)하여 을사년(1545, 명종 즉위년)에 죄를 입은 사람들을 소환하여 새로운 정사를 돕게 하였다. 겨울에 다시 사직을 청하였으나, 윤허하지 않았다.

무진년(1568, 선조1) 봄에 계청하여 을사년과 정미년(1547)에 죄를 입은 사람들[176]을 석방하여 관작(官爵)을 회복하게 해 주었으며, 연좌된 사람들을 방면하고 적몰된 재산을 돌려주게 하였다. 당시 공이 연로하다는 이유로 치사(致仕)하기를 청하니 궤장(几杖)을 하사하라 명하고 사직은 윤허하지 않았다. 은명(恩命)을 맞이하던 날에는 간소하게 술상을 마련하여 다만 기구 재상(耆舊宰相)을 맞이하고 예(禮)에 따라 사명(使命)을 접대한 다음 자리를 파하였다. 당시 인종(仁宗)을 문소전(文昭殿)에 부묘(祔廟)하려는 논의가 일어났다.[177] 공 또한 일찍이 별부(別祔)한 것[178]을 한스럽게 여기고 있던 터라 침전(寢殿)을 증축하

**176** 정미년에……사람들 : 명종 때의 정치적 옥사인 양재역 벽서 사건(良才驛壁書事件)에 연루된 사람들이다. 양재역 백서 사건은 당시 외척으로서 정권을 잡고 있던 윤원형 세력이 반대파 인물들을 숙청한 사건이다. 이때 처벌된 사람 가운데 사림계 인물이 많았으므로 정미사화(丁未士禍)라고도 부른다. 《明宗實錄 2年 9月 18日》

**177** 당시……일어났다 : 세종(世宗) 때 한(漢)나라 원묘(原廟) 제도를 모방하여 문소전을 세우고 태조와 사친(四親)의 신주를 봉안하였는데, 태조를 주벽(主壁)으로 모시고 고(高), 증(曾), 조(祖), 예(禰)의 신주를 동서로 배열하여 대략 소목(昭穆)의 제도처럼 하였다. 이후 인종이 승하하고 명종이 즉위하자 당시에 조정에서는 의논하기를 "인종을 문소전에 부묘할 경우 세조(世祖)를 조천(祧遷)해야 하는데 명종에게 있어 세조는 사친의 대수(代數)가 아직 끝나지 않았고 조천하지 않을 경우에는 5실을 넘게 되니, 이는 세종이 문소전을 세운 본의가 아니다." 하였다. 이에 이기, 윤원형 등이 예의를 돌아보지 않고 인종을 연은전(延恩殿)에 부묘하니, 많은 사람들이 분하고 답답하게 여겼다. 그러다가 명종이 승하하자 이준경이 인종을 문소전에 부묘할 것을 건의하니, 조정의 의론이 분분하여 오래도록 결정이 나지 않았다.

기를 청하였는데, 원묘(原廟)의 제도를 창립한 본뜻을 상고한 뒤에는 다시 원래의 제도인 5실(室)에서 더 증축해서는 안 된다고 아뢰었다. 이에 여론이 비등하여 공을 몹시 배척하니, 공은 다시 차자를 올려 그 이유를 밝히되 끝내 논의를 꺾어 군정(群情)을 저지하는 데 힘쓰지는 않았다. 또 조광조(趙光祖)에게 관작을 추증하고 정몽주(鄭夢周)의 후손을 녹용(錄用)하기를 청하였는데, 상께서 그대로 따랐다. 뒤에 또 김굉필(金宏弼)과 조광조를 문묘에 종사(從祀)하기를 청하였으나 받아들여지지 않았다.

경오년(1570, 선조3) 봄에 세 차례 사직을 청하였으나 윤허하지 않았고 대궐에 나아가 간청하였으나 또 윤허하지 않았으니, 전후로 상께서 내린 답사(答辭)가 나올수록 더욱 정성스러워졌다. 여름에 가뭄이 들자 공은 일반적인 공물(供物)과 지나친 경비를 줄이기를 청하였다. 또 정미년(1547, 명종2)과 기유년(1549)의 옥사[179]를 신설(伸雪)하고

**178** 일찍이 별부(別祔)한 것 : 1547년에 인종의 신주와 위판(位版)을 종묘(宗廟)와 연은전에 부묘한 사실을 말한다. 연은전은 덕종(德宗)의 위패를 봉안한 곳으로, 1471년(성종2)에 성종이 그의 생부(生父)인 의경세자(懿敬世子)를 덕종이라 추존(追尊)하고 문소전에 모시려고 하였으나, 예종(睿宗)이 이미 문소전에 부묘되어 있는 데다가 덕종은 예종과 형제가 되고 또 즉위하지 못했으므로 함께 문소전에 들어가는 것은 불가하다 하여 따로 별전(別殿)을 세워 덕종의 위패를 부묘하고 연은전이라 하였다.

**179** 기유년의 옥사 : 1549년 4월에 일어난 이홍윤(李洪胤)의 옥사를 말한다. 이홍윤은 을사사화 때 축출된 윤임의 사위이자 양재역 벽서 사건에 연루되어 죽은 이약빙의 둘째 아들로, 아버지의 죄로 인하여 자신은 충주(忠州)로 귀양 가고 형 이홍남(李洪男)은 영월(寧越)로 귀양 갔다. 이홍윤은 아버지의 억울한 죽음에 대해 종종 분개하는 말을 하곤 하였는데, 평소 동생과 사이가 나쁘던 형 이홍남이 동생을 반역죄로 고발함으로써 자신이 출세할 기회로 삼으려 하였다. 그리하여 이홍윤이 계(契)를 모은 문서를 반역하기 위한 문서라고 꾸며 이를 증거물로 고변(告變)하였는데, 그 결과 이홍윤과

이기(李芑)와 정언각(鄭彦慤)[180]의 관작을 삭탈하기를 계청(啓請)하였다. 또 천재(天災)로 인하여 수의(收議)하였을 때는 밀린 조세를 감면해 줄 것, 적체된 인재(人才)를 진작할 것, 변경의 방비를 신칙할 것, 옥송(獄訟)을 다스릴 것 등 네 가지 일에 대해 조목조목 진달하였다. 또 정공도감(正供都監)[181]을 설립하여 대납(代納)하는 간사하고 외람된 폐단을 없애기를 청하니, 상께서 모두 그대로 따랐다. 이해에 삼사(三司)의 낭사(郎舍)에서부터 아래로 위포(韋布)에 이르기까지 모두가 유관(柳灌)과 유인숙(柳仁淑)[182]을 신원해 주고 위훈(僞勳)[183]을 삭탈할 것을 청하니, 공은 날로 재상들과 함께 소장(疏狀)을 지어 강력히 논하였다. 8월에 병으로 사직을 청하였다. 9월에 백관을 거느리고 정청(庭請)하여 강력하게 간쟁하였으며, 5일 후에는 별도로 차자를 올렸다. 겨울부터 다음 해 여름까지 끊임없이 사직을 청하니, 상께서 마지

이 계에 관련된 자 30여 명이 잡혀가 심한 고문을 당한 끝에 모두 허위로 자백하고 처형되었다. 《燃藜室記述 卷10 乙巳士禍》

**180** 이기(李芑)와 정언각(鄭彦慤) : 1547년 양재역 벽서 사건으로 인해 정미사화(丁未士禍)를 일으킨 장본인들이다.

**181** 정공도감(正供都監) : 각 고을의 공물을 균등하게 징수하기 위하여 특별히 설치한 관청이다. 《선조수정실록》 3년 11월 1일 기사에 "이준경 등이 건의하여 정공도감을 설치하였는데, 삼공(三公)이 주관하고 식견 있는 조사(朝士)를 선임하여 낭속(郎屬)으로 삼았다. 처음에는 폐단을 없애고 백성에게 이익을 주기 위하여 설치하였는데, 상이 전례를 따르기에만 힘쓰고 대신들 역시 경장(更張)을 싫어해서 단지 문서로 필삭(筆削)하며 감정(勘定)만 하였으므로, 결국 아무 이익도 없었다." 하였다.

**182** 유관(柳灌)과 유인숙(柳仁淑) : 을사사화 때 윤원형과 이기 등의 모함으로 윤임과 함께 삼흉(三兇)으로 몰려, 종사(宗社)를 모위(謀危)하였다는 죄목으로 사사(賜死)된 사람들이다.

**183** 위훈(僞勳) : 거짓 공신이란 뜻이다. 448쪽 주133 참조.

못해 윤허하였다.

임신년(1572, 선조5) 여름에 병이 위중해지자 약을 물리치고 아들에게 이르기를 "하늘이 내려 준 복록(福祿)이 이미 다하였으니, 어찌 이 약을 복용하여 목숨을 연명할 수 있겠느냐. 다만 성상께 한마디 말을 바치고자 하니, 받아 적도록 하라." 하였는데 "첫째, 제왕이 힘쓸 바는 오직 학문이 중대합니다. 둘째, 아랫사람을 대함에는 위의(威儀)가 있어야 합니다. 셋째, 군자와 소인을 분별해야 합니다. 넷째, 붕당(朋黨)의 사사로움을 혁파해야 합니다."라는 내용이었고, 그 밖에 집안일에 대해서는 언급하지 않았다. 그런 다음 부인을 물러가게 하고 정침(正寢)으로 옮긴 뒤[184] 동쪽으로 머리를 두고 세상을 떠났으니, 이해 7월 7일이었다.

일찍이 심의(深衣)와 복건(幅巾)을 만들어 놓았는데, 이때에 이르러 이것을 사용하여 염습하였다. 차자가 올라가니 전교하기를 "계청한 말은 나를 반성하게 하고 경책(警責)하는 내용이니, 어찌 다시 할 말이 있겠는가." 하고 승지로 하여금 가서 문병하게 하였는데, 승지가 이르니 이미 세상을 떠난 뒤였다. 부음이 전해지자, 상께서 깜짝 놀라 슬퍼하시어 상례와 제례에 필요한 물품을 하사하고 3일 동안 철조(輟朝)[185]

**184** 부인을……뒤 : 부인을 물러가게 하고 집안사람들을 안정시킨 뒤에 조용히 죽음을 기다렸다는 의미이다. 《가례(家禮)》에 "질병이 있으면 정침으로 옮겨 거처한다. 안팎을 안정시켜 숨이 끊어지기를 기다린다. 남자는 부인의 손에서 죽지 않으며, 부인은 남자의 손에서 죽지 않는다."라고 한 데서 온 말이다. 《家禮 卷4 喪禮 初終》

**185** 철조(輟朝) : 종친(宗親)이나 대신(大臣)이 사망하면 임금이 애도의 뜻으로 조회를 정지하는 것인데, 기복친(期服親)의 종친이나 왕자의 상 및 의정(議政)을 지낸 대신의 상에는 3일을 철조하였다.

하기를 명하였으며, 근시(近侍)를 파견하여 조제(弔祭)를 행하게 하고 관(官)에서 상사(喪事)를 돕게 하였다. 9월 19일에 장사 지냈다.

공은 자품(資品)이 이미 높은 데다가 학문에 방도가 있었다. 마음가짐은 정직하고 관대하고 공평하고 몸가짐은 정결하고 엄정하였으며, 선(善)을 좋아하되 정성스러우면서 밝았고 악을 미워하되 엄하면서도 너그러웠다. 어릴 때는 황효헌(黃孝獻)[186] 공을 따라 《소학(小學)》을 배웠고 장성해서는 종형 선생[187]에게 나아가 조정암(趙靜菴)이 남긴 논의를 얻어 들었으니, 일상생활 하는 사이에 항상 존심성찰(存心省察)의 공부를 더하여 자신을 속이지 않는 경지[188]에 힘을 기울였다. 게으르고 태만한 용모와 비루하고 도리에 어긋나는 말을 밖으로 드러내지 않았고, 검약(儉約)함을 지켜 완호(玩好)[189]에 마음을 끊었다. 오직 독서를 즐거움으로 삼아 방 하나를 정갈하게 소제한 뒤에 향을 피우고 단정히 앉아 책을 읽었으니, 《소학》과 《근사록(近思錄)》이 항상 책상 위에 있었다. 성현(聖賢)의 격언(格言) 및 사서(史書)를 읽다가

**186** 황효헌(黃孝獻) : 1491~1532. 본관은 장수(長水), 자는 숙공(叔貢), 호는 축옹(蓄翁)·현옹(玄翁)·신재(愼齋)로, 황희(黃喜) 정승의 현손(玄孫)이다. 강원도 관찰사, 황해도 관찰사를 거쳐 이조 참의, 이조 참판에 올라 1530년 이행(李荇) 등과 함께 《신증동국여지승람》 편찬에 참여하였다. 경북 상주(尙州)의 옥동서원(玉洞書院)에 배향되었으며, 저서에 《하유편(下帷編)》과 《갈굴편(渴掘編)》 등이 있다.

**187** 종형 선생 : 이연경(李延慶)을 말한다. 361쪽 주104 참조.

**188** 자신을……경지 : 남이 보지 못하는 어두운 방에 홀로 거처할 때에도 자신을 속이지 않는 신독(愼獨)의 공부를 말한다. 정이(程頤)가 "학문은 어두운 방에서 속이지 않는 것에서부터 시작된다."라고 한 데서 온 말이다. 《心經附註 卷1》

**189** 완호(玩好) : 진기(珍奇)한 보배 같은 것을 완상(玩賞)하고 애호(愛好)하는 것을 이른다.

마음에 합치되는 구절이 있으면 또한 반드시 벽에다 붙여 두고 보았다. 권태로우면 서법(書法)을 익히며 말하기를 "이 마음이 해이하고 나태해지게 하고 싶지 않다." 하였고, 혹 때로 관덕(觀德)[190]을 익히며 말하기를 "사지(四肢)를 안일하게 해서는 안 된다." 하였다. 평소 고문(古文)을 좋아하고 《춘추좌씨전(春秋左氏傳)》과 전한(前漢)·후한(後漢)의 글을 더욱 좋아하였는데, 한자(韓子 한유(韓愈)) 이후의 글은 비속(卑俗)하고 섬약(纖弱)하여 취하지 않았다. 또 말하기를 "문장(文章)은 단지 공장(工匠)의 일일 뿐이다." 하였는데, 글을 지을 때는 크게 생각하지 않은 것처럼 붓을 휘두르면서도 성대하게 의미가 통하였으니, 문구를 다듬는 자들이 미칠 수 있는 바가 아니었다.

서화(書畫)와 음률에도 환하게 통달하였지만 뜻을 잃는 데로 흐르기 쉬울까 봐 염려하여[191] 관심을 두지 않았다. 오직 조복(朝服)은 아름다움을 극진히 하였으며,[192] 의관과 음식 같은 경우에는 또한 모두 중화

**190** 관덕(觀德) : 덕행(德行)을 본다는 뜻으로, 활쏘기를 말한다. 《예기(禮記)》 〈사의(射義)〉에 "활 쏘는 것은 진퇴와 주선함이 반드시 예에 맞게 하나니, 속의 뜻이 바르고 겉의 몸이 곧은 다음에야 궁시를 잡는 것이 세밀하고 견고해지며, 궁시를 잡는 것이 세밀하고 견고한 다음에야 맞히는 것을 말할 수 있으니, 이는 곧 덕행을 볼 수 있는 것이다."라고 한 데서 온 말이다.

**191** 뜻을……염려하여 : 작은 기예에 탐닉한 나머지 마음속의 원대한 뜻을 잃을까 봐 염려하였다는 의미이다.

**192** 조복(朝服)은……하였으며 : 평소에 입는 의복은 검소하게 하였지만 조정에 나아갈 때 입는 조복에 대해서는 정성을 다하였다는 의미이다. 《논어》 〈태백(泰伯)〉에 "우(禹) 임금은 내가 흠잡을 수 없도다. 음식은 박하게 먹으면서 귀신을 섬기는 제사에는 효성을 극진히 하며, 의복은 검소하게 입으면서 제사에 착용하는 슬갑[黻]과 면류관은 아름다움을 극진히 하며, 거처하는 궁실은 나직하게 지어 살면서 치수 사업에는

(中華)의 제도를 사모하여 본받았다. 항상 〈육아(蓼莪)〉를 건너뛰고[193] 영화롭게 봉양하지 못한 것을 한으로 여겨 백공(伯公)을 대할 때마다 오열하며 스스로 견디지 못하였다. 기일(忌日)이 되면 반드시 슬피 곡하였고 생일에는 일찍이 술자리를 벌이거나 풍악을 들은 적이 없었다. 우애는 하늘에서 타고났으니, 늘 같이 다니고 함께 잠을 자서 잠시도 헤어진 적이 없었으며, 사는 집이 좁고 초라했지만 형제가 이웃하여 사는 것을 기뻐하여 끝내 차마 옮기지 못하였다. 백공의 상(喪)을 당했을 때는 상복을 입고 조석으로 곡하다가 마침내 시력을 잃을 정도에 이르렀다.[194]

사당(祠堂)이 완공되지 않았는데 성심을 다해 경영하여 마무리하였고, 그 사당에서 처음 제사 지낼 때는 스스로 제구(祭具)를 갖추어 사손(嗣孫)을 도왔다. 무릇 상을 당한 사람이 있으면 힘을 다해 구호하였고, 녹봉으로 받은 포목은 사정이 급한 사람들을 구휼하고 남겨 비축하지 않았다. 제택(第宅)을 건립하고 전원(田園)을 두기를 즐기지 않

힘을 다하였으니, 우 임금은 내가 흠잡을 수 없도다."라고 하였다.

**193** 육아(蓼莪)를 건너뛰고 : 돌아가신 부모를 생각하는 슬픈 마음 때문에 〈육아〉를 읽지 못하였다는 의미이다. 〈육아〉는 《시경》 〈소아(小雅)〉의 편명으로, 부모님을 제대로 봉양하지 못한 자식의 애통한 마음을 읊은 시이다. 진 무제(晉武帝) 때 왕부(王裒)는 아버지 왕의(王儀)가 억울하게 참형을 당한 것을 슬퍼하여, 제자들에게 《시경》을 가르치다가 〈육아〉의 "슬프다, 우리 부모여. 나를 낳아 기르느라 고생이 많으셨네."라는 대목에 이르면 반복하여 외며 눈물을 흘렸기 때문에, 문인들이 《시경》을 강독할 때 〈육아〉를 아예 건너뛰고 읽지 않았다는 고사에서 온 말이다. 《晉書 王裒列傳》

**194** 조석으로……이르렀다 : 이준경이 백공을 잃은 슬픔을 표현한 말이다. 공자의 제자 자하(子夏)가 서하(西河)에 있을 때 아들을 잃고 지나치게 슬퍼한 나머지 시력을 잃는 지경에 이르렀다는 고사에서 온 말이다. 《禮記 檀弓上》

았으며 무릇 화려한 명예와 권세는 피하기를 마치 자신이 더러워지는 듯이 하였으니, 사람들이 감히 사사로이 청탁하지 못하여 문정(門庭)이 쓸쓸하기가 마치 한미한 집과 같았다.

행실에 한 점 흠이 없고 평론에 편벽된 바가 없었기 때문에 비록 김안로(金安老)·허항(許沆)의 악독함과 이기·진복창(陳復昌)의 흉특(凶慝)함과 이량(李樑)·심통원(沈通源)의 시기심으로 우환과 횡액을 만나게 할 수는 있었지만, 끝내 감히 위해(危害)를 가할 수는 없었다. 엄정한 낯빛으로 우뚝 서서 성심을 다해 공도(公道)를 베풀었고, 문무(文武)를 상황에 따라 사용하여 계책이 시행되면 공(功)이 따라 이루어졌으며, 인심을 진정하고 원기(元氣)를 배양하여 한 몸으로 국가의 안위(安危)가 되었으니, 참으로 이른바 '사직의 안위를 맡길 만한 신하'이다.

돌아보건대 우리나라는 사화(士禍)가 자주 일어나서 공이 매번 조화롭게 하기를 면치 못하였는데, 사람들은 혹 알지 못하고 도리어 실정 밖의 비방이 있었다. 그러나 공은 탄식하기를 "차라리 사람들이 나를 저버릴지언정 나는 사람들을 저버리지 못한다." 하였으니, 그 마음이 왕실을 향하지 않은 적이 없었다는 사실을 더욱 상상할 수 있다.

공은 젊어서부터 두터운 명망을 지니고 있었으므로 정 문익(鄭文翼 정광필(鄭光弼)) 공과 김모재(金慕齋 김안국(金安國)) 공이 크게 추중하였다. 윤여옥(尹汝沃 윤개(尹漑)) 공은 이르기를 "아무개는 큰일을 부탁할 만하다." 하였고, 이경호(李景浩 이황(李滉)) 공은 상께 아뢰기를 "이 아무개는 주석(柱石) 같은 신하입니다." 하였는데, 심지어 상께서 교서를 내려 이르기를 "임종 때에 바친 충언(忠言)은 곧 상하(上下)에 모두 병통이 있다고 지적하였지만, 이는 바로 나라를 걱정하는 정성스러운 마음이니 조정으로 하여금 스스로 화평(和平)에 이르게 하려는 뜻이다." 하였다. 여기에서 네 분의 노신(老臣)이 사람을 알아보았다고 할 만하며 공 또한 지우(知遇)를 받았다는 것을 알 수 있다.

공은 또 '남당(南堂)'이라 자호(自號)하였고, 혹 '홍련거사(紅蓮居士)'라 일컫기도 하였다. 만년(晩年)에는 수집하여 쌓아 놓은 서적 가운데 첨지(籤紙)를 붙인 것이 시렁에 가득하였는데, 스스로 말하기를 "하늘의 도움을 입어 안막(眼膜)이 조금 걷히게 된다면 한청(汗靑)[195]을 다시 펼쳐 예전에 알지 못했던 것을 더 알아서, 이렇게 여생을 즐길 수 있었으면 다행이겠다." 하였다.

부인 김씨(金氏)는 안동부(安東府) 풍산(豐山)의 명문가 자제이다. 5대조 김안정(金安鼎)은 고려 말에 벼슬하여 삼사 좌윤(三司左尹)을 역임하였다. 증조 김종석(金從石)은 일찍 세상을 떠났다. 조부 김휘손(金徽孫)은 군수를 역임하였다. 부친은 참판 김양진(金楊震)이다. 외조부는 종사랑(從仕郞) 휘 허서(許瑞)이다.

부인은 홍치(弘治) 경신년(1500, 연산군6)에 태어났다. 성품이 자애롭고 어질고 단정하고 현숙하여 유순하게 가르침을 잘 따르니 참판공이 몹시 사랑하였고, 마땅한 혼처를 골라 시집보내니 대부인이 한번 보고 기뻐하여 자주 칭찬하기를 "내 며느리로다, 내 며느리로다." 하였다. 지아비를 공경하여 어김이 없었고 첩잉(妾媵)을 예의로 대하였으며 비복(婢僕)을 은혜로 부렸다. 제사 지내는 날이 되면 반드시 직접

**195** 한청(汗靑) : 고대에 죽간(竹簡)을 사용할 때 청죽(靑竹)을 불에 구워 속에 있는 수분이 빠져나오게 해서 글을 쓰기에 편리하고 좀이 슬지 않게 하였는데, 여기에 주로 역사를 기록하였기 때문에 후세에는 사서(史書)를 이르는 말로 쓰인다.

제수를 장만하였으며, 힘들게 살림을 꾸려서 근근이 조그만 집을 마련하였다. 관서(關西)에 있을 적에는 조그마한 물건도 사사로이 취하는 경우가 없어서 공의 청렴한 덕을 대개 함께 도왔다. 공의 고모를 어머니처럼 섬겼으며, 공이 외조부의 첩(妾)의 아들인 천례(賤隷) 가운데에서 후사(後嗣)를 세워 외가의 제사를 받들게 하려 하니 부인은 공의 뜻을 체인(體認)하여 성의를 다해 혼수를 장만한 다음 혼인시켜 가정을 이루게 하였다. 집에서는 과부가 된 서제(庶弟)를 부양(扶養)하여 빠짐없이 도와주었고, 친척을 대우함에는 안팎으로 차이가 없게 하여 무릇 술과 음식이 있으면 끊임없이 나누어 주었으며, 재물을 대수롭지 않게 여기고 남에게 베풀기를 좋아하여 게을리하지 않았다. 《소학》의 말을 익혀 며느리들을 면려하였고, 베 짜는 일을 오래도록 손에서 놓지 않았으며, 염구(殮具)는 모두 미리 지어 놓았다. 병이 위독해졌을 때에도 정신은 조금도 흐려지지 않았다. 기묘년(1579, 선조12) 9월 13일에 세상을 떠났다.

자녀 넷을 두었는데, 장남 예열(禮悅)은 광흥창 수(廣興倉守)로, 병사(兵使) 장언방(張彦邦)의 딸에게 장가들었는데, 후사가 없어 당질(堂姪) 사수(士修)를 후사로 삼았다. 차남 선열(善悅)은 요절하였다. 삼남 덕열(德悅)은 문과에 급제하여 경기 도사(京畿都事)가 되었는데, 현감 허우(許堣)의 딸에게 장가들었다. 장남과 삼남은 모두 측실 소생의 형제를 두었는데, 이들은 모두 가르침을 받들어 후사인 사수를 섬기기를 아침저녁으로 게을리하지 않았다. 그다음 딸은 장례원 사평(掌隷院司評) 이옥(李沃)에게 시집가서 아들 하나를 두었으니, 이정직(李廷直)이다. 이정직은 아들 둘을 두었는데 어리다.

기묘년(1579) 11월 17일에 부인 김씨를 공의 고요동(高要洞) 무덤 동쪽 선영(先塋) 가까운 땅에 장사 지냈는데, 다음 해 봄에 공의 관구(棺柩)를 천장(遷葬)하여 합장하였다. 명(銘)은 다음과 같다.

황천이 동방을 보우하사 皇眷震邦
두 봉황이 태어나게 하였으니[196] 二鳳降兮
금고[197]가 창창[198]하고 金鼓摐摐
우의[199]가 두터웠도다 羽儀厖兮
이에 홍수로 경계하니[200] 乃儆以洚
공이 배가 되었건만[201] 公爲船兮

**196** 황천(皇天)이……하였으니 : 하늘이 왕명을 내려 주었다는 말이다. 《서경》〈대우모(大禹謨)〉에 "아, 훌륭하다. 임금의 덕이 광대하게 운행되어 거룩하고 신묘하며 문무의 덕을 모두 구비하자, 황천이 돌아보고 명하여 사해를 다 소유하고 천하의 군주가 되게 하였다."라고 한 데서 온 말이다. 두 봉황은 중종과 명종 두 임금을 가리킨다.

**197** 금고(金鼓) : 군중을 지휘하는 종과 북을 말하는데, 진격할 때에는 북을 치고 퇴각할 때에는 종을 친다. 여기서는 임금의 의장(儀仗)을 가리키는 말로, 조정의 중신들을 호령하였다는 의미이다.

**198** 창창(摐摐) : 임금의 의장이 어지러이 뒤섞여 있는 것을 형용한 말로, 두목(杜牧)의 〈만청부(晩晴賦)〉에 "대숲은 밖에서 둘러싸 십만 장부와 같아라. 갑옷과 칼날이 어지러이 뒤섞여 치밀하게 시위(侍衛)하네.〔竹林外裹兮十萬丈夫, 甲刃摐摐密陳而環侍.〕"라고 한 데서 온 말이다. 《樊川集 卷1》

**199** 우의(羽儀) : 지위가 높고 재덕(才德)을 겸비하여 사람들에게 존중을 받고 모범이 된다는 의미이다. 《주역》〈점괘(漸卦) 상구(上九)〉에 "기러기가 하늘 높이 날아가나니, 그 터럭이 의표가 되리라.〔鴻漸于陸, 其羽可用爲儀.〕"라고 한 데서 온 말이다.

**200** 홍수로 경계하니 : 하늘이 임금에게 경계를 보여 감히 스스로 긴장을 풀지 못하게 하였다는 의미이다. 순(舜) 임금이 우(禹)에게 이르기를 "이리 오라, 우야. 홍수가 나를 경계시켰노라.〔來! 禹. 洚水儆予.〕"라고 한 데서 온 말이다. 《書經 大禹謨》

**201** 배가 되었건만 : 임금을 보좌하여 국정(國政)을 경륜하는 재상이 되었다는 의미

도리어 내홍을 겪어　載離內訌
소인배들의 온갖 비방에 시달렸네[202]　慍于哤兮
백척간두인 듯 조심조심 움직여도　跼步竿橦
댓가지 꺾어 큰 종을 치고[203]　摧莛撞兮
유당에서 여유롭게 지내면[204]　緩帶油幢
쇠망치로 턱을 친다[205] 하였네　金椎控兮

이다. 은(殷)나라 고종(高宗)이 부열(傅說)에게 "만약 내가 큰 내를 건넌다면 너를 사용하여 배와 노로 삼을 것이다.〔若濟巨川, 用汝作舟楫.〕"라고 한 데서 온 말이다. 《書經 說命上》

**202** 소인배들의……시달렸네 : 소인배들이 여러 가지 분잡한 말로 공을 참소하였다는 의미이다. 《시경》〈국풍(國風) 백주(柏舟)〉에 "마음에 근심하기를 심히 하거늘 여러 소인에게 노여움을 받노라.〔憂心悄悄, 慍于群小.〕"라고 한 데서 온 말이다.

**203** 댓가지……치고 : 식견이 많고 국량이 큰 군자를 소인배들이 알아보지 못하고 함부로 비방한다는 의미이다. 한(漢)나라 동방삭(東方朔)의 〈답객난(答客難)〉에 "좁은 대롱 구멍으로 하늘을 엿보고, 작은 소라 껍데기로 넓은 바다를 헤아리고, 가는 댓가지로 큰 종을 친다.〔以筦窺天, 以蠡測海, 以莛撞鐘.〕"라고 한 데서 온 말이다. 《文選 卷45》

**204** 유당(油幢)에서 여유롭게 지내면 : 위급한 상황에서도 늘 여유롭고 한가하게 소요하는 장자(長者)의 풍도(風度)를 지니고 있었다는 의미이다. 진(晉)나라의 명장 양호(羊祜)가 진중(陣中)에서도 항상 갑옷을 입는 대신 가볍고 따뜻한 갖옷에 허리띠를 느슨하게 두르고〔輕裘緩帶〕 한가하게 소요했다는 고사에서 온 말이다. 《晉書 羊祜列傳》 유당은 벽유당(碧油幢)으로, 기름 먹인 포(布)로 만든 청록색의 군막(軍幕)을 말한다.

**205** 쇠망치로 턱을 친다 : 예의 바르고 정직한 체 행세하지만 실제 행동을 보면 시서(詩書)와 성현(聖賢)의 말을 빌려 남의 무덤을 도굴하고 죽은 사람의 구슬을 훔치는 것처럼, 속마음이 검은 사람이라고 비난하는 말이다. 옛날에 학식이 높은 어떤 유학자가 《시경》과 《예기》를 핑계로 대면서 남의 무덤을 도굴하였는데, 당시 대유(大儒)가 무덤 위에서 아래쪽에 대고 말하기를 "동녘이 환하게 밝아 온다. 일이 어떻게 되어

거듭 음악의 연주[206]가 그쳐　荐撤𥢶椌
위태로워 두려워할 만하였으나　危可懼兮
용문[207]을 이미 들어 올렸으니　龍文既扛
북극성을 부지할 만하였네　扶天杠兮
악한 이를 내치고 인재를 발탁하여[208]　斬拔栟椿
흑백을 분변하였으며　辨驪駹兮

가느냐?" 하니, 소유(小儒)가 무덤 속에서 말하기를 "시신의 옷은 아직 다 벗기지 못했는데, 입속에 구슬이 있습니다." 하였다. 대유가 말하기를 "《시경》에 진실로 이르기를 '푸르고 푸른 보리가 무덤가에서 자라고 있네. 살아서 은혜를 베풀지도 않았는데, 죽어서 어찌 구슬을 물겠는가.' 하였다. 그 시체의 머리를 잡고 턱수염을 누른 뒤에 쇠망치로 시체의 턱을 쳐서 천천히 볼까지 벌리고 입속의 구슬이 다치지 않도록 잘 꺼내도록 해라." 하였다. 《莊子 外物》

**206** 음악의 연주 : 갈(𥢶)은 갈(楬)과 같다. 갈(楬)은 음악을 그칠 때 사용하는 악기로 어(敔)와 같고, 강(椌)은 음악을 시작할 때 사용하는 악기로 축(柷)과 같다. 《예기》 〈악기(樂記)〉에 "성인이 만든 도(鞉), 고(鼓), 갈, 강, 훈(壎), 지(篪) 여섯 개의 악기는 덕음(德音)을 나타내는 음이다." 하였는데, 정현(鄭玄)의 주석에 "갈강(楬椌)은 축어(柷敔)와 같다." 하였다. 거듭 음악의 연주가 그쳤다는 말은 이준경이 두 번 유배되었던 일을 비유한 말이다.

**207** 용문(龍文) : 웅건한 필력을 비유하는 말로, 이준경의 문장력을 칭송한 표현이다. 우 임금이 만들었다고 전하는 하(夏), 은(殷), 주(周) 삼대에 걸친 보기(寶器)인 구정(九鼎)을 용문적정(龍文赤鼎)이라 하는데, 한유(韓愈)의 〈병중증장십팔(病中贈張十八)〉에 "용문의 백 곡 무게 정(鼎)을 필력이 혼자서 들 수 있어라." 하여 장적(張籍)의 문장을 칭찬한 사실이 있다.

**208** 악한……발탁하여 : 이준경이 1547년(명종2) 양재역 벽서 사건을 빌미로 정미사화를 일으킨 이기와 정언각의 관직을 삭탈하고 을사년(1545)의 위훈을 삭탈하게 한 일과 을사년에 죄를 입은 사람들을 소환하여 새로운 정사를 돕게 한 일을 가리키는 듯하다.

간방을 조문하고[209] 弔哀干逄
적체된 문사(文士)[210]들을 부르게 하였네 召塞瀧兮
의를 좋아하기를 기갈이 들린 듯이 하여 嗜義如饑
덕이 나날이 견실해졌으니 德日砳兮
왕성하게 가슴속에 가득하고 靄然滿腔
팔창[211]이 활짝 열린 듯 탁 트였다네 洞八窓兮
저 어리석고 무능한 자들은 彼昏悾悾
공더러 은총을 받았다고 하였으니 謂我龍兮
불화가 이에 커져서 不和乃庬
방패와 창처럼 대치하였네 盾與鏦兮
이는 술 단지를 가지고 是挈罌缸
넓은 강해의 물을 헤아리는 격이니 測海江兮
강 가운데서 배를 잃어버리고 中流失艭
밤중에 등잔이 없는 것과 같다네 夜無釭兮
양산은 가파르고 楊山峴峴

**209** 간방(干逄)을 조문하고 : 기묘사화(1519, 중종14), 을사사화(1545), 정미사화(1547) 등에 억울하게 희생된 충신들을 신원하였다는 말이다. 간방은 비간(比干)과 관용방(關龍逄)을 가리킨다. 관용방은 하나라의 충신으로 걸(桀)의 무도한 정사를 간쟁하다가 죽임을 당하였고, 비간은 은나라의 충신으로 주(紂)의 음란함을 직언하였는데 주가 심장을 도려내어 죽였다고 한다. 《莊子 人間世》《史記 殷本紀》

**210** 적체된 문사(文士) : 송대(宋代)의 문장가 구양수(歐陽脩)가 농강현(瀧岡縣)에 거주하였고, 부친을 농강(瀧岡)에 장사 지낸 뒤에 〈농강천표(瀧岡阡表)〉를 지었기 때문에 이렇게 표현한 듯하다.

**211** 팔창(八窓) : 사방으로 난 여덟 개의 창문으로, 사방이 시원하게 트인 누각을 말한다.

| | |
|---|---|
| 한수는 출렁이는데 | 水淙淙兮 |
| 새로운 봉분이 우뚝하니 | 新封若龐 |
| 쌍검이 모인 듯하네[212] | 劍會雙兮 |
| 아름다운 비석이 | 有石次玒 |
| 높이 세워졌으니 | 屹其從兮 |
| 내 듣건대 남겨진 자취가 | 我聞遺跫 |
| 어리석은 후인을 깨우친다 하네 | 詔後惷兮 |

**212** 쌍검(雙劍)이 모인 듯하네 : 부부를 합장하였다는 의미이다. 진(晉)나라 뇌환(雷煥)이 용천(龍泉)과 태아(太阿) 두 명검을 얻어 하나는 자기가 차고 하나는 장화(張華)에게 주었는데, 후에 장화가 복주(伏誅)되면서 그 칼도 없어졌다. 그 뒤 뇌환의 칼은 그 아들이 차고 다녔는데, 복건성(福建省) 연평진(延平津)에 이르렀을 때 차고 있던 칼이 갑자기 물속으로 뛰어들어 없어졌던 장화의 칼과 합하여 한쌍의 용으로 변한 뒤 사라졌다는 고사에서 온 말이다.《晉書 張華列傳》

## 유명 조선국 통정대부 수 충청도 관찰사 이공 묘갈명 병서

有明朝鮮國通政大夫守忠淸道觀察使李公墓碣銘 幷序

공의 성은 이씨(李氏), 휘는 담(湛), 자는 중구(仲久), 호는 정존재(靜存齋), 또 다른 호는 후봉(後峯)이니, 용인현(龍仁縣) 사람이다. 상세(上世)에 휘 길권(吉卷)이 있으니, 고려 태조를 보좌하여 지위가 태사(太師)에 이르고 벽상공신(壁上功臣)[213]에 책록(策錄)되었다. 손자 정(靖)과 증손 회(懷)는 모두 복야(僕射)가 되었는데, 이후로 벼슬이 대대로 끊이지 않았다. 회에서 9대를 내려와 광시(光時)는 판전의시사(判典儀寺事)가 되었는데, 권세 있는 환관(宦官)을 거슬렀다가 외지로 유배되었다. 이후로 구성부원군(駒城府院君) 중인(中仁), 본조(本朝)의 개성 유후(開城留後) 사위(士渭), 강원도 관찰사 백지(伯持)를 거쳐 부사(府使) 휘 수강(守綱)에 이르렀으니, 용인현의 서쪽 삼봉산(三峯山)에 장사 지냈다.

수강의 아들 휘 행검(行儉)[214]은 전라도 병마사(全羅道兵馬使)를 지내고 무략(武略)이 있었으며, 문장에 능하고 예서(隸書)를 잘 써서 박팽년(朴彭年)·성삼문(成三問) 공[215] 같은 사람들과 친하게 지냈는

**213** 벽상공신(壁上功臣) : 고려 때 공신의 칭호로, 공신의 초상을 그려서 정당(政堂)의 벽에 붙였으므로 이렇게 이름하였다. 용인 이씨(龍仁李氏)의 시조 이길권(李吉卷)은 삼한(三韓)의 통일에 공을 세워 그 훈공으로 삼한 벽상공신(三韓壁上功臣)에 책록되었는데, 태조의 여동생과 혼인하여 고려조의 첫 부마가 되었다고 한다.

**214** 행검(行儉) : 대본에는 '仁儉'으로 되어 있다. 《용인이씨대동보(龍仁李氏大同譜)》에 근거하여 '仁'을 '行'으로 바로잡아 번역하였다.

데, 그들이 더욱 기량을 추중하였다. 이분의 아들 휘 적(績)은 포의(布衣)로서 항거하는 상소문을 올려서 성종(成宗)이 특별히 선전관에 제수하였는데, 문과에 급제한 뒤에는 얼굴빛을 엄숙히 하고 조정에 벼슬하여 마침내 태복시 정(太僕寺正)이 되고 도승지에 추증되었다. 이분의 아들 휘 종유(宗蕤)는 내면 수양에 독실하다고 칭송되었는데, 통례원 인의(通禮院引儀)를 지내고 참판에 추증되었다.

종유는 영월 엄씨(寧越嚴氏) 전적(典籍) 엄효량(嚴孝良)의 집안에 장가들었으니, 복야 엄광(嚴光)의 후손이다. 경오년(1510, 중종5) 7월 22일에 공을 낳았다.

공은 타고난 자품이 뛰어났다. 5세에 글을 배웠는데 10세가 되기 전에 문의(文義)에 특히 통달하여 연구(聯句)를 부르고 대구(對句)를 붙이면 그 시구(詩句)가 번번이 사람들을 놀라게 하였다. 12세에 부친상을 당했는데, 상례를 집행하기를 성인같이 하였으므로 슬픔으로 몸이 상하여 거의 병이 들 지경이었다. 14세에 《소학(小學)》을 읽다가 "과부의 아들에게 탁월한 행실이 없을 경우에는 그와 벗하지 않는다."라는 구절에 이르자 깜짝 놀라 분발하였는데, 조금 장성했을 때는 더욱 스스로 각고의 노력을 기울여 명성이 자자하게 되었다.

신묘년(1531, 중종26) 사마시에서 생원과와 진사과에 모두 합격하였다. 무술년(1538)에 처음으로 벼슬하여 괴원(槐院 승문원)에 소속되

**215** 박팽년(朴彭年)·성삼문(成三問) 공 : 집현전 학사로 세종을 보필하였으며 단종(端宗)을 위해 목숨을 바쳐 충절을 지킨 사육신(死六臣)에 든 명신들이다. 박팽년(1417~1456)은 본관이 순천(順天), 자가 인수(仁叟), 호가 취금헌(醉琴軒)으로, 시호는 충정(忠正)이다. 성삼문(1418~1456)은 본관이 창녕(昌寧), 자가 근보(謹甫), 호가 매죽헌(梅竹軒)으로, 시호는 충문(忠文)이다.

었다가 얼마 후 사관(史館 예문관(藝文館))으로 천전(遷轉)되었다. 임인년(1542)에 승진하여 전적(典籍)이 되었으나 병조 판서 이기(李芑)가 평소 그를 미워하여 외직으로 내보내는 바람에 평안도 평사가 되었는데, 글씨를 잘 쓴다는 이유로 바로 체차되어 형조 좌랑이 되었다.

계묘년(1543)에 홍문관 수찬에 발탁되었다가 사간원 정언으로 옮겼다. 당시 입대(入對)하여 아뢰기를 "기묘사화가 일어난 이후로 세속의 기호가 날로 야박해져 가고 있으니, 진실로 성상부터 학문을 좋아하여 교화를 밝히신다면 백성들이 어찌 교화되지 않겠습니까." 하니, 중종께서 가납(嘉納)하였다. 또 아뢰기를 "죄인을 선별하여 변경을 채우는 일[216]은 단지 화기(和氣)만 손상할 뿐이니, 아전들이 다시 침탈하여 대대로 전해 온 가업을 남김없이 빼앗기게 된다면 새로 이주한 사람들은 어디에 의지하여 살아가겠습니까. 원컨대 성상께서 스스로 뜻을 가다듬은 다음 아랫사람을 거느려 차례차례 칙려(勅厲)하신다면 사방의 폐해는 근심하지 않아도 저절로 바로잡힐 것입니다." 하니, 상께서 좌우의 신하들을 돌아보며 이르기를 "반드시 함께 살피고 생각하여 예전의 습속을 혁파해야 할 것이다." 하였는데, 좌우의 신하들이 대부분 좋아하지 않았다.

갑진년(1544)에 예조와 병조의 좌랑을 거쳐 다시 수찬(修撰)이 되고 부교리(副校理)로 승진하였는데, 항상 군자를 등용하고 소인을 퇴출할 것을 간곡하게 아뢰었다. 가을에 사가독서 하고 겨울에 지평(持平)에 임명되었다. 당시 정승의 후보를 정하였는데[217] 공이 이기(李芑)를 극

**216** 죄인을……일 : 1544년 1월 1일 정사에서, 하삼도(下三道)의 죄인들을 모두 선별하여 변경을 채우게 한 일을 가리킨다. 《中宗實錄 39年 1月 1日》

력 탄핵하니, 이기가 사람들에게 말하기를 "이 아무개는 사리를 알지 못한다." 하였다.

을사년(1545, 인종1) 여름에 원접사(遠接使)의 종사관(從事官)에 인선(遴選)되고 가을에 서장관(書狀官)에 충원되었는데, 중국 사람들이 공이 지은 표문(表文)을 칭찬하고 얼마 후에는 공의 위의(威儀)가 여유롭고 단아한 것을 보고 더욱 칭찬하고 감탄하였으니, 실로 이른바 '자태숙(子太叔)이 용모가 아름답고 재주가 뛰어나서 문채(文采)가 있었던 것'[218] 같은 경우라 하겠다. 9월에 이기와 정순붕(鄭順朋), 임백령(林百齡) 등이 변고(變告)를 상주(上奏)하고 10월에 사헌부에서 질책하고 사간원에서 논핵하여 공에게 죄를 씌웠는데, 한 사람이 고집하여 따르지 않자 이튿날 이기가 계청(啓請)하여 관직과 자급을 삭탈하여 체차하게 하였다.[219]

정미년(1547, 명종2) 9월에 정언각(鄭彦慤)이 양재역 벽서(良才驛壁書)[220]를 상에게 올리자, 마침내 주벌(誅罰)과 유배의 처분이 크게

**217** 정승의 후보를 정하였는데 : 1545년 1월 11일 정사에서 윤인경(尹仁鏡)이 정승의 후보를 봉함(封緘)하여 아뢰었는데, 유관(柳灌)과 이기였다. 《仁宗實錄 1年 1月 11日》

**218** 자태숙(子太叔)이……것 : 정(鄭)나라 자산(子産)이 집정할 때 어질고 능력 있는 사람을 골라 임용하였는데, 자태숙에 대해서는 "용모가 아름답고 재주가 뛰어나서 문채가 있다."라고 하였다. 《春秋左氏傳 襄公31年》 자태숙은 춘추 시대 정나라 정경(正卿)이었던 유길(游吉)을 말하는데, 자산을 이어 집정하면서 인정(仁政)을 베풀었다.

**219** 삭탈하여 체차하게 하였다 : 대본에는 '鐫褫'로 되어 있다. 문맥에 근거하여 '褫'를 '遞'로 바로잡아 번역하였다.

**220** 양재역 벽서(良才驛壁書) : 을사사화(乙巳士禍)가 일어난 지 2년 뒤인 1547년에 일어난 사건으로, 윤원형(尹元衡) 세력이 윤임(尹任) 일파의 잔당과 사림 세력을 몰아내기 위해 꾸민 것이다.

시행되어 공도 양산(梁山)으로 유배 가게 되었다. 당시 공은 대부인에게 측투(厠牏) 한 벌을 청하여 가지고 길을 떠났는데,[221] 적소(謫所)에 도착해서는 우거하는 집 곁에 띳집을 짓고 늘 그곳에서 경사(經史)를 탐구하고 토론하였다.

신해년(1551)에 방귀전리(放歸田里)의 은전(恩典)을 입은 뒤로 칩거하며 모친을 봉양하는 일 외에는 오직 날로 책을 보고 제자들을 가르칠 뿐이었다. 갑인년(1554)에 모친상을 만났다.

임술년(1562) 중종의 능침을 옮길 때에는 특별히 애통해하였는데, 재궁(梓宮)이 교외를 지날 때 소복(素服)을 입고 외정(外庭)에서 곡을 하였다. 을축년(1565)에 직첩(職牒)을 돌려받았으나, 기뻐하는 기색이 없었다. 얼마 후 학관(學官)에 차정(差定)되었다. 이듬해에 사복시 첨정(司僕寺僉正)에 서용되었다가 성균관 사성(成均館司成)으로 승진하였고, 사도시 정(司䆃寺正)과 선공감 정(繕工監正)을 역임하였다.

정묘년(1567) 가을에 홍문관 부응교(弘文館副應敎)에 제수되었다. 가장 먼저 아뢰기를 "인군(人君)이 하는 학문은 선비들과는 다르니, 반드시 정일(精一)[222]과 사물(四勿)[223]에 힘을 기울여 성정(誠正)[224]의

**221** 측투(厠牏)……떠났는데 : 늘 모친의 은혜를 잊지 않으려는 공의 효성을 표현한 말이다. 측투는 변기통을 가리키는 말로, 《사기(史記)》 〈만석장숙열전(萬石張叔列傳)〉에, 한(漢)나라 만석군(萬石君) 석분(石奮)의 장자(長子)인 석건(石建)의 효성에 대해 말하기를 "석건이 낭중령이 되어 닷새마다 휴가를 얻으면 집에 돌아와서 어버이에게 문안을 드렸다. 그러고는 자제들이 기거하는 방에 들어가서 시중드는 사람에게 몰래 물어 어버이의 속옷과 변기통을 가져다가 직접 깨끗이 빨고 씻은 뒤에 다시 시자에게 돌려주며 감히 만석군이 알지 못하도록 하였는데, 이 일을 늘 그렇게 하였다." 하였다.

**222** 정일(精一) : 제왕의 심법(心法)인 유정유일(惟精惟一)을 가리킨다. 요(堯) 임금은 순(舜)에게 천자의 자리를 선양하며 "진실로 그 중도(中道)를 잡으라." 하였고,

공(功)을 이루어야 할 것입니다." 하였는데, 그 학설이 매우 잘 갖추어져 있었다. 사간원 사간으로 옮겼다가 병이 들어 군자감 정(軍資監正)으로 개차되었다.

무진년(1568, 선조1)에는 사간원과 홍문관에 번갈아 가며 모두 세 번을 들어갔다. 또 아뢰기를 "김굉필(金宏弼)은 성리학을 창도하여 연구하였고 조광조(趙光祖)는 일찍 깨우쳐 각고의 노력을 기울였는데, 마침내 오도(吾道)의 원통함이 된 것은 참으로 갑자년과 무오년[225]으로

순 임금은 다시 우(禹)에게 "인심은 위태하고 도심은 은미하니, 오직 정밀하고 전일하여야 진실로 그 중도를 잡으리라.〔人心惟危, 道心惟微, 惟精惟一, 允執厥中.〕"라고 당부하였는데, 주희(朱熹)가 이를 유가(儒家)의 도통(道統)인 '십육자심전(十六字心傳)'이라 강조한 이래 개인의 도덕 수양과 치국(治國)의 원리로 중시되었다. 《論語 堯曰》《書經 大禹謨》

**223** 사물(四勿) : 성학(聖學)을 공부하는 사람이 하지 말아야 할 네 가지 일을 가리키는 말이다. 공자의 제자 안연(顔淵)이 '극기복례(克己復禮)'의 조목을 물었을 때 공자가 "예가 아니면 보지 말며, 예가 아니면 듣지 말며, 예가 아니면 말하지 말며, 예가 아니면 움직이지 말라."라고 대답하였는데, 정이(程頤)가 후세에 성인을 배우는 자들은 마땅히 명심하고 경계해야 할 것이라는 뜻으로 〈시잠(視箴)〉, 〈청잠(聽箴)〉, 〈언잠(言箴)〉, 〈동잠(動箴)〉을 지었다. 《二程文集 卷8 伊川文集3 四箴幷序》《論語 顔淵》

**224** 성정(誠正) : 뜻을 성실하게 한다는 '성의(誠意)'와 마음을 바르게 한다는 '정심(正心)'을 말한다. 사물에 나아가 이치를 궁구하여 앎을 지극하게 한다는 의미의 '격물치지(格物致知)'와 함께 《대학(大學)》의 팔조목(八條目) 가운데 '평천하(平天下)'의 근본에 해당한다.

**225** 갑자년과 무오년 : 대본에는 '丙子戊午'로 되어 있다. 문맥에 근거하여 '丙'을 '甲'으로 바로잡아 번역하였다. 1498년(연산군4) 무오사화가 일어나자 김굉필이 김종직(金宗直)의 문도로서 붕당을 만들었다는 죄목으로 장(杖) 80대와 원방부처(遠方付處)의 형을 받고 평안도 희천(熙川)에 유배되었다가 2년 뒤 순천(順天)에 이배되고, 1504년 갑자사화가 일어나자 무오당인이라는 죄목으로 극형에 처해졌기 때문에 이렇게 말한

부터 차례차례 진행되어 이런 지경에 이른 것입니다. 그러나 이로부터 민간에 점차 뜻을 가진 사람이 있게 된 것은 모두 그들의 공입니다. 오늘의 급선무는 선비의 기풍을 진작하는 것보다 시급한 일이 없으니, 선비의 기풍이 한번 진작되면 사람의 마음이 저절로 바루어져서 조종(祖宗)의 기업(基業)이 광대(光大)해질 수 있을 것입니다." 하였다.

가을에 상의원 정(尙衣院正)으로서 《명종실록(明宗實錄)》의 찬수(撰修)에 참여하였다. 의정부의 검상(檢詳)과 사인(舍人)을 거쳐 홍문관 전한(弘文館典翰)에 이르렀다. 상에게 나아가 아뢰기를 "신은 어릴 적에 이황(李滉)과 동료가 되어 그의 덕기(德器)가 순정(醇正)함을 알고 있습니다. 게다가 오래도록 산림에 은거하여 문장과 도덕이 잘 갖추어졌으니, 상께서 성의를 다하여 자문하시면 학문과 정사에 반드시 크게 도움이 될 것입니다." 하였다. 당시 이황이 소명(召命)을 받고 조정에 온 지 이미 오래되었지만, 성상의 뜻이 점차-이하의 내용은 누락되었다.-

듯하다. 무오사화는 유자광(柳子光), 이극돈(李克墩) 등 훈구파가 김일손(金日孫), 권오복(權五福) 등 사림파를 제거한 사건으로, 춘추관 기사관이었던 김일손이 사초(史草)에 실은 김종직의 〈조의제문(弔義帝文)〉이 세조가 단종의 왕위를 빼앗은 일을 비방한 것이라고 하여 일어났다. 갑자사화는 연산군이 사약을 받고 죽은 어머니 윤씨(尹氏)의 복위를 반대한 사람들과 폐위 사건에 관련된 신하들을 학살한 사건으로, 성종의 후궁들과 왕자들을 죽였으며 또 이를 빌미로 자기를 견제하는 훈구들과 사림들을 제거하려 획책하였기 때문에 더욱 확대되어 그 피해가 무오사화를 웃돌았다.

# 강 상사[226] 묘갈명 병서

## 康上舍碣銘 幷序

아, 동국(東國)의 성균관 유생 신천(信川) 강원숙(康元叔)은 어려서부터 재기(才氣)가 탁월하고 도량이 침착하고 굳세어 동정(動靜)과 어묵(語默)이 규범에 꼭 맞아떨어지는 듯하였으니, 식자들이 모두 신동(神童)이라 하였다. 8세에 처음으로 책을 읽어 이미 문의(文義)에 통하였고, 10여 세가 되었을 때는 글을 지을 수 있어서 종이를 잡으면 바로 글을 완성하였다.

정유년(1537, 중종32)에 사마시에 합격하였다. 무술년(1538)에 탄수(灘叟) 선생의 사위가 되었는데, 선생이 군(君)을 보고 인재라 여겨 차근차근 순서에 따라 교도(教導)해 준 덕분에 유자(儒者)가 나아갈 길에 대해 들을 수 있었으니, 오로지 과거 공부만을 일삼지는 않았다.

신축년(1541)에 부친상을 당하여 개령(開寧)에서 여막(廬幕)을 짓고 시묘(侍墓)하였는데, 예(禮)에 따라 장례와 제례를 치르고 피눈물을 흘리며 마른 나무가 서 있는 것처럼 모습이 초췌하니[227] 사람들이

**226** 강 상사(康上舍) : 중종 때의 성균관 유생 강유선(康惟善, 1520~1549)을 가리킨다. 본관은 신천, 자는 원숙, 호는 주천(舟川)이다. 문집으로 《주천유고(舟川遺稿)》가 있다. 소재는 소년 시절에 일찍이 강유선과 함께 탄수 이연경(李延慶)에게서 수학(受學)하였고, 뒤에 또 두 사람이 똑같이 이연경의 딸에게 장가들어 서로 동서 간이 되었다.

**227** 피눈물을……초췌하니 : 예에 따라 부친상을 잘 치렀다는 말이다. 춘추 시대 위(衛)나라 사람 고시(高柴)는 자가 자고(子皐)인데, 공자의 제자로 효성이 매우 지극하

거상(居喪)을 잘한다고 칭송하였다. 이로부터 행실이 더욱 수양되고 학문이 더욱 진보하여 종유하는 벗들이 더욱 많아지니, 아름다운 명성이 한 시대에 자자하였다.

당시 규암(圭菴) 송 선생(宋先生)[228]이 성균관 좨주가 되었는데, 늘 강(講)이 파하면 군(君)과 한두 명의 이름난 사람들을 맞이하여 의리(義理)에 대해 평론(評論)하였으니, 군이 여러 노장(老長)에게 중망을 받은 것이 대체로 이와 같았다. 그러나 화(禍) 또한 이때부터 시작되었다.

아아, 인종께서 재위(在位)하고 계실 때 많은 선비들은 눈을 비비고 바라보며 지극한 치세(治世)를 기약할 수 있으리라 기대하였다. 이에 태학생들이 소장(疏狀)을 올려 정암(靜菴 조광조(趙光祖))의 관작(官爵)을 회복하여 선비들의 추향(趨向)을 밝히기를 청하였는데, 그 소장은 모두 군이 지었다. 그 소장의 내용은 충분(忠憤)이 격렬하고 간절하여 위로 상의 마음을 움직였으니, 이에 상께서 비답(批答)하기를 "그대들이 수선(首善)[229]의 처지에 있으면서 옛 도(道)를 좋아하는 마음으로

였다. 《예기(禮記)》 〈단궁 상(檀弓上)〉에 "고자고는 부모상을 당하여 3년 동안 피눈물을 흘리며 슬퍼하였고 치아를 드러내며 웃은 적이 없었다." 하였다.

**228** 규암(圭菴) 송 선생(宋先生) : 송인수(宋麟壽, 1499~1547)를 가리킨다. 본관은 은진(恩津), 자는 미수(眉叟)·태수(台叟), 호는 규암, 시호는 문충(文忠)이다. 김안로(金安老) 일파의 집권을 막으려다가 제주 목사(濟州牧使)로 좌천되고, 다시 경상도 사천(泗川)에 유배되었다. 1545년(명종 즉위년) 을사사화 때 한성부 좌윤에서 파직된 후, 1547년 양재역 벽서 사건(良才驛壁書事件)에 연루되어 사사(賜死)되었다. 성리학에 밝았고 성리학을 보급하기에 힘썼으며, 제주의 귤림서원(橘林書院)에 제향되었다. 저서로 《규암집》이 있다.

**229** 수선(首善) : 선(善)을 처음 시작하여 모범을 보인다는 뜻으로, 수도(首都) 혹은

시사(時事)를 논하여 세 번이나 소장을 올렸는데, 말이 간절하고 뜻이 곧으니 배운 바의 바름이 어찌 이보다 더할 수 있겠는가. 우리 선왕께서 인재를 교육하신 은택을 여기서 또한 볼 수 있다. 비록 그렇지만 시비(是非)를 말하는 것이야 괜찮으나, 시비를 정하려고 기약하는 것은 본래 조정이 있으니 유생들의 일이 아니다.[230] 그대들은 우선 물러가서 다시 생각해 보라." 하였다.

그러나 얼마 지나지 않아 인종께서 승하하시고 나라가 공허하게 되었으므로, 군은 모친을 모시고 남쪽으로 돌아가 산수(山水)의 사이에서 자적(自適)하며 남은 인생을 보내려 하였다. 당시 학정(學正) 황준량(黃俊良)이 권신(權臣)의 뜻을 받고 와서 말하기를 "군이 일찍이 성균관에 있을 때 궤변(詭辯)을 좋아했기 때문에 임의로 법규를 적용하여 처벌하려 했는데, 어떤 사람이 힘껏 변호해 준 덕분에 죄를 면하여 오히려 정거(停擧)의 처분이 내려졌네." 하였다. 이해 겨울에 공서(公西)의 뜻을 실행하였는데[231] 이미 성신(誠信)을 다하였다. 이어 집을 지으려 하다가 모친이 짐짓 만류하는 바람에 그만두었다.

태학(太學)을 가리킨다. 《한서(漢書)》〈유림전(儒林傳)〉에 "교화를 시행할 때 경사에서부터 수선을 세워 모범이 됨으로 말미암아 지방으로 확산되게 한다.〔教化之行也, 建首善自京師始, 由內及外.〕"라고 한 데서 온 말이다.

**230** 시비(是非)를……아니다 : 성균관은 교화가 시작되는 곳이지 시비를 가려서 법을 집행하는 곳이 아니라는 말이다.

**231** 공서(公西)의 뜻을 실행하였는데 : 예(禮)에 따라 장인 이연경의 상사(喪事)를 치렀다는 의미이다. 공자께서 제자들의 포부를 물었을 때 공서화(公西華)가 "종묘의 일을 하거나 제후(諸侯)들이 회동(會同)할 때에 현단복(玄端服)을 입고 장보관(章甫冠)을 쓰고 작은 집례자(執禮者)가 되기를 원합니다."라고 대답한 데서 온 말이다. 《論語 先進》

오호라, 기유년(1549, 명종4)에 이홍남(李洪男)이 배소(配所)에서 그 아우의 반역을 고변(告變)하여 자신이 진출할 기회로 삼으려 했는데,[232] 이 일 때문에 중원(中原) 사람들이 많이 죽고 마침내 군에게까지 화가 미쳤으니, 대개 저들의 마음과 행실이 패려(悖戾)하고 광망(狂妄)하였기 때문에 서로 간에 기피하다가 틈이 생기게 되었던 것이다.

이때에 이르러 이홍윤(李洪胤)이 자수하여 짐짓 군이 격문(檄文)을 지었다고 무고하였는데, 형신(刑訊)이 매우 잔인하고 혹독했지만 군은 말과 모습이 평소나 다름없었고 단지 "밝은 해가 하늘에 떠 있는데, 어찌 이런 일이 있을 수 있단 말인가."라는 말만 하였으니, 추관(推官)이 깜짝 놀라 얼굴빛이 변하였다. 마침내 편지로 형제들과 결별하며 이르기를 "평소 충효(忠孝)를 자부하였는데 도리어 불충(不忠)의 이름을 짊어지게 되었으니, 황천에서도 눈을 감지 못할 것입니다. 삼가 형님과 아우는 독실하게 믿으면서도 학문을 좋아하기 바랍니다." 하였으니, 그 변하지 않고 어지러워지지 않음이 이와 같았던 것은 어찌 타고난 성품과 학문의 힘이 그렇게 만든 것이 아니겠는가.

아, 군의 입지(立志)는 원대하고 제행(制行)은 고상하였으며, 이미 효도하고 우애로워 사람들이 이간하는 말이 없었다. 다만 성품이 방정하고 엄격하여 악(惡)을 원수처럼 미워하여 똑바로 쳐다보지도 않았고, 군자(君子)다운 사람이 아니면 일찍이 말과 얼굴빛을 너그럽게 한 적이 없었다. 그러므로 비록 군자들의 존경을 받기는 했지만 시기하는 자들 또한 많았다. 고훈(古訓)을 좋아하여 하루도 손에서 책을 놓은

**232** 이홍남(李洪男)이……했는데 : 기유년 4월에 일어난 이홍윤의 옥사를 말한다. 471쪽 주179 참조.

적이 없었는데, 충신(忠臣)과 의사(義士)가 횡액을 만나 목숨을 잃은 경우를 보면 문득 목이 메어 눈물을 흘리며 책을 덮고 일어섰다. 글을 지을 때에는 기발(奇拔)한 표현에 힘썼으니, 시어(詩語)가 청신(淸新)하고 발랄하여 세상의 속된 기운이 없었다. 오호라, 군의 깨끗하고 순수한 자질과 광명정대한 언동(言動)으로 조금만 더 장수를 누릴 수 있었더라면 후일의 성취를 어찌 한정할 수 있었겠는가. 그러나 겨우 30세로 비명에 죽었으니, 오호라, 애통하도다.

강씨(康氏)는 고려조에서 종족이 크게 번성하여 고관대작이 끊임없이 이어졌다. 국조(國朝)에 휘 윤리(允釐)는 함양 군수(咸陽郡守)를 지냈으니 바로 군의 5대조이다. 고조부 휘 거례(居禮)는 영덕 현령(盈德縣令)을 지냈고, 증조부 휘 척(惕)은 창신교위(彰信校尉)를 지냈다. 조부 휘 중진(仲珍)은 승문원 판교(承文院判校)를 지냈는데, 외삼촌인 점필재(佔畢齋 김종직(金宗直))에게 수학하여 크게 아름다운 명성이 있었다. 부친 휘 의(顗)는 무과(武科)로 벼슬에 나아가 창원 도호부사(昌原都護府使)가 되었다. 동래 정씨(東萊鄭氏) 헌납(獻納) 정사걸(鄭士傑)의 따님에게 장가들어 정덕(正德) 경진년(1520, 중종15)에 군을 낳았다.

군의 휘는 유선(惟善)이니, 둘째 아들이다.

아들 둘을 두었다. 장남 복성(復誠)은 뜻이 크고 기개가 있었으며 학문을 좋아하였다. 기묘년(1579, 선조12) 진사시에 합격하였다. 억울하게 죽은 사람의 아들을 녹용(錄用)할 때 희릉 참봉(禧陵參奉)에 제수되었으나 사은한 뒤 바로 물러났다. 이후 누차 관직에 제수되었으나 끝내 나아가지 않았다. 아들과 딸을 낳았는데 어리다.

다음은 딸이니, 충의위(忠義衛) 이용중(李用中)에게 시집갔는데,

율봉 찰방(栗峯察訪)이다. 아들 이희천(李希天)은 유생이고 딸 둘은 어리다.

오호라, 하늘은 이 정도로 은혜를 베풀었다 여기려는 것인가. 나는 군과 동문수학한 사이이고 동서 간인데, 항상 하늘에 호소하려 하였으나 어떻게 할 방법이 없었다. 군의 아들 복성의 글을 살펴 대략 점철(點綴)하고 이어 명(銘)을 지어 나의 애통한 심정을 토로한다. 명은 다음과 같다.

| | |
|---|---|
| 어찌하여 그날의 변괴는 | 奚日之怪 |
| 미친개를 풀어놓은 듯 그리도 참혹했던가 | 而肆猘呀 |
| 그림자에 무슨 다른 점이 있어 | 影有奚異 |
| 물여우는 모래를 쏘아 맞혔단 말인가[233] | 乃中以沙 |
| 오호라, 원숙이여 | 嗚呼叔也 |
| 망극한 시운을 만난 것이니 | 遭世罔極 |
| 슬퍼한들 어이하리 | 其悲柰何 |
| 하늘이 죽게 하려 했다면 | 天欲其死 |
| 어찌 처음에 태어나게 하였으며 | 何始生之耶 |
| 하늘이 살게 하려 했다면 | 天欲其生 |
| 어찌 갑자기 죽게 하였단 말인가 | 何遽死之耶 |
| 독실하게 사랑한 것은 무슨 뜻이며 | 愛之篤也何意 |

**233** 물여우는……말인가 : 강유선이 음흉한 소인에게 무고당하여 장살된 일을 가리킨다. 물여우는 중국 남방에 있다는 형체가 보이지 않는 괴물로, 모래를 머금어 물에 비치는 사람의 그림자를 쏘면 그 사람이 병이 나서 죽는다고 한다. 《詩經 小雅 何人斯》

| | |
|---|---|
| 혹독하게 미워한 것은 무슨 이치인가 | 惡之酷也何理 |
| 송백같이 의연한 모습과 | 松柏之毅 |
| 호련같이 귀한 자질로 | 瑚璉之貴 |
| 학문을 일삼고 | 學問之事 |
| 경세제민의 뜻을 가졌는데 | 經濟之志 |
| 하늘이 목숨을 주었다가 요절하게 했으니 | 天錫之天椓之 |
| 나는 어디에 물어보아야 한단 말인가 | 吾其問諸何地 |
| 늘 생각이 여기에 미치면 | 每一念至 |
| 하늘을 우러러 가슴을 칠 뿐이라네 | 但仰而搥胸 |
| 다시 후인들이 애통해하며 | 復使後人搥之 |
| 백번 천번 만번 하염없이 가슴을 치누나 | 至于百搥千搥萬搥而無已也 |

## 유명 조선국 통훈대부 행 재령 군수 증 자헌대부 이조 판서 최공 묘비명 병서

有明朝鮮國通訓大夫行載寧郡守贈資憲大夫吏曹判書崔公墓碑銘 幷序

최씨(崔氏)는 해주(海州)에서 비롯되었다. 시조는 고려의 시중(侍中) 문헌공(文憲公) 충(冲)이다. 학문을 좋아하고 교육을 즐겨 구재학당(九齋學堂)[234]을 창설하였는데, 학도들이 매우 많아져서 학법(學法)이 마침내 여기서 비롯되었으니 당시 사람들이 '해동부자(海東夫子)'라 불렀다. 이때부터 대를 이어 공경(公卿)이 여러 번 배출되었다. 국조(國朝)에 들어와서는 휘 만리(萬理)라는 분이 있었으니, 문과에 거듭 급제하여[235] 집현전 부제학(集賢殿副提學)과 강원도 관찰사를 역임하였다. 휘 정(埥)은 예조 좌랑(禮曹佐郎)을 지냈다. 휘 문손(文孫)은 사헌부 감찰(司憲府監察)을 지냈다. 휘 경(瓊)은 진사시에 합격하고 이후로 무과에 급제하여 훈련원 도정(訓鍊院都正)이 되었는데, 노인을 우대하는 정책으로 관질(官秩)이 올랐고 뒤에 참판(參判)에 추증되었다. 이

**234** 구재학당(九齋學堂) : 사학(私學)의 하나이다. 최충이 치사(致仕)한 뒤 후진 교육을 위해 개설한 학교로, 당시 국립학교인 국학(國學)이 유명무실한 상태였기 때문에 이곳으로 과거 응시자들이 많이 몰려들었다. 학반(學班)을 악성(樂聖), 대중(大中), 성명(誠明), 경업(敬業), 조도(造道), 솔성(率性), 진덕(進德), 대화(大和), 대빙(待聘) 등 9개로 나누고 교수 과목은 구경(九經) 및 《사기(史記)》, 《한서(漢書)》, 《후한서(後漢書)》의 삼사(三史)를 중심으로 시부사장(詩賦詞章)을 더하였다. 《高麗史 崔冲列傳》

**235** 문과에 거듭 급제하여 : 최만리(崔萬理)는 1419년(세종1) 증광시 문과(增廣試文科)에서 을과(乙科)로 급제하고, 1427년 문과 중시(文科重試)에서 을과로 급제하였다.

상이 공의 4대조이다. 이효종(李孝宗) 공은 공의 외조부이다.

공은 홍치(弘治) 임술년(1502, 연산군8)에 태어났으니, 휘는 여주(汝舟)이고 자는 거천(巨川)이다. 총명하고 영특함이 어릴 적부터 탁월하여 책을 읽으면 몇 편의 글을 문득 암송하였고, 필체는 날아갈 듯 힘이 있어서 왕성하게 옛사람의 필법(筆法)에 가까웠다. 나이 겨우 약관(弱冠)이 지났을 때 이미 이른바 학문이 있다는 것을 알아서 정암(靜菴)과 충암(冲庵)[236]의 문하에 종유(從遊)하였다. 정암은 일찍이 《옥화록(玉華錄)》을 지었는데, 공에 대해 주석을 달기를 "어린 나이에 선(善)을 지향한 사람이다." 하였고, 충암은 공무를 마치고 퇴청하면 반드시 말을 보내고 걸상을 내려 공을 맞이하였는데,[237] 늘 사람들에게 말하기를 "이 사람은 옛날로 치면 낙양재자(洛陽才子)[238] 같은 재주를

**236** 충암(冲庵) : 김정(金淨, 1486~1521)으로, 본관은 경주(慶州), 자는 원충(元冲), 호는 충암·고봉(孤峯)이다. 일찍이 사림 세력을 중앙 정계에 추천하였고, 조광조의 정치적 성장을 뒤에서 도왔다. 그 뒤 조광조와 함께 사림파의 대표적인 존재로서 그들의 세력 기반을 굳히기 위해 현량과(賢良科)의 설치를 적극 주장하였다. 기묘사화로 금산(錦山)에 유배되었다가 진도(珍島)를 거쳐 다시 제주도(濟州島)로 옮겨졌다. 그 뒤 신사무옥에 연루되어 사림파의 주축인 생존자 6명과 함께 다시 중죄에 처해져 사사되었다. 1545년(인종1)에 복관되었고, 1646년에 영의정에 추증되었다. 저서로 《충암집》이 있다.

**237** 걸상을……맞이하였는데 : 김정이 최여주를 정중히 대우하였다는 의미이다. 후한(後漢) 때 예장 태수(豫章太守) 진번(陳蕃)은 평소 빈객(賓客)을 접대하지 않았지만, 특별히 걸상 하나를 걸어 두었다가 당대의 고사(高士)인 서치(徐穉)가 찾아오면 내려서 앉게 함으로써 우대하였다고 한다. 《後漢書 徐穉列傳》

**238** 낙양재자(洛陽才子) : 한(漢)나라의 문신이자 학자 가의(賈誼)를 말한다. 낙양(洛陽) 사람으로, 어려서부터 제가서(諸家書)에 능통하고 문재(文才)가 있었기 때문에 이렇게 불리었다.

지닌 사람이다." 하였다. 교유한 사람들은 모두 당대의 유명한 인물들이었다. 기묘사화가 일어났을 때 우연히 나이가 적다는 이유로 화를 면했지만, 그 참혹한 상황을 목격한 뒤로는 더 이상 과거 공부에 뜻을 두지 않았다.

갑오년(1534, 중종29)에 성균관에 들어갔고, 10년 뒤에 성균관의 추천으로 금오랑(金吾郎 의금부 도사)에 제수되었다가 종묘서 직장(宗廟署直長), 종부시 주부(宗簿寺主簿), 장원서 장원(掌苑署掌苑), 성주 목사(星州牧使), 한성부 판관(漢城府判官), 도총부 도사(都摠府都事), 금천 현감(衿川縣監), 풍덕 군수(豐德郡守), 재령 군수(載寧郡守) 등으로 천전(遷奠)되었다. 정묘년(1567, 명종22) 1월 25일 병으로 집에서 세상을 떠났다. 3월 모일(某日)에 금천(衿川) 박달(博達) 언덕에 있는 부인의 무덤에 합장하였다.

공은 효성을 천성으로 타고났으니, 참판공이 호상(虎傷)을 당하여 위독할 때 1년 동안 허리띠를 풀지 않고 잠을 자지 않으면서[239] 시약(侍藥)하였는데 이에 참판공의 병이 나았다. 삼년상을 치를 때는 슬픔과 공경을 다하였고, 진설(陳設)에 필요한 도구들을 다른 사람의 손을 빌리지 않고 모두 공이 직접 준비하였다. 심지어 몸이 상해서는 안 될 나이[240]에 뼈가 앙상하게 드러날 정도로 더욱 야위어 거의 목숨을 잃을 지경이 되었지만 권도(權道)를 따르지 않았는데, 자제들이 번갈

**239** 허리띠를……않으면서 : 참판공 최경(崔瓊)이 위독할 때 갑자기 위급한 일이 생길까 봐 염려하여 늘 의관을 갖추고 잠을 자지 않으면서 병세를 살폈다는 말이다.

**240** 몸이……나이 : 거상(居喪) 중에 지나치게 슬퍼하여 몸이 상해서는 안 될 나이로, 60세를 의미한다. 자세한 내용은 384쪽 주10 참조.

아 간하자 담제(禫祭)에 이르러서야 비로소 수레를 타고 돌아와 의원을 찾았다. 우애가 또 지극하여 혈족에게 베풀기를 좋아하였으므로 집에는 남은 재물이 없었고, 사람을 사귈 때는 흉금을 털어놓고 응접하여 한마디 선한 말을 들으면 완전히 믿어 의심하지 않아 소인배의 모함에 빠지는 일이 많았다.

벼슬에 임해서는 재주가 있어 번잡하고 어려운 업무를 맡았다. 성주(星州)는 다스리기 어렵기로 유명한 곳이어서 휘하의 아전에 계속 결원(缺員)이 생겼다. 그러나 공이 다스린 지 오래되자 정사를 잘한다는 명성이 자자하게 되었고 온 도의 사람들이 그 능력을 인정하여 "큰 임무를 맡아도 넉넉히 처리할 수 있을 것이다." 하였는데, 결국 상관(上官)에게 용납되지 못하여 떠나고 말았다. 그러나 집안 살림을 경영하는 데에는 재주가 없어서 장부를 보지 않았으므로 세상을 떠난 뒤에는 사방의 벽만 덩그러니 남아 있을 뿐 집안에 다른 재물이 아무 것도 없었다. 아, 하늘에서 타고난 공의 성품이 실로 이와 같았으니, 그 풍도(風度)를 듣고 흥기된 사람들을 대체로 또한 상상할 수 있다.

부인은 한씨(韓氏)이니 판중추부사 서성군(西城君) 한치인(韓致仁)의 증손녀이고, 참판 서원군(西原君) 한한(韓僩)의 손녀이며, 충의위(忠義衛) 한세륜(韓世倫)의 딸이다. 공과 동갑이었는데, 30년 동안 공을 섬기면서 얼굴을 붉힌 적이 없었다. 집이 가난하였지만 무릇 제사와 복식(服食) 및 손님 접대와 친속(親屬)을 진휼할 때 사람들이 부유한 집과 비교하여 다른 점이 있는 것을 알지 못했으니, 비록 공이라도 그 자세한 내용은 알지 못하였다. 신해년(1551, 명종6) 11월 23일에 세상을 떠났고, 모년(某年) 모월(某月) 모일(某日)에 장사 지냈다.

3남 2녀를 낳았는데, 네 명은 요절하였다. 막내아들은 황(滉)이니 문과에 급제하여 지금 판윤(判尹)이 되었다. 판윤은 먼저 풍저창 수(豐儲倉守) 임건(任楗)의 딸에게 장가들었는데, 후사가 없다. 후배(後配)는 사인(士人) 허초(許礎)의 딸이니, 자식 다섯을 두었다. 장남 유원(有源)은 진사시에 합격하였고, 현감 남침(南琛)의 딸에게 장가들었다. 차남 유제(有濟)는 현감 이곤형(李坤亨)의 딸에게 장가들었다. 장녀는 병사(兵使) 양윤의(梁允義)에게 시집갔는데, 아들 양사홍(梁思洪)은 2남 3녀를 낳았다. 차녀는 현감 노대해(盧大海)에게 시집갔는데, 그 아들은 노도형(盧道亨)이다. 삼녀는 어리다.

공의 막내아들 판윤이 나를 사실대로 기록하고 꾸미지 않는 사람이라 생각하여, 공의 행장(行狀)을 가지고 와서 묘비명을 지어 달라고 재촉하였다. 아, 나는 공에게는 동방(同榜)으로 급제한 관계이면서 나이가 어린 사람이 되고, 판윤에게는 가부(葭莩)[241] 관계이면서 나이가 많은 사람이 되니, 장차 어떻게 해야 한단 말인가. 의리로 보아 사양할 수 없는 점이 있어서 이에 묘비명을 짓는다. 명(銘)은 다음과 같다.

| | |
|---|---|
| 아름답다 최공이여 | 有美崔公 |
| 일찍부터 좋아해야 할 바를 알았고 | 旣克知好 |
| 날마다 힘써 노력하였으니 | 惟日彊也 |
| 신실함을 가까이하고 포학함을 멀리하여 | 近信遠暴 |
| 많은 사람의 모범이 될 만하였네 | 則可衆也 |

**241** 가부(葭莩) : 갈대의 줄기에 있는 매우 얇은 막으로서 아주 얇은 것을 말하는데, 촌수가 먼 친척이나 인척 관계를 의미한다. 최황(崔滉)의 차녀가 소재의 아들 노대해에게 시집갔으므로 이렇게 말한 것이다.

| | |
|---|---|
| 훌륭한 행실이 있고 지조가 있어 | 有爲有操 |
| 이것이 장점이었는데 | 寔其長也 |
| 나라에 도가 있을 때는 | 惟邦有道 |
| 나아가는 것이 이롭다 여겼네[242] | 利有往也 |
| 간교한 이들 모여 시샘하였지만 | 群陰合媢 |
| 다행히 사화(士禍)의 그물에서 벗어났으니 | 幸漏網也 |
| 벼슬길에 나아가지 않아 | 名途弗蹈 |
| 그 마음 평탄하고 여유가 있었네 | 坦以蕩也 |
| 그 행실은 독실하여 | 其行慥慥 |
| 향당에서 칭송하였고 | 稱鄉黨也 |
| 그 뜻은 성대하여 | 其志浩浩 |
| 사우들이 추앙하였네 | 士友仰也 |
| 만년에 작은 관직에 임명된 것은 | 晩收小號 |
| 늙어서 받은 보상이었네 | 老膺賞也 |
| 이에 누차 벼슬을 옮겼으니 | 迺累簪帽 |
| 단지 부모 봉양을 위해서였다네 | 職爲養也 |
| 나태하지 않고 조급하지 않았으니 | 弗懈弗躁 |
| 윗사람 섬기는 도리를 다하였고 | 盡事上也 |
| 자주 양식이 떨어져도 알리지 않았으니 | 屢空莫告 |
| 원망한 적이 없었기 때문이라네 | 曾不怏也 |
| 덕이 막혀 높은 관직에 오르지 못했으니 | 德塞登造 |

**242** 나라에……여겼네 : 나라에 도(道)가 행해지는 때에는 벼슬에 나아가 자신의 역량을 펼칠 수 있다는 의미이다.

| | |
|---|---|
| 당시 편당이 견고했기 때문이고 | 時固黨也 |
| 수명이 짧아 장수를 누리지 못했으니 | 壽嗇期耊 |
| 이치가 어찌 그리도 어긋났단 말인가 | 理胡爽也 |
| 때가 되면 음덕의 보답을 받는 것은 | 定則食報 |
| 속일 수 없는 이치이니 | 不可罔也 |
| 아들이 원대한 뜻을 성취하여 | 有胤遠到 |
| 조금도 의리를 굽히지 않았고 | 尺不枉也 |
| 손자는 그 가르침 어기지 않아 | 孫罔違導 |
| 가업이 더욱 번성하였네 | 業彌廣也 |
| 아름다운 언덕이 푸른 벼랑을 띠어[243] | 樂丘帶澳 |
| 실로 병방(丙方)을 향하고 있는데 | 正丙向也 |
| 오직 신명이 위로하여[244] | 惟神所勞 |
| 두 자루의 칼이 모였으니[245] | 劍會兩也 |
| 백세토록 살피고 단장하여 | 百世瞻掃 |
| 그 무덤 영원히 편안하리로다 | 永寧壙也 |

**243** 아름다운……띠어 : 최여주의 성한 덕(德)과 지극한 선(善)에 어울리는 장지(葬地)를 정하였다는 의미이다. 《시경》 〈위풍(衛風) 기욱(淇澳)〉에 "저 기수(淇水) 벼랑을 보니, 푸른 대나무가 무성하도다. 문채 나는 군자여, 잘라 놓은 듯 다듬어 놓은 듯하며, 쪼아 놓은 듯 갈아 놓은 듯하도다. 치밀하고 굳세며 빛나고 점잖으니, 문채 나는 군자여, 끝내 잊을 수 없도다."라고 한 데서 온 말이다.

**244** 신명이 위로하여 : 최여주의 덕을 찬미하는 말로, 《시경》 〈대아(大雅) 한록(旱麓)〉에 "화락하신 군자는 신명이 위로하는 바이로다." 한 데서 온 말이다.

**245** 두……모였으니 : 부부를 합장하였다는 의미이다. 484쪽 주212 참조.

## 암실 선생 자명 병술년(1586, 선조19) 11월 15일 짓다.

暗室先生自銘 丙戌十一月十五日作

선생의 성은 해양[246] 노씨이니　　先生海陽之盧氏

이름은 수신이고 자는 과회일세　　守愼其名寡悔字

상촌 선생[247]이 바로 종조이니　　有號桑村乃其宗

문형과 정승을 역임하고 다섯 아들을 낳았네[248]　　奎衡台座生五龍

증조 휘 경장은 참봉으로 판서에 추증되었으며　　曾諱敬長參奉卿

조부의 휘 후는 수 찬성일세　　王考諱珝守贊成

부친의 휘 홍은 별제로 정승에 추증되었으며　　而禰諱鴻別提相

**246** 해양(海陽) : 소재의 본관인 광주(光州)의 옛 이름이다.

**247** 상촌(桑村) 선생 : 소재의 8세조(世祖)인 노숭(盧嵩, 1337～1414)을 가리킨다. 여말 선초(麗末鮮初)의 문신(文臣)으로, 본관은 광주, 자는 중보(中甫), 호는 상촌, 시호는 경평(敬平)이다.

**248** 다섯 아들을 낳았네 : 노숭의 다섯 아들을 파조(派祖)로 하여 5개 족파로 분파된 사실을 이른 것이다. 첫째 아들 노상인(盧尙仁)은 양근공파(楊根公派), 둘째 아들 노상의(盧尙義)는 참의공파(參議公派), 셋째 아들 노상례(盧尙禮)는 사간공파(司諫公派), 넷째 아들 노상지(盧尙智)는 경력공파(經歷公派), 막내아들 노상신(盧尙信)은 판관공파(判官公派)이다. 광주 노씨(光州盧氏)는 시조 노해(盧垓)로부터 광산을 본관으로 삼아 세계를 이어 왔는데, 그 후 계대(繼代)가 실전되어 후손 중 고려 때 정승을 지낸 광주군(光州君) 노만(盧蔓)을 1세조로 하는 계통과 대호군(大護軍) 노서(盧恕)를 1세조로 하는 계통으로 갈라졌다. 이후 노만의 후손은 노승조(盧承肇)를 파조로 하는 규정공파(糾正公派)와 노승관(盧承綰)을 파조로 하는 헌납공파(獻納公派)로 분파되었고, 노서의 후손은 노숭의 다섯 아들을 파조로 하여 분파되었다. 소재는 양근공파에 속하는데, 1세(世)인 노서를 기준으로 보면 11대손에 해당한다. 《光州盧氏族譜》

| | |
|---|---|
| 외조부 이자화는 대사헌을 역임하였네 | 外祖自華李憲長 |
| 선생은 정덕 을해년(1515, 중종10) 사월 | 正德乙亥後孟夏 |
| 십육일 미시에 태어났네 | 既望未時髮膚下 |
| 갑오년(1534) 사마시에 합격하여 생원 진사가 되고 | 青馬日中兩舍升 |
| 계묘년(1543) 시월 문과에 장원 급제하였네 | 黑兎月陽巍科登 |
| 겨울에 수찬이 되고 이듬해 봄 사서가 되었으며 | 卽冬修撰春司書 |
| 가을에 병조에 들어가 교대로 숙직하였네 | 秋入騎省更直廬 |
| 인종께서 재위하시는 반년 남짓 동안 | 仁后在位半載强 |
| 오래도록 정언과 이조 좌랑에 제수되었다가 | 久忝正言天曹郎 |
| 국장이 채 끝나기도 전에 상주로 쫓겨나고 | 因山未就商山投 |
| 정미년(1547, 명종2) 태평 시절에 옥주에 갇혔네[249] | 赤羔昇平沃州囚 |
| 부절 잡고 돌아와서는 시안에서 객지살이하였고[250] | 握節回且羈始安 |
| 선조께서 즉위하시자 시독관으로 소환되었네 | 當宁立召侍讀官 |
| 홍문관 직제학과 참찬으로 특진하고 | 特進直學及參贊 |
| 대사간을 잠시 거쳐 다시 부제학이 되었네 | 暫主薇垣復主館 |
| 다음 해 부모 봉양을 청하여 청주 목사에 제수되고 | 次年祈養得西原 |

**249** 국장(國葬)이……갇혔네 : 소재는 1545년(명종 즉위년) 을사사화에 연루되어 이조 좌랑에서 파직된 뒤 향리로 돌아갔다가 충주(忠州)에 유배되었는데, 1547년 양재역 벽서 사건(良才驛壁書事件) 때 죄가 가중되어 전라도 순천(順天)으로 유배되었다가 그해 윤9월에 다시 진도(珍島)로 이배(移配)되어 이후 19년 동안 진도에서 귀양살이하였다.《穌齋集 穌齋先生年譜》옥주(沃州)는 진도의 별호이다.

**250** 부절……객지살이하였고 : 소재가 1565년 12월에 감형(減刑)을 받아 다음 해 이른 봄에 진도에서 충북(忠北) 괴산(槐山)으로 이배되었다는 말이다. 시안(始安)은 시안주(始安州)로, 괴산의 옛 이름이다.

다시 충청 감사에 임명되었다가 부친상을 당하였네[251] 改命方伯仍哭奔
신미년(1571, 선조4) 정월 담제 후 병이 들었는데 白羊建寅禫餘疚
수십 일 후 번갈아 대사간과 대사헌이 되었네 數旬迭冒院府首
이후 부제학에 두 번 이조 참판에 두 번 제수되고 再盛玉堂再副銓
얼마 후 특명으로 이조 판서에 제수되었네 尋承降旨掌銓權
사람들이 한진의 원접사로 추대하니 衆推韓陳遠接使
모친의 병중에도 관반을 수행하려 하였네[252] 慈癠猶將館伴備
칠월에는 홍문관과 예문관의 대제학이 되고 流火方惕秉文柄
계유년에는 부끄럽게도 의정이 되었네[253] 水鷄翻慚議國政
소추에서 우상으로 돌아오니 무인년이 바뀌었고[254] 少樞還右黃虎遷

**251** 홍문관……당하였네 : 연보(年譜)에 의하면, 소재는 1568년 3월에 홍문관직제학 겸 예문관응교가 되고, 7월에 사간원 대사간에 제수되었다가 곧이어 다시 홍문관 부제학이 되고, 9월에 청주 목사에 제수되었다가 10월에 충청도 관찰사가 되고, 11월에 부친상을 당하였다. 《穌齋集 穌齋先生年譜》

**252** 사람들이……하였네 : 1572년 5월 명(明)나라 목종(穆宗)이 죽고 신종(神宗)이 즉위하자 명나라에서 한림학사(翰林學士) 한세능(韓世能)과 이과 급사중(吏科給事中) 진삼모(陳三謨)를 등극 조사(登極詔使)로 파견하여 만력황제(萬曆皇帝), 즉 신종의 등극 조서(登極詔書)와 칙서를 조선에 반포(頒布)하였다. 이에 조선에서는 7월 11일 이조 판서로 있던 소재를 원접사에 임명하고 예조 판서 정유길(鄭惟吉)을 관반(館伴)으로 임명하였는데, 소재가 모친의 병환을 이유로 사직을 청하자 정유길과 자리를 바꾸도록 명하였다. 《穌齋集 穌齋先生年譜》 관반은 외국 사신(使臣)의 영접과 접대 임무를 관장하는 임시 관직인 영접도감(迎接都監)의 주무관(主務官)의 명칭이다. 흔히 관반사(館伴使)라 한다.

**253** 계유년에는……되었네 : 소재는 1573년 2월 우의정에 제수되었다. 《宣祖實錄 6年 2月 25日》

**254** 소추(少樞)에서……바뀌었고 : 소재는 1578년 봄에 우의정을 사직하여 판중추부

신사년 모친상에 거듭 화가 미쳤네[255] 金蛇暮商禍重延

특별한 하사를 망녕되이 입었으니 참람함이 많아라 謬庀殊貤僭踰多

그칠 때를 알아 치사하려니 번민만 더해졌네 知止致仕懊悶加

병으로 사직을 청한 것 한두 번이 아니었는데 病乞骸骨非一二

승지 통해 선소[256] 받은 일 모두 서너 차례일세 宣至喉舌摠三四

근심스럽고 황공하여 칠십에 치사를 청하였으니[257] 憂虞惶慟辭七世

살아서 나랏일 수행하다 죽어서 돌아갈 계획 차마 세울 수 있으랴 忍爲生行死返計

노쇠한 몸 이끌고 나아가 사슴의 본성[258]만 어긋나고 말았으니 扶曳徒違麋鹿性

을유년(1585)에는 어이하여 영의정에 올랐던가 作噩陟窮焉用領

작은 일은 정신이 흐려 끝내 누가 되기도 했으나 小事糊塗或終累

사에 제수되었다가 4월에 다시 우의정에 제수되었다. 《穌齋集 卷6 遞右相》《宣祖修正實錄 11年 4月 1日》

**255** 신사년……미쳤네 : 소재는 1581년 9월에 모친상을 당하였다. 모(暮)는 저문다는 뜻으로 각 계절의 마지막 달을 가리키며, 상(商)은 궁상각치우(宮商角徵羽) 오음(五音) 중의 하나로 사계절 중 가을에 해당한다. 따라서 모상(暮商)은 가을 7월, 8월, 9월 중 마지막 달인 음력 9월에 해당한다.

**256** 선소(宣召) : 임금이 명령을 내려 대신(大臣)이나 장수(將帥)를 불러들이던 일을 말한다. 이때 검은 매화나무로 만든 오매패(烏梅牌)를 신부(信符)로 사용하였다.

**257** 칠십에 치사를 청하였으니 : 《예기(禮記)》〈곡례 상(曲禮上)〉에 "대부는 나이 70이 되면 벼슬을 그만두고 물러난다."라고 한 데서 온 말이다.

**258** 사슴의 본성 : 사슴처럼 초야(草野)에서 마음대로 노니는 것을 이르는 말로, 소식(蘇軾)의 〈차운공문중추관견증(次韻孔文仲推官見贈)〉에 "나는 본디 사슴의 성질을 지녔고, 진정 수레 끄는 말의 자질은 아니라네."라고 한 데서 온 말이다. 《蘇東坡詩集 卷8》

큰 뜻만은 분명하여 참으로 부끄러움이 없었다네 大意分明信無愧
아무 해 아무 달 아무 날에 세상을 떠나고 某年某月某日逝
아무 해 아무 달 아무 날에 땅에 묻히었네 某年某月某日瘞
수족을 갈무리함에 상처 없이 온전하게 돌아갔으니[259] 斂手足形是歸全
편안할사 그 무덤 선영의 서쪽 산기슭 가에 있네 樂哉先丘西麓偏
넉 자 높이 비석에는 암실이라 새겼으니 題四尺石曰暗室
그래도 따라서 조촐한 분필[260]은 흠향하리로다 尙從與歆殘苾芬
광릉 노사[261]의 딸을 아내로 삼았고 廣陵老師女爲婦
양성 아우의 아들을 후사로 삼았네[262] 陽城寡弟子爲後
손자[263]가 순후하고 성실하여 가르침을 지켜 갈 만하니
有孫醇愘克保持

259 수족(手足)을……돌아갔으니 : 부모가 남겨 주신 몸을 상처 없이 온전히 보전하여 세상을 떠났다는 의미이다. 증자(曾子)가 "부모가 온전히 낳아 주셨으니, 자식이 온전히 보전하고 돌아가야 한다."라고 한 데서 온 말이다. 《禮記 祭義》

260 분필(芬苾) : 제사 음식을 의미한다. 《시경》〈소아(小雅) 초초자자(楚楚者茨)〉에 "정결하고 향기로운 효손의 제사에, 신령이 그 음식을 즐기네.〔苾芬孝祀, 神嗜飮食.〕"라고 한 데서 온 말이다.

261 광릉(廣陵) 노사(老師) : 소재의 스승이자 장인인 이연경(李延慶, 1484~1548)을 가리킨다. 본관이 광주이기 때문에 이렇게 표현한 것이다.

262 양성(陽城)……삼았네 : 소재는 부인 광주 이씨(廣州李氏)와의 사이에 아들이 없었기 때문에 양성 현감을 지낸 아우 노극신(盧克愼)의 둘째 아들 노대해(盧大海)를 후사(後嗣)로 삼았다.

263 손자 : 노도형(盧道亨, 1571~1615)을 말한다. 자는 백가(伯嘉)이다. 1596년(선조29) 음서로 관직에 나아가 보안도 찰방(保安道察訪), 예빈시 직장, 한성 참군(漢城參軍)을 거쳐 1604년 지례 현감(知禮縣監)을 역임하였다. 선무 원종공신(宣武原從功臣)에 책봉되었다. 이조 참판에 추증되었다.

| | |
|---|---|
| 이에 시례의 가업[264]을 들어 그에게 맡기노라 | 爰擧詩禮以付之 |
| 백대의 사당에 노씨의 명맥이 끊이지 않으리니 | 百代祠堂不絶盧 |
| 지금 이후에야 내가 그 책임을 면할 수 있겠구나 | 而今而後吾免夫 |

증조고(曾祖考) 소재 선생께서 세상을 떠난 뒤에 저술한 유문(遺文)이 오래도록 세상에 간행되지 않았으므로, 임인년(1602, 선조35)에 백조(伯祖)이신 이천 사공(利川使公)[265]께서 천안 군수(天安郡守)로 있을 때 조부와 함께 의논하여 천안군에서 판각(板刻)하고 속리산(俗離山)의 승사(僧舍)에 보관하였다. 그런데 을묘년(1615, 광해군7) 5월 3일 절에 화재가 발생하여 판목(板木)이 불에 타 버렸고, 다시 5일 후에는 선군자(先君子)께서 경사(京師)에서 세상을 떠나셨으니, 집안의 재앙이 참혹하기가 한결같이 이런 지경에 이르렀단 말인가. 당시 백조부께서는 먼저 세상을 떠나셨고 조부와 백형 또한 전후로 세상을 떠났으므로 불초 준명(峻命)[266]이 홀로 아우 경명(景

**264** 시례(詩禮)의 가업(家業) : 부형으로부터 전승되는 가학(家學)을 말한다. 공자의 아들 공리(孔鯉)가 뜰에서 공자 앞을 빠른 걸음으로 지나다가 공자로부터 시와 예에 대하여 배웠느냐는 말을 듣고 그에 대한 가르침을 받은 일에서 온 말이다. 《論語 季氏》

**265** 이천 사공(利川使公) : 이천 부사(利川府使)를 지낸 소재의 조카 노대하(盧大河, 1546~1610)를 가리킨다. 자는 수오(受吾), 호는 이소당(履素堂)이다. 큰아버지인 소재가 진도에 유배되었을 때 따라가 학문을 배웠다. 임진왜란 중에 세자를 이천에 배종하여 첨정(僉正)이 되었고, 1602년 천안 군수로 재직할 때 처음으로 대동법(大同法)을 시행하여 현물세를 미곡으로 통일하자 여러 고을이 이를 본받았다. 진무 원종공신(振武原從功臣)에 녹훈되었다.

**266** 준명(峻命) : 노준명(盧峻命, 1606~1652)을 말한다. 자는 정이(正而)이다. 소재의 증손으로, 1636년 병자호란 때 인조를 남한산성(南漢山城)으로 호종하였다.

命)과 함께 남았는데, 또한 이미 장년(長年)이 지나 노년(老年)에 가까웠다. 그래서 생각건대 이미 판각한 것이 없어졌으니, 이전에 인간(印刊)한 판본이 날로 흩어져서 산일(散逸)되고 나면 오랜 세월이 흐른 뒤에는 마침내 징험할 자료가 없는 지경에 이르게 될까 봐 염려되었다. 이에 삼가 매서(妹壻) 심대부(沈大孚)[267]와 함께 예전에 인간한 판본에다 대략 산삭(刪削)과 교감(校勘)을 더하여, 부(賦) 3수(首)·고시(古詩)와 율시(律詩) 약간 수를 얻어 6권으로 만들고, 잠(箴) 1편·찬(贊) 11편·축(祝) 2편·교서(教書) 1편·서(序) 5편·발(跋) 4편·기(記) 1편·제문(祭文) 6편·과제(科製) 3편을 합하여 1권으로 만들고, 소차(疏箚)와 사직소(辭職疏) 및 전(箋) 도합 63수를 합하여 1권으로 만들고, 행장(行狀)·묘표(墓表)·묘지명(墓誌銘)·묘비명(墓碑銘)·묘갈명(墓碣銘) 도합 24수를 정리하여 2권으로 만들어 《소재선생문집(穌齋先生文集)》 10권을 선정(選定)하고, 이를 정사(淨寫)한 다음 보관하여 선생의 덕(德)을 기리고 뜻을 실행하는 군자가 인간(印刊)하여 오래 전승되게 하기를 기다린다.

임진년(1652, 효종3) 1월 1일에 증손(曾孫) 준명은 머리를 조아리고 삼가 적는다.

**267** 심대부(沈大孚) : 1586~1657. 본관은 청송(青松), 자는 신숙(信叔), 호는 가은(嘉隱) 또는 범재(泛齋)로, 정구(鄭逑)의 문인이다. 사간원 정언, 송화 현감(松禾縣監) 등을 역임하였다.

## 《소재선생문집》 뒤에 쓰다

蘇齋先生集後敍

오도(吾道)가 동방에 전해진 지는 오래되었으니, 실로 은(殷)나라 부사(父師)[1]가 조선에 수봉(受封)되었을 때부터이다. 그러나 그 후 1000여 년 동안 〈홍범(洪範)〉[2]의 가르침을 천명하여 우리 동방에 인문(人文)을 밝힌[3] 사람이 있다는 말은 듣지 못하였다. 신라의 문창후(文昌侯)[4]와 홍유후(洪儒侯),[5] 고려의 문헌공(文憲公)[6]과 문성공(文成公)[7]은 어

1 부사(父師) : 은나라 삼공(三公)의 하나인 태사(太師)와 같은 말로, 여기서는 기자(箕子)를 가리킨다.

2 홍범(洪範) : 세상을 경륜(經綸)하는 아홉 가지 큰 법인 '홍범구주(洪範九疇)'를 말한다. 주(周)나라 무왕(武王)이 은나라를 정벌한 뒤 기자를 방문하여 나라를 다스리는 도리에 대해 물었을 때 기자가 대답한 것이 바로 '홍범구주'이다. 《書經 洪範》

3 인문(人文)을 밝힌 : 시서예악(詩書禮樂)의 가르침에 의거하여 교화를 펼친다는 의미이다. 《주역》 〈비괘(賁卦) 단(彖)〉에 "천문(天文)을 관찰하여 사시(四時)의 변화를 살피며, 인문을 관찰하여 천하를 교화하여 이룬다." 하였는데, 당(唐)나라 공영달(孔穎達)이 해설하기를 "성인(聖人)이 인문을 관찰한다는 것은 시서예악을 의미하니, 이 가르침을 법도로 삼아서 천하를 교화해야 한다는 말이다." 하였다.

4 문창후(文昌侯) : 최치원(崔致遠, 857~?)의 봉호(封號)이다. 본관은 경주(慶州), 자는 고운(孤雲) 혹은 해운(海雲)이다. 어려서부터 당나라에 유학하여 과거에 급제하였고, 879년 황소(黃巢)의 난 때 고변(高駢)의 종사관(從事官)으로서 〈토황소격문(討黃巢檄文)〉을 초하여 문장가로서 이름을 떨쳤다. 저서로는 《계원필경(桂苑筆耕)》, 《사산비명(四山碑銘)》 등이 있다.

떤 이는 파천황(破天荒)으로 어떤 이는 독행(篤行)으로 당대에 이름이 드러났지만 순유(醇儒)라고 하기에는 부족하였고, 그사이에 이춘경(李春卿)[8]과 이목은(李牧隱)[9]은 다만 문인 가운데 걸출한 사람이었을 뿐이다. 더구나 그 말에 불교와 노장의 색채를 섞어 이야기하였으니, 오도에 무슨 보탬이 있었겠는가.

아름다운 우리 조선에 이르러서는 성인(聖人)이 위에서 일어남에

**5** 홍유후(洪儒侯) : 설총(薛聰, 655~?)의 봉호이다. 신라의 삼문장(三文章) 중 한 사람으로, 원효(元曉)와 요석공주(瑤石公主) 사이에서 태어났다. 어려서부터 유달리 총명하여 널리 경사(經史)에 통했으며, 유학과 한문학에 조예가 깊었다. 벼슬은 한림에 이르렀다. 고려 때 추증되었다.

**6** 문헌공(文憲公) : 문헌은 최충(崔沖, 984~1068)의 시호이다. 본관은 해주(海州), 자는 호연(浩然), 호는 성재(惺齋)·월포(月圃)·방회재(放晦齋)이다. 사학십이도(私學十二徒)의 하나인 문헌공도(文憲公徒)의 창시자로, 구재학당(九齋學堂)을 열어 많은 인재를 배출하였으므로 당시에 해동공자(海東孔子)로 칭송되었다.

**7** 문성공(文成公) : 문성은 안향(安珦, 1243~1306)의 시호이다. 본관은 순흥(順興), 자는 사온(士蘊), 호는 회헌(晦軒)이다. 원나라 연경(燕京)에서 《주자전서(朱子全書)》를 필사하여 돌아와 주자학(朱子學)을 연구하였다. 우리나라 최초의 주자학자로 불린다.

**8** 이춘경(李春卿) : 이규보(李奎報, 1168~1241)로, 춘경은 그의 자이다. 본관은 여주(驪州), 호는 백운거사(白雲居士), 시호는 문순(文順)이다. 만년(晩年)에는 시와 거문고, 술을 좋아하여 삼혹호(三酷好) 선생이라 불렸다. 저서에 《동국이상국집(東國李相國集)》이 있다.

**9** 이목은(李牧隱) : 이색(李穡, 1328~1396)으로, 목은은 그의 호이다. 본관은 한산(韓山), 자는 영숙(穎叔), 시호는 문정(文靖)이다. 삼은(三隱)의 한 사람으로, 문하에 권근(權近)과 변계량(卞季良) 등을 배출하여 학문에 큰 발자취를 남겼다. 조선 개국 후 태조가 여러 번 불렀으나 절개를 지키고 나가지 않았다. 저서에 《목은시고(牧隱詩藁)》, 《목은문고(牧隱文藁)》 등이 있다.

진유(眞儒)의 무리가 출현하였으니, 오천(烏川)[10]을 이어 계승한 이는 정암(靜菴)[11]과 회재(晦齋)[12]가 그 사람이다. 도산(陶山) 이 선생(李先生)[13]은 더욱 위대한 분이니, 그가 세운 학설과 저술한 책은 크게 중도에 맞고 지극히 발라서[14] 실추된 실마리를 자양(紫陽 주희(朱熹))에게서 찾아내고 이미 전도(轉倒)된 상황에서 어지러운 물결을 되돌렸으니, 어찌 기자(箕子)가 말한 〈홍범〉의 학문을 중흥할 기회가 아니었겠는가.

이에 소재 선생이 일어나 도산 선생의 우익(羽翼)이 되었으니, 참으로 횡거(橫渠)가 양정(兩程)의 우익이 된 것[15]과 같다. 다른 저작은

**10** 오천(烏川) : 정몽주(鄭夢周, 1337~1392)를 가리킨다. 고려 말기의 충신이자 유학자로 본관은 영일(迎日), 초명은 몽란(夢蘭)·몽룡(夢龍), 자는 달가(達可), 호는 포은(圃隱)이다. 영일의 옛 이름이 오천이기 때문에 이렇게 불렀다. 오부학당과 향교를 세워 후진을 가르치고, 유학을 진흥하여 성리학의 기초를 닦았다. 문집으로 《포은집》이 있다.

**11** 정암(靜菴) : 조광조(趙光祖, 1482~1519)의 호이다. 본관은 한양(漢陽), 자는 효직(孝直), 시호는 문정(文正)이다. 김굉필(金宏弼)에게 수학하여 도학의 맥을 이었고, 기묘사화(己卯士禍) 때 사사되었다. 문묘(文廟)에 종향(從享)되었다.

**12** 회재(晦齋) : 이언적(李彦迪, 1491~1553)의 호이다. 본관은 여주(驪州), 자는 복고(復古), 시호는 문원(文元)이다. 그가 주장한 주리론은 이황에게로 계승되어 조선조 성리학의 한 특징을 이루었다. 저서로는 《회재집》, 《봉선잡의(奉先雜儀)》, 《중용구경연의(中庸九經衍義)》가 있다. 경주의 옥산서원(玉山書院)에 제향되었다.

**13** 도산(陶山) 이 선생(李先生) : 이황(李滉, 1501~1570)으로, 도산은 그의 호이다. 본관은 진보(眞寶), 자는 경호(景浩), 호는 퇴계(退溪)·도산·퇴도(退陶), 시호는 문순(文純)이다. 주희의 성리학을 심화 발전시켜 이후 도학의 시대를 여는 데 결정적인 역할을 하였다. 문묘(文廟)에 배향되었다. 저서로는 《퇴계집》이 있다.

**14** 크게……발라서 : 어느 한쪽으로도 치우치지 않는 중정(中正)의 도(道)로, 도덕의 표준을 의미한다.

**15** 횡거(橫渠)가……것 : 서로 간에 토론을 통하여 훌륭한 학문적 성과를 이룬 경우

물론이고 〈숙흥야매잠(夙興夜寐箴)〉을 주해(註解)한 글[16]은 한 글자 한 구절도 정성껏 다듬지 않은 것이 있었던가. 이미 정밀한데도 더욱 정밀해지기를 구하고 이미 타당한데도 더욱 타당해지기를 구하였기 때문에 아침에는 퇴계 선생에게 질정하고 저녁에는 하서(河西)[17] 선생에게 질정하였으니, 위아래로 논란(論難)에 게을리하지 않고 싫증 내지 않아서 자신이 진도(珍島)에 유배되어 있는 죄인이라는 사실도 알

를 말한다. 횡거는 장재(張載)의 호이다. 송(宋)나라 학자 정호(程顥)가 장재의 질문을 받고 인성(人性)에 관해 논변한 편지인 〈정성서(定性書)〉가 〈태극도설(太極圖說)〉과 표리를 이루는 훌륭한 작품으로 전해지는 것과, 장재가 서실의 양쪽 문에 명(銘)을 지어 동쪽은 〈폄우(砭愚)〉라 하고 서쪽은 〈정완(訂頑)〉이라 했다가 정이(程頤)의 권유를 흔쾌히 받아들여 〈동명(東銘)〉과 〈서명(西銘)〉이라 고침으로써 걸출한 저작을 남긴 일을 가리킨다. 《二程文集 卷3》《近思錄 卷2》

**16** 숙흥야매잠(夙興夜寐箴)을 주해(註解)한 글 : 〈숙흥야매잠〉은 송나라 진백(陳柏)이 지은 잠(箴)으로, 아침 일찍 일어나고 밤 늦게 자며 부지런히 학문을 닦고 신심(身心)을 수양하는 내용이다. 조선의 성리학자들 역시 중시하였는데, 이황은 선조(宣祖)에게 올린 《성학십도(聖學十圖)》에서 제10도에 이 잠을 채록하였다. 소재는 이황 및 김인후(金麟厚)와 서신을 왕복하면서 질의문답을 거친 끝에 자세히 정리한 해설을 붙여 〈숙흥야매잠해(夙興夜寐箴解)〉를 지었는데, 《소재집》 〈내집(內集) 상편(上篇) 초창록(草創錄) 2〉에 수록되어 있다. 이후 충청도 관찰사가 되어 상소할 때 이 〈숙흥야매잠해〉를 같이 올리니, 상이 교서관(校書館)에 내려 간행하게 하였다. 《宣祖修正實錄 1年 12月 1日》

**17** 하서(河西) : 김인후(金麟厚, 1510~1560)의 호이다. 본관은 울산(蔚山), 자는 후지(厚之), 또 다른 호는 담재(湛齋), 시호는 문정(文正)이다. 김안국(金安國)의 문인으로, 일찍이 성균관에 들어가 이황 등과 함께 학문을 닦았다. 을사사화(乙巳士禍) 이후로는 고향 장성(長城)으로 내려가 조정의 부름에 일절 응하지 않고 학문 도야와 제자 양성에 힘썼으며, 성리학에 조예가 깊어 후일 기대승(奇大升)의 주정설(主情說)에 많은 영향을 미쳤다. 1796년(정조20)에 문묘에 배향되었다. 저서로는 《하서집》, 《백련초해(百聯抄解)》 등이 있다.

지 못하였다. 이 때문에 격물치지(格物致知)의 공부가 지극한 퇴계 선생이 〈숙흥야매잠〉의 주해에 대해 논하기를 "사도(斯道)가 우리 동방에서 사라지지 않는 한 이 주해는 반드시 후세에 전해질 것이다." 하였으니, 그 인정한 것이 또한 지극하였다.

대개 선생은 겨우 무상(舞象)의 나이[18]에 이미 도(道)를 추구하는 마음이 있었고 탄수(灘叟) 선생[19]의 사위로 들어갔을 때는 더욱 위기지학(爲己之學)에 대해 알게 되었으니, 과거 공부에 급급해하지 않고 걸어서 풍악산(楓岳山)에 올라[20] 천하를 작게 여기는 뜻[21]을 품었다. 조정에서 벼슬할 때에는 무릇 지은 글이 모두 의리를 깊이 음미한 뒤에 나왔으니, 한결같이 공자(孔子)의 전철을 따르고 다른 길은 가지 않았다. 영정대왕(榮靖大王 인종(仁宗))께서 춘궁(春宮)에 있을 때 선생은 세자시강원(世子侍講院)의 관원으로 있으면서 1년 가까이 서연(書筵)

**18** 무상(舞象)의 나이 : 성동(成童)의 나이를 말한다. 《예기》 〈내칙(內則)〉에 "성동이 되면 상(象)을 추고 활쏘기와 말타기를 배운다."라고 한 데서 온 말이다. 상(象)은 무무(武舞)의 이름으로 손에 방패와 창 또는 방패와 도끼를 잡고 추는 춤이다.

**19** 탄수(灘叟) 선생 : 소재의 스승이자 장인인 이연경(李延慶, 1484~1548)을 말한다. 본관은 광주(廣州), 자는 장길(長吉), 호는 탄수·용탄자(龍灘子)이다. 기묘년(1519, 중종14) 현량과(賢良科)에 급제하여 지평(持平), 교리(校理) 등을 지내다가 기묘사화(己卯士禍)가 일어났을 때 조광조의 일파로 몰려 파직되고, 이후 은거하여 후학을 양성하며 여생을 보냈다.

**20** 과거……올라 : 소재는 25세 때인 1539년 4월 18일에서 6월 11일까지 풍악산을 유람하며 별과(別科)에 응시하지 않았다. 〈관동행록(關東行錄)〉 71수(首)가 《소재집》 권1에 수록되어 있다. 《穌齋集 穌齋先生年譜》

**21** 천하를……뜻 : 원대한 포부를 품고 있었다는 말이다. 맹자가 "공자가 동산에 올라서는 노(魯)나라를 작게 여겼고, 태산에 올라서는 천하를 작게 여겼다."라고 한 데서 온 말이다. 《孟子 盡心上》

에서 진강(進講)하였는데, 토론하고 반복하여 인용하고 비유하는 것이 모두 위대한 순(舜) 임금의 도(道)였으니, 인종께서 귀담아 듣고 안색을 정중하게 바꾸시어 여러 신하보다 특별히 우대하였다. 그런데 아, 성인께서 너무 갑자기 세상을 떠나셨으니, 어찌 선생의 학문만 막혀서 펴지지 못했을 뿐이었겠는가.

아, 선생은 옛 성현의 글을 읽어 차분히 생각하고 자세히 익혔으니, 그 글이 안으로 쌓여 밖으로 흘러나온 것이 문장이 되었다. 그러므로 《역경》의 기이하면서도 법도에 맞는 문장과 《시경》의 정대하면서도 아름다운 문장과 《춘추(春秋)》의 근엄한 문체가 바로 선생의 척목(尺木)[22]이자 본보기였다. 따라서 진부한 말을 제거하기에 힘쓴 것은 말할 필요도 없다.

어떤 사람이 말하기를 "선생의 문장은 너무 고상하지 않습니까? 송(宋)나라 학자들의 문장과는 다릅니다." 하였는데, 내가 대답하기를 "그대는 학식이 넓고 문사(文辭)가 뛰어난 왕봉주(王鳳洲)의 말을 유독 들어 보지 못했습니까? '이치를 담론하는 문장에도 품격의 차이가 있으니, 무숙(茂叔)은 간략하고 준엄하며 이정(二程)은 명백하고 합당하며 자후(子厚)는 차분하고 심오하다.' 하였습니다.[23] 선생의 문장은

**22** 척목(尺木) : 용이 하늘로 올라갈 때 의지하는 짧고 작은 나뭇가지로, 어떤 일을 성취하기 위한 기반, 기초, 근거 등을 의미한다.

**23** 왕봉주(王鳳洲)의……하였습니다 : 봉주는 명나라의 문장가 왕세정(王世貞)의 호이다. 자는 원미(元美), 또 다른 호는 엄주산인(弇州山人)이다. 저작에 《엄산당별집(弇山堂別集)》, 《엄주사부고(弇州四部稿)》 등이 있다. 이 말은 《엄주사부고》 권147 〈예원치언(藝苑卮言)〉에 나온다. 무숙은 주돈이(周敦頤)의 자이고 이정(二程)은 정호(程顥)·정이(程頤) 형제를 말하고 자후(子厚)는 장재(張載)의 자인데, 이들 넷은 북

〈서명(西銘)〉보다 앞선다고도 할 수 있으니, 내가 '횡거가 양정의 우익이 된 것과 같다.'라고 한 말이 이것입니다. 염락민월(濂洛閩粵)[24]의 문장은 체제가 반드시 같지는 않지만 도를 보위(保衛)하는 것은 마찬가지입니다. 선생의 문체가 송나라 학자들과 다른 점도 이와 같습니다. 돌아보건대 우리가 어떤 사람이기에 감히 선생의 문장을 품평하겠습니까. 대롱으로 표범의 무늬를 보는 격[25]을 면치 못할까 봐 두렵습니다. 옛날 선조대왕께서 선생의 대책문(對策文)을 읽어 보고 비답(批答)하기를 '한유(韓愈)와 유종원(柳宗元) 같은 문장이요, 정자와 주자 같은 의론이다.' 하였습니다. 이는 성인의 일월 같은 밝음으로 내린 천추의 단안(斷案)이니, 다른 사람이 어찌 감히 간여할 수 있겠습니까. 또 선생의 운문은 진도에서 19년간 유배[26] 중에 지은 택반음(澤畔吟)[27]이니, 실로 굴 좌도(屈左徒 굴원(屈原))가 우수에 차 생각이 울적했던 점

송(北宋)의 대표적인 성리학자이다.

**24** 염락민월(濂洛閩粵) : 염락관민(濂洛關閩)과 같은 말로, 염계(濂溪)의 주돈이, 낙양(洛陽)의 정호와 정이, 관중(關中)의 장재, 민중(閩中)의 주희(朱熹)를 가리킨다.

**25** 대롱으로……격 : 식견이 좁아 일부분만 보고 경솔하게 판단하는 것을 비유한 말이다. 진(晉)나라 왕헌지(王獻之)가 소년 시절 도박 놀음을 옆에서 지켜보다가 훈수를 두자, 도박하던 이가 "대롱으로 표범을 보면 반섬 하나만 보인다."라고 한 데서 온 말이다. 《晉書 王獻之列傳》

**26** 진도에서 19년간 유배 : 소재는 1545년(명종 즉위년) 을사사화에 연루되어 이조좌랑에서 파직되고, 1547년 양재역 벽서 사건(良才驛壁書事件) 때 죄가 가중되어 순천(順天)으로 유배되었다가 그해 윤9월에 다시 진도로 이배(移配)되었는데, 이후 19년 동안 진도에서 유배살이하며 많은 시를 지었다.

**27** 택반음(澤畔吟) : 관직에서 쫓겨나 실의에 빠졌을 때 지은 시를 의미한다. 전국시대 초(楚)나라 굴원(屈原)이 조정에서 방축(放逐)된 뒤 실의에 잠겨 못가를 거닐면서 시를 읊조렸다는〔行吟澤畔〕 고사에서 온 말이다. 《楚辭 漁夫》

과 정취가 같습니다. 따라서 논하는 자들이 최 문창(崔文昌 최치원)보다 훨씬 뛰어나 고문(古文)의 경지에 이르렀다고 한 말이 망언은 아닌 듯합니다. 그러나 선생의 시는 천성에서 나온 것입니다. 관동을 유람할 때의 시는 사형(士衡)이 〈문부(文賦)〉를 지었던 나이[28]보다 조금 지났을 때 지은 것이지만, 그 노련하고 기건(奇健)한 문체가 어찌 만년보다 못하겠습니까. 계곡(谿谷) 장유(張維)[29]는 소재의 기운(氣韻)과 풍격(風格)은 웅건하고 빼어나다고 하였는데, 그는 세상 사람들이 안목을 갖추었다고 칭송하는 문장가입니다. 간이(簡易) 최입지(崔立之)[30]와 창주(滄洲) 차운로(車雲輅)[31]는 항상 우리 조선 300년 동안 문필에 종

**28** 사형(士衡)이……나이 : 사형은 진(晉)나라 때 문인 육기(陸機)의 자이다. 아우 육운(陸雲)과 함께 재명(才名)이 있어 당시에 이륙(二陸)으로 일컬어졌다. 〈문부〉는 그의 대표작으로 특히 유명하다. 육기가 〈문부〉를 지은 것은 대략 20세라고 알려져 있는데, 근거는 확실하지 않으나 두보(杜甫)가 〈취가행(醉歌行)〉에서 "육기는 스무 살에 문부를 지었네."라고 하였기 때문에 이렇게 말한 것이다.

**29** 계곡(谿谷) 장유(張維) : 1587~1638. 본관은 덕수(德水), 자는 지국(持國), 시호는 문충(文忠)이다. 김장생(金長生)의 문인으로 천문, 지리, 의술, 병서 등 각종 학문에 능통했고 특히 문장에 뛰어나 이정귀(李廷龜), 신흠(申欽), 이식(李植) 등과 더불어 조선 한문학의 4대가(四大家)로 칭송되었다.

**30** 간이(簡易) 최입지(崔立之) : 최립(崔岦, 1539~1612)으로, 입지는 그의 자이다. 본관은 개성(開城), 또 다른 호는 동고(東皐)이다. 시문에 뛰어나서 그의 문장과 차천로(車天輅)의 시와 한호(韓濩)의 글씨를 송도삼절(松都三絶)이라 일컬었다. 저서로는 《간이집(簡易集)》 등이 있다.

**31** 창주(滄洲) 차운로(車雲輅) : 1559~1637. 본관은 연안(延安), 자는 만리(萬理)이다. 차천로의 동생이다. 1583년 계미 알성시(謁聖試)에 장원으로 급제하여 1589년 전의 현감(全義縣監)을 지내고, 봉상시 판관(奉常寺判官)을 거쳐 교리(校理)에 이르렀다. 문집에는 《창주집》이 있다.

사하는 선비 가운데 소재를 따를 사람은 한 명도 없다고 말하였습니다. 아, 어찌 후세의 양자운(揚子雲)[32]을 기다릴 필요가 있겠습니까." 하였다.

세상에 유행하는 선생의 문집은 모두 두 가지 판본이다. 하나는 만력(萬曆) 임인년(1602, 선조35) 연간에 선생의 조카 대하(大河) 씨가 천안 군수(天安郡守)로 재직하면서 목판(木板) 대자(大字)로 처음 간인(刊印)한 것인데, 불행히도 사찰의 화재를 만나 소실되었다. 다른 하나는 강주천(康舟川)[33]의 장남 복성(復誠) 씨가 성주 목사(星州牧使)로 있을 때 주자(鑄字)를 모아 다시 간행한 것인데, 글자는 비록 작지만 처음 간인한 목판본보다 훨씬 정치(精緻)하다.

이번에 선생의 증손 경명(景命)이 새로 봉화 현감(奉化縣監)에 제수되었는데, 나를 찾아와서 말하기를,

"선조의 문집이 세상에 유행한 지 오래되었습니다. 돌아보건대 당시에 편차(編次)한 것은 뒤에 있는 것을 가져다 앞에 붙이고 토끼를 잡은 뒤에 올무를 잊어버린[34] 결점이 있었습니다. 그래서 죽은 형

32 후세의 양자운(揚子雲) : 자운은 한나라 양웅(揚雄)의 자이다. 양웅이 《태현경(太玄經)》을 지었는데 어떤 사람이 "누가 그것을 알아보겠느냐?" 하니, 대답하기를 "후세에 양자운이 나오면 알 것이다." 하였다.

33 강주천(康舟川) : 강유선(康惟善, 1520~1549)으로, 주천은 그의 호이다. 본관은 신천(信川), 자는 원숙(元叔)이다. 1537년(중종32) 사마시에 합격하여 성균관 유생이 되었고, 인종 초기에는 성균관의 유생들을 이끌고 상소하여 조광조(趙光祖)를 신원(伸冤)시키기도 하였다. 인종이 세상을 떠난 뒤 벼슬을 그만두고 고향에 내려가 산수를 즐기면서 세월을 보내다가 1549년(명종4) 이홍윤(李洪胤)의 옥사에 연루되어 장살(杖殺)당하였다. 문집으로 《주천유고(舟川遺稿)》가 있다. 소년 시절에 소재와 함께 난수 이연경에게 수학(受學)하였고, 뒤에 또 두 사람이 똑같이 이연경의 딸에게 장가들어 서로 동서 간이 되었다.

준명(峻命)이 매서(妹壻) 고(故) 사간(司諫) 심대부(沈大孚)에게 부탁하여 겨우 정리한 다음 내집(內集)과 외집(外集)으로 나누었는데, 예(禮)와 학(學) 등을 논한 글이 내집이고, 사부(辭賦)와 시문(詩文)과 비지(碑誌) 등의 작품이 외집입니다. 제가 지금 태백산(太白山) 아래 작은 현의 현감이 되었으므로 선조의 문집을 새로 간행하여 명산에 보관한 다음 적임자에게 전하고자 하니, 이는 태사공(太史公)의 뜻[35]과도 같습니다. 원컨대 선생께서 저의 이러한 뜻을 서술해 주시기 바랍니다."

하였다.

나는 본래 선생을 공경하고 흠모하던 사람이기에, 마침내 일어나 말하기를,

"우리 동방의 문집이 어찌 한이 있겠는가. 그러나 대부분 한번 기궐씨(剞劂氏 판각하는 사람)에게 맡겨지고 나면 바로 훼손되고 망가져서 다시 간인하지 못하고 마는 경우가 많다. 그런데 지금 소재 선생의 문집은 두 번 세 번에 이르기까지 간인되었으니 참으로 이른바 삼불후(三不朽)의 사업이라 할 만하다. 이 문집이 세상에 크게 유행

**34** 토끼를……잊어버린 : 문집을 이루고 나서는 더 이상 그 일에 대해 신경 쓰지 못했다는 의미이다. 《장자(莊子)》〈외물(外物)〉에 "통발은 물고기를 잡는 도구인데 물고기를 잡고 나면 통발은 잊어버리고, 올무는 토끼를 잡는 도구인데 토끼를 잡고 나면 올무는 잊어버린다."라고 한 데서 온 말이다.

**35** 태사공(太史公)의 뜻 : 후세의 군자를 기다리겠다는 말이다. 사마천이 《사기》를 완성하고 나서 자기 친구인 임안(任安)에게 보낸 편지에서 "내가 참으로 이 책을 짓고 나서 명산에 보관한 다음 적임자에게 전해 주어 큰 도회지에 유통된다면 내가 전날 치욕을 당해 국가에 진 빚을 갚을 수 있을 것이니, 비록 만번 형륙(刑戮)을 당한다 하더라도 어찌 후회가 있겠는가." 하였다. 《文選 卷41 報任少卿書》《漢書 司馬遷傳》

하는 것이 어찌 다만 광산 노씨(光山盧氏) 한 집안의 광영일 뿐이겠는가. 우리 조선의 사방 선비들은 비록 학문에 매진하는 초학자들이라도 모두 오도(吾道)가 동방에 전해진 것이 기자(箕子)로부터 시작되었고 선생의 문장이 오도의 지남(指南)이 되기에 충분하다는 사실을 알게 될 것이 틀림없다. 나는 장님이고 귀머거리이니, 문집의 후서(後敍)를 적으면서 문채의 아름다운 장관에 참여하는 것은 분수에 넘치는 일이 아니겠는가.[36]"

하였다.

금상(今上) 6년(1665, 현종6) 가평일(嘉平日 납일(臘日))에 후학(後學) 한양(漢陽) 조경(趙絅)은 삼가 적다.

**36** 나는……아니겠는가 : 조경 자신은 식견이 없기 때문에 소재의 뛰어난 문장에 대해서는 주제넘게 감히 평론할 수 없다는 말이다.

지은이 **노수신(盧守愼)**

1515년(중종10)~1590년(선조23). 조선 중기의 문신으로, 본관은 광주(光州), 자는 과회(寡悔), 호는 소재(穌齋)·이재(伊齋)·암실(暗室)·여지노인(茹芝老人)이다. 장인인 이연경(李延慶)을 사사하였다. 1543년 문과에 장원급제하였다. 이후 홍문관 수찬, 시강원 사서, 병조 좌랑 등을 역임하였고 사가독서(賜暇讀書)를 하였다. 1545년(명종 즉위년)에 을사사화가 일어나자 파직되어 순천(順天)에 유배되고, 다시 양재역 벽서 사건(良才驛壁書事件)에 연루되어 진도(珍島), 괴산(槐山) 등지에서 유배생활을 하였다. 1567년에 선조가 즉위하자 홍문관 교리로 서용되었다. 이후 홍문관 부제학, 충청도 관찰사, 대사헌, 이조 판서, 문형 등을 역임하고, 1573년(선조6) 우의정, 1578년 좌의정을 거쳐 1585년 영의정이 되었다. 1589년 기축옥사가 일어나자 이에 연루되어 파직되었다. 시, 문, 서예에 뛰어났으며 양명학(陽明學)에 조예가 있었다. 승려 휴정(休靜), 선수(善修) 등과도 교유하였다. 저술로는 《소재집》 등이 있다. 시호는 문의(文懿)였으나 뒤에 문간(文簡)으로 고쳤다.

옮긴이

**전백찬(全百燦)**

1965년 경북 영천에서 태어났다. 경북대학교 대학원에서 한문학과 박사 과정을 수료하였다. 경북대학교·영남대학교·계명대학교 등에서 강의하였다. 현재 한국고전번역원에 재직 중이다. 《성호전서》, 《창계집》, 《죽석관유집》, 《번암집》, 《소재집》, 《일성록》 등의 번역에 참여하였고, 〈태재 유방선의 시세계〉, 〈송목관 이언진의 작가의식〉, 〈정제두 경학의 철학적 기저〉 등의 논문을 발표하였다.

**하승현(河承賢)**

대학에서 국문학을, 대학원에서 문예창작콘텐츠학을 전공하고, 한국고전번역원 교육원에서 한문을 공부하였다. 현재 한국고전번역원 역사문헌번역실 책임연구원으로 근무하고 있다. 《승정원일기》, 《창계집(滄溪集)》, 《잠(箴), 마음에 놓는 침》, 《화담집교주(花潭集校注)》,《후설(喉舌)》, 《생각, 세 번》, 《눈 셋 달린 개》 등의 책을 냈다.

소재집 7

노수신 지음 | 전백찬 하승현 옮김

2022년 12월 31일 초판 1쇄 발행

발행인 신승운 | 발행처 한국고전번역원
등록 2008. 3. 12. 제25100-2018-000049호
주소 (03310) 서울시 은평구 진관1로 85
전화 02-350-4800 | 팩스 02-350-4994 | 홈페이지 www.itkc.or.kr

번역 전백찬(제7권, 제10권, 후서) 하승현(제8권~제9권)
연구총괄 권헌준 | 연구기획 김지민 | 연구평가 성과평가실 | 자문 정선용

책임편집 하현주 | 편집진행 신진호
교정 유정님 정동연 | 조판 김지현 이순미 | 제작 조은지
디자인 씨디자인 | 인쇄 사단법인 에스디워크



값 20,000원
ISBN 978-89-284-0961-7 94810
978-89-284-0229-8 (세트)

# 소재집 7

노수신 지음 | 전백찬 하승현 옮김

2022년 12월 31일 초판 1쇄 발행

발행인 신승운 | 발행처 한국고전번역원
등록 2008. 3. 12. 제25100-2018-000049호
주소 (03310) 서울시 은평구 진관1로 85
전화 02-350-4800 | 팩스 02-350-4994 | 홈페이지 www.itkc.or.kr

번역 전백찬(제7권, 제10권, 후서) 하승현(제8권~제9권)
연구총괄 권헌준 | 연구기획 김지민 | 연구평가 성과평가실 | 자문 정선용

책임편집 하현주 | 편집진행 신진호
교정 유정님 정동연 | 조판 김지현 이순미 | 제작 조은지
디자인 씨디자인 | 인쇄 사단법인 에스디워크



값 20,000원
ISBN 978-89-284-0961-7 94810
978-89-284-0229-8 (세트)